基金项目：国家重点研发计划资助（编号：2017YFB1201102）
基金项目（英文）：National Key R&D Program of China
（grant number 2017YFB1201102）

城市轨道交通设计
BIM技术应用研究与实践

史海欧　张志良　王建　袁泉　曾文驱　编著

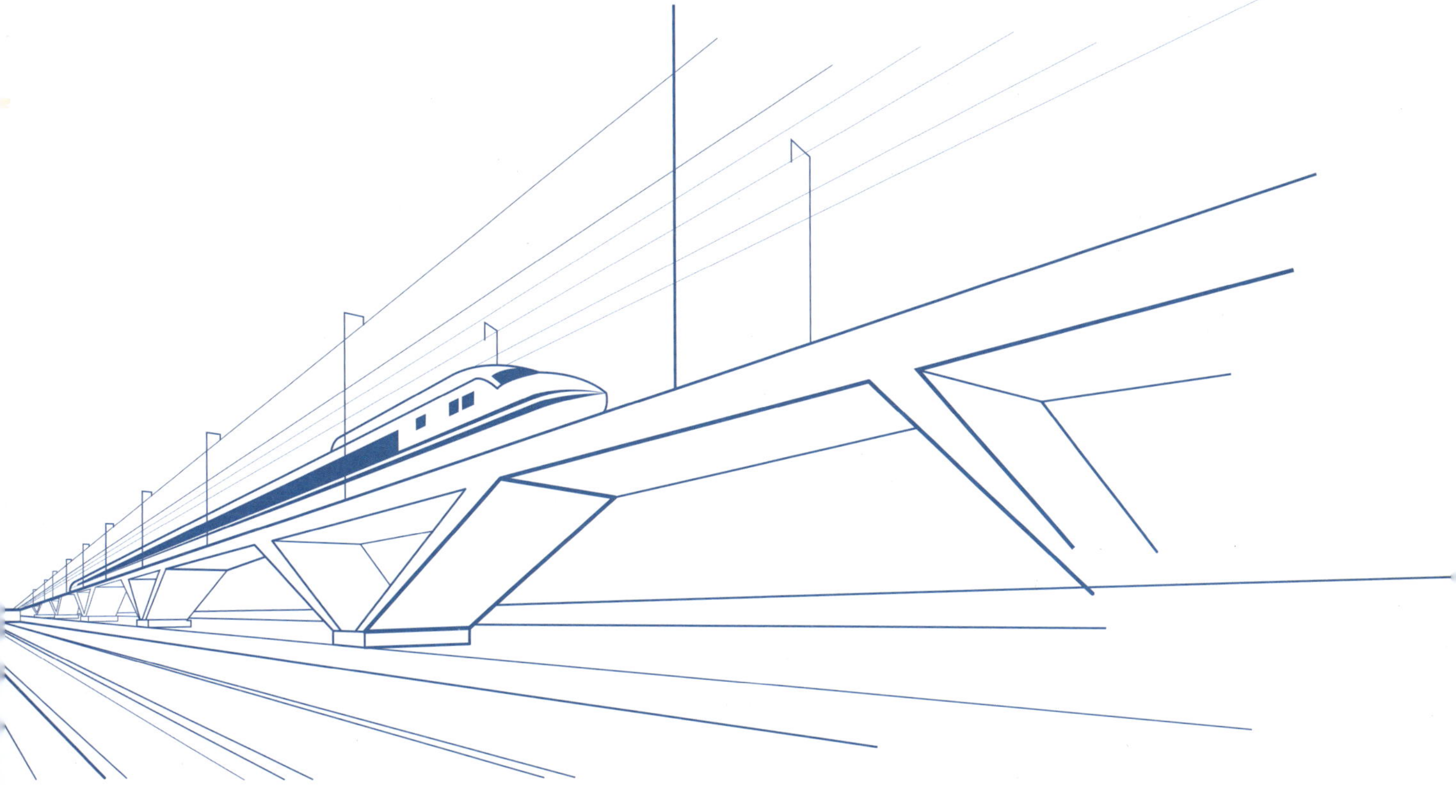

西南交通大学出版社
·成　都·

图书在版编目（CIP）数据

城市轨道交通设计BIM技术应用研究与实践 / 史海欧等编著. 一成都：西南交通大学出版社，2020.10
ISBN 978-7-5643-7690-1

Ⅰ. ①城… Ⅱ. ①史… Ⅲ. ①城市铁路－轨道交通－计算机辅助设计－应用软件－研究 Ⅳ. ①U239.5-39

中国版本图书馆CIP数据核字（2020）第187896号

Chengshi Guidao Jiaotong Sheji BIM Jishu Yingyong Yanjiu yu Shijian
城市轨道交通设计BIM技术应用研究与实践
史海欧　张志良　王建　袁泉　曾文驱　编著

责任编辑	杨　勇
封面设计	曹天擎
出版发行	西南交通大学出版社 （四川省成都市金牛区二环路北一段111号 西南交通大学创新大厦21楼）
发行部电话	028-87600564　028-87600533
邮政编码	610031
网　　址	http://www.xnjdcbs.com
印　　刷	四川玖艺呈现印刷有限公司
成品尺寸	210 mm × 285 mm
印　　张	24.25
字　　数	542千
版　　次	2020年10月第1版
印　　次	2020年10月第1次
书　　号	ISBN 978-7-5643-7690-1
定　　价	198.00元

图书如有印装质量问题　本社负责退换

《城市轨道交通设计BIM技术应用研究与实践》编审委员会

编著单位： 广州地铁设计研究院股份有限公司

编 著 人： 史海欧　张志良　王　建　袁　泉　曾文驱

编　　委： 邓卓平　张耘琳　潘继灏　陈芃睿　龙泽贤　滕显飞
邹江源　欧　熙　赖晨翔　张　晔　吕长乐　马　竞
周　平　黄耀勋　谢特赐　邹志炎　董一帆　戴伟骏
施国威　李　平　裴行凯　黄钟涛　张龙浩　欧林夏
苏　拓　陈炫江　叶　春　王光裕　苏锦峰　刘雨龙
石惠慧　林维河

审 查 人：（以姓氏笔画为序）
尹华拓　朱志伟　任碧能　刘丽萍　麦家儿　巫玲玲
吴　嘉　吴殿华　陈吉刚　陈惠嫦　陈耀升　罗　辉
罗信伟　周再玲　饶美婉　耿　明　唐亚琳　姬　霖
黄　辉　蒋时波　谢国胜

前言

本书在对国内外轨道交通BIM发展现状和BIM技术在轨道交通工程设计中发展趋势进行综述的基础上，系统地总结了城市轨道交通设计不同阶段BIM应用价值，探讨了在城市轨道交通设计中应用BIM技术的组织架构、配套制度、资源配置以及协同设计的方式和流程，梳理了BIM设计与交付标准，对城市轨道交通设计阶段的BIM具体应用进行了研究，并提供了具体的项目实践案例，还对BIM技术在城市轨道交通设计中的应用提出了展望。

全书共8章。第1章介绍了国内外轨道交通BIM发展现状，国家BIM标准体系以及BIM技术在轨道交通工程设计中的应用和发展趋势；第2章总结了城市轨道交通设计BIM应用价值，归纳了在方案设计阶段、初步设计阶段、招投标阶段和施工图设计阶段BIM应用价值；第3章从组织架构、配套制度、资源配置和应用等方面探讨了城市轨道交通设计BIM实施环境；第4章阐述了城市轨道交通BIM协同设计的概念、方式和流程；第5章介绍了城市轨道交通BIM设计国内外的标准体系；第6章研究了城市轨道交通设计中BIM技术在设计管理、模型应用和设计分析三个方面的应用；第7章列举了城市轨道交通项目中的部分实施案例；第8章对城市轨道交通BIM设计应用进行了展望。

本书内容丰富，资料翔实，既有大量已建或在建实际项目的工程案例，又包含了在研项目的部分最新成果，做到了理论研究与工程应用相结合，对城市轨道交通设计具有很强的指导性，可供城市轨道交通设计单位参考使用，也可供大中院校相关专业师生学习参考。

本书编写过程中，编者参考和借鉴了国内外专业著作和相关文献，还根据情况适当引用了一些公开发表的学术成果，由于来源较多，时间有限，未能一一列出，在此特向其作者表示衷心感谢！同时，也引用了一些专业图片和网络图片，对其作者和相关人员表示感谢。

限于编者水平，本书的内容和研究成果难免有不足之处，恳请各位读者和同行批评指正。

作　者

2020年7月

目录

第1章 **绪 论**

1.1 背 景 / 002
1.2 城市轨道交通BIM应用现状 / 003
1.2.1 国外轨道交通BIM发展现状 / 003
1.2.2 国内轨道交通BIM发展现状 / 004
1.2.3 国家BIM标准体系 / 006
1.2.4 BIM技术在轨道交通工程设计中的发展趋势 / 007
1.2.5 BIM技术在轨道交通工程中的应用 / 007

第2章 **城市轨道交通设计BIM应用价值**

2.1 基于BIM设计应用价值概述 / 012
2.1.1 在前期规划中的应用 / 012
2.1.2 在可视化设计中的应用 / 013
2.1.3 在协同设计中的应用 / 013
2.1.4 在优化设计中的应用 / 014
2.1.5 在自动碰撞检测中的应用 / 015
2.1.6 应用点总结 / 016
2.2 基于BIM方案设计阶段应用价值 / 018
2.2.1 可视化三维设计 / 018
2.2.2 参数化设计控制 / 019
2.3 基于BIM初步设计阶段应用价值 / 020
2.4 基于BIM招投标阶段应用价值 / 030
2.4.1 BIM在招标控制中的价值 / 030

目

录

2.4.2 BIM在投标控制中的价值 / 031

2.5 基于BIM施工图设计阶段应用价值 / 032

2.5.1 建筑专业 / 033

2.5.2 结构专业 / 040

2.5.3 通风空调及给排水 / 055

2.5.4 电　气 / 063

2.5.5 轨道专业 / 072

2.5.6 其他应用 / 077

第3章
城市轨道交通设计BIM实施环境

3.1 实施难点 / 090

3.2 组织架构 / 091

3.2.1 企业级组织架构 / 091

3.2.2 项目级组织架构 / 093

3.3 配套制度 / 096

3.3.1 企业级BIM标准 / 096

3.3.2 BIM应用企业指导标准 / 098

3.3.3 城市轨道交通工程信息模型交付标准 / 105

3.3.4 城市轨道交通工程BIM技术应用协同工作指南 / 118

3.3.5 城市轨道交通BIM模型应用标准 / 123

3.3.6 城市轨道交通工程信息模型分类与编码标准 / 146

3.3.7 城市轨道交通BIM三维管线综合设计标准 / 154

3.3.8 城市轨道交通BIM数据接口标准 / 189

3.3.9 平台数据管理标准 / 191

3.3.10 城市轨道交通工程信息模型构件库标准 / 214

3.4 配置资源 / 244

3.5 应用资源 / 255

3.5.1 BIM资源库管理软件 / 255

3.5.2 功能设计规划 / 256

第4章
城市轨道交通
BIM协同设计

4.1 协同设计概念 / 262

4.2 协同设计方式 / 265

4.3 协同设计流程 / 267

第5章
城市轨道交通
BIM设计标准

5.1 国外BIM标准体系 / 271

5.1.1 美国BIM标准体系介绍 / 271

5.1.2 英国BIM标准体系介绍 / 273

5.1.3 新加坡BIM标准体系介绍 / 274

5.1.4 日本BIM标准体系介绍 / 275

5.2 国内BIM标准体系 / 275

5.2.1 国家BIM标准介绍 / 275

5.2.2 北京BIM标准体系介绍 / 279

5.2.3 上海BIM标准体系介绍 / 280

5.2.4 深圳BIM标准体系介绍 / 280

5.3 BIM设计标准 / 281

目
录

5.4 BIM设计交付标准 / 282
5.4.1 城市轨道交通BIM设计成果交付物 / 282
5.4.2 城市轨道交通BIM设计模型交付深度 / 283
5.4.3 基于BIM设计的图纸交付 / 285

第6章
城市轨道交通
BIM设计应用

6.1 BIM设计管理应用 / 291
6.1.1 基于BIM的设计管理 / 291
6.1.2 基于BIM设计管理工具与平台 / 291
6.2 BIM模型应用 / 292
6.2.1 建筑模型应用 / 292
6.2.2 区间隧道模型应用 / 293
6.2.3 轨道工程模型应用 / 295
6.2.4 供电系统模型应用 / 300
6.2.5 站台门模型应用 / 302
6.2.6 给排水系统模型应用 / 303
6.2.7 基于BIM软件的工程量计算方法 / 305
6.2.8 基于BIM软件的管线自动避让 / 308
6.3 基于BIM设计分析 / 311
6.3.1 结构计算 / 311
6.3.2 建筑照明分析 / 313
6.3.3 基于BIM的工程量分析 / 319

第7章
项目案例

7.1 18、22号线 / 326
7.1.1 项目简介 / 326
7.1.2 BIM设计管理 / 327
7.1.3 BIM应用 / 328
7.1.4 总结及展望 / 344
7.2 萝岗车辆段 / 346
7.2.1 工程概况 / 346
7.2.2 BIM工作环境介绍 / 348
7.2.3 BIM设计应用 / 348
7.2.4 总　结 / 353
7.3 14号线高架桥梁 / 354
7.3.1 广州地铁14号线项目介绍 / 354
7.3.2 BIM设计管理 / 355
7.3.3 BIM应用 / 357
7.3.4 总结与展望 / 366
7.4 广州11号线上涌公园站BIM设计管理应用 / 367
7.4.1 项目背景 / 367
7.4.2 BIM设计应用价值 / 367
7.4.3 应用展示 / 368

第8章
城市轨道交通BIM设计应用展望

371

第1章 绪论

1.1

背 景

随着我国城市化进程的加快，大中城市人口越来越多，交通压力也随之加大。如何解决城市交通拥堵已成为当前我国各大城市面临的紧迫问题。城市轨道交通凭借其运量大、快速、便捷、安全和运输效率高等特性，已逐渐成为城市居民外出的首选。近几年，随着国民生活需要和我国经济的高速发展，城市轨道交通建设发展迅猛，截至2019年年底，中国共有40个城市开通城市轨道交通运营线路208条，运营线路总长6736.2km。拥有4条及以上的运营线路，且换乘站3座以上，实现网络化运营的城市19个，占已开通城市轨道交通运营城市总数47.5%，地铁运营线路5180.6km，占比76.9%。（以上数据不包含港澳台地区）

BIM技术的应用已成为当前工程界的主流。住房和城乡建设部于2011年印发了《2011–2015年建筑业信息化发展纲要》，首次提到“BIM”，随后发布的《关于推进建筑业发展和改革的若干意见》深化了BIM概念，明确BIM技术发展目标：在工程设计、施工、运行维护的全过程应用。国家和地方又不断地发布相关政策与标准，推动了BIM技术在我国工程建设领域中的应用，其中在城市轨道交通领域的探索实践更是达到了一定的深度和广度。

总结BIM技术目前在我国城市轨道交通设计中的应用成果，研究如何更好地在城市轨道交通设计阶段使用BIM技术是本书的编写目的。本书侧重于城市轨道交通设计阶段BIM技术的应用研究与实践，并且结合案例说明BIM技术在轨道交通工程的应用实施与未来展望。

1.2

城市轨道交通BIM应用现状

目前，城市轨道交通建设的BIM应用刚刚处于起步阶段。而相比于一般建筑工程项目，城市轨道交通项目在前期规划阶段，需要进行线网规划、线路走向、线站位选取等复杂规划；在设计阶段，涉及线路、轨道、建筑、结构、通风空调、给水排水、消防、综合监控、供电、通信、信号、人防等近三十多个专业，需确保各专业设计的协调；在施工阶段，其施工场所阴暗，施工布线复杂，专业管线和设备较多，各专业协调量大；在运维阶段，其运营客流量大，乘客对安全、准点的要求高，设备庞大且检修频繁。因此，城市轨道交通项目更加需要BIM技术的支持。

1.2.1 国外轨道交通BIM发展现状

国外，特别是欧美的发达国家，BIM技术正逐渐成为城市轨道交通工程建设的基础技术，应用于模拟分析、3D设计、施工管理和物资信息管理等各方面。

在英国，Crossrail轨道交通工程全程长118km，起点位于西部的雷丁（Maidenhead）和希斯罗（Heathrow），途经伦敦希斯罗国际机场（Heathrow Airport）、伦敦主要商业区、金融城至金丝雀码头，终点位于申菲尔德（Shenfield）和阿比伍德（Abbey Wood）。其中穿越伦敦市中心采用新建双向独立拱隧道（Twin-bore Tunnel），长度达到21km，开挖总长度将超过42km。包括不可预见费用在内的项目成本约159亿英镑（折合人民币1495亿元）。该项目各专业通过BIM模型进行协同设计，大大减少了各个项目阶段之间和各参与方之间的信息遗漏，提早预知施工过程可能对城市的影响，采用合理的规避方案，最大程度地降低了对城市管径的干扰和不良影响。设计团队运用MicroStation软件进行3D模型的建立，包括工程区域范围内地面结构物、地下基础及市政管网，地下隧道、新建站台以及工程附属设施。不同专业的3D模型在统一架构下整合一起，不仅能够直观地得到虚拟的仿真Crossrail全貌，还能进行各种管道设备和建筑物间的碰撞检查。施工团队运用ConstructionSim软件将设计阶段的3DCAD模型与施工中的进度（Work Face Planning）结合，即增加时间表这一元素后，整个项目模型升级为4D模型。升级后的模型，可以实时提供项目的实际进度并对比施工组织计划。现场人员还将施工预算、工程数量、人工、费率等信息定时发送至中央数据库进行数据更新，各方的项目参与者包括业主和设计方可以通过授权的移动终端随时随地跟踪项目进展，遇到突发事件可以第一时间进行协同处理，并第一时间反馈给现场人员，这时项目的数据库也被同时更新，形成高效经济的管理循环模式。

施工完成后，工程师对工程实体进行激光扫描，把扫描结果与3D模型进行对比，更新模型数据。这个中心化数据库可以连接到其他中心化的数据中，把现有工程组件与其他相关数据（如Crossrail资产信息、操作手册等）相关联，以对工程的运营和养护提供信息支持。BIM中央数据库的建立保证这些项目信息能够高效经济准确地在业主以及设计施工单位之间相互传递。数据始终以统一的方式进行管理和储存，保证工程在生命周期内信息管理的连续性，实现了全生命周期的信息管理；信息不会移交过程中由于组织和管理形式的不同而损失，保证了数据安全性。这大大方便了Crossrail在交付使用后的运营和维护管理。

在美国，洛杉矶Westside轨道交通延长线工程长9英里，新建7个车站。工程采用DB交付模式，要求以BIM为核心规划管理整个建造过程。

在加拿大，多伦多Spadina轨道交通扩建工程中，参建各方基于BIM软件进行3D设计协同，取得了很好的应用效果，该项目也因此获得Bentley公司的Be Inspired Awards奖。

此外，法国的TGV，德国的Emsch+Berger GmbH，荷兰的Arcadis Infra等城市轨道交通项目，BIM技术均较为广泛的应用，在工程规划、设计、建造与运营维护阶段中进行全生命周期管理。

1.2.2 国内轨道交通BIM发展现状

在国内，BIM技术在城市轨道交通行业的应用正在蓬勃发展。短短几年内，北京、上海、广州、深圳、宁波、武汉、无锡、长沙、南宁、厦门、石家庄、南京、西安、杭州、苏州、沈阳、大连等地的轨道交通项目中均一定程度地应用BIM技术。目前大部分城市主要集中于模型的视觉效果展示，管线综合设计等点式应用。

1. 北京轨道交通BIM应用情况

北京市轨道交通10号线的二期项目中，应用BIM进行工程全生命周期的管理。前期进行车站整体建筑、结构、给排水、通风空调、动力照明以及其他专业的沟槽建模，后期用于管线综合出图、碰撞检查、工程量统计、施工模拟以及信息化管理。北京的其他轨道交通线路，如轨道交通14号线、9号线、7号线东延工程中也有BIM的应用。

2. 上海轨道交通BIM应用情况

上海轨道交通BIM应用的主导单位为上海申通轨道交通有限公司，由上海市隧道工程轨道交通设计院（简称“隧道院”）实施。

2014年，以隧道院为首成立了上海市轨道交通BIM联盟，主要工作是为建设中的轨道交通线路和车站建模，利用模型进行方案论证和现场协调工作，并根据应用和发展的需要对相关技术进行研发。截至2014年10月，上海申通BIM累计投入数亿元。BIM主要是应用于施工阶段，同时对设计方案进行优化，对方案进行比对分析和指导施工。BIM的主要应用有3D建模、碰撞检查、进度管理和施工场地分析，结合GIS进行出入口位置、冷却塔等地面建筑或设备的位置选型，多种设计方案对比，多方案经济指标对比等。目前上海申通公司已完成了BIM标准的设计，并在多条轨道交通线路上完成了BIM模型的数字化成果。

3. 广州轨道交通BIM应用情况

广州轨道交通BIM的应用包括广州地铁集团的企业级BIM体系和广州地铁建设事业总部的面向施工阶段的精细化管理平台。其中，企业级BIM体系的实施主导单位为广州地铁集团，企业级BIM服务的主要内容有：企业BIM能力调研、企业BIM战略制定、BIM应用后的流程再造、建模标准、交付标准、编码体系、软硬件及网络选择、招标文件及合同范本、实施风险分析、试点项目实施等。

目前，广州地铁集团BIM企业级BIM体系已经建立完成。形成的企业BIM标准已经在试点项目上实施完毕，正在申请成为广东省BIM标准。作为施工管理部门，广州地铁建设事业总部正在打造面向施工阶段的精细化管理平台。在这个平台下，中标后各标段成立BIM小组，项目经理兼任BIM小组组长，以4D-BIM平台为BIM应用的核心，打造以BIM技术为核心的精细化施工管理体系。BIM应用的主要内容是基于BIM的精细化施工管理，主要包括：对施工图进行3D建模，碰撞检查，工艺工序模拟，利用模型上传到4D-BIM平台进行进度、质量、安全等要素的控制，数字化验交等内容。目前4D-BIM平台基本开发完毕，施工阶段编码、机电施工单位BIM应用流程与指南文件编制完毕。在广佛线2期工程中已经进行了试点应用。

此外，广州市轨道交通18/22号线全面推广BIM体系应用，是全国采用设计施工总承包模式建设的投资最大的单体项目、全国第一条设计时速160km的高标准市域快速城市轨道线、全国第一条全线采用大断面直径8.8m设计的轨道交通项目，也将是全国第一条全过程采用BIM新技术实现全数字化的轨道交通项目。目前4D-BIM云平台已在25个工区，共计40余个工点进行应用。其18/22号线项目成立BIM中心，配备专门人员进行BIM的应用管理。同时，各标段工区分别成立BIM小组，配备2人以上成员用以协调各部门人员，将BIM系统应用融入日常工作管理中。

4. 厦门轨道交通BIM应用情况

2013年，厦门轨道交通1号线建设之初引入BIM技术，并在1号线的全线、全周期中应用BIM技术，以期提升业主建设及运营管理水平及建设运营过程中的信息化水平。在广泛调研其他城市轨道交通BIM技术应用情况，借鉴相关经验的基础上，确定厦门轨道交通“业主主导、BIM咨询管理、各方实施”的BIM应用模式。

2016年12月，厦门制定了《工程建设阶段BIM技术应用实施方案》《工程建设阶段BIM模型交付标准》《BIM技术应用协同设计平台技术标准与接入要求》《工程建设阶段BIM设计应用指南》《工程建设阶段BIM技术应用管理办法》，用于指导后续线路的BIM技术应用工作。

在设计阶段，结合BIM应用的设计管理制度，确保BIM设计工作的管理责任落实，业主贯穿全流程的BIM工作管理，由轨道集团分阶段开展对设计BIM成果的检查、评估和验收的管理工作。在施工阶段，轨道集团公司BIM推进组管理，BIM咨询方提供支持，属地管理承包商负责组织和协调，现场监理具体监督，各施工承包商实施；施工准备期，开展临时设施BIM设计、BIM设计模型的施工深化设计；施工过程中，围绕基于BIM的施工管理平台开展过程落地管理工作；竣工时，平台形成“模型+数据”的建设期信息库，进行数字化竣工交付。

BIM技术在我国城市轨道交通行业仍是一项新兴技术。受限于我国BIM发展的大环境，即使是在已经实施BIM战略的北京、上海和广州等城市轨道交通行业，系统化思维不足的缺陷仍然突出。因此，BIM技术的研究和应用还有待于进一步发展。

1.2.3 国家BIM标准体系

2012年1月住房和城乡建设部印发建标〔2012〕5号文件，将5本BIM标准列为国家标准制定项目。分为3个层次：第一层为最高标准——《建筑信息模型应用统一标准》；第二层为基础数据标准——《建筑工程设计信息模型分类和编码标准》《建筑工程信息模型存储标准》；第三层为执行标准——《建筑工程设计信息模型交付标准》《制造业工程设计信息模型交付标准》。

1. 最高标准

《建筑信息模型应用统一标准》。对建筑工程信息模型在工程项目全寿命期的各个阶段建立、共享和应用进行统一规定，包括模型的数据要求、模型的交换及共享要求、模型的应用要求、项目或企业具体实施的其他要求等，其他标准应遵循统一标准的要求和原则。

2. 基础数据标准

《建筑工程设计信息模型分类和编码标准》。本标准规定模型信息应该如何分类，对建筑信息标准化以满足数据互用的要求，以及建筑信息模型存储的要求。一方面，在计算机中保存非数值信息（例如材料类型）往往需要将其代码化，因此涉及信息分类；另一方面，为了有序地管理大量建筑信息，也需要遵循一定的信息分类。目前已完成《建筑工程设计信息模型分类和编码标准》，对应于BIM分类编码标准OmniClass。

《建筑工程信息模型存储标准》。本标准规定了模型信息应该采用什么格式进行组织和存储。例如，建筑师在利用应用软件建立用于初步会签的建筑信息后，他需要将这些信息保存为某种应用软件提供的格式，还是保存为某种标准化的中性格式，然后分发给结构工程师等其他参加者。对应于BIM数据模型标准中的IFC标准。

3. 执行标准

《建筑工程设计信息模型交付标准》。标准规定了在建筑工程规划、设计过程中，基于建筑信息模型的数据建立、传递、和读取，特别是各专业之间的协同，工程各参与方的协作，以及质量管理体系的管控、交付等过程。规定了总体模型在项目生命周期各阶段应用的信息精度和深度的要求，规定各专业子模型的划分、包含的构件分类和内容，以及相应的造价、计划、性能等其他业务信息的要求。对应于BIM模型过程标准中的IDM、MVD标准。

《建筑信息模型施工应用标准》。标准规定在设计、施工、运维等各阶段BIM具体的应用内容，包括BIM应用基本任务、工作方式、软件要求、标准依据等。对应于IDM标准。

1.2.4 BIM技术在轨道交通工程设计中的发展趋势

通过几年的发展，BIM技术已经不再是一种概念，而是真正转变为实用的设计工具。在我国，BIM设计已经遍及较多的建筑设计团队和一些地产公司。BIM技术为建筑行业带来了更广阔的设计空间，使设计变得程序化、智能化；它除了继承计算机辅助设计的相应功能，还将其使用范围扩展到了更多的领域，如工程造价、进度安排，发挥了为工程建设管理服务的潜能。

目前，在民用建筑领域内BIM技术应用相对成熟。BIM技术在近两年刚刚被引入到城市轨道交通项目，主要是在管线综合碰撞检测和车站周边环境的可视化设计中得到应用。结合轨道交通发展趋势和BIM技术的功能，可以预见到除了实现基本的计算机设计辅助功能，用BIM技术实现信息化与数字化也是未来的发展趋势，并且这种技术将贯穿于轨道交通工程前期规划、设计、施工及运营阶段，基于BIM技术可实现整个轨道交通工程的优化分析、协同和资源共享。

1.2.5 BIM技术在轨道交通工程中的应用

1. 规划阶段的应用

在城市轨道交通前期的规划阶段，采用BIM思想可构造出一个城市交通的三维模型。这个模型的构成不仅包含管线地形、地质条件、道桥情况等固有特性，还包含社会科学、人文经济及自然科学等多方面的资料信息，如城市人口密度及组成、出行分布、经济结构等。BIM技术可以基于这些模型信息，进行日客运量、日换乘量以及轨道线网平均运距等数据的分析和计算。

2. 设计阶段的应用

设计阶段前期，充分利用BIM相关软件在协同设计方面发挥的优势，不同专业的设计人员不再受限于不同地理位置，而是通过网络展开协同设计，设计效率和设计质量得到有效提高。设计阶段的中后期，主要利用软件的集成作用，在模型中进行管线碰撞检查以及大型设备的后期安装设计，以软件仿真来优化管线排布、优化工程设计，从而在实际的施工过程中，减少施工错误，降低经济损失。

一般来说，在实际施工中遇到的问题都可以利用BIM技术在设计阶段进行避免，如：消除管线碰撞；结构力学分析，模拟4D、5D的施工，进行交通模拟等；发现问题可尽早进行修改完善，达到设计最优，保证设计和施工质量。

3. 施工阶段的应用

在施工阶段，BIM模型可在虚拟环境中模拟轨道交通施工情况，对施工重点、难点进行四维乃至五维的细致模拟，寻求最优的施工技术方案。

1）施工现场布局管理

通过BIM技术的虚拟模型可将时间与三维可视化功能相关联，进行虚拟施工。将施工进度计划与模型关联，进行虚拟建造过程展示，可选取任意时间段获取工程基础信息，直观快速地将施工计划与实际进度进行对比，对现场资源和配置进行预测，参建各方均能实时地了解项目的进展情况，以便于进一步研究是否对进度计划进行优化。

在项目管理中，BIM技术可利用自身的监测功能，对轨道交通的各个施工阶段进行监测分析，根据监测情况对工程进行预警，并监督处理直至消警，保障了工程施工的顺利进行，加强了对施工的监督与管理。

在项目管理平台之上应用BIM技术可以对各种设备以及相关信息内容进行录入处理，通过公开透明的方式实现系统的监督管理。便于施工方对存在的问题及时整理、分析、总结和处理，BIM技术在对施工进度进行监督的同时，基于存在的问题提出了相关解决方式和结果预测，对各种信息进行记录分析，为施工方的及时决策和处理提供了便利。

BIM的三维技术目前在轨道交通工程施工中应用最为广泛的功能为碰撞检查和优化管线排布方案，施工方可充分利用碰撞优化后的三维管线方案，进行施工交底、施工模拟，避免了在工程实施过程中产生废弃工程，节约了工程成本。

基于BIM技术进行项目管理平台的构建，可以及时公开各种信息和进行施工管理，也可为管理者的监督提供有效载体，通过网络系统了解现场实际状况利用BIM技术项目管理平台发布命令，从根本上提升了轨道交通工程的工作效率。

2）建设进度管理

对具体工程建立三维信息模型，在此基础上，添加构建时间维度，进行项目进程的模拟，并且通过与预先制定的施工计划进行时间上的比较，验证预定计划是否合理完善，预定施工进程是否需要更正，进而在施工进度方面提高管理效率，减少返工和整改。

3）质量安全管理

在工程建设中，质量安全管理是建设项目管理中的重中之重，如何迅速反馈和处理施工过程中出现的质量问题和存在的安全隐患十分重要。利用BIM技术的三维信息模型与施工现场是否存在质量安全问题进行对接，就可以对施工中可能存在的质量安全问题进行预判。如果结合以往工程经验，在三维信息模型中加入发生质量安全问题的原因和处理方法等信息，就可以针对建设项目的关键节点进行细化，对施工组织方案的可行性进行仿真实验和论证，避免在施工过程中发生质量安全事故。

4. 运营维护阶段的应用

采用BIM技术，建立轨道交通设施的资产管理和运营维护管理系统。该系统能结合物联网技术，利用竣工BIM模型构建设备的三维可视化维护管理平台，方便工作人员清楚了解各设备的使用情况并进行现场管理。

城市轨道交通工程建设，是一个多专业分工进行又要整体相互协调的工作，环环相扣，一旦环节中的专业工作出现差错或者设备出现问题，就会造成整个系统功能问题。在已建成开通项目的BIM三维信息模型中，可以录入和集成列车运行记录、设备维修记录、票务状况记录等信息。通过对这些数据信息的分析，可以实时进行能源配置管理和成本分析，也可以根据实际的客流量进行行车调度管理等。同时，利用BIM三维信息模型建立起一个集成系统，以系统集成的形态给运营部门提供全方位的决策支持。基于所建的BIM三维信息模型，可以优化既有能源和配置并进行监测与分析，这样就可以实现对动态数据的监测、统计和分析，对故障报警和维修信息的查询及节能分析等。而且可以从上传的实时数据中，直观地看出系统中各设备的功能和状态。针对设备功能和状态可以采取相应措施，来优化节能运营管理模式。

参考文献

[1] 刘光武．城市轨道交通BIM应用研究与实践［M］．北京：中国建筑工业出版社，2016.

[2] 汪武芽．高职学生就业能力影响因素及对策研究：以城市轨道交通运营管理专业为例［J］．湖南工业职业技术学院学报，2017，17（05）：107-110.

[3] 中国城市轨道交通2018年度数据统计［J］．隧道建设（中英文），2019，39（04）：694-697.

[4] 刘可．论BIM技术在我省（湖南省）中、小型设计院发展的思路和方法［J］．中国战略新兴产业，2019（34）：154.

[5] 杨婧．BIM技术在轨道交通工程设计中的应用［J］．建材与装饰，2018（16）：265-266.

[6] 刘海林．P-BIM在地基基础检测中的应用研究［D］．郑州：郑州大学，2018.

[7] 乔峰．BIM技术在厦门轨道交通的应用实践［J］．城市轨道交通研究，2017（20）：J0005.

[8] 阮小林．BIM：开启建筑新时代［J］．中国建筑金属结构，2017（07）：12-15.

[9] 《隧道建设》编辑部．中国城市轨道交通2016年度数据统计［J］．隧道建设，2017，37（06）：775-777.

[10] 范礼乾．BIM技术在城市轨道交通工程设计中的应用研究［C］．中国土木工程学会轨道交通分会，中国工程院土木、水利与建筑工程学部，河南省土木建筑学会．2017中国城市轨道交通关

键技术论坛暨第26届地铁学术交流会论文集．中国土木工程学会轨道交通分会，中国工程院土木、水利与建筑工程学部，河南省土木建筑学会：中国土木工程学会，2017：233-240.

［11］张灿．基于BIM的轨道交通综合体设计效率提升策略研究［D］．北京：北京交通大学，2017.

［12］周杨．BIM技术在轨道交通工程设计中的应用［J］．建筑工程技术与设计，2018（11）：146-148.

［13］张江波．轨道交通BIM技术应用与发展［J］．河南科技，2016（05）：120-123.

［14］汤志辉．基于BIM的铁路站前工程信息分类编码研究［D］．北京：中国铁道科学研究院，2016.

第2章

城市轨道交通设计BIM应用价值

2.1

基于BIM设计应用价值概述

城市轨道交通由于具有独特的交通优势和对有限城市空间的极大利用，在城市发展过程中得到了极大的应用。城市轨道交通设计种类繁多，包括城市铁路、地铁、轻轨等城市公用事业工程，是一个涉及诸多专业及多家设计单位、专业间协调量大、设计周期长、反复工作量及工序大等的综合性工程。采用传统技术理念进行城市轨道交通工程设计时，由于各专业信息沟通不对称等因素，在具体实施中存在诸多矛盾和难题，比如综合统筹与计划实施能力差。城市轨道交通工程中各专业主体单位基于自身利益的考量，常常会出现协调不到位或者实施方案彼此间相互矛盾的情况，导致工期延误、增加投资成本、降低工程质量等弊端。为了保证城市轨道交通工程的有效实施、降低项目风险、控制投资，并配合政府部门推动城市建设，亟需采用新的举措或技术来对现阶段的生产方式进行革命性变革。BIM技术的出现为城市轨道交通工程的发展提供了巨大推力。BIM是一个集成了全生命周期中不同专业数据的信息模型，提供了一个可以供不同参与方进行协同使用的平台。通过BIM平台，在设计阶段项目各参与方可以实现信息的无缝交换与共享，解决传统模式信息传递的不一致和缺失等问题，提高设计的效率和质量，使得工程项目的管控更为完整精确。

目前基于BIM技术的城市轨道交通设计应用价值点主要体现在以下几个方面。

2.1.1　在前期规划中的应用

城市轨道交通前期规划阶段，在可行性研究的基础上利用BIM思想能够构造出城市交通的三维模型。这个模型的构成元素包含地质条件、道桥情况、管线地形、特殊建构筑物等固有特性，还包含自然科学、技术研究、社会科学、人文经济等多方面的信息和资料，如人口密度及组成、城市经济结构、出行分布等。基于这些模型信息能够进行线网规模、日客运量、日换乘量、轨道线网平均运距等各种分析和计算。

2.1.2 在可视化设计中的应用

在方案设计和初步设计阶段，建立车站三维实体模型，能够从全局把握站位周边地上地下的地形、道路、管线、建构筑物等情况，快速直观地推敲车站建筑主体和附属体量（如图2-1），还可结合车站一体化开发的范围、造型等，剖析其功能布局。随着项目的不断推进，一般会探索多个设计方案。这些方案可以是概念上的方案设计，也可以是详细的工程设计。BIM使用设计选项允许建筑师利用一个模型同时开发和研究多个备选方案。由于模型的直观可视化和可靠性，业主方、设计单位可以运用BIM模型相互沟通，发现设计问题，进行方案的论证和优化，更大限度地发挥BIM的价值。

BIM技术用数字化的建筑构件来表示真实的建筑物形态，对于传统计算机辅助绘图软件用物理信息的几何图形来表示的设计方法，无疑是个根本的改变。

图2-1 车站及其周边环境鸟瞰效果图

2.1.3 在协同设计中的应用

我国设计单位目前协同工作的基本现状是：设计分散、成果集中、需要时协同，简单易行，比较符合目前设计单位网络现状和设计习惯。其协同设计主要是通过网络通信软件或数据中心，在设计单位局域网上建立电子邮件系统或即时通信系统，设计人员和管理人员在此平台环境下存取文件、查寻信息、交换或互提资料。BIM技术中所谓的“协同设计”，就是建筑、结构、设备等各个专业在同一个工作平台下工作，设定的项目中心文件集体共享（如图2-2）。不同专业人员使用各自的BIM核心建模软件建立自己专业相关的BIM模型，与这个中心文件链接，并在与其同步后，将新创建或修改的信息自动添加到中心文件。这个中心文件就是建筑信息模型，各专业都可以在此模型中查看其他专业构件的布置及信息，从而实现信息共享。

设计单位在方案设计、初步设计乃至施工图设计阶段，均可按各个专业分类：建筑工程师、结构工程师、设备工程师等在一个设计平台上协同工作。建筑专业以墙柱、楼板、屋顶、门窗等构件为基本图元；结构专业以梁、板、柱为主；设备专业的基本图元构件较多，大致分成水、暖、电、消防等几个系统。每一种基本图元都可以组合成复杂的体量，被归成“族”，类似CAD的块。最终，由各专业协同工作、搭建出完整的BIM模型。

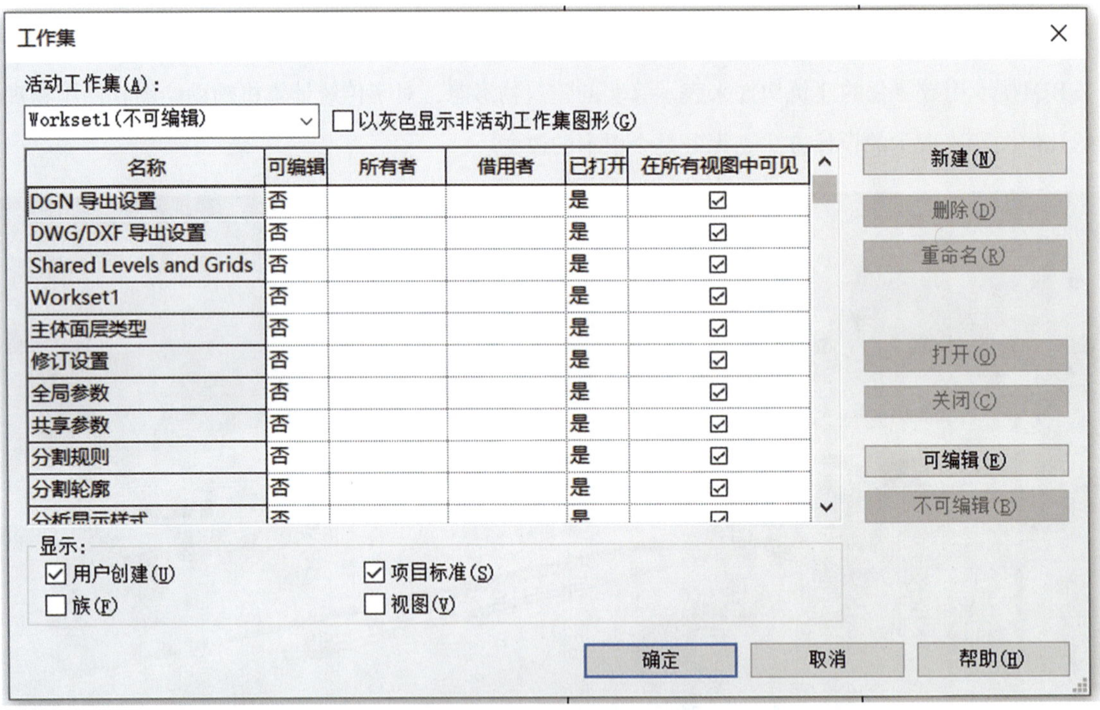

图2-2　BIM中心文件工作集

2.1.4　在优化设计中的应用

城市轨道交通设计是一个反复修改的优化过程。以往设计中稍有变更，就需要手动修改各种图纸中的相关信息，费时费力，还容易出现信息不匹配的现象，如果到施工阶段才发现，便可能造成变更、返工、浪费资源。在BIM模型中，图纸是其中的一种视图类型。根据要创建的图纸类型，可以在视图中直接添加平面、剖面、立面和三维视图等不同模型界面。BIM模型中的所有图元构件都是基于一定的逻辑关系生成的，设计文件中的各个图纸视图和模型构建等图元都是关联在一起的，任何部分的修改都能够自动修改与模型相关的全部子项并相应反映到其他图纸视图，引起关联变更。因此，整个项目中多专业协同工作在任何时刻、任何地方由任何一个专业所做的任何变更，均可确保各专业设计文件保持协调一致和完整，并保证实时最新的信息。这大大减少了设计人员的重复劳动和错误率，节约资源、提高效率、降低成本。

2.1.5 在自动碰撞检测中的应用

城市轨道交通设计中涉及近30个专业，车站内部吊顶管线多、配合工作量大，管线综合排布一直都是一个繁复头疼的工作。这么多的管线路由反映到平面图纸上就是密密麻麻的线条，在CAD视图界面上还可以用不同颜色、不同宽度的线来区分，但打印出来的图纸基本就是黑色密布的线条，不容易分清，看着也不够直观，有问题也反映不出来；而剖面图上的管线排布不足以能反映到站内全部管线综合的高程情况，在转角、交叉、梁下的空间局促部位，肯定有管线之间碰撞或管线和梁碰撞等情况，但图面上看不出来，没有三维立体的空间反馈。而BIM技术可以提供碰撞检查功能，三维管线综合是在BIM三维建筑设计的基础上对机电专业的管线与桥架进行走向优化、标高调整及碰撞检查。运用这种技术可以在第一时间进行错漏碰缺的检查，让工程师迅速获得设计上直观的指导意见，比如建筑布置与结构洞口、设备管线之间高程冲突等。这样避免了传统二维设计中不同专业之间信息传递的缺失，大大提高了建筑、结构、设备之间的沟通效率，提高了设计与施工的质量。首先，各专业工程师可以在BIM软件上搭建与实际工程等大的建筑模型，并通过各专业协同功能可以让不同专业的工程师更全面地获取相关专业的信息。然后，根据各种不同的设计原则，如“有压让无压、小管让大管”“暖通管大先高排、强弱电整合、水管靠边走低”等，计算机自动地检测各构件对象间的相互影响。比如，可以检测并显示暖通风管是否与梁或腋角冲突，可以提示出哪些管线高程上有冲突等等。使用BIM技术做碰撞检查，可以排查到在人工图纸中很难发现的碰撞点，经过几轮检测及设计调整后，可以得到满足专业及施工要求的“零碰撞”模型（如图2-3）。

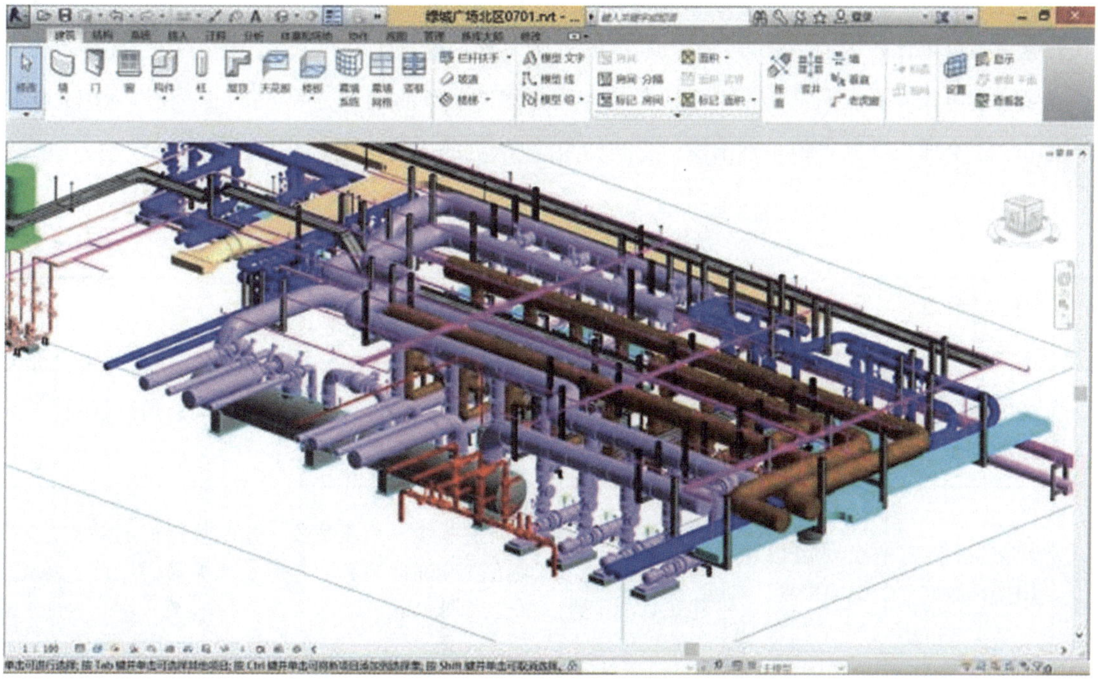

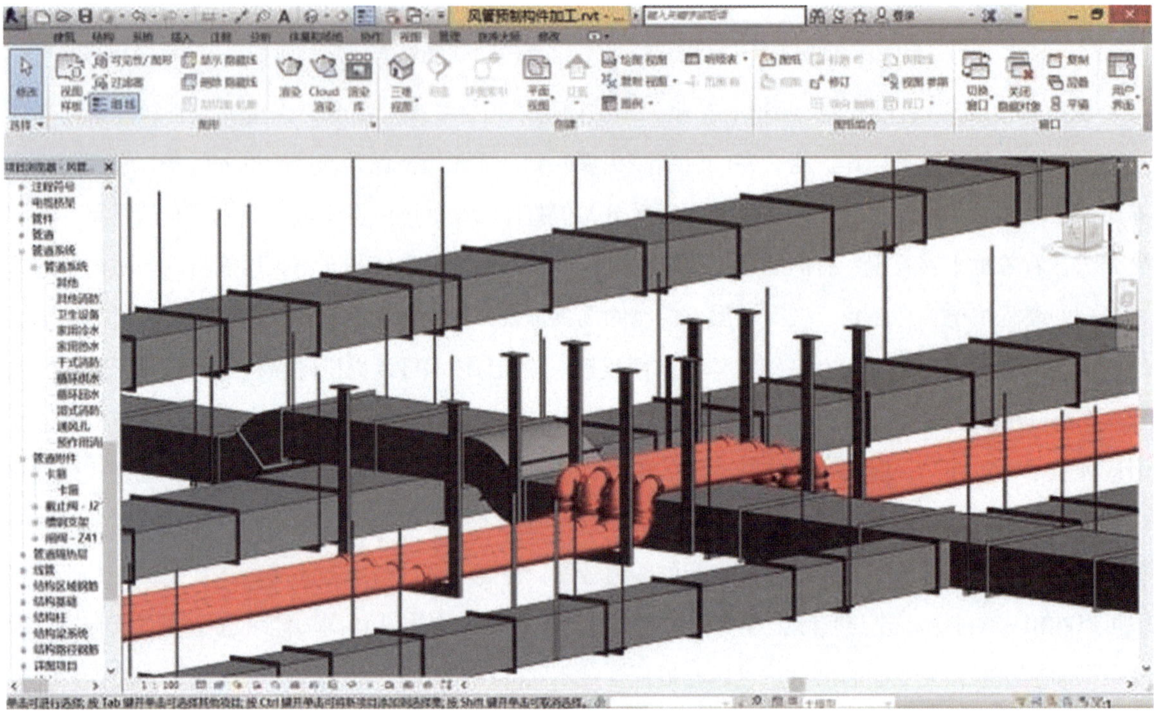

图2-3 检测碰撞后修改的管线图

2.1.6 应用点总结

BIM是一种创新性的建筑设计、施工、运营以及管理办法，在城市轨道交通工程设计工作的各个环节上应用，可以让各专业信息得到最大程度的流通，减少重复协调的工作，提高生产效率，设计过程及成果直观可视，在工程实施前能解决各专业间方案冲突矛盾的地方等。因此，我们从BIM技术应用于城市轨道交通设计的价值角度出发，总结如表2-1所列的主要应用点。

表2-1 BIM的主要应用点

阶段	BIM价值应用大项	详细应用点	预期成果
规划阶段	场地建模、场地漫游	场地建模、场地漫游	依据场地三通一平后的状况进行三维建模，周边道路管线、建筑环境建模等，直观表示场景要素，并导出动画
	规划定位、用地检查	规划定位、用地检查	与红线、绿线、河道蓝线、高压黄线、建筑物距离的关系，环评与卫生要求，用地范围准确性检查。与市政如无障碍设计、绿化、建筑景观审查。配合规划送审

续表

阶段	BIM价值应用大项	详细应用点	预期成果
初步设计阶段	三维建模、协同设计、初步设计深化	三维建模、协同设计、初步设计深化	按初步设计审查要求、集团技术标准、运营征询意见确定建筑站内外布置空间关系。包括：环控系统分设检查、优化；设备管理用房功能分析、设备运输通道检查；公共区建筑布置优化；换乘车站的换乘关系，客流走向；站内环境漫游，车站装修文化艺术；车站外或区间隧道和周边环境建构筑物的相对空间关系
	初步设计3D漫游及场景展示	初步设计3D漫游及场景展示	对已有的初步设计模型进行漫游设置，并导出动画。建模直观展现地铁车站或区间隧道和周边环境建构筑物的复杂空间关系、换乘车站的换乘关系、人员流线等
	交通疏解、管线迁改	交通疏解、管线迁改	站外市政管线综合复核（管线迁改的碰撞复核），分阶段模拟复核管线迁改方案、核准复位管与车站建筑顶板标高。站外交通组织，交通疏解的车辆通行能力复核
施工图设计阶段	施工图设计建模及调整建模	施工图设计建模及调整建模	结合施工图设计进行全专业（建筑、结构、机电）三维建模。结合设计方案和施工图设计方案调整全专业（建筑、结构、机电）三维建模
	施工图设计模型碰撞检查	施工图设计模型碰撞检查	将施工图设计全专业（建筑、结构、机电）模型放到统一平台，在三维空间中发现平面设计的错漏碰缺，并处理完成综合管线碰撞
	施工图设计模型3D漫游	施工图设计模型3D漫游	对已有的设计模型进行漫游设置，并导出动画
	结构计算分析	对结构模型进行计算分析	对结构模型进行计算分析
	室内照度分析	室内照度分析	Revit导入ecotect（建筑环境模拟软件）模拟分析室内照度情况
	地铁通风情况分析	地铁通风情况分析	Revit导入ecotect（建筑环境模拟软件）模拟分析地铁通风情况
	能耗分析	能耗分析	gbs导入equest（建筑能耗分析软件）模拟分析能耗情况
	工程量统计	工程量统计	利用Revit明细表功能及扣减规则，添加成本参数，完成混凝土等主要工程量清单统计
	协助制定项目目标成本	编制施工图预算（目标成本）	发现施工图编制缺项漏项；提供精确施工图预算量用于目标成本控制

2.2

基于BIM方案设计阶段应用价值

与其他行业相似，在城市轨道交通方案设计阶段，BIM主要通过可视化的主要设计要点进行参数化控制，比较不同方案设计效果，辅助设计方案决策。

2.2.1　可视化三维设计

在三维可视化条件下进行设计，建筑师以及业主等能够全视角观察设计造型方案，在虚拟光线照射下直观感受各部位的光线效果，便于各方交流和设计决策。例如图2-4与图2-5分别是同一项目的不同设计方案，从中我们可以快速直观地看到其不同的设计理念与效果。

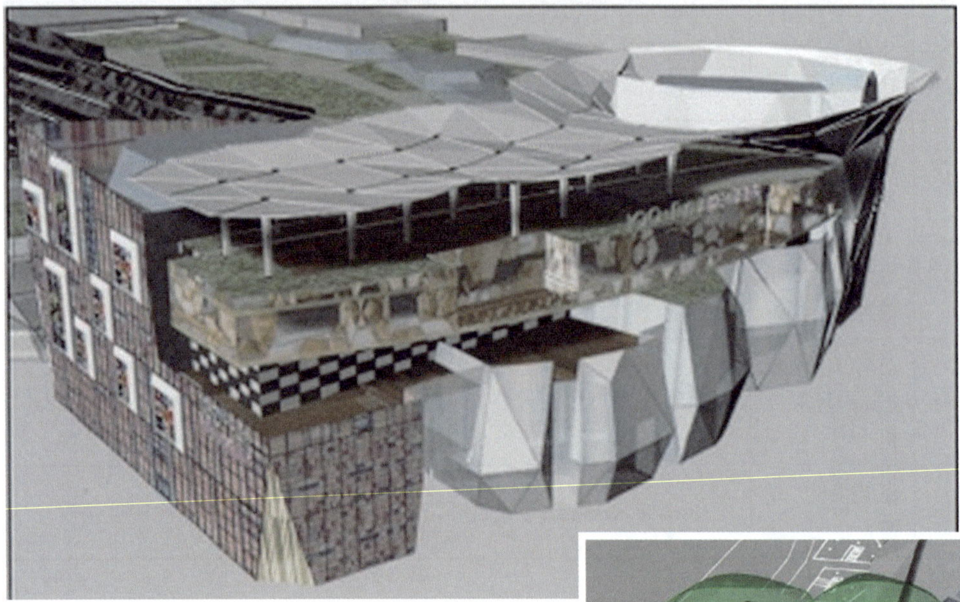

图2-4　BIM设计方案（一）

图2-5　BIM设计方案（二）

轨道交通车站内变电所设备布置图是供电系统方案设计的重点之一，通过三维的变电所设备布置图可以直观看出变电所房的位置和大小，在方案设计阶段可以指导变电所设备的合理布局（如图2–6）。

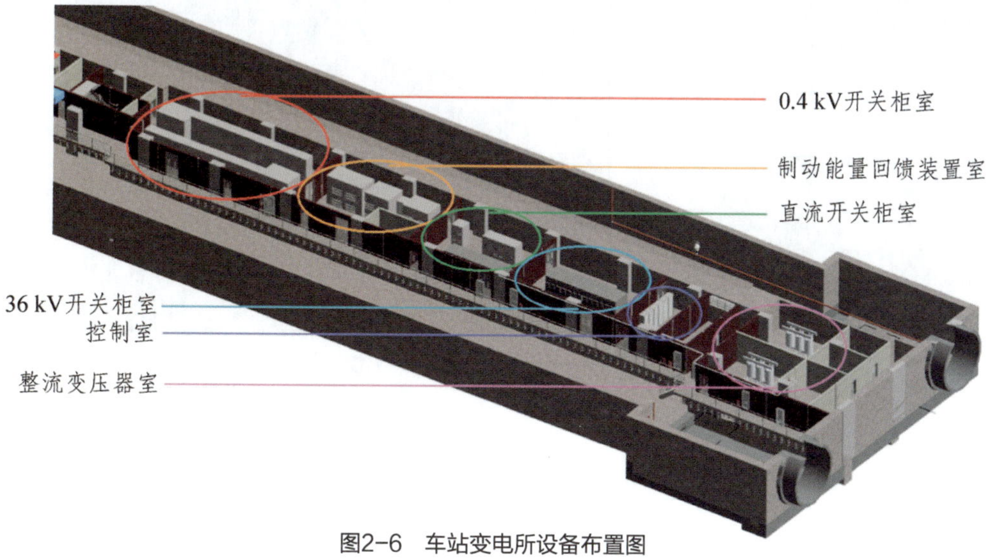

图2–6　车站变电所设备布置图

另外在传统设计模式下，建筑师、结构师自身都很难理解高、大、新、奇的建筑空间关系，机电工程师在其中进行设备、管线的准确定位和布置就更加困难。土建结构、机电设备、综合管线彼此碰撞，影响了设计质量。三维可视化设计不仅提供了准确的构件定位，各设计师还可以在协同工作平台上共享所有信息，实时检查碰撞，提高方案设计质量，便于后续工作的推进。

2.2.2　参数化设计控制

众所周知，方案设计阶段的反复性很强，设计过程中有大量的改动和效果比选过程。相比手动调整，采用参数控制更高效、更快捷（如图2–7、2–8）。

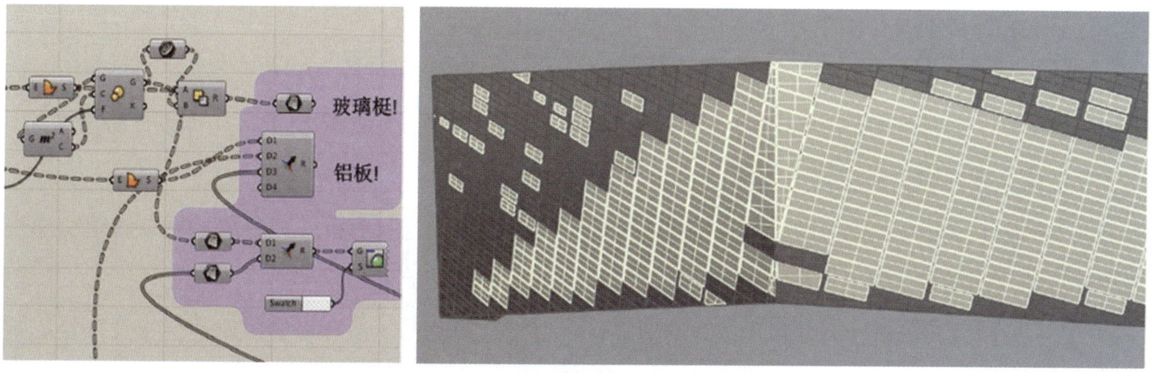

图2–7　玻璃幕墙设计的参数化控制

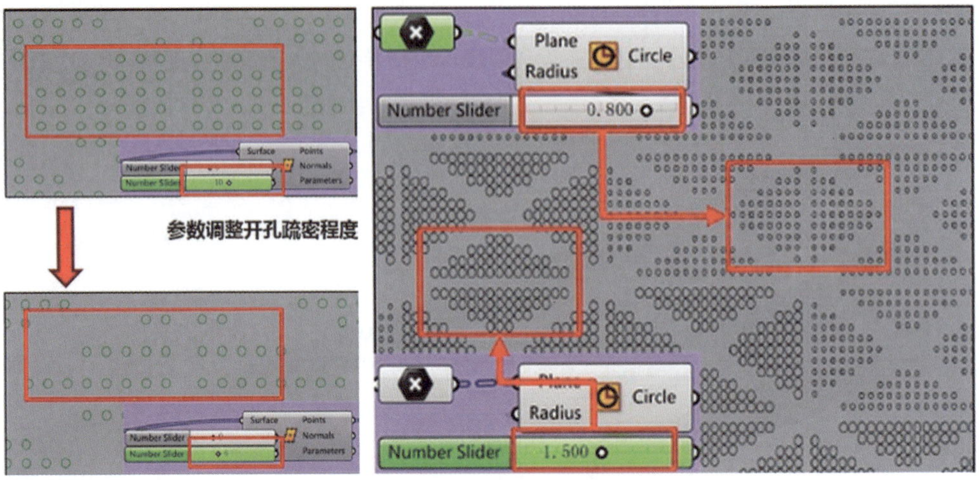

图2-8　车站天花板孔隙率参数化设计

2.3

基于BIM初步设计阶段应用价值

方案设计阶段之后，轨道交通设计就进入了初步设计阶段。此时，经过与其他专业的不断协调，车站基本处于稳定状态。所以，在初步设计阶段，必不可少地要通过BIM模型的性能分析验证方案的合理性，进行必要的模型信息输入以及阶段性的方案成果展示等。初步设计阶段可应用BIM对设计方案或重大技术问题的解决方法进行综合分析，协调设计接口、稳定主要外部条件，论证技术上的适用性、可靠性和经济上的合理性。

初步设计阶段宜利用初步设计模型对建筑设计方案、结构施工方案、专项风险工程、交通影响范围和疏解方案、管线影响范围和迁改方案进行可视化沟通、交流、讨论和决策。初步设计阶段BIM应用主要包括下列内容：

（1）设计方案可视化：利用初步设计模型展现设计方案并进行分析，充分展示城市轨道交通与周边环境的空间关系、出入口位置等关键因素，进行方案沟通交流。

（2）控制因素分析：利用初步设计模型进行轨道交通线路与周边环境的协调性检查及环境影响分析，形成控制因素报告及模拟视频，直观展示城市轨道交通工程穿越的风险工程、涉及的一体化开发工程等控制因素，分析其对城市轨道交通工程的制约程度。

（3）换乘方案模拟：利用初步设计模型模拟客流、展示换乘方案等，直观、清晰地模拟分析车站换乘方案，形成换乘方案报告及模拟视频，实现换乘方案的高效决策，为方案讨论、宣传、公示等活动提供支撑。

（4）设计方案比选：建立比选设计方案模型，对各方案的可行性、功能性、美观性等方面进行分析，形成相应的方案比选报告，选择最优设计方案。

基于各种设计方案创建多个方案模型，整合项目周边环境模型，以三维可视化的形式展现各个方案的优缺点，协助设计人员进行方案比选、整体优化及最终方案的确定（如图2-9）。

图2-9　场地整体布局

（5）施工工法模拟：利用初步设计模型模拟施工工法并形成模拟视频，清晰表达设计方案的施工工法、辅助措施等信息，辅助施工工法的论证和比选。

应用BIM模型结合时间要素，可以直接模拟轨道交通工程建设全过程（如图2-10）。

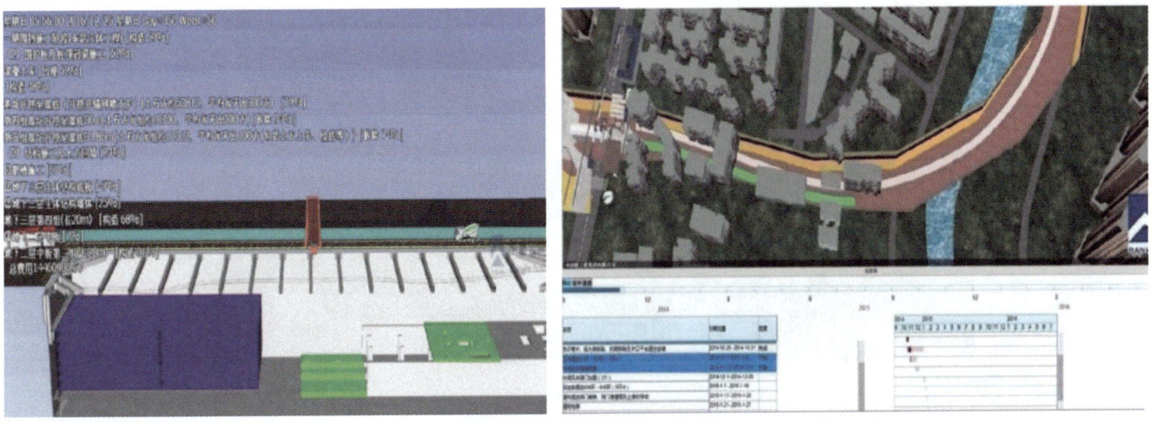

图2-10　施工模拟案例

（6）交通疏解、管线改迁模拟：利用初步设计模型分阶段模拟并优化管线迁改和道路疏解方案，利用模拟视频清晰表达交通疏解、管线改迁方案随进度计划变化的状况，反映各施工阶段存在的重点难点，检查并优化方案，辅助工程筹划（如图2-11、2-12）。

第一期

第二期

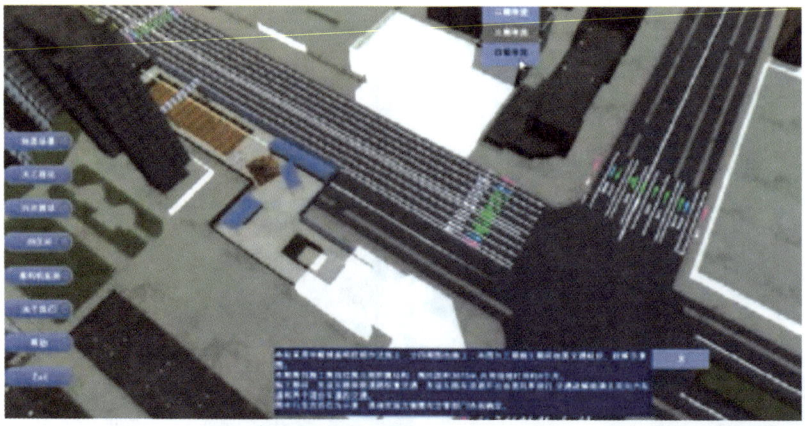

第三期

图2-11　交通疏解方案模拟

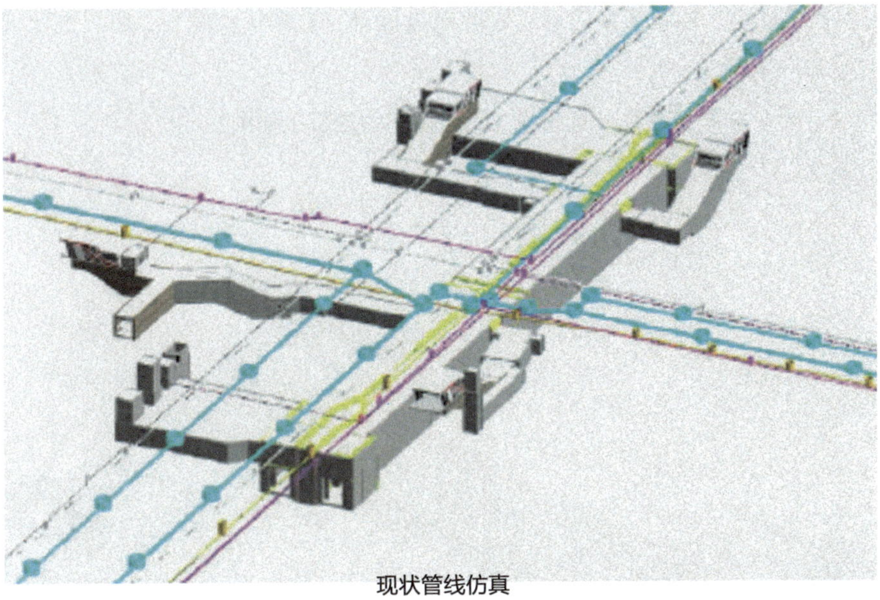

现状管线仿真

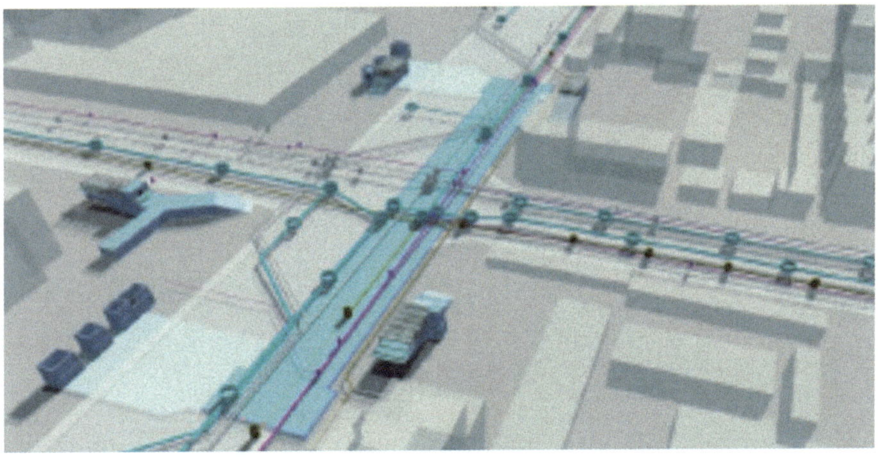

一期管线迁改模拟

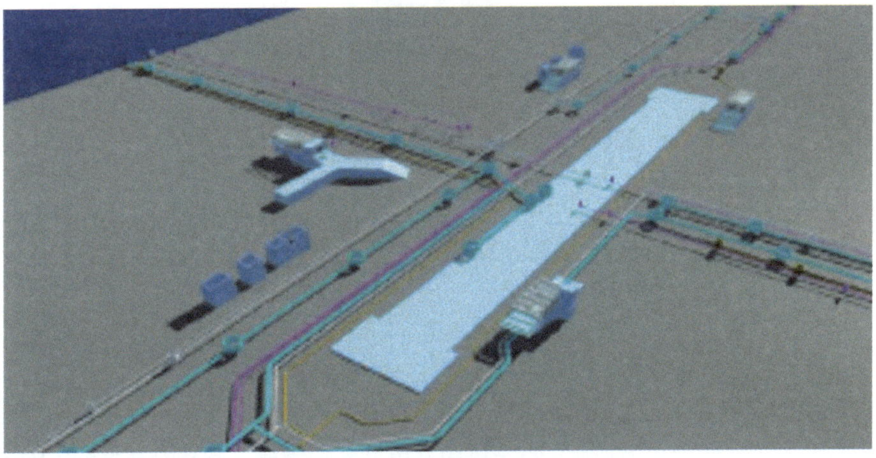

二期管线迁改模拟

图2-12　地下市政管网迁改方案模拟

（7）工程量统计、一体化模型应用、管线碰撞检查、三维管线综合、限界优化设计、设计进度、质量管理等其他应用。

①工程量统计时可分类型调取不同设备，不同构件的数量（如图2-13）。

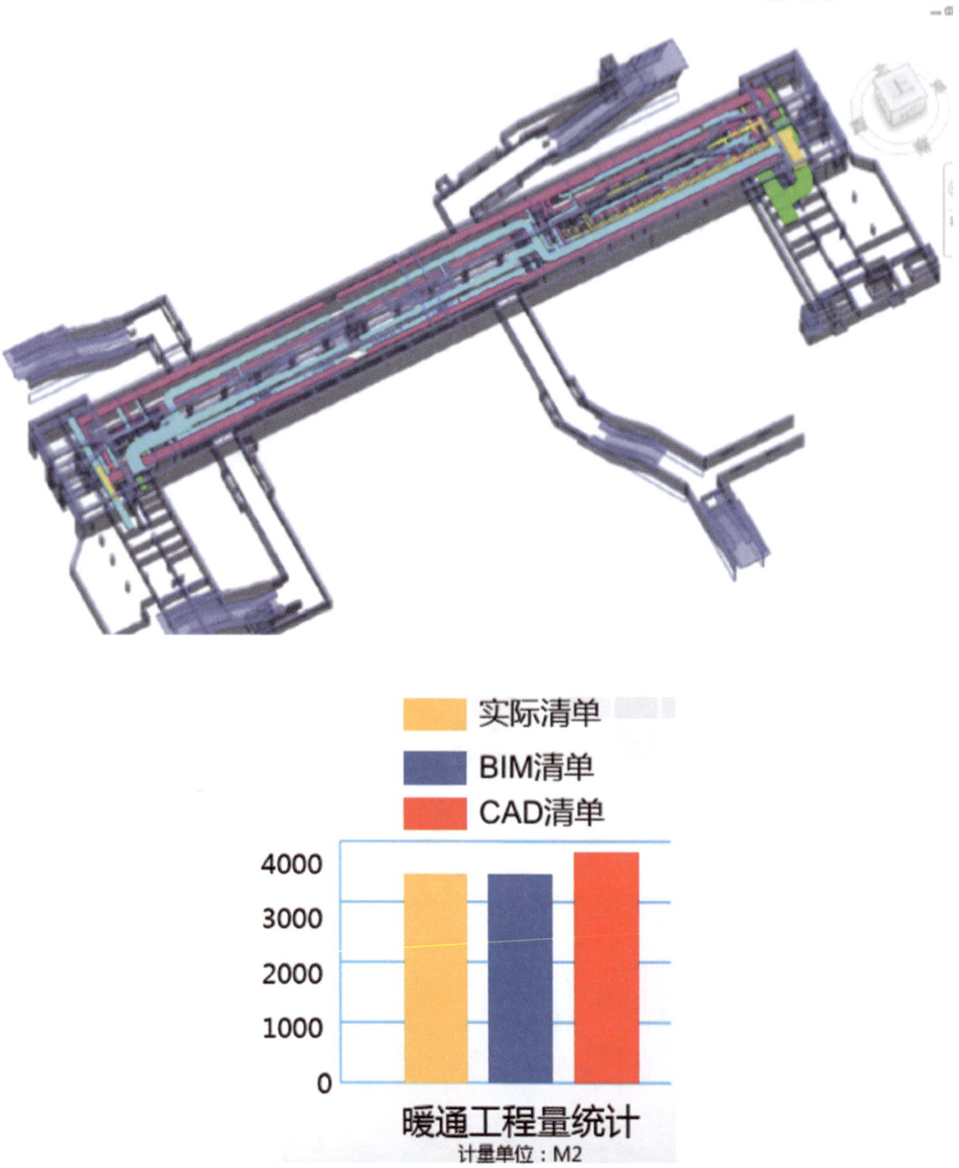

图2-13　工程量统计

②从目前的发展形势看，图表依然是工程项目不可缺少的要素。初步设计阶段除了建立信息模型以及进行模型分析之外，还可根据需要输出二维图纸以及数据表格。例如车站平剖面图、车站门窗表等（如图2-14～2-18）。

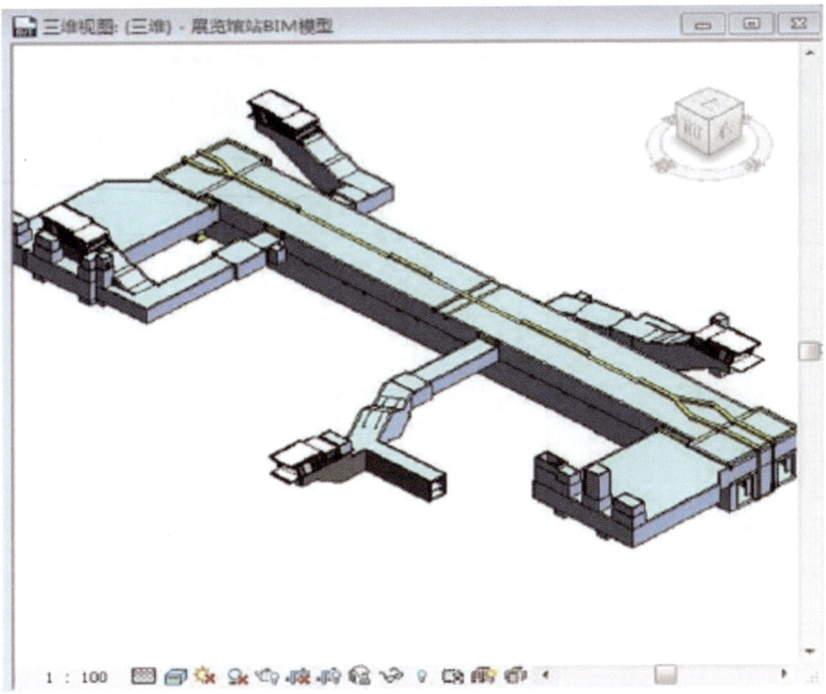

图2-14　三维BIM模型

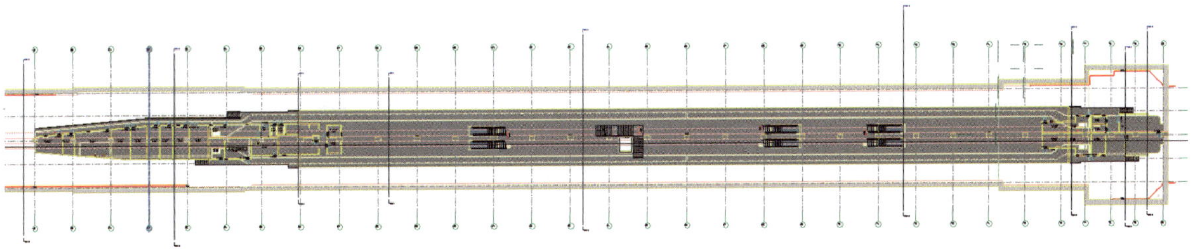

图2-15　车站平面图

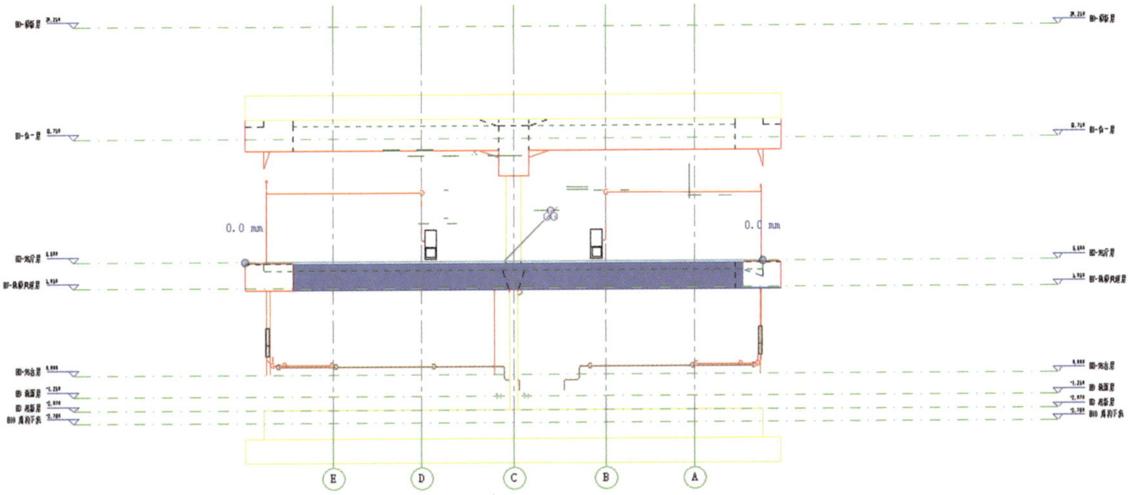

图2-16　车站剖面图

<门窗明细表>

A	B	C	D
序号	尺寸	类别	备注
1	GBM0821	钢制密闭门	
2	GBM0821	钢制密闭门	
3	GBM0821	钢制密闭门	
4	GBM0821	钢制密闭门	
5	GBM0821	钢制密闭门	
6	GBM0821	钢制密闭门	
7	GBM0821	钢制密闭门	
8	GBM0821	钢制密闭门	
9	GBM0821	钢制密闭门	
10	GBM0821	钢制密闭门	
11	GBM0821	钢制密闭门	
12	GBM0821	钢制密闭门	
13	GFM1021	A类隔热防火	
14	GFM1527	A类隔热防火	
15	GFM1527	A类隔热防火	
16	GFM1221	A类隔热防火	
17	GFM1021	A类隔热防火	

图2-17　车站门窗表

<A_房间明细表>

A	B	C
名称	位置	面积（平方米）
0.4kv低压开关	未放置	未放置
35KV开关柜	未放置	未放置
AFC票务室	站厅层-建筑-XX	35.30
AFC设备室	站厅层-建筑-XX	23.45
guang	站台层-建筑-JZ	47.31
UPS室	站厅层-建筑-XX	39.63
三角机房	未放置	未放置
三角机房	未放置	未放置
会议交接班室	站厅层-建筑-XX	22.59
保洁工具间	站台层-建筑-JZ	6.16
保洁间	站厅层-建筑-XX	6.99
信号设备室	站厅层-建筑-XX	40.79
公安接处警室	站厅层-建筑-XX	24.06
公安设备室	站厅层-建筑-XX	26.22

图2-18　车站房间表

③基于精细化BIM模型，进行管线综合与碰撞检查，及时发现管线与结构构件之间的碰撞、各专业的管线碰撞等问题，分析并生成协调数据，解决设计图纸中可能存在的“错漏碰缺”问题，避免后期的设计变更及施工返工（如表2-2）。

表2-2　机电专业碰撞等级分类说明

碰撞等级	碰撞说明
一级碰撞	由于软件自身的限制，造成的碰撞
二级碰撞	简单的管线碰撞，通过管线平移或上弯下绕可以解决的碰撞
三级碰撞	较为复杂的管线碰撞，需要对管线进行整体的规划和协调才能解决的碰撞
四级碰撞	通过管线综合也不能够解决的碰撞，需设计单位进行修改的碰撞

通过三维模型，可以更直观地检查出设计的“错漏碰缺”，生成碰撞报告，从而有效地提高设计质量（如图2-19）。

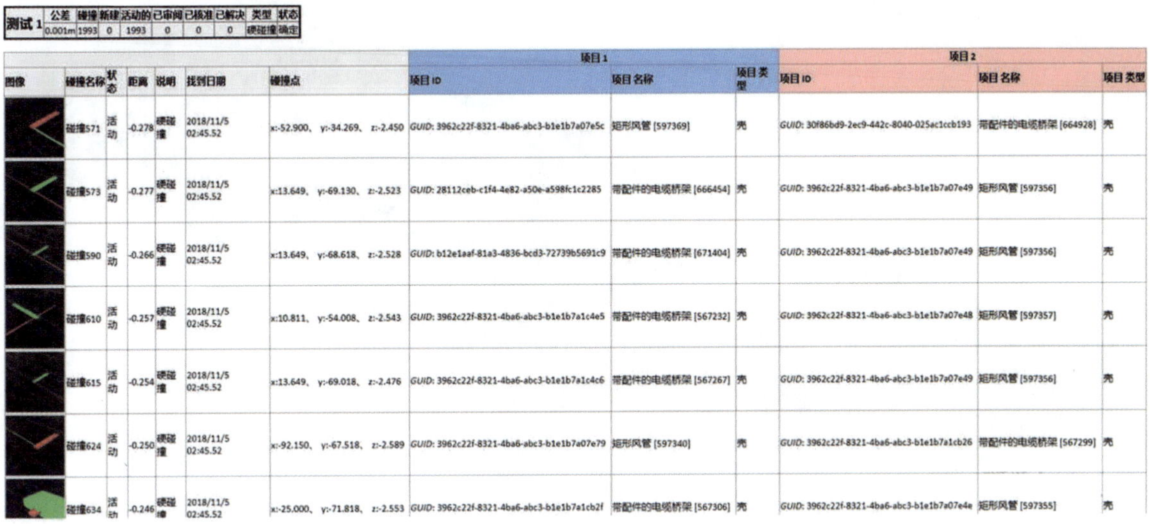

测试 1	公差	碰撞	新建	活动的	已审阅	已核准	已解决	类型	状态
	0.001m	1993	0	1993	0	0	0	硬碰撞	确定

							项目1			项目2		
图像	碰撞名称	状态	距离	说明	找到日期	碰撞点	项目ID	项目名称	项目类型	项目ID	项目名称	项目类型
	碰撞571	活动	-0.278	硬碰撞	2018/11/5 02:45.52	x:-52.900、y:-34.269、z:-2.450	GUID: 3962c22f-8321-4ba6-abc3-b1e1b7a07e5c	矩形风管 [597369]	壳	GUID: 30f86bd9-2ec9-442c-8040-025ac1ccb193	带配件的电缆桥架 [664928]	壳
	碰撞573	活动	-0.277	硬碰撞	2018/11/5 02:45.52	x:13.649、y:-69.130、z:-2.523	GUID: 28112ceb-c1f4-4e82-a50e-a598fc1c2285	带配件的电缆桥架 [666454]	壳	GUID: 3962c22f-8321-4ba6-abc3-b1e1b7a07e49	矩形风管 [597356]	壳
	碰撞590	活动	-0.266	硬碰撞	2018/11/5 02:45.52	x:13.649、y:-68.618、z:-2.528	GUID: b12e1aaf-81a3-4836-bcd3-72739b5691c9	带配件的电缆桥架 [671404]	壳	GUID: 3962c22f-8321-4ba6-abc3-b1e1b7a07e49	矩形风管 [597356]	壳
	碰撞610	活动	-0.257	硬碰撞	2018/11/5 02:45.52	x:10.811、y:-54.008、z:-2.543	GUID: 3962c22f-8321-4ba6-abc3-b1e1b7a1c4e5	带配件的电缆桥架 [567232]	壳	GUID: 3962c22f-8321-4ba6-abc3-b1e1b7a07e48	矩形风管 [597357]	壳
	碰撞615	活动	-0.254	硬碰撞	2018/11/5 02:45.52	x:13.649、y:-69.018、z:-2.476	GUID: 3962c22f-8321-4ba6-abc3-b1e1b7a1c4c6	带配件的电缆桥架 [567267]	壳	GUID: 3962c22f-8321-4ba6-abc3-b1e1b7a07e49	矩形风管 [597356]	壳
	碰撞624	活动	-0.250	硬碰撞	2018/11/5 02:45.52	x:-92.150、y:-67.518、z:-2.589	GUID: 3962c22f-8321-4ba6-abc3-b1e1b7a07e79	矩形风管 [597340]	壳	GUID: 3962c22f-8321-4ba6-abc3-b1e1b7a1cb26	带配件的电缆桥架 [567299]	壳
	碰撞634	活动	-0.246	硬碰撞	2018/11/5 02:45.52	x:-25.000、y:-71.818、z:-2.553	GUID: 3962c22f-8321-4ba6-abc3-b1e1b7a1cb2f	带配件的电缆桥架 [567306]	壳	GUID: 3962c22f-8321-4ba6-abc3-b1e1b7a07e4e	矩形风管 [597355]	壳

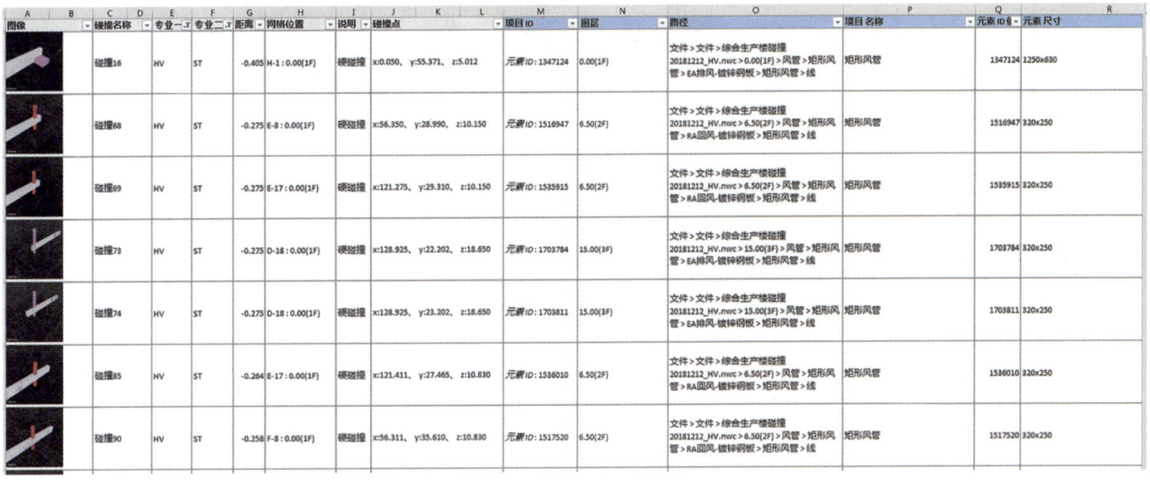

A	B	C	D	E	F	G	H	I	J	K	L	M	N	O	P	Q	R
图像		碰撞名称		专业一	专业二	距离	网格位置	说明	碰撞点			项目ID	图层	路径	项目名称	元素ID	元素尺寸
		碰撞16		HV	ST	-0.405	H-1 : 0.00(1F)	硬碰撞	x:0.050、y:55.371、z:5.012			元素ID : 1347124	0.00(1F)	文件 > 文件 > 综合生产楼碰撞 20181212_HV.nwc > 0.00(1F) > 风管 > 矩形风管 > EA排风-镀锌钢板 > 矩形风管 > 线	矩形风管	1347124	1250x630
		碰撞68		HV	ST	-0.275	E-8 : 0.00(1F)	硬碰撞	x:56.350、y:28.990、z:10.150			元素ID : 1516947	6.50(2F)	文件 > 文件 > 综合生产楼碰撞 20181212_HV.nwc > 6.50(2F) > 风管 > 矩形风管 > RA回风-镀锌钢板 > 矩形风管 > 线	矩形风管	1516947	320x250
		碰撞69		HV	ST	-0.275	E-17 : 0.00(1F)	硬碰撞	x:121.275、y:29.310、z:10.150			元素ID : 1535915	6.50(2F)	文件 > 文件 > 综合生产楼碰撞 20181212_HV.nwc > 6.50(2F) > 风管 > 矩形风管 > RA回风-镀锌钢板 > 矩形风管 > 线	矩形风管	1535915	320x250
		碰撞73		HV	ST	-0.275	D-18 : 0.00(1F)	硬碰撞	x:128.925、y:22.202、z:18.650			元素ID : 1703784	15.00(3F)	文件 > 文件 > 综合生产楼碰撞 20181212_HV.nwc > 15.00(3F) > 风管 > 矩形风管 > EA排风-镀锌钢板 > 矩形风管 > 线	矩形风管	1703784	320x250
		碰撞74		HV	ST	-0.275	D-18 : 0.00(1F)	硬碰撞	x:128.925、y:23.202、z:18.650			元素ID : 1703811	15.00(3F)	文件 > 文件 > 综合生产楼碰撞 20181212_HV.nwc > 15.00(3F) > 风管 > 矩形风管 > EA排风-镀锌钢板 > 矩形风管 > 线	矩形风管	1703811	320x250
		碰撞85		HV	ST	-0.264	E-17 : 0.00(1F)	硬碰撞	x:121.411、y:27.465、z:10.830			元素ID : 1536010	6.50(2F)	文件 > 文件 > 综合生产楼碰撞 20181212_HV.nwc > 6.50(2F) > 风管 > 矩形风管 > RA回风-镀锌钢板 > 矩形风管 > 线	矩形风管	1536010	320x250
		碰撞90		HV	ST	-0.258	F-8 : 0.00(1F)	硬碰撞	x:56.311、y:35.610、z:10.830			元素ID : 1517520	6.50(2F)	文件 > 文件 > 综合生产楼碰撞 20181212_HV.nwc > 6.50(2F) > 风管 > 矩形风管 > RA回风-镀锌钢板 > 矩形风管 > 线	矩形风管	1517520	320x250

图2-19 各专业综合碰撞检查

④通过三维模型，可以更直观地展现三维管线综合（如图2-20～2-22）。

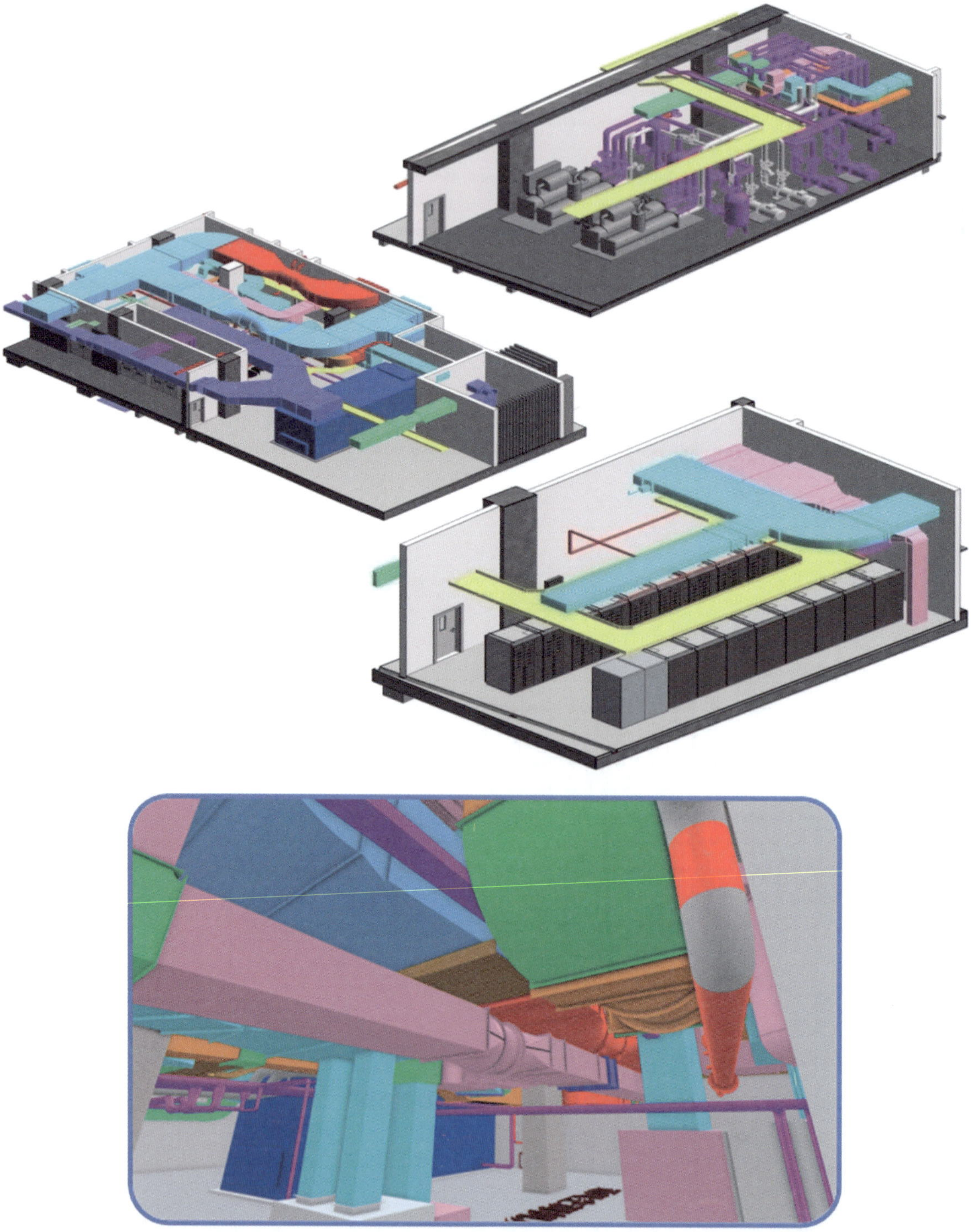

图2-20　三维管线综合

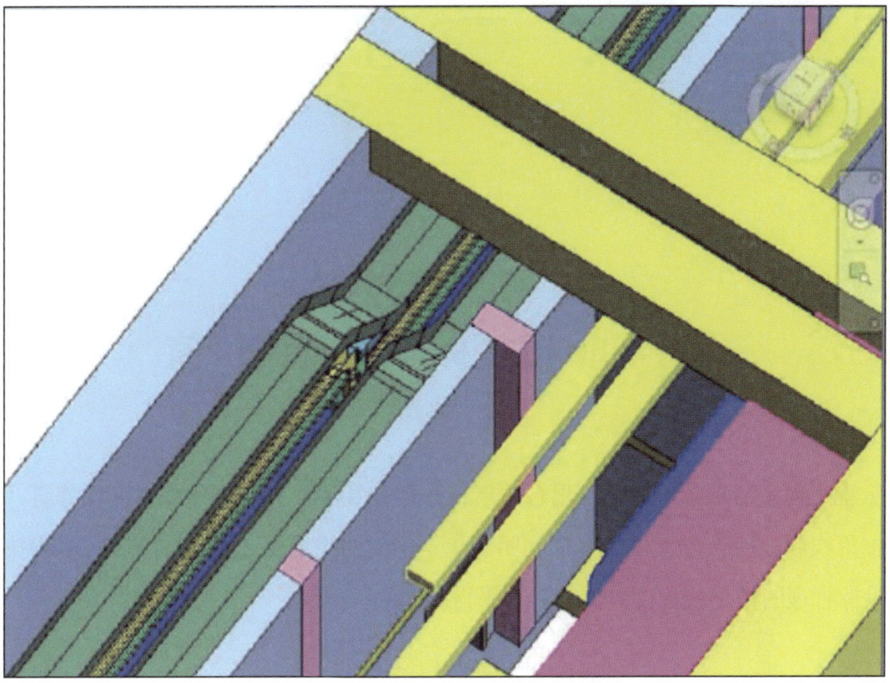

图2-21　三维局部管线下翻结构梁

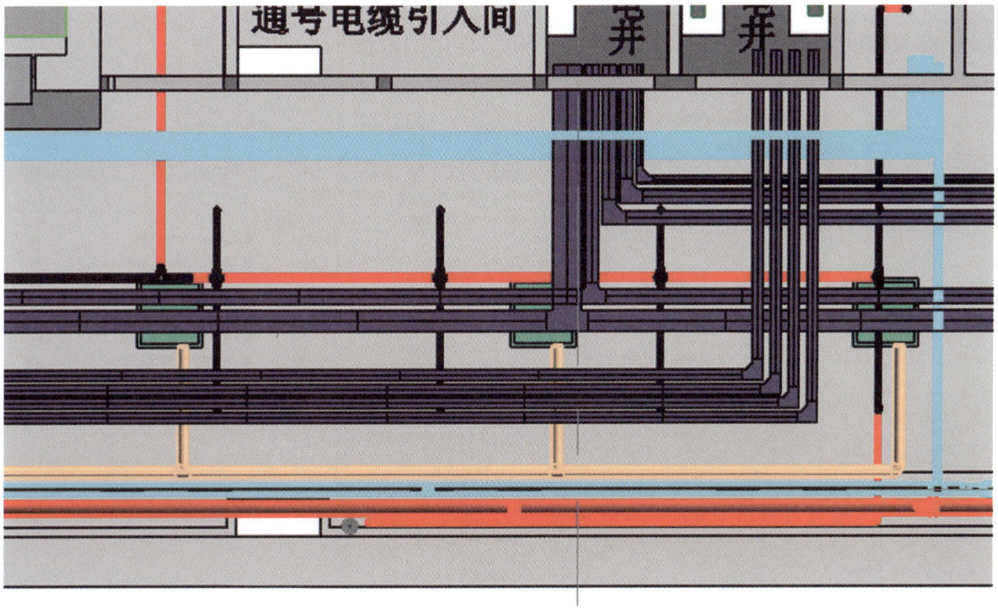

图2-22　管线综合剖面图

2.4

基于BIM招投标阶段应用价值

《建设工程工程量清单计价规范》出台之后，先后在2008年和2013年做过两次修订，逐渐完善了企业的自主报价权利，使各方主体的责权利明确化，同时对企业提出更高的要求。BIM技术很大程度上促进了招投标管理的精细化程度，使管理水平得到提高。

2.4.1 BIM在招标控制中的价值

招标阶段的核心工作是得出准确和全面的工程量清单项。在这个阶段最烦琐的工作是工程量的计算，既耗时又费力。而BIM技术的出现使这个难题迎刃而解。BIM是一个资源共享平台，BIM模型集合了各个方面的信息数据，是一个庞大的信息数据库，可以直观地展示项目的物理和空间信息。有数据库做支撑，计算机可以快速对各种构件进行统计分析，大大减少主观臆断与偏差引起的工程量计算错误，可以在很大程度上提高造价人员的工作效率和工程量的准确度（如图2-23）。

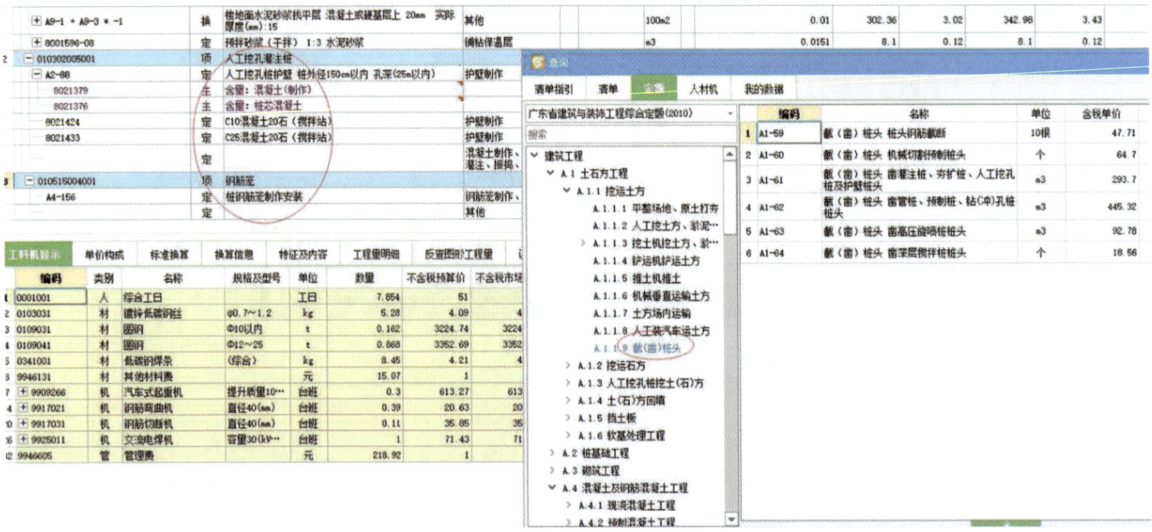

图2-23 通过BIM软件自动计算工程量清单

BIM技术在招标阶段的价值，主要体现在根据BIM的三维模型，能够方便地向施工方或厂家展示项目或产品的要求（如图2-24）。

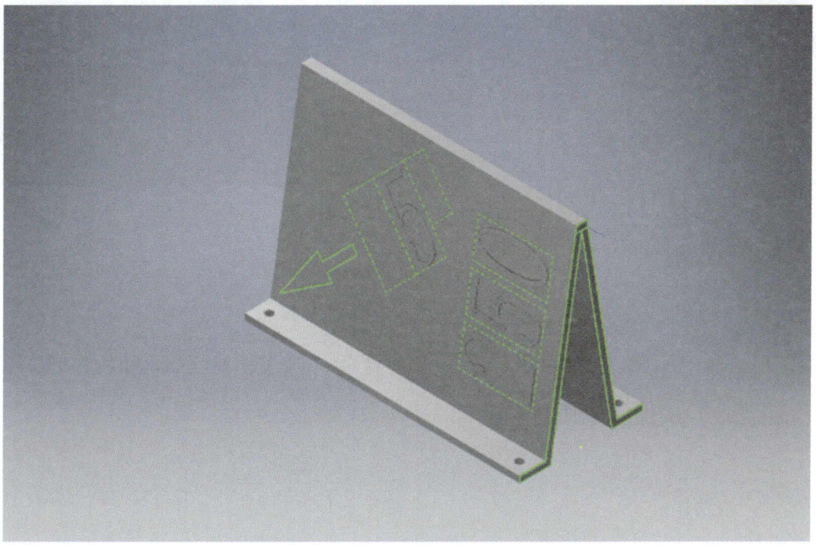

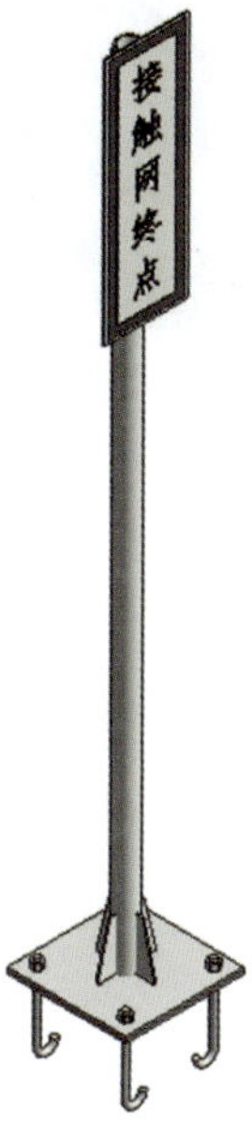

图2-24 BIM软件展示设计细节部位

借助BIM可以实现高质量、高效的设计，进行各种合理的模拟分析和一致性检查，避免碰撞，减少变更和返工，降低工程造价，大大降低招标与合同执行风险。工程项目招标采购环节，招标管理要求精细，对合同要求质量高。运用BIM技术可以保障合同的执行和结算的可控性，并能积累经验数据，为后续的项目提供准确预测。

除此之外，在城市轨道交通工程中，有许多施工节点或产品，比如扣件、轨枕、钢轨等，这些设备形状复杂，功能要求多，采用二维图纸难以表达，通过BIM的三维建模可以形象生动地向投标方，包括施工单位和厂家，展现项目的需求。

2.4.2 BIM在投标控制中的价值

投标阶段的核心工作是得出准确的工程量和利益最大化的投标策略。通过BIM技术可以制作4D、5D施工投标模型，将建设单位最为关心的成本、工期等信息融合在BIM模型里，从而直观地向建设单位进行施工过程模拟演示（如图2-25）。运用BIM技术也容易做出更详细、更能吸引专家眼球的技术方案、施工组织设计等成果文件。

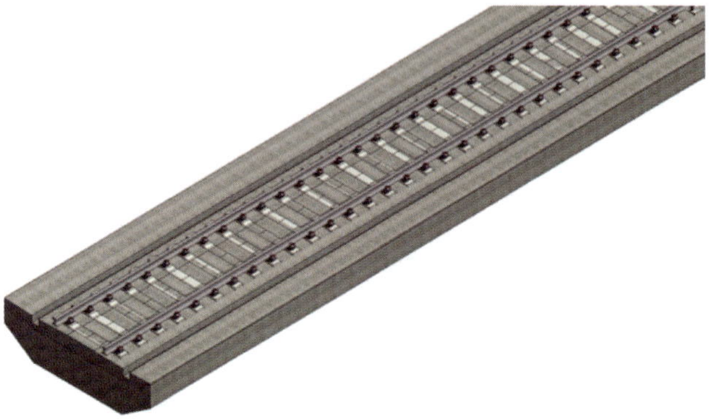

图2-25 BIM软件模拟施工

在城市轨道交通工程的施工过程中，施工工序多，施工方法复杂，通过BIM三维模拟，可以形象生动地向施工方展示施工方法和要求，确保施工质量。

2.5

基于BIM施工图设计阶段应用价值

施工图设计阶段可应用BIM对设计方案进行综合模拟及检查，优化技术方案、工艺、工法、材料等，在初步设计的基础上辅助编制可供施工或安装阶段使用的设计文件。施工图设计阶段BIM应用主要包括下列内容：

（1）设计进度和质量管理：利用BIM数据集成与管理平台实现对设计图纸和BIM交付成果的集中存储与管理，保证交付数据的及时性与一致性，在BIM数据集成与管理平台中进行设计任务分配及模型管理，确保信息沟通及时准确、工作开展顺畅有序，提高设计效率和质量。

（2）限界优化设计：利用施工图设计模型，开展限界与土建、设备的碰撞检查，辅助车辆限界、设备限界和建筑限界设计，提高设计质量。

（3）管线碰撞检查：利用施工图设计模型检测专业之间或专业内部的设施设备空间布置是否碰撞、是否满足特定间距要求，形成碰撞分析报告，辅助优化设计。

（4）三维管线综合：根据碰撞分析报告和管线综合技术要求调整管线布置，优化设备及管线空间排布，使其满足运输、安装、运行及维护检修的空间使用要求，输出车站各层综合管线、车站关键节点部位等的三维模型视图，辅助设计交底。

（5）预留预埋检查：根据管线综合后的施工图设计模型梳理墙、板以及二次结构的孔洞预留和预埋件布置，输出预留孔洞图纸（包含位置、形状、尺寸等信息）和预埋件布置图纸（包含类型、规格、位置等信息），实现预留孔洞和预埋件的提前检查，规避工期延误风险和质量隐患。

（6）工程量统计：利用施工图设计模型输出各清单子项目工程量与特征信息，根据工程量清单中的分部分项优化完善模型数据，保证清单项与构件一一对应，辅助编制、校核工程量清单，提高各阶段工程造价的效率与准确性。

（7）其他应用：建筑能耗分析、日照分析、结构计算分析、岩土工程分析、大型设备运输路径检查等其他应用。

2.5.1 建筑专业

BIM技术的亮点之一就是节约人力成本，通过平面、立体、剖面等方向，对城市轨道交通的建筑物的构造进行多维立体分析，降低设计师的主观性，将城市轨道交通建筑物的水准以及专业度提升一个层次。

BIM技术解决了城市轨道交通建筑过程中浪费资源的问题，可以完美地搭建城市轨道交通建筑物整体结构的三维立体模型，可科学地对各种资源所处的位置进行分析，进而制定出完整的城市轨道交通建筑架构，推动了现阶段城市轨道交通建筑设计方法健康、稳定的发展。

1. 三维可视化设计

传统的城市轨道交通车站设计是采用平面设计法，成果也是采用二维图纸进行交付。虽然二维图纸的设计方法操作方便且出图速度快，在各类工程中被普遍使用，但是面向现在的三维形体，二维图纸已经不能满足需求，并且很难在施工时完全还原出设计师所要表达的设计思想。这时BIM技术的介入会使这些二维图纸不能解决的问题都迎刃而解。在新型的车站设计中，其所涉及的设计元素已经不再是简单的线和面，它们已经形成了各种三维对象，通过二维设计将很难表达。依靠BIM技术，融合三维化设计方法，不仅在空间管线碰撞上可以进行有效的检查，还可以在面对复杂形体时进行有力表达。在空间管线碰撞上，其分为软碰撞和硬碰撞。软碰撞指的是在实体线上，虽然没有直接的碰撞，但是在空间和间距上依然无法满足施工要求。硬碰撞指的是实体之间发生了交叉碰撞。例如在城市轨道交通车站的设计过程中，如果仅使用二维设计来处理T型换乘站换乘节点处立体关系，那将很难呈现各个单体之间的位置关系，因为在传统的二维设计中楼层净高是不能直观地被人们判断是否满足通行要求，在不能满足车辆以及行人通行的情况下极易发生软碰撞等情况。BIM模型可以使得避免此类问题发生。BIM系列软件不仅可以有效避免软碰撞的情况，还能提升动画技术中的各类参数和物理特征模型渲染图上的效果。可以通过其内部的设置使这些路径都变成动画，建立一个虚拟的三维空间和路由模型，不仅有助于地铁站的设计，还能起到透视的作用，以便对工程质量提供更好的保障。

2. 参数化设计

BIM技术的应用，不仅仅是指对象在三维空间上的叠加，它更主要的特点是使三维对象能够拥有更多的参数信息，例如材料特征、厂商信息、设计属性等。从而使得三维模型升级变成BIM模型，促进建筑构件更加智能化。在地铁站的设计中，采用参数化设计方法，可以提高设计效率和精准度，例如：在扶梯的设计中，加载机箱程序以及车站坡度等，可精准计算出高度，确保吊钩的位置更准确，如果需要建立以BIM为模型的扶梯，仅改变扶梯参数即可。

3. 结构分析应用

在城市轨道交通车站建筑结构设计过程中，要进行一些功能性的测试，以满足不同环境下对其结构上的需求，在对碰撞、支座、采光等进行一系列的检查后，就可以通过利用Revit Extensions发送完善后的BIM模型到Robot Structure Analysis Professional。在这个过程中，还需要将材料的物理性质、质量、材料的化学性质和模型进行转换，以获得最终的结构分析模型。在进行结构分析时，首先要经过管线碰撞检测，利用BIM技术的三维可视功能，直观地展现结构的内部组成，可以方便地发现设计中的碰撞冲突，并可对机电管线之间以及管线与建筑机构之间的碰撞冲突进行自动检测。传统的工程统计方法已不能满足市场需求，BIM技术的建筑信息模型能够快速生成构件的详细列表，帮助工程项目投资者进行分析。工程造价的准确估算保证了经济投入的最优化。在使用BIM技术制作详细的明细表时，应按照一定的操作进行。

4. BIM技术应用案例

1）BIM技术在装配式建筑设计中的应用分析

装配式建筑是将建筑的部分或全部构建在工厂预制完成，然后运输到施工现场，将构件通过可靠的连接方式组装而成，是具备“设计标准化、生产标准化、施工标准化、一体化装修和信息化管理”的新型工业化建筑。BIM技术在装配式建筑设计中的应用主要在以下3个阶段：

（1）策划与建筑正向设计

在装配式建筑技术策划阶段，工程师无法准确针对项目定位、建筑规模、成本限额等问题为投资建设方提供直观的产业化方案，后期设计依据不足。需以模块化设计为核心，以可调整的功能单元为组装理念来指导设计，运用BIM技术实现从方案直到施工图阶段的正向设计，从而形成不同深度的装配式BIM模型成果。

（2）深化设计与构件拆分

装配式建筑设计端手动拆分构件标准化程度低，专业内及专业间协同效率低，模型不共享。构件深化设计阶段，钢筋碰撞、预埋件与模具及钢筋干涉严重等问题带来后期构件制作节点变更频繁。需以深度建模为核心，运用BIM来实现深化设计，尤其是结构构件、功能构件和装饰构件间的碰撞协调，形成可用于生产和加工的BIM模型成果。

（3）设计辅助与构件制作

前期设计端考虑不周、信息化程度低、管理的粗放，导致构件厂异形构件数量多、模具周转率低、生产效率低、资源浪费。施工单位不具备装配式建筑施工组织经验，软件和硬件配置不充分，严重限制装配式施工发挥其保质量、缩工期的优势。需以服务于装配式构件制作车间和现场为中心，运用BIM技术来辅助制造和安装，并扩展至模具设计制作和构件吊运等环节。最终形成物料清单、模具图纸和施工环节的分析模拟报告与视频的成果。

2）深化设计阶段装配式构件的BIM运用

当下装配式建筑的工作方式大多是通过常规的设计工作出具二维图纸，交付PC构件厂家后再由PC构件厂家进行二次翻模，进而订制模具后在车间内完成所需构件的生产。其主要缺点在于设计单位所提交的装配式订单图纸无法供构件加工车间使用，而多数PC构件厂家出具模具图纸和加工图纸的效率较低，且二维构件图纸未经过预拼装，在车间加工环节极易出现钢筋碰撞情况，但模具改造和节点深化设计的综合成本极高。要解决上述问题，主要需通过精细的构件建模和基于参数化模型展开度应用研究。因此，对于这一类BIM运用，主要从技术角度展开论述：

（1）将结构构件、功能构件和装饰构件单元按造型、配筋原则、制作方法等指标进行划分，在此基础上制定针对装配式建筑的BIM族库架构（如图2-26）。

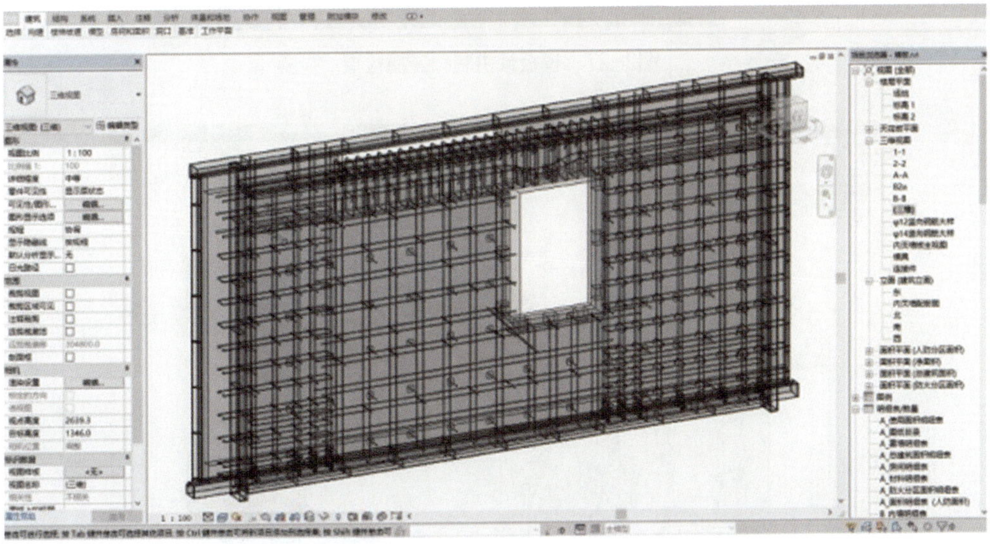

图2-26 平台装配式构件

（2）运用BIM技术将装配式构件的二维图纸和三维模型中各处尺寸进行参数化管理，真正做到全参数化模型。

（3）在进入建模环节中，重新梳理建筑中构件间的依附关系，保证各构件的独立性，同时维持构件间的参数联动，将构件内部的模型树结构进行扁平化优化，通过参数标签的方式提高管理效率。

（4）建立双重可行性验证制度。对于装配式构件整体嵌入建筑时，在BIM平台上预先进行拼装模拟，确保整体构件外部轮廓和单元划分的准确性（如图2–27、2–28）。

其中，对于构件单元内部的支撑结构，以钢筋网络为例，在BIM平台上需进行全参数化异形钢筋的深度建模和碰撞检查。钢筋网络的深度编辑在行业内已经形成共识，未来需要编写相应的程序语句，在参数化建立钢筋的基础上实现钢筋对于不同洞口的避让或者截断并自动配置补强钢筋，这样可以在保证设计深度的前提下进一步提升工作效率。为了保证钢筋纠偏的自由，在钢筋建模环节，同样清除掉结构钢筋和结构外轮廓见的依附关系，而仅保留参数联动。

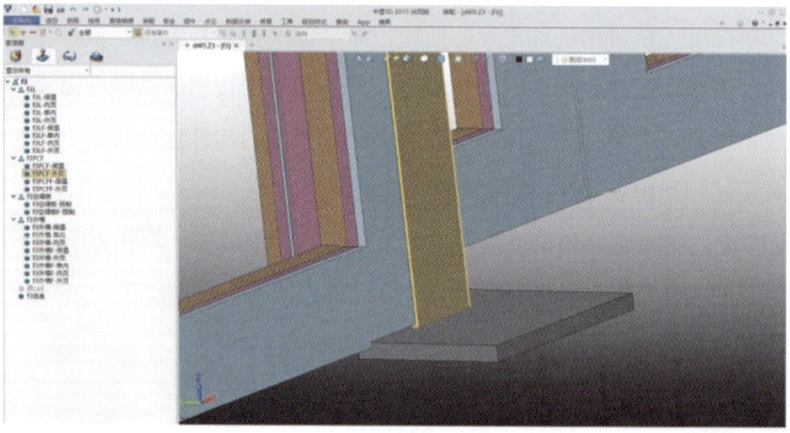

图2–27　模板预拼装和碰撞检查

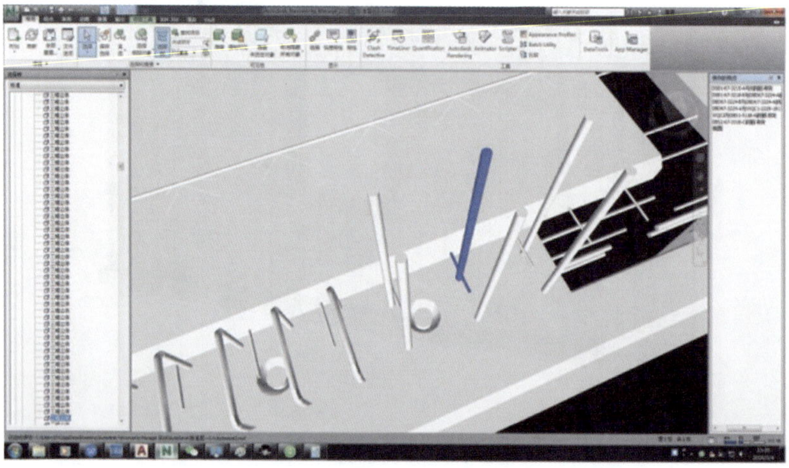

图2–28　钢筋预拼装和碰撞检查

（5）在成果交付环节，通过对族文件优化，保证装配式构件BIM模型可以直接出具满足施工方和车间需求的二维图纸。

3）装配式建筑构件制作和安装阶段BIM技术的辅助设计

装配式建筑在制作和安装阶段，目前的管理重点主要有以下两项：

（1）构件模具多为一体式模具，材料成本高、制作周期长、模具加工图出图速度慢、容易出现偏差、模具复用率低下，造成极大浪费。

（2）构件的调运安装环节缺乏技术指导，也缺少直观准确的技术交底措施，最终极易由于人员误操作而出现质量问题和进度滞后。

单纯就模具建模和施工工艺仿真而言，实现的手段和工具都有很多种，但要将具体项目的设计环节、模具制作环节和施工辅助管理环节进行打通则有较大技术障碍，对此的解决方案应从多样化服务的BIM平台着手。

装配式建筑设计成果的执行主要包含两大环节：

1）模具设计和制造环节

模具设计和制造环节执行方案为：设置能与构件设计进行无损数据对接和参数联动的模具深化设计平台。在构件建模阶段，即同步完成外围模具的建模，模具尺寸和构件尺寸参数设置联动，即在构件族的基础上附带完成模具族的制作。进而，在匹配构件尺寸的整体模具模型的基础上，通过数据接口，转换到模具深化设计BIM平台，同样将模具进行模数化的拆分，并补充固定加强部分，保证力学性能。最终实现模具模型和构件模型一同生成，一同随参数变化，同时保证模具深化设计平台直接输出的出图标准满足模具制造厂的需求（如图2-29～2-31）。

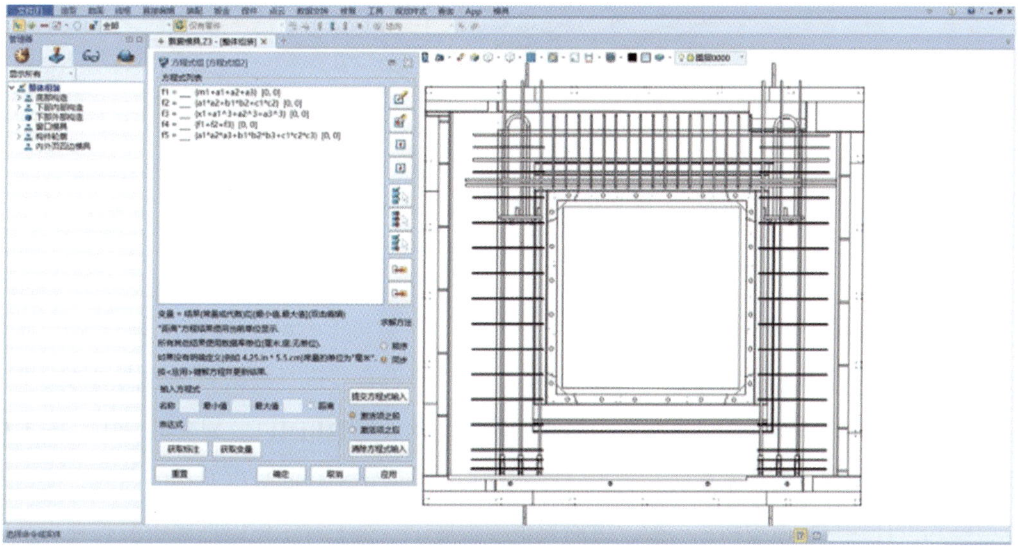

图2-29　跨平台钢筋参数联动展示

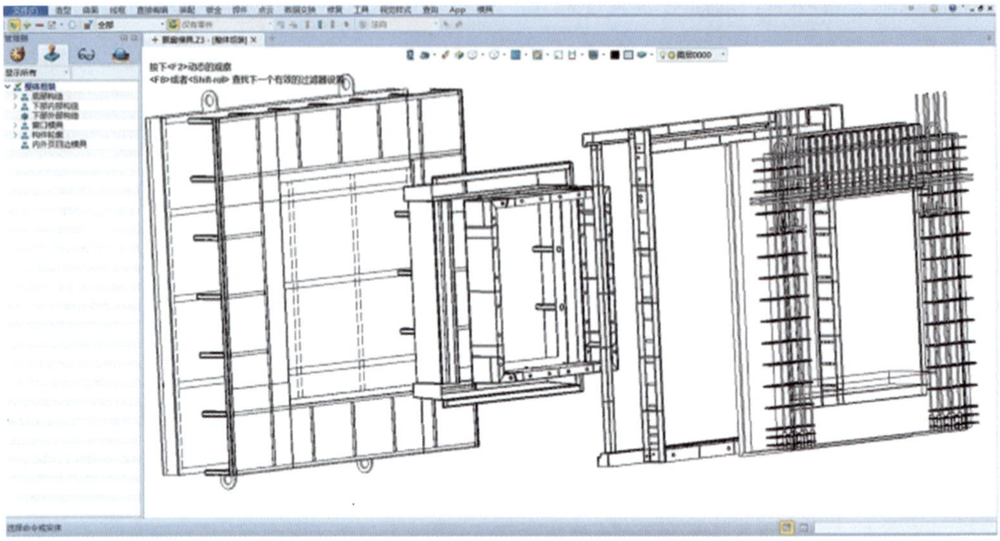

图2-30　数化组合模具参数联动及拆分展示1

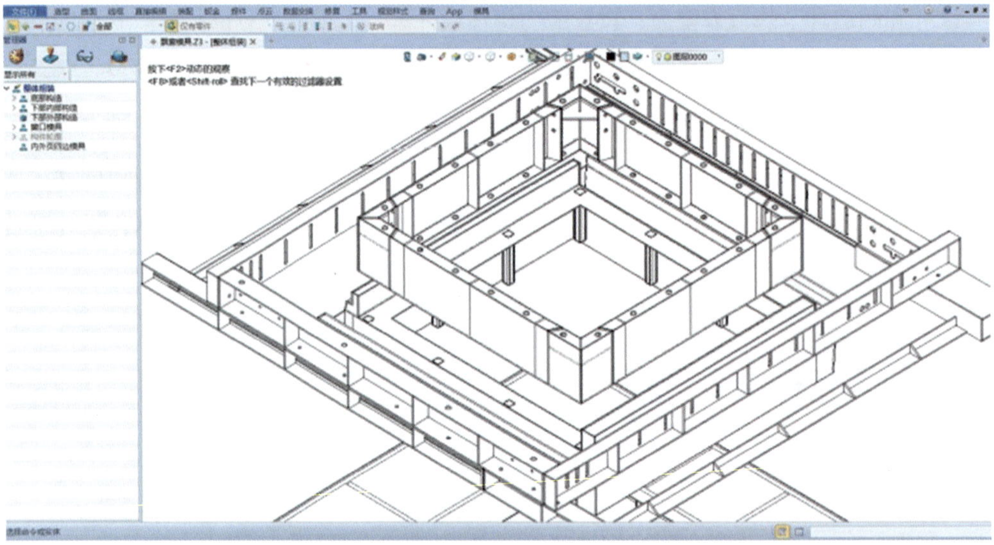

图2-31　模数化组合模具参数联动及拆分展示2

2）构件调运安装环节

构件调运安装环节执行方案为：设置能与装配式设计平台直接进行数据对接的模拟仿真平台。在装配式项目BIM设计的基础上，建立制造车间和安装现场两大场地BIM以及配套的措施、施工机具模型体系。要真正实现有效的技术交底和施工管理，核心在于两个平台间数据对接的高效，平台端项目构件模型树和设计端项目模型树相一致，进而保证模拟展示平台上可实现以准确资源管理为基础的施工辅助管理。最终实现项目现场和模拟展示的高度一致（如图2-32～2-35）。

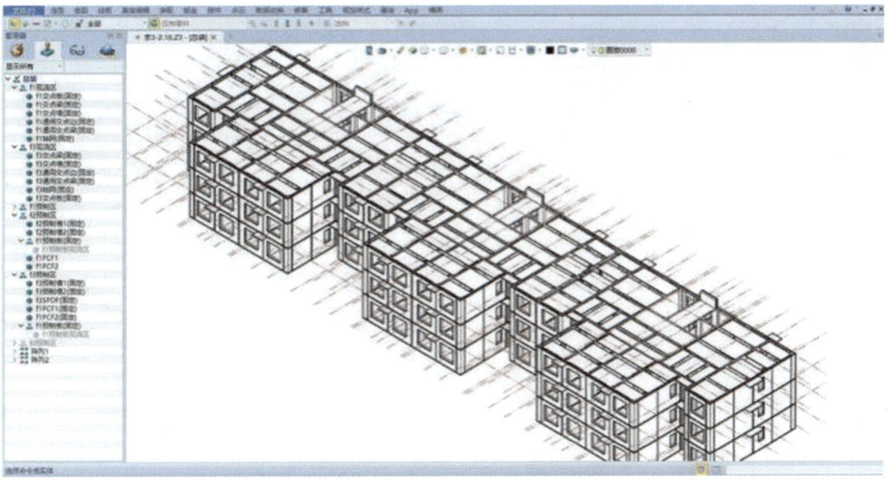

图2-32　整体预制区、非预制区拼装模拟

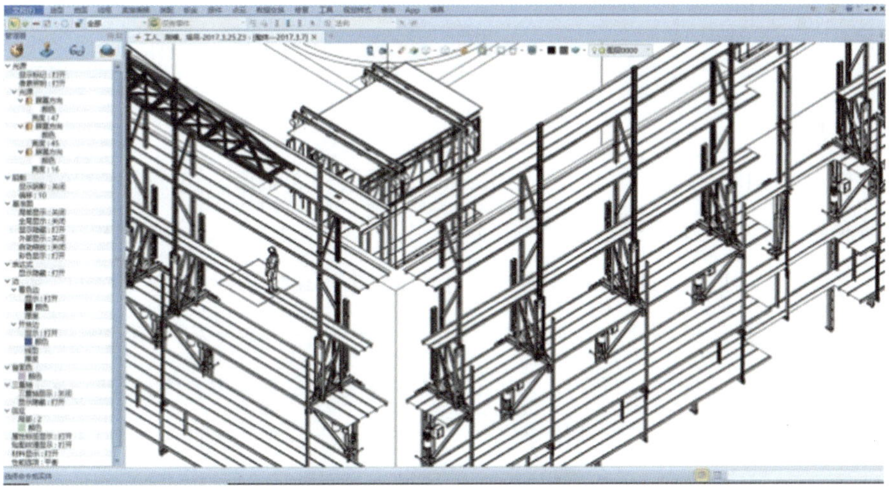

图2-33　现场安装施工模拟1

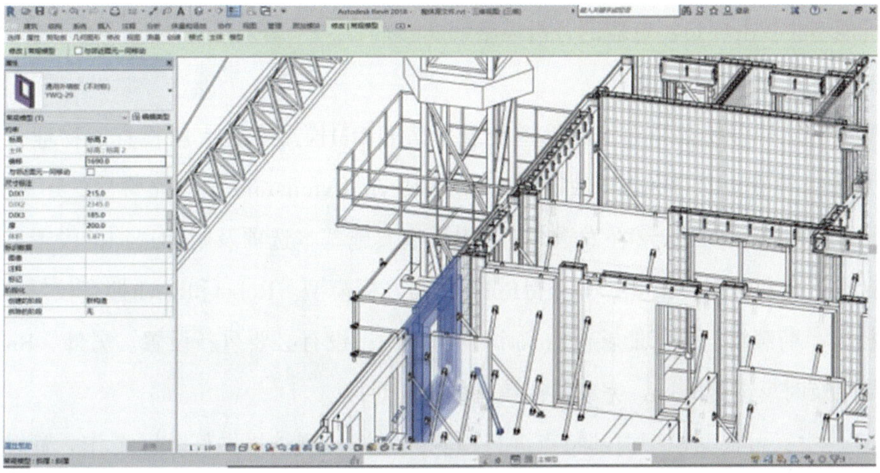

图2-34　现场安装施工模拟2

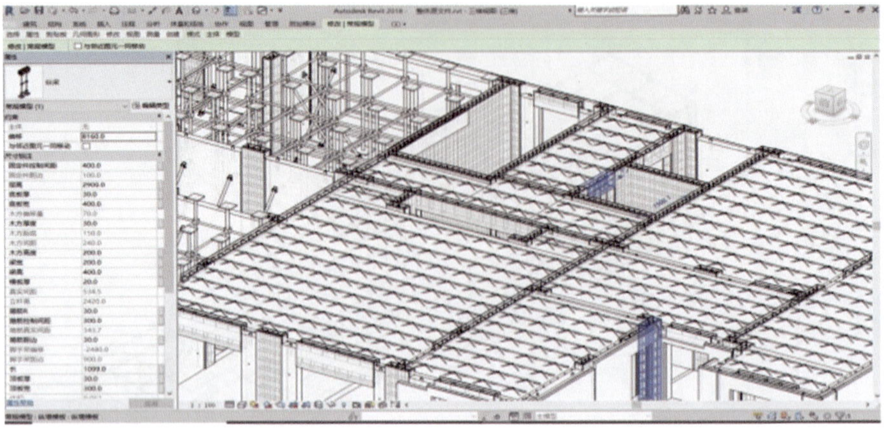

图2-35　现场安装施工模拟3

2.5.2　结构专业

1. 车站结构

1）车站结构建模

在车站结构中运用BIM技术，主要是利用Revit结构样板建立城市轨道交通车站的BIM结构模型。城市轨道交通车站建模中，工程模型主要由建筑等相关专业设计完成，主要建模工具为Revit软件。该软件包含有建筑、结构以及机电三个模块，借助上述几个模块实现对建筑、结构和设备模型的综合分析。在建模环节中，建筑模块可为后期结构模型设计提供依据，便于相关模型数据的全面可控性管理，实现构件装修、硬件设备设施的管理。Revit软件本身的构件族较少，无法全面满足车站结构的建模所需，因此应用Revit软件实施车站结构建模时，一定要创建需要的构件族，应用基于中国用户定制的Structure Analysis Default CHNCHS.rte项目样板文件创建新的项目，最后应用创建的族文件和系统族文件创建车站的3D模型。在应用创建的结构族建立三维模型时，Revit软件会同时建立可进行结构分析的三维分析模型，双击项目浏览器的分析模型就能够查看。

2）结构分析

利用BIM进行结构分析是指对城市轨道交通车站的BIM模型实施支座检查、物理和分析模型一致性检查以及碰撞检查。具体的步骤如下：①利用Revit Extensions发送完善后的BIM模型到Robot Structure Analysis Professional；②在发送时对BIM模型实施基本选项及附加选项的设置，包含杆端释放、材料、自重工况和模型转换等；③获得Robot结构分析模型。Robot和Revit拥有较好的兼容性，在Revit中模型材质、荷载组合义都能够被Robot识别与应用，没有必要重新设置。另外，Robot Structure可以把分析结果及时反馈给Revit，完成结构信息的双向对接。

在Revit软件中，可根据模型内部特点进行检测，通过检测结果做好分区工作。管线碰撞检测是模型构建的基础工具，经过碰撞检测后的数据应进行准确的统计、分析与归纳，此项工作的任务量巨大，所以需要利用Navisworks使自动检测碰撞得以实现。根据得出的报告将管线中的碰撞点进行综合分析并列出，将实际情况与报告中的模型进行比对，从而得出准确的结果。

3）设备、管线模型分析

设备和管线模型分析中，需要考虑结构模型的要求，借助协同化管理实现结构设计操作。模型建立期间，需要及时对管线专业的前期需要、方案设计等进行考虑，加强管线上游专业分析，对预留余量、相关参数进行综合对比，以便充分提高模型利用的合理性。此外，设计人员还需要加强下游专业预留条件的合理分析，便于提前获知方案是否可行。根据协同设计方法，以BIM技术为平台进行搭建，及时提高施工方与业主方之间沟通有效性。可将BIM技术获得的信息数据及时作为资料进行设计。城市轨道交通车站结构设计中，三维模型可提高各个专业的设计效率。综上分析，BIM技术在平台系统中的应用效果良好，可充分实现及时检测、自动控制、互相沟通的目的，缩小了工程师人员之间的沟通障碍，便于有效控制设计周期，提高设计质量，便于施工方经济效益的稳定增长。

4）生成施工明细表

现阶段，工程项目存在构件种类多、统计方法复杂的特点，需要借助BIM技术进行明细生成。项目设计中，先创建一个新明细表，再选择类别。根据明细属性窗口的选项，及时进行格式、排序的勾选。此外，字段设置中，还可实现体积、成本、功能的后续调整，根据要求实现属性设置的更改。明细表大大减小了工程概算的工作量，提高了计量准确性。

在对城市轨道交通车站墙生成明细表时，应该根据以下步骤实施：首先，创建墙明细表，在类别中选中墙，阶段选择新构造，单击确定，弹出明细表属性对话框；然后，在对话框中设定字段、排序、过滤、格式和外观，选择在字段对话框中包含的内容：如体积、功能、制造商、合计、宽度、型号、成本、结构说明、结构用途、防火等级及面积等；最后，对明细表左上角的属性、解组、成组、隐藏、在模型中高亮显示等选项实施设置。

5）BIM技术应用案例

本章以某城市轨道交通车站为例，应用BIM核心建模软件Revit结构样板建立城市轨道交通车站标准段的BIM三维模型，通过支座检查、物理模型和分析模型的一致性检查完善BIM模型，并将完善的BIM模型导入配套软件Robot Structure Analysis软件进行结构内力分析。Revit结构模块是Autodesk公司研发的BIM核心建模软件，具有参数化设计、系统分析计算、“一处修改，处处修改”、三维模拟检查碰撞以及协同工作等功能，大大提高了设计的准确性，提升了设计效率，降低了设计成本。Robot Structure Analysis是专门为BIM计算设计的一款软件，能够通过强大的网格自动划分、非线性计算以及一套全面的设计规范计算复杂的模型。

（1）车站结构建模

由于Revit软件本身携带的构件族较少，不能满足建模的需要，特别是涉及特殊截面的梁、柱或墙。因此，首先创建需要的构件族；其次，选择针对中国用户定制的Structure Analysis Default

CHNCHS.rte项目样板文件创建新的项目，使用创建的族文件和系统族文件创建车站站台区的3D模型，如图2-36所示，在使用结构族创建三维模型的过程中，Revit创建了用于结构分析的三维分析模型，双击项目浏览器的分析模型可以进行查看，如图2-37所示；最后，根据地质条件设置边界约束以及定义荷载组合。

图2-36　车站3D模型

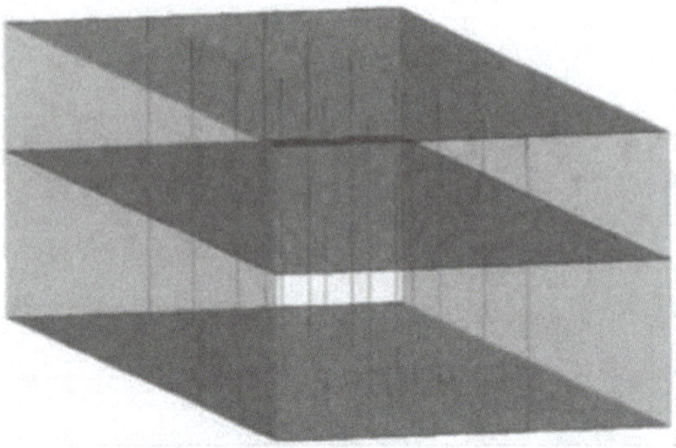

图2-37　车站三维分析模型

（2）结构分析

对车站的结构模型进行支座检查、物理和分析模型的一致性检查和碰撞检查，以完善BIM模型。使用Revit Extensions将完善后的BIM模型发送到Robot Structure Analysis Professional，在发送过程中可以对模型进行基本和附加选项的设置，包含杆端释放、自重工况、材料、模型转换等，最后得到Robot结构分析模型如图2-38所示。如前所述，由于Robot和Revit具有很好的兼容性，在Revit中关于模型材质、荷载、荷载组合、支座、弹簧约束等的定义均能被Robot识别和使用，不需要重新进行设置，同时Robot Structure可以将分析结果反馈给Revit，实现结构信息的双向对接。

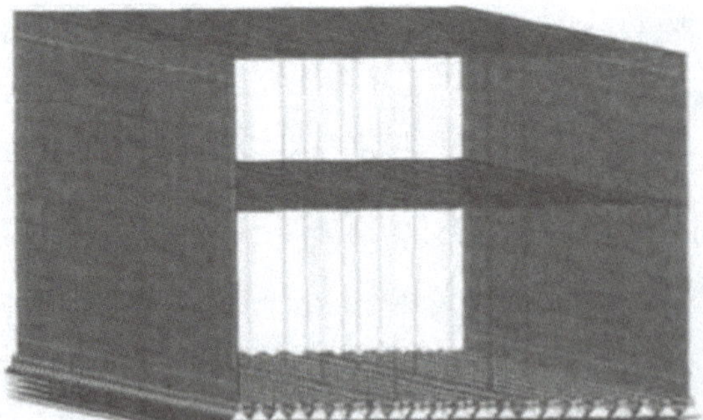

图2-38　地铁车站Robot结构分析模型

在Robot中分别定义荷载工况，添加恒荷载与活荷载。恒荷载包括结构和设备自重、地层压力、水压力以及浮力，活荷载包括地面车辆荷载以及产生的侧向力和人群荷载，得到荷载图分别如图2-39和图2-40所示。Robot Structure软件能够读取和使用Revit中关于荷载组合定义，同时也可以根据《建筑结构荷载规范》（GB50009—2012）自动进行荷载组合计算。在“工程首选”对话框中设置分析和显示的一些参数，例如：单位格式、材料、设计规范、网格划分等。在分析下拉菜单中可以通过添加和删除方式设置分析类型，例如基本组合、标准组合、模态分析、地震分析、时程分析等，本案例仅设置基本组合和标准组合两种分析。Robot Structure在对结构分析模型划分单元的同时，会对分析模型进行结构分析检查，根据检查结果对结构模型进行修改和调整，加以完善，最后进行结构计算。

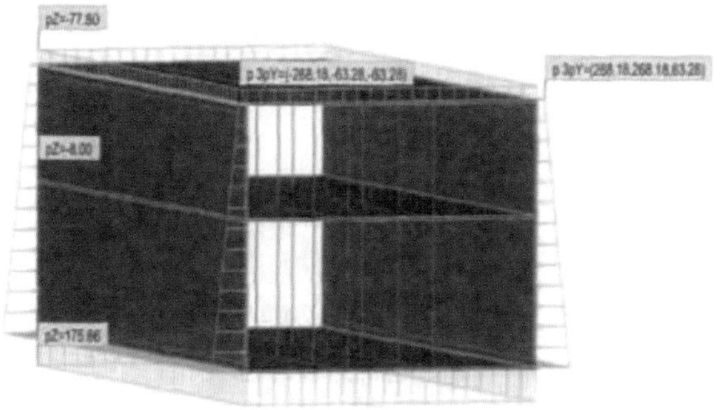

图2-39　恒荷载图

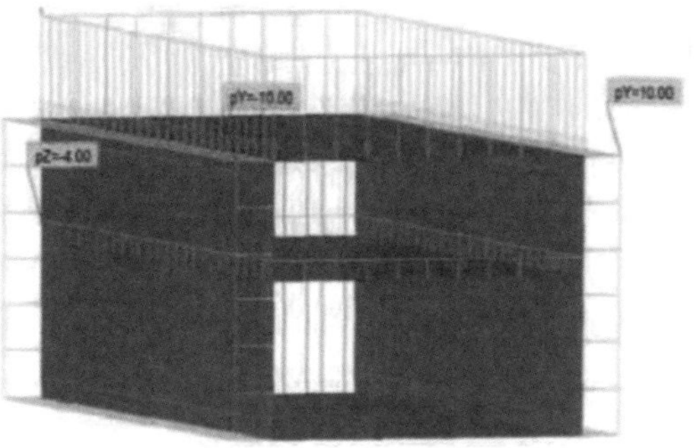

图2-40　活荷载图

结构分析过程完成后，可以进行分析结果的查看，以及计算文档的组织工作。在“结果”下拉菜单中可以通过彩图、杆件示意图和表格的方式查询结构的反力、位移、力、应力等分析结果。本案例通过计算得到了车站的内力和位移，车站的横向和纵向弯矩分别如图2-41和图2-42所示，由于篇幅的限制，剪力、轴力和变形的计算结果不一一列出。

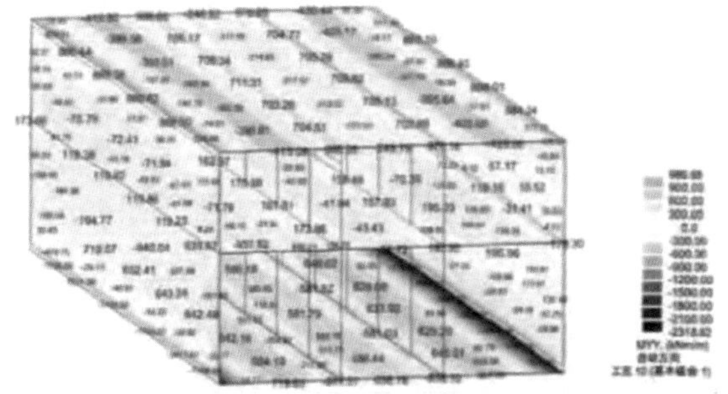

图2-41　横向弯矩示意图

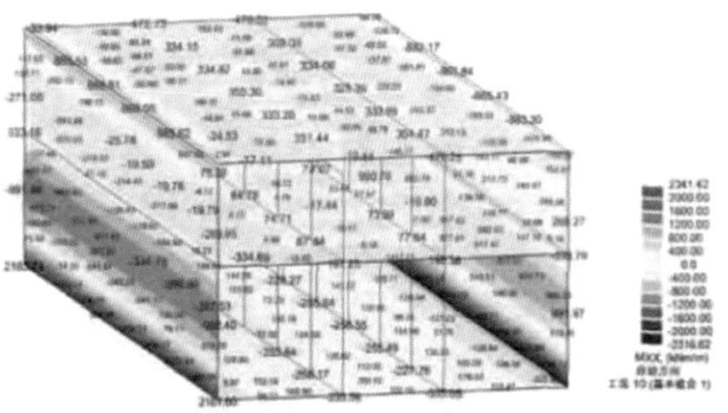

图2-42　纵向弯矩示意图

（3）生成明细表

随着建筑业的快速发展，工程项目越来越复杂，工程量也越来越大，传统方式统计工程量已难以满足市场需要，而BIM建筑信息模型可以快速生成构件明细表，下面以杭州2号线双菱路站建立地车站站台区的BIM模型为例，介绍墙明细表生成的过程。新建明细表的界面如图2-43所示。

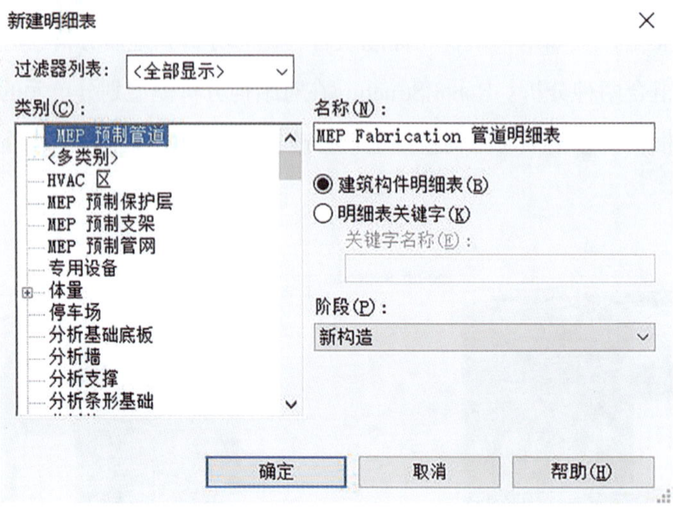

图2-43　新建明细表的界面图

首先创建墙的明细表，在类别中选中墙，阶段选择新构造，单击确定，弹出明细表属性对话框，如图2-44所示。在对话框中可以进行字段、过滤、排序、格式和外观的设定。在字段对话框中选择创建墙的明细表中包含的内容，如：体积、制造商、功能、合计、型号、宽度、成本、结构用途、结构说明、防火等级和面积等。

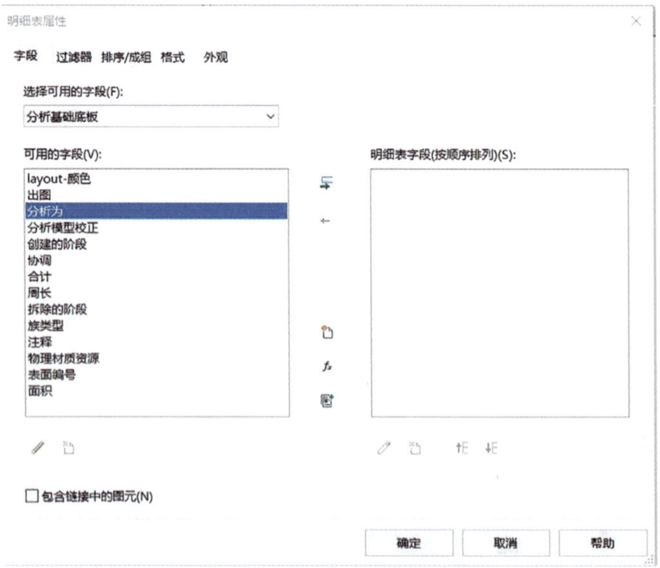

图2-44　明细表属性对话框

得到墙的明细表如图2-45所示。在明细表左上角可以进行属性、成组、解组、隐藏、在模型中高亮显示等设置。

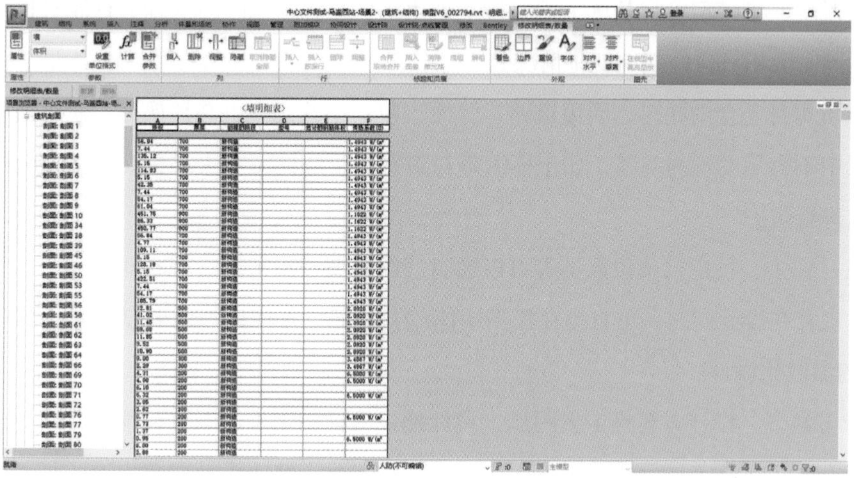

图2-45 墙明细表

2. 深基坑

深基坑工程是一项重大的系统工程，其涉及专业面广，施工条件复杂多变，受地质条件、地下结构及施工场地影响大，因此需要科学的规划设计、合理的施工组织以及健全的监测系统。BIM技术是一种应用于工程设计、建造管理的数据化工具，通过整合与项目模型相关的各种信息，可用于项目设计、建造及管理。在深基坑建设过程中使用BIM技术，尤其是在设计阶段的方案设计、可视化表现、自动碰撞检查、施工图设计及成本控制等诸多方面发挥其优势，有利于设计系统校核、施工深化指导、控制施工进度和工程量，可以大大提高深基坑工程的集成化程度，将设计甚至整个工程的质量和效率显著提高。

1）前期综合勘察

基坑工程前期勘察规划阶段，基于已有的地质勘察资料、建筑结构设计方案及周边环境信息对基坑体系及方案进行初步比选，建立与基坑设计相关的环境模型，该模型包括地质地形条件，周边特殊建、构筑物，地下管线及建筑物地基基础等信息，基于环境模型信息进行基坑支护方案的初步选型和计算分析。

2）支护方案三维可视化设计

基于前期计算分析的支护方案进行三维设计，在前期的环境模型上建立基坑支护体系的三维实体模型，综合考虑基坑周边的地形、道路、管线、建筑物等情况，合理布置基坑竖向及水平围护结构。由于三维模型的直观可视化，便于业主和各设计人员运用BIM模型相互沟通，及时发现设计中存在的问题，进行论证和优化。在设计方案汇报时，不同的设计方案以三维模型展现给业主单位，从安全性、经济性、施工的可行性、施工工期、对周边环境影响等多个方面进行立体分析对比，让业主单位一目了然，择优选用方案。即使在后期的施工过程中，如果发现方案中存在某些不足之处，也可以使用BIM模型进行调整，这样有利于提高工作效率，将BIM的价值最大化。

通过创建基坑三维模型可将基坑工程直接呈现出来，再将不同时段的相关计算数据导入到三维模型，可查看不同时段相对应的基坑变化情况。

在保证基坑本身安全的同时，周边道路、管线、建筑物的安全也必须保证，三维模型的创建可发现在二维图纸中不容易发现的问题，如土体沉降对道路、管线的影响大小，在方案设计阶段就要确定是否采取措施进行防护。

设计人员、业主、各产权单位人员等可以通过三维模型模拟情况，观察对道路、管线、建筑物等的影响，若发现存在设计问题，可直接在模型中修改并验证，可视化的效果非常好。

3）BIM的参数化设计

传统设计方法下，设计方案确定出图后，设计便进入被动工作状态，往往需要通过现场实际施工后来验证设计方案，在施工过程中若出现与设计不符的情况，修改设计参数、进行重新计算是相当烦琐复杂的事情。

BIM的参数化和模拟性可很好地解决这个问题，通过对整个基坑施工过程的模拟，可以分析出施工过程中对基坑影响较大的重要施工环节，然后修改模型参数重新模拟，多种工况下工程的模拟施工有了BIM的参数化设计，将以前不可能完成的任务变为可能。

4）协同设计

基坑设计过程中，使用BIM技术可为建筑、结构、基础、基坑等各专业设计人员提供一个良好的设计平台，通过设置项目中心文件实现协同设计。不同专业的设计人员使用适合各专业的设计软件。

BIM建模软件可创建本专业相关的BIM模型，并将其与中心文件链接同步后，各专业新添加或修改的信息将自动添加至中心文件，便于其他专业随时查看模型，从而实现信息共享，减少不必要的设计变更。

5）深化设计

与普通的平面设计方法相比，BIM技术在基坑设计中的优势除了表现在对常规构件（如桩、墙、支撑）的三维设计外，更突出的作用体现在对一些复杂节点或构件的设计，例如格构柱、栈桥梁下加劲缀板、支撑加腋节点处钢筋等。这些复杂构件在BIM软件中可以通过参数化设计生成一种新的组件，这种组件类似于CAD中的块文件，不仅可以任意布置于模型中，还能通过调整参数进行快速修改并统计不同情况下所需的材料总量，大大节省了人力和物力，有利于施工管理及成本控制。

6）碰撞检查

碰撞检查是目前BIM应用最成熟的一项技术，虽然基坑工程不像超高层建筑具有大量错综复杂的管线，需要解决管线与管线或梁、柱之间相互碰撞的问题，但是基坑竖向支撑结构中存在大量的立柱桩和格构柱，立柱桩与工程桩之间、格构柱与地下室结构之间的空间位置关系通过BIM模型可以更加直观的反馈给设计人员，加强各专业之间设计信息的传递，提高了设计与施工质量。

7）施工过程模拟

基坑工程区别于其他建筑工程的最大之处在于土方施工，由于受周边环境、场地或竖向支撑体系的限制。土方开挖方案也是基坑设计时需要重视的问题，比如出土口的布置、土方开挖的先后顺序、车道的设计等。使用BIM技术进行4D施工过程模拟，能够将方案充分展现，从而达到增强沟通，提高工作效率的目的。

8）BIM技术应用案例

（1）工程概况

大花岭街站是武汉27号线（武汉市7号线南延长线）工程的第2个站点，地处武汉市江夏区大花岭街路与文化大道路口北侧149），沿文化大道正中布置，车站主体位于路口北侧下方。大花岭街站起点里程右CK36+180.600，终点里程右CK36+525.200。本站点采用明挖法施工。本项目施工范围为27号线大花岭街站主体基坑，基坑宽度为21.1m，长度约为343m，总面积为7237.3m^2。车站标准段基坑深为16.64m，支护结构采取ϕ1200@1600钻孔灌注桩+混凝土支撑+钢支撑的方案。

（2）围护结构BIM模型的建立

①钻孔灌注桩建模

大花岭街站深基坑工程选用ϕ1200@1600钻孔灌注桩，钻孔灌注桩的BIM模型按以下步骤创建：首先依据CAD图纸建立好标高以及轴网，单击“结构”选项卡下“柱”选项，选择直径1600mm的混凝土圆柱，设置好混凝土圆柱的标高，基于CAD图纸（主体围护结构图）先创建单根钻孔灌注桩的BIM模型，接下来选中此模型，对其进行类型的编辑，主要是定义构件名称、底部标高、底部偏移、顶部标高、顶部偏移、类型标记。然后，采用复制（勾选约束、多个）或者阵列命令，基于CAD底图完成全部钻孔灌注桩的BIM模型，如图2-46所示。

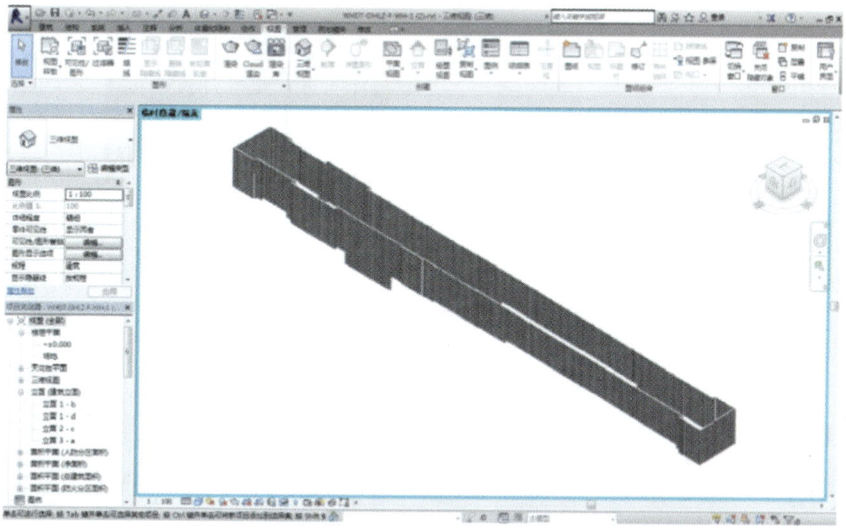

图2-46　钻孔灌注桩BIM模型

②旋喷桩建模

大花岭街站深基坑工程采用ф800@1600高压旋喷桩，桩长为地面以下8m，高压旋喷桩的BIM模型按以下步骤创建：单击“结构”选项卡下“柱”选项，选择直径800mm的混凝土圆柱，设置好柱的高度，基于CAD图纸（主体围护结构图）先创建单根高压旋喷桩的BIM模型，接下来选中此模型，对其进行类型的编辑，主要是定义构件名称、底部标高、底部偏移、顶部标高、顶部偏移、类型标记。然后采用复制（勾选约束、多个）或者阵列命令，基于CAD底图完成整个高压旋喷桩的BIM模型，如图2-47、2-48所示。

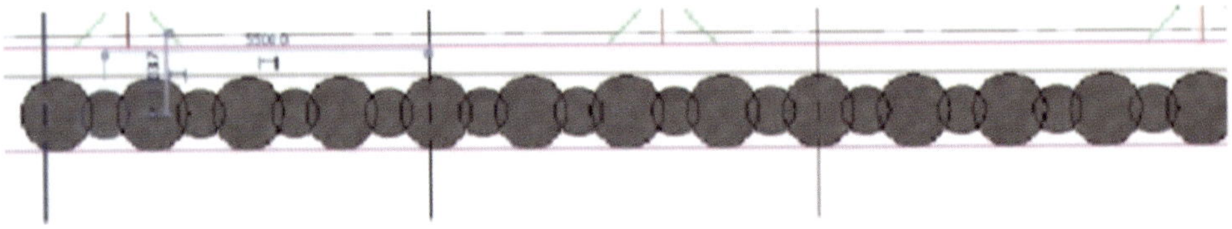

图2-47 旋喷桩平面视图

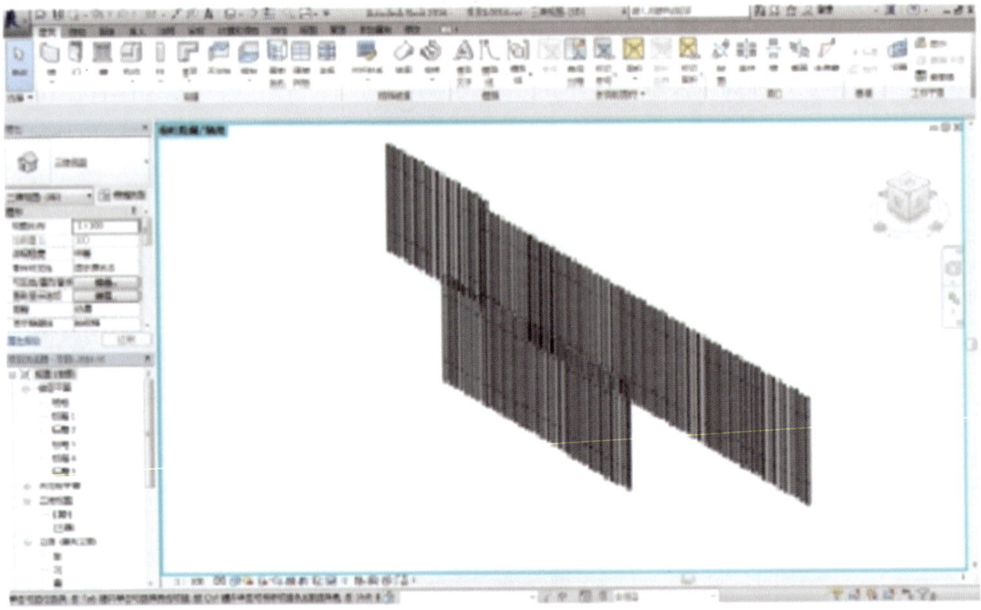

图2-48 旋喷桩BIM模型

③冠梁建模

冠梁尺寸为1000mm×1700mm，以第一道平面布置图冠梁为例，冠梁BIM模型的创建步骤如下：单击“结构”选项卡下“梁”选项，选择族（混凝土-矩形梁），根据CAD图纸（主体围护结构图）定义混凝土矩形梁尺寸为1000mm×1700mm。选取冠梁的起点以及端点，基于底图即可绘出冠梁BIM

模型。如果Revit中模型没有与CAD底图对齐，可使用“修改”命令中“对齐”选项，即可校正模型的位置。建好的冠梁BIM模型如图2-49所示。

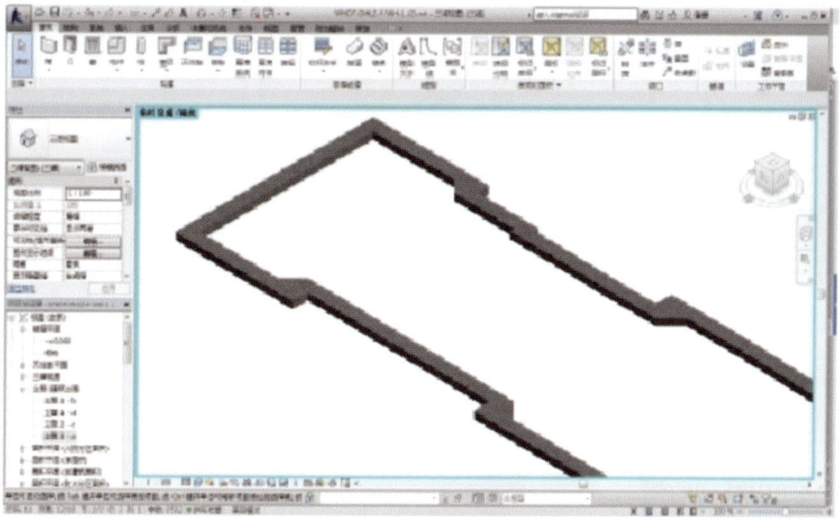

图2-49 冠梁BIM模型

④钢围檩建模

根据CAD底图“第二道支撑平面布置图”，可以得知钢围檩的尺寸，在标高二上，载入相应的族：轻型-C檩条，即可在相应的标高绘制出钢围檩的BIM模型。第三道钢围檩与第二道相同，可将第二道支撑平面中钢围檩复制到剪贴板。随后复制到相应的标高即可，钢围檩BIM模型如图2-50、图2-51所示。

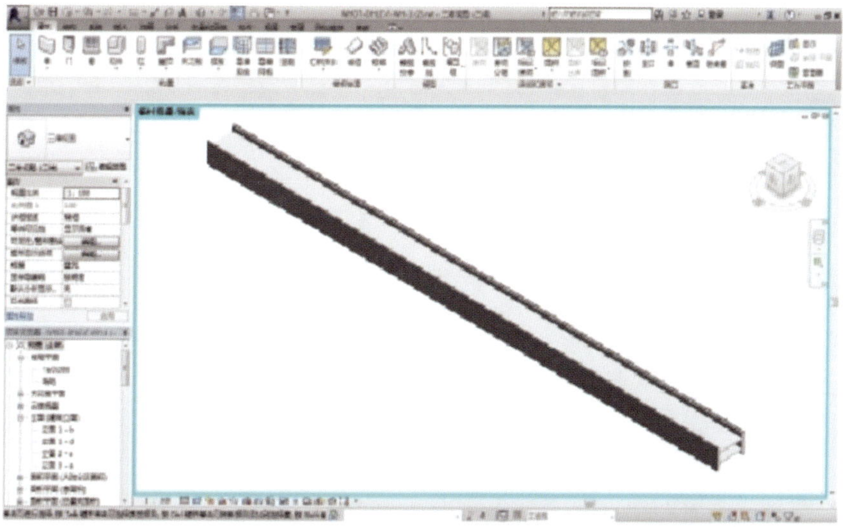

图2-50 单根钢围檩BIM模型

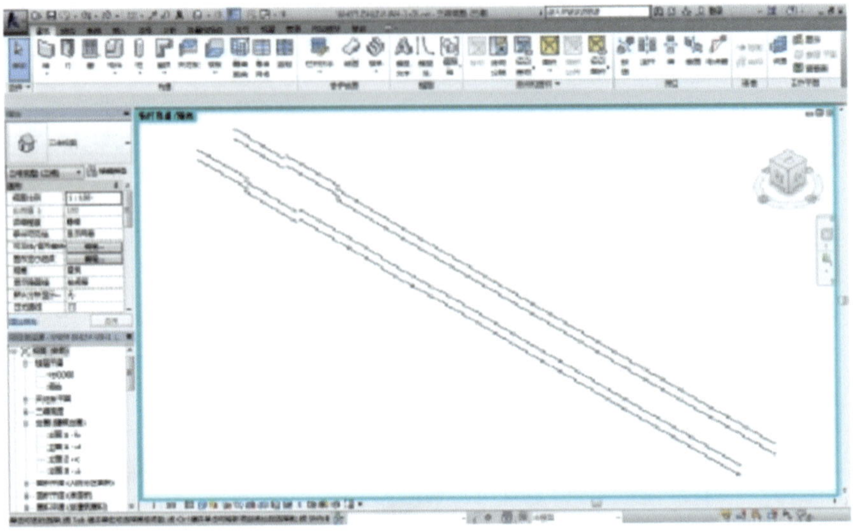

图2-51　整体钢围檩BIM模型

（3）内支撑BIM模型的建立

①临时格构立柱建模

本项目中临时格构立柱尺寸为460mm×460mm（4×L160×16角钢），t=12mm，选用第一道平面布置图上临时格构立柱为例，对临时格构立柱BIM模型的创建步骤如下：单击“结构”选项卡下“柱”选项，创建单根钢结构角钢柱，“修改/放置结构柱”中不勾选“放置后旋转”，接下来依次勾选“标高一”“高度”“标高二”，然后基于CAD底图上的信息对临时格构立柱的属性进行修改。当临时格构立柱的外层角钢柱模型建好之后，重复点击“结构”选项卡下“柱”选项，创建混凝土柱，混凝土柱的几何属性如下设置：采用C30等级混凝土，柱的直径为1000mm。混凝土柱建好之后，即可完成临时格构立柱BIM模型。如图2-52、图2-53所示。

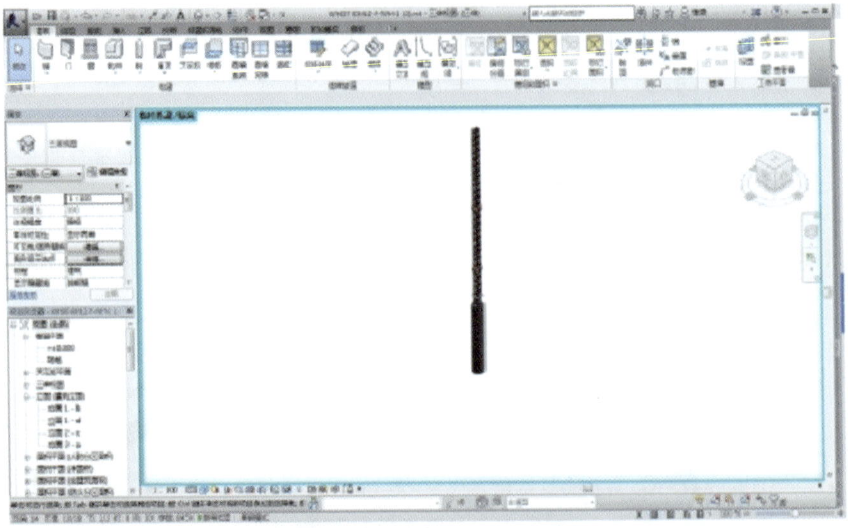

图2-52　单根格构立柱BIM模型

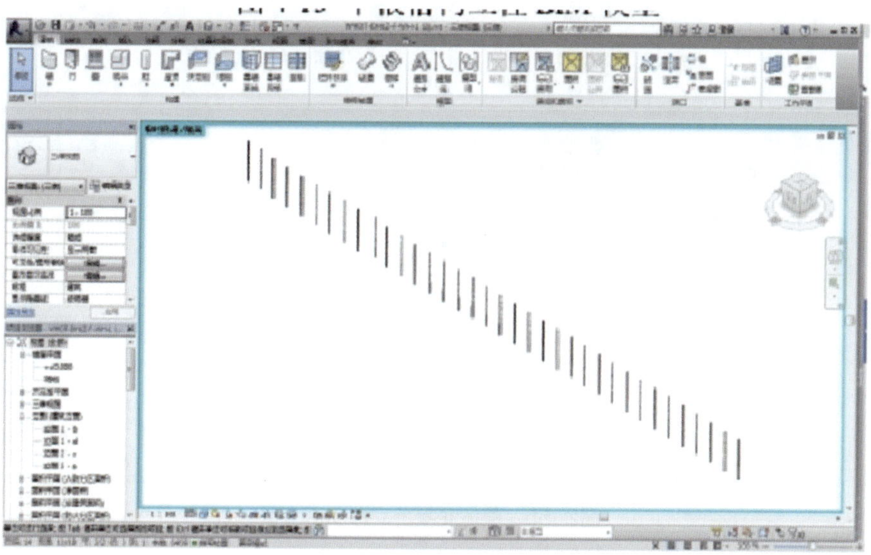

图2-53 整体格构立柱BIM模型

②支撑梁建模

基于大花岭街站主体围护结构施工图计算书，可知砼支撑尺寸为800mm×1000mm，连系梁尺寸为600mm×600mm，钢支撑尺寸为ϕ609/800mm，t=16mm。根据CAD底图：主体围护结构图，可以确定本围护结构混凝土支撑、连系梁与钢支撑的位置。以第一道支撑平面布置图为例，对支撑梁BIM模型的建立进行阐述：单击“结构”选项卡”下“梁”选项，在“载入族”选项中选取“混凝土-矩形梁”，在标高F3上搭建混凝土支撑及连系梁，然后在“载入族”选项中选取“圆钢管”，在标高F1上构建ϕ609/800mm，t=16mm的钢支撑，即可完成支撑梁BIM模型。如图2-54～2-57所示。

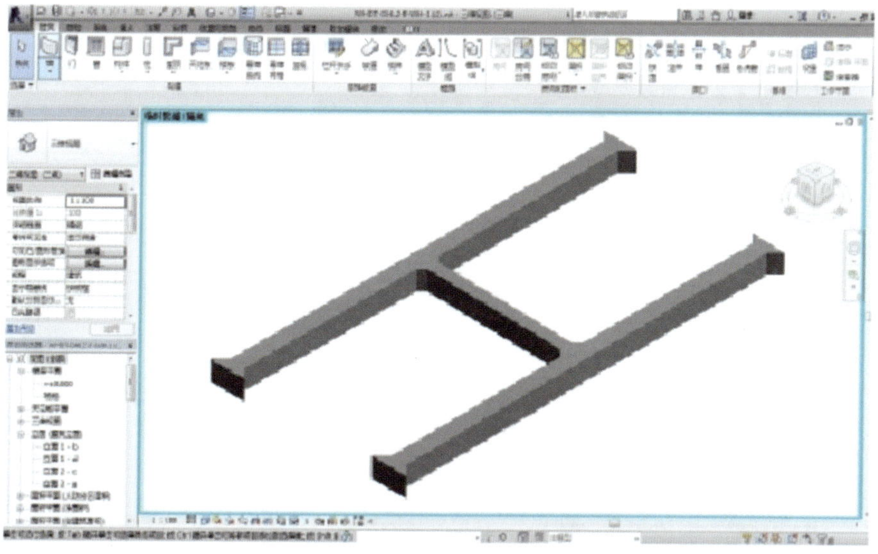

图2-54 单根混凝土支撑及连系梁BIM模型

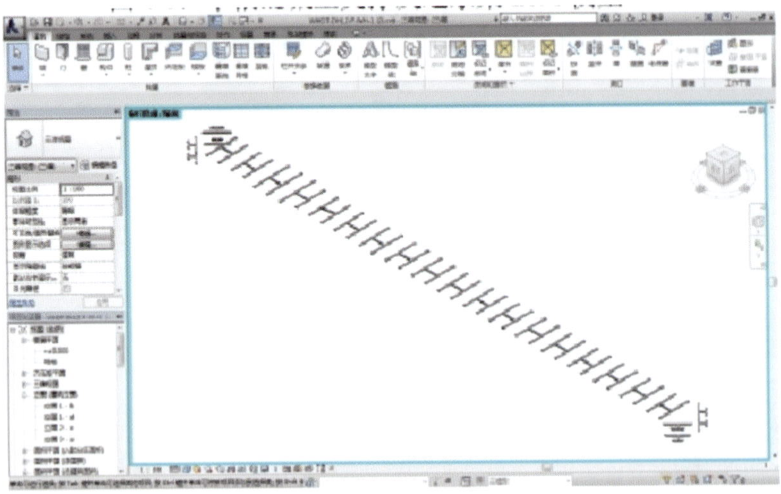

图2-55 整体混凝土支撑BIM模型

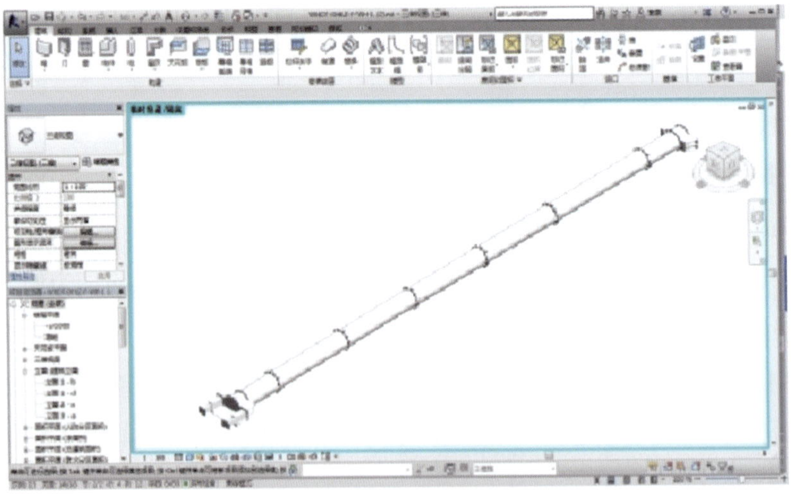

图2-56 单根钢支撑BIM模型

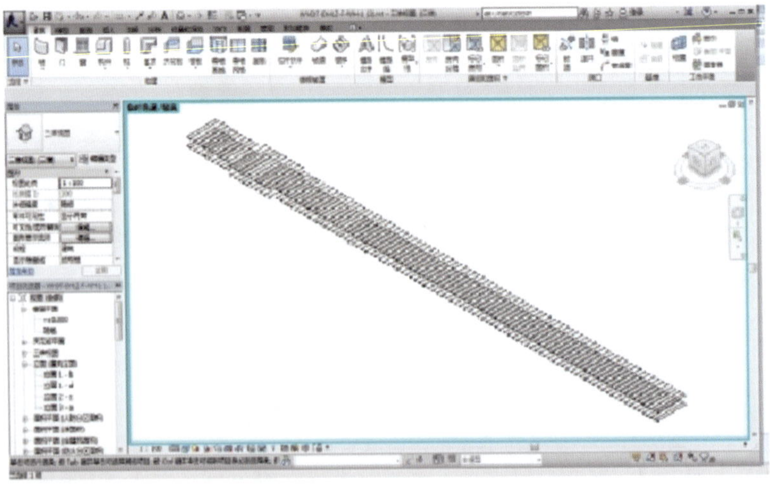

图2-57 整体钢支撑BIM模型

至此，地铁深基坑工程BIM模型搭建完成，如图2-58所示。

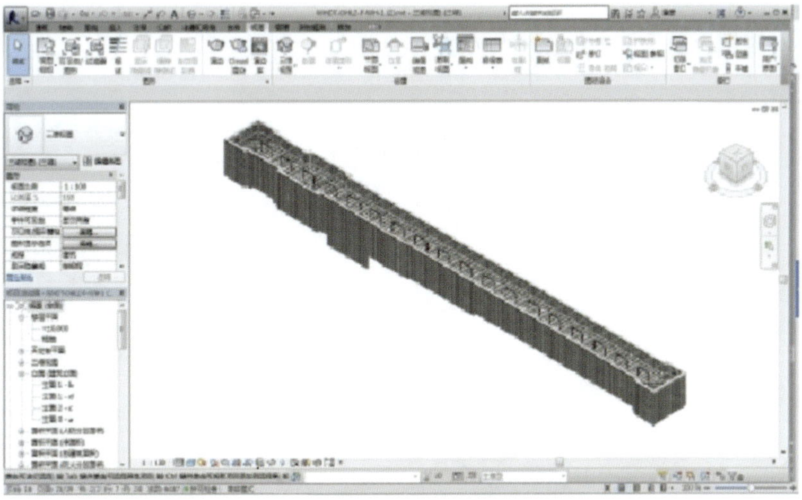

图2-58 地铁深基坑工程BIM模型

（4）碰撞检查

①围护结构构件间的碰撞检查

生成的冲突报告出具了各个类型的碰撞以及碰撞组，如钢支撑与格构柱之间的碰撞，钻孔灌注桩与钢围檩之间的碰撞。发生碰撞的构件都具有唯一的ID，选中“管理”选项中“按ID查询”即可根据ID寻找相应的构件。点击冲突报告中发生碰撞的任意选项，即可看到在深基坑围护结构中发生碰撞的构件，即碰撞的细部。以钻孔灌注桩（ID 383843）与钢围檩（ID 351585）为例，它们在BIM模型中以黄色的高亮显示，如图2-59所示。

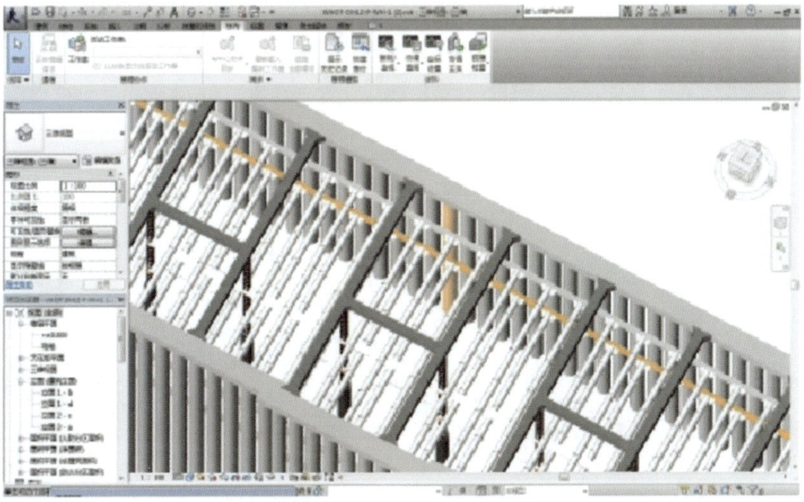

图2-59 围护结构BIM模型中支护桩的碰撞显示

②围护结构与地下管网间的碰撞检查

为了校核深基坑围护结构与地下管网施工方案是否合理，可以同样地采取碰撞检查以及出具冲突报告这两种方式，碰撞流程如图2-60～2-62所示。

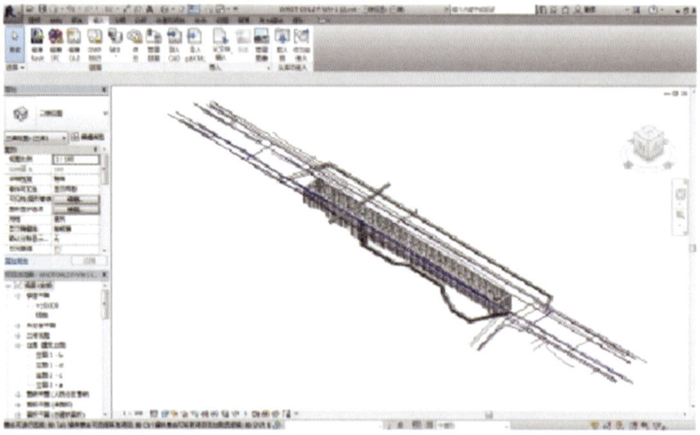

图2-60 围护结构BIM模型中链接管网BIM模型

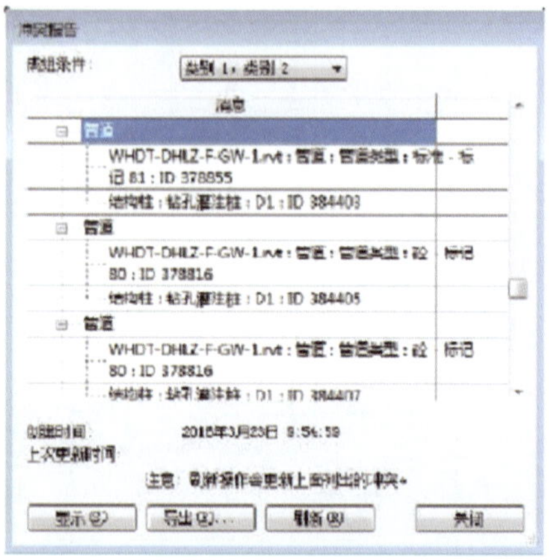

图2-61 链接的BIM模型中的冲突报告

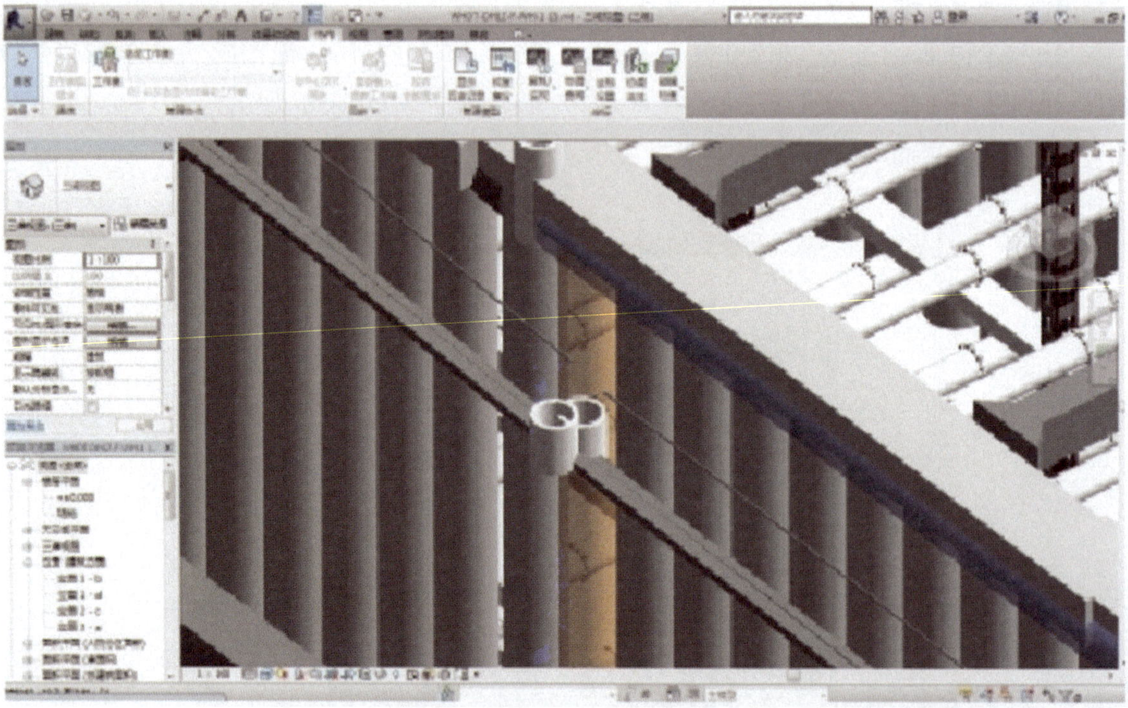

图2-62 链接的BIM模型中的碰撞显示

2.5.3 通风空调及给排水

在暖通设计中，不仅面临大量的管线优化问题，还包括与其他专业的碰撞问题，如管道与梁、墙的碰撞，水管、消防管、喷淋、桥架等管道碰撞。而BIM技术可以很好地解决优化与碰撞问题。

城市轨道交通系统中给排水与电气系统较为复杂，包含风管、冷冻水管、冷凝水管、消防管道、自动喷淋管道、电气桥架等管道，众多管线汇在一起会导致机房、走廊及房间管道庞杂，且互相交叉、重叠。这在应用传统CAD二维设计时，往往只考虑其在平面中大概的排布及位置，不能直观去查看，最终导致施工过程中遇到很多管线碰撞、穿梁、无法排布等问题。引入BIM技术可以帮助分析各种管道在各个地方的综合排布，分析设备及管道的运行状况，达到优化设计、节省空间、保证功能、方便施工等目的。

1. BIM技术在通风空调及给排水中的优势

1）可视化

由图2-63可以看出，BIM模型与现场管线实际情况一致，图2-64则直观且清晰地将冷冻机房水系统的管线布置展示出来，对于指导现场施工有重要意义。图2-65则通过横纵剖面多方位的将各路管线展示出来，让人一目了然。

图2-63 现场管线布置与BIM模型管线布置

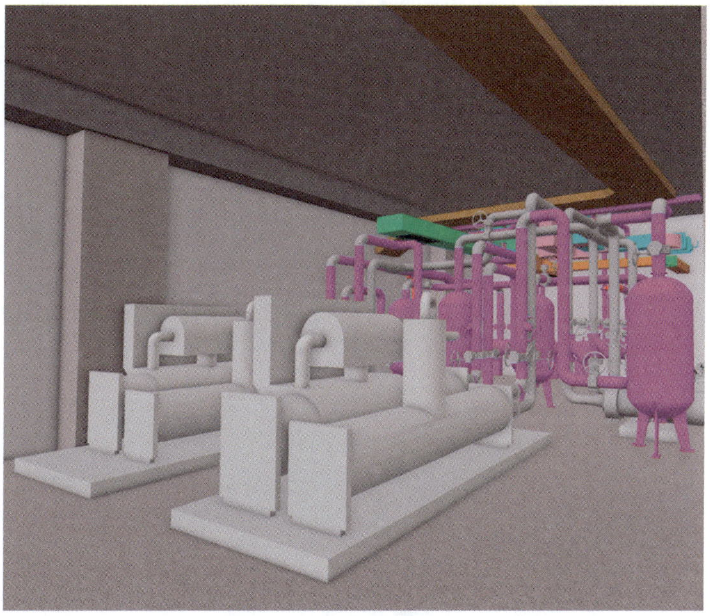

图2-64 冷冻机房布置

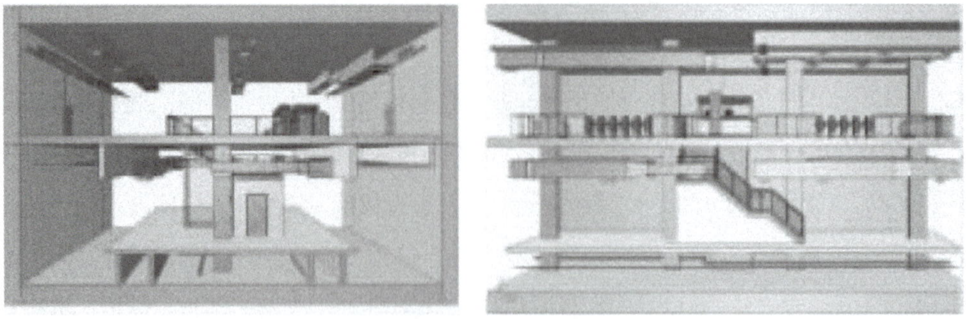

图2-65 标准剖面

2）优化性

设计人员完成整合模型，对整体模型进行平衡协调后，可运行碰撞检测功能。在碰撞检测报告中找到视觉上难以发现的碰撞、干涉等问题，并加以修正，对管线进行优化。由图2-66、2-67看到，BIM模型中管线排布复杂，多种管线叠加，设计人员难免考虑不周，对于施工人员现场安装难度则更大。而BIM利用自身碰撞检查功能，则可以将这些潜在碰撞消除。对后续施工避免变更及返工起到了重要作用。

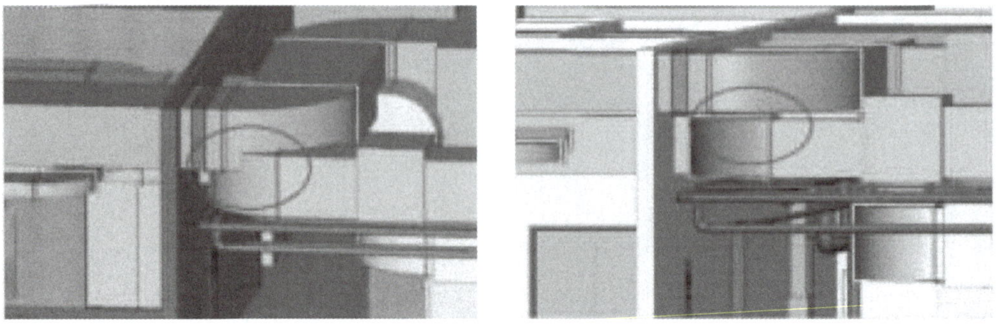

图2-66 碰撞检查调整前后对比1

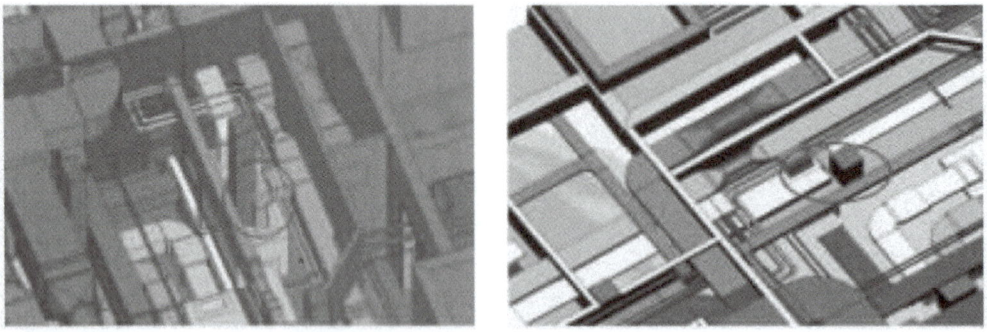

图2-67 碰撞检查调整前后对比2

3）协同设计

相比传统设计模式，BIM在模型中汇总所有信息，所有专业都围绕着一个模型，通过读取模型信息，可随时观察专业设计人员的修改，简化了工作模式，且强化了协同的有效性和联动性，给协同设计带来了质的飞跃。

4）工程量计算

传统工程量统计，安装预算人员需从二维图纸中逐一计数来统计设备、部件、管道配件等，然后分类统计于表格中；而运用BIM优化设计可对各专业设备、构件一键转化，计算后分型号、分楼层、分系统形成统计报表，大大提高工作效率，如图2-68所示。

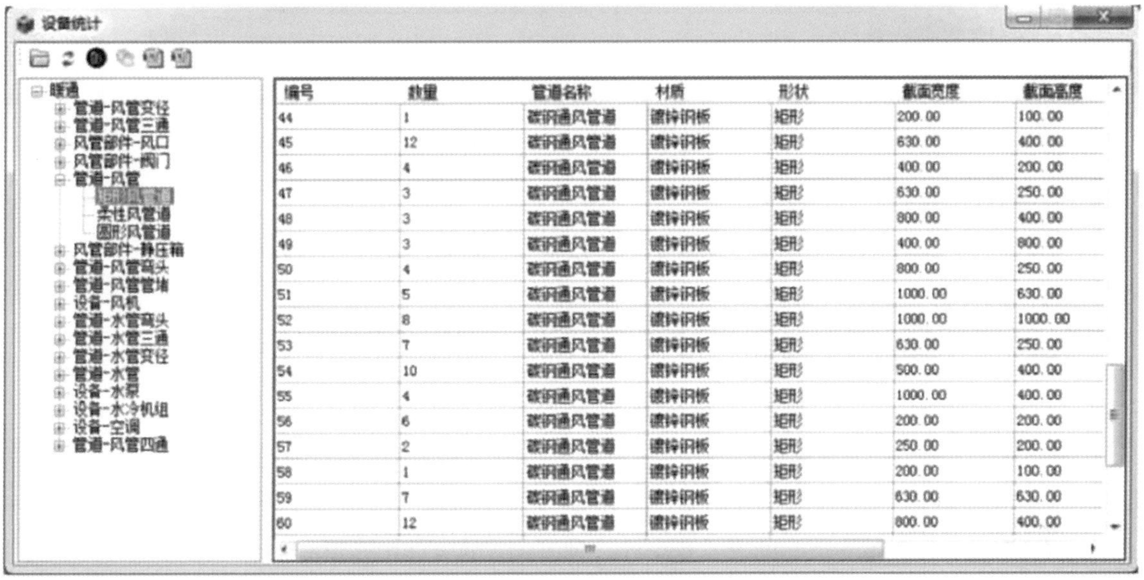

编号	数量	管道名称	材质	形状	截面宽度	截面高度
44	1	碳钢通风管道	镀锌钢板	矩形	200.00	100.00
45	12	碳钢通风管道	镀锌钢板	矩形	630.00	400.00
46	4	碳钢通风管道	镀锌钢板	矩形	400.00	200.00
47	3	碳钢通风管道	镀锌钢板	矩形	630.00	250.00
48	3	碳钢通风管道	镀锌钢板	矩形	800.00	400.00
49	3	碳钢通风管道	镀锌钢板	矩形	400.00	800.00
50	4	碳钢通风管道	镀锌钢板	矩形	800.00	250.00
51	5	碳钢通风管道	镀锌钢板	矩形	1000.00	630.00
52	8	碳钢通风管道	镀锌钢板	矩形	1000.00	1000.00
53	7	碳钢通风管道	镀锌钢板	矩形	630.00	250.00
54	10	碳钢通风管道	镀锌钢板	矩形	500.00	400.00
55	4	碳钢通风管道	镀锌钢板	矩形	1000.00	400.00
56	6	碳钢通风管道	镀锌钢板	矩形	200.00	200.00
57	2	碳钢通风管道	镀锌钢板	矩形	250.00	200.00
58	1	碳钢通风管道	镀锌钢板	矩形	200.00	100.00
59	7	碳钢通风管道	镀锌钢板	矩形	630.00	630.00
60	12	碳钢通风管道	镀锌钢板	矩形	800.00	400.00

图2-68　工程量统计

5）降低工作成本

传统模式，各家单位互相挤占空间，最后导致设备及管线布置的不合理，需要二次调整，造成不必要的浪费。BIM技术凭借可视化，可以合理安排安装进度，并且可以更加全面地评估与验证设计是否合理以及各专业是否协调，可以简化设计和安装的工作流程，减少浪费、提高效率，并有效地减少设计变更。

2. 基于BIM的MEP设计

基于BIM的MEP设计检查以MEP设计师为核心，主要包括MEP设计规范检查和MEP空间布置检查。

1）MEP设计规范检查

MEP设计规范检查是目前图纸会审和模型检查的一项重要内容。民用建筑MEP工程无论是给排水、电气或空调专业，在规范检查时需要注意一些共同原则，包括：

（1）设计是否符合国家有关标准规范，特别是否有违反《工程建设标准强制性条文》。涉及的内容包括工程质量、安全、卫生及环境保护等方面，执行《工程建设标准强制性条文》对保证和提高工程质量、安全都起到了根本性作用。

（2）MEP设计采用的设计标准是否正确，是否为现行有效版本。

（3）MEP设计深度是否达到规范要求。设计人员往往由于设计时间紧或业主未能及时提供有关资料导致设计文件不完整，设计深度不满足要求的情况时有发生。

2）MEP空间布置检查

MEP各专业管道之间有无交叉和碰撞，布置是否合理。工艺管道、电气线路、设备装置、运输道路与建筑物之间有无矛盾。设备房（如泵房、配电房、空调机房）或井道（强弱电井、管道井）的空间是否足够安装设备或管线。

3）基于BIM的MEP施工检查

基于BIM的MEP施工检查以MEP专业分包商为核心，从施工的实际情况来对MEP方案进行检查。目前大多数BIM软件，能够自动生成的管道连接方式，基本上和实际都不一样。如果仅仅靠BIM软件自动生成的，以及MEP设计师调整成的几何上的零碰撞，与实际施工的要求仍有很大差距，不足以直接指导施工。

4）MEP施工检查需要考虑的因素

MEP施工检查至少需要考虑以下几种因素：

（1）管道是否有保温层。保温层的厚度必须在MEP三维模型中表示出来。如果不考虑，很多管道虽然在设计方案中没有产生交叉和碰撞，但是加上保护层之后可能就已经发生碰撞了。

（2）管道、风管等支吊架的形式及尺寸。目前MEP的设计中是没有考虑支吊架的形式和尺寸的，施工人员必须根据相应的MEP施工规范和相关施工经验确定支吊架的形式和尺寸，并在MEP三维模型中显示出来，加以空间验证和分析。尤其是当MEP安装空间特别狭窄的时候，如果不考虑可能会造成不必要返工和浪费。同时未来的支吊架更多会转变成综合吊架，便于安装和节约施工成本。

（3）MEP管道和设备安装空间。在实际的安装过程中，大型设备和管道需要从材料堆放区运送到实际的安装位置。整个运输过程往往会受到已完工程的限制，因此在MEP施工检查时，需要对重点部位进行运输模拟。同时大型管道和设备在具体安装时也会受到已安装完成设备的影响。MEP施工检查时也需要加以考虑，以便减少不必要的返工和浪费。

（4）建筑天花板或吊顶高度。很多民用建筑，业主对楼层净高都有严格的要求。楼层净高主要是指标准层某层的地板装饰面到本层吊顶下表面的距离。通常影响楼层净高的因素有以下5种：

层高：建筑楼层的层高是决定楼层净高的基础因素，只有较高的层高，才有可能提供业主需求的净高要求。

梁板厚度：这是占用层高空间最大的因素，根据建筑结构的受力要求，一般梁板厚度为

600～1000mm。

MEP系统管线设备占用净高：管线一般利用梁下的空间，科学合理地进行设计和规划多种管线的高度关系，部分可以穿过或绕过梁进行排布，这一因素一般占用100～500mm净高。

吊顶系统自身占用高度：根据吊顶系统的不同，一般为50～100mm。

地面找平或架空地板高度：结构找平根据结构施工水平的不同而有差异，优质的施工这一因素几乎可以忽略不计，平整度控制得不好的话，出现30～50mm找平也是很常见的。

在MEP施工检查中应选取管线复杂的节点或对净高要求很高的节点进行论证，确保MEP方案在满足业主需求下，能够进行顺利的安装。

（5）管材形式和尺寸。MEP管材的形式和尺寸直接决定了管道或风管在实际避让时需要的转弯高度和转弯角度。目前BIM软件在处理MEP管线避让时无法考虑具体的施工规范，以致很多看似完美的MEP设计方案无法被有效地施工出来。在MEP施工检查时需重点考虑，否则看似已经避让的管道，实际上仍然存在碰撞。

（6）MEP检修空间。在整个建筑运营维护过程中，MEP系统的保养和维修占很大一部分。在MEP施工检查中，应对MEP的检修空间进行模拟和验证，确保工人有足够的空间进行操作。

（7）MEP安装工艺流程。在实际MEP安装过程中，管道、设备等安装是有先后顺序，不是一步到位的。如果安装顺序不对，将会导致后续的管道无法安装到指定的空间位置。美国BIM第一例诉讼案件就是MEP承包商在安装时顺序不正确，导致MEP系统安装到70%的时候，安装的管线已经超出了设定的安装空间，使另外30%的管线无法安装。

5）MEP施工检查的重点部位

（1）机房内的管线和设备

轨道交通工程所涉及的机房类型主要有消防泵房、环控机房和冷水机房等。机房内管道规格较大，且需要与机电设备进行连接。针对各种管线，检查是否可以成排布置，管道走向是否合理；管道在机房内是否有交叉、返弯等现象；在一些管线较多的部位，通过计算制作联合的管道支架，并验证施工的可行性，减少施工材料，节约安装成本。

（2）出入机房的大型排管

出入机房的管道多为成排布置，需要根据各种不同管道的材质和管道内的流体特征，计算管道重量，编制具体的管道支吊架制作安装方案。

（3）管道竖井

管道竖井是管道较为集中的部位，应重点进行施工检查，否则会使管道布置凌乱。对该部位的管道进行分析，根据管道到各个楼层的出口来具体确定管道在竖井内是否处于正确的位置，并标明不同类型的管线的走向、管径、标高、坐标位置。

（4）走廊内等管线分布较为集中的部位

通常走廊内的管道种类繁多，包括通风管道及冷冻水、冷凝水管道、电气桥架及分支管、消防喷洒干管及分支管道、冷热水管道及分支管等，容易产生管道纠集在一起的状况。必须充分考虑各种管道的走向及不同的布置要求，同时集合各个专业技术人员，共同检查和验证MEP管道排布的合理性和经济性。

（5）管廊等管线集中且管道走向基本一致的地方

这些部位管道比较大且管道走向基本一致，这些部位应与MEP设计方及时沟通，制订管道的联合支架方案，这样与各种不同管道单独制作管道支吊架相比，既节省了机电辅助材料用量，又使管道布置整齐美观。

3. BIM技术应用案例

（1）工程概况

某城市轨道交通工程为南北走向，起点是广播台站，终点是南四环站，线路均为地下线，全长约为20.658km，相邻地铁站距离最大为2.426km，最小为0.753km，相邻地铁站平均间距为1.340km，一共需要设置16座车站，还有一站和其他线路共用。另外，本案例涉及工程还包括某停车场以及车辆段室外工程，具体涉及的施工技术有消防技术、给排水施工技术、设备安装技术、通风技术以及采暖技术等。

通风空调系统、动力照明系统以及给排水系统的BIM模型应用RevitMEP进行构建，在构建模型的过程中，注意要区分不同专业的相关系统。除了风、水、电三个领域，其余领域在进行碰撞试验前，必须建立结构图以及各系统专业图纸，在保证BIM模型更为有效地体现真实情况的同时，更是为了方便对结构和管线之间进行碰撞检测。在实际施工过程中，负责数据分析的工作人员通过RevitMEP构建各类管线、风机以及空调设备等信息，经过认真分析核对后，再应用相关软件对管线结构进行充分的综合性分析，最终完成BIM模型的创建。应用相关软件中的数据统计工具可对管线之间的容差值进行精准的计算，需充分考虑保温层厚度以及管线的操作空间。通过应用BIM模型对各专业系统、车站建筑、风水电专业进行碰撞分析，分析结果显示，该车站当前存在1000余处碰撞点。对结构中存在的碰撞点，需要适当修整土建信息，认真完成碰撞点的核对。通过相关分析和统计发现，大部分的碰撞点是喷淋系统管道和其他管线发生碰撞，为了防止这类冲突，可以对喷淋系统管道的标高进行适当调整。经过合理的设计和沟通，在消防允许的范围内，适当调整了喷淋系统的相关管线，碰撞检测结果显示，冲突有减小趋势。

（2）通风空调系统

该工程涉及的通风系统主要有：车站公共区域内通风空调以及排烟系统，设备管理区的通风空调以及排烟系统。图2-69为站厅层大轴端系统轴西侧碰撞冲突，通过对图2-69进行分析发现，左侧桥架和风管存在碰撞，可以适当调整桥架标高避免此类冲突。如果桥架标高已经处于标高的极限位置，不能继续调整，那么可以通过调整桥架结构进行完成。防止重新拆掉风管后返工的现象，因为如果桥架标高得不到有效调整，就可能会造成风管完成施工后，桥架无法施工的现象。右侧桥架和下翻梁也存在十分严重的冲突现象，下翻梁在结构上不允许开孔，可以通过设置下滑破的方式进行调整，可以有效防止先安装桥架之间风管，最终发现桥架不能安装，再将桥架之间风管拆除的现象发生。

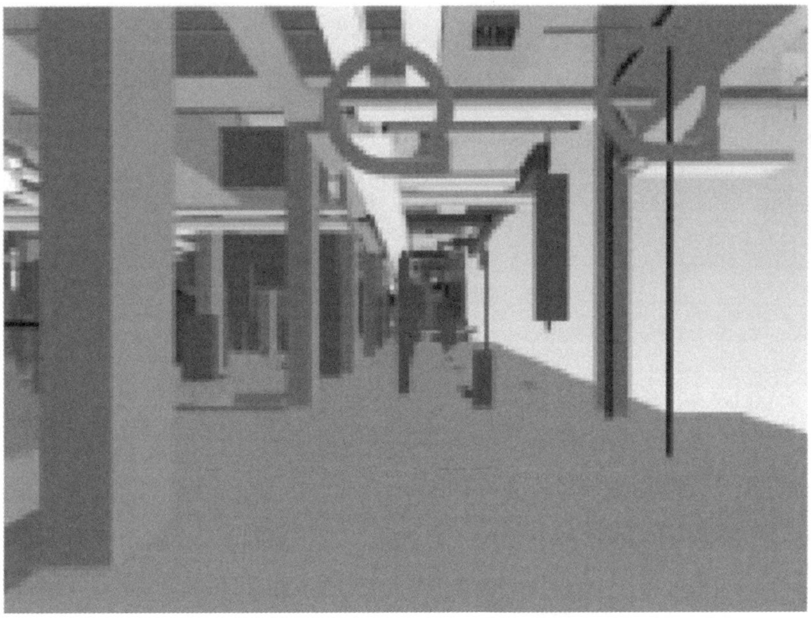

图2-69　站厅层大轴端系统轴西侧碰撞冲突

图2-70消防管和排风管的碰撞，通过对图2-70模型进行分析可以发现，消防管和排风管发生了严重的碰撞现象。为了避开冲突，在消防管遇到排风管之前，对消防管标高进行适当调整。通过模型分析发现存在这类问题后，再在图纸上对该类问题的位置和解决方法进行表示，这样在实际施工中，可以有效避免这类冲突的发生。

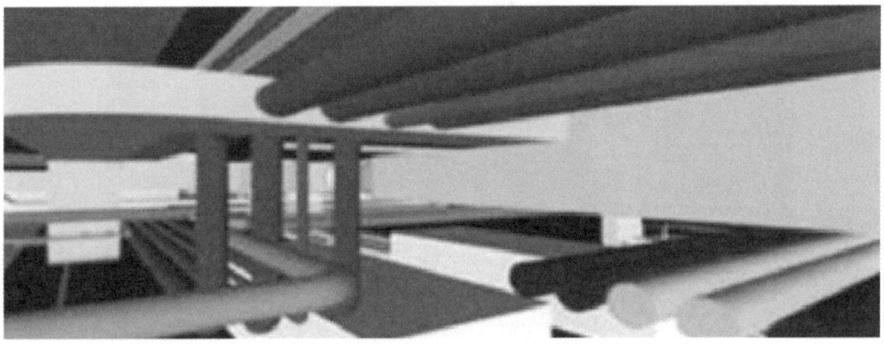

图2-70　消防管和排风管的碰撞

图2-71为排风管和电缆桥架的碰撞，通过对图2-71进行分析发现，桥架和风管发生了一定程度的碰撞。为了防止这类碰撞的发生，在风管和桥架接触前，将其标高降低200mm。通过模型发现这类问题时，在图纸上对该类问题的位置和解决办法进行标识，同时通知相关施工人员，则可以有效防止桥架和风管发生冲突，不仅节省了物料和人工，同时降低了返工的可能性。

图2-71 排风管和电缆桥架的碰撞

（3）给排水系统

给排水系统由两部分组成，分别是给水系统和排水系统。给水系统主要包含生产用水、循环用水以及生活用水；其中冷却循环用水的设备为冷却水泵，主要是空调制冷循环水系统，循环水经过冷却达到降温的目的。排水系统主要包含以下系统：污水系统、雨水系统以及废水系统。图2-72为站厅层大轴端系统轴东侧碰撞冲突，通过对图2-72的模型分析发现，桥架和水管存在一定的碰撞现象，弱电桥架和右侧的消防水管也存在较明显的冲突。如果先进行桥架施工，水管的位置就必须移动，为了防止这类冲突出现，可以对消防水管的位置进行调整。

图2-72 站厅层大轴端系统轴东侧碰撞冲突

（4）动力照明系统

动力照明系统应用的为TNS系统。车站的供电由本车站0.4kV降压变电所进行。各专业系统的负荷电源由动力照明系统提供。

（5）碰撞结果

通过对碰撞检测结果分析发现，主要的碰撞点数量为100多个，其中19处冲突必须上报设计单位，对管线进行优化完善后方可进行修改。经过BIM碰撞检测，对不同的碰撞点进行分析，合理对管线进行优化和调整。为了防止碰撞冲突发生，可以综合优化和完善不同专业的标高、桥架结构以及风管规格。在实际施工过程中，通过对施工记录进行分析发现，BIM碰撞检测的应用，大幅度降低了各专业因为施工不同步造成的摩擦，有效防止了安装后出现返工的现象，大大提高了施工效率，经济效益提高30%左右。

2.5.4 电　气

1. 环网电缆与支架敷设

在进行了供电系统方案的规划后，供电专业需要明确环网电缆敷设路径。这就涉及了与各个工点车站的管线布置设计。在这个阶段，供电专业将站台板下层的环网电缆开孔位置需要确定；环网电缆的敷设路径也需要在站台板下层表示清楚并且不出现与其余专业管线碰撞的情况；环网电缆支架的敷设也需要明确，如果有第三轨设置的情况需要避免环网支架与第三轨有碰撞。同时需要表达清楚管线的路径是否有足够的空间够施工人员安装。

应用点：环网电缆与支架敷设。

用三维图表示出来后可以清晰地看出环网电缆敷设的路径；将车站其余专业的图层打开还可以清晰地看到是否支架与第三轨有碰撞的情况，还可以观察到结构柱与站台板下层侧墙之间的距离是否满足施工人员安装环网电缆支架（如图2–73）。

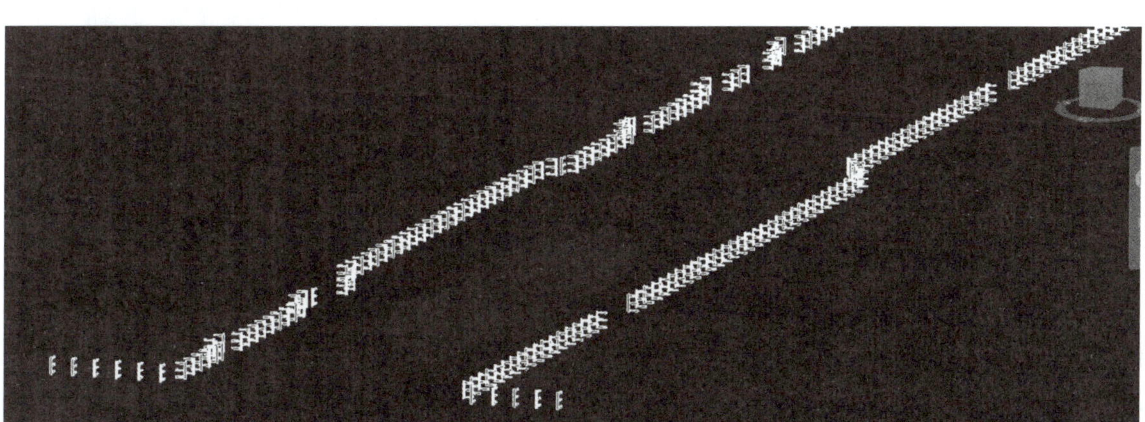

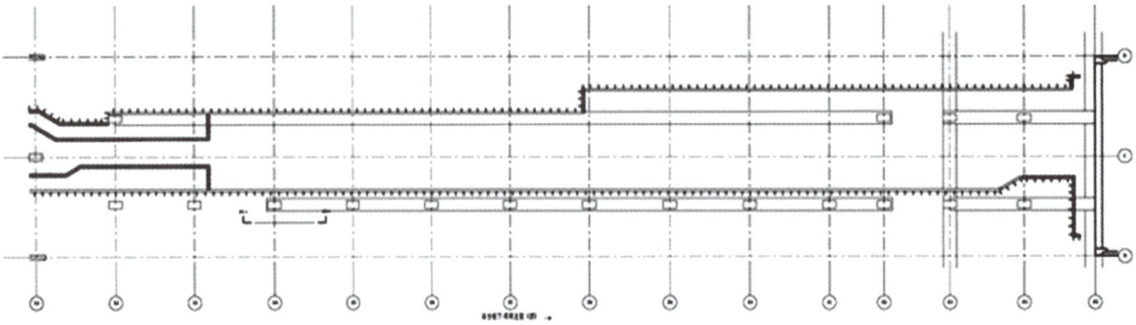

图2-73 环网电缆支架敷设图

2. 变电所设备布置

施工阶段的变电所设备布置在初步设计的基础上对本工程实际招标的设备进行精准布置，以使其满足设备运输、运行、维护、检修及其他相关规范所规定（如图2-74）。

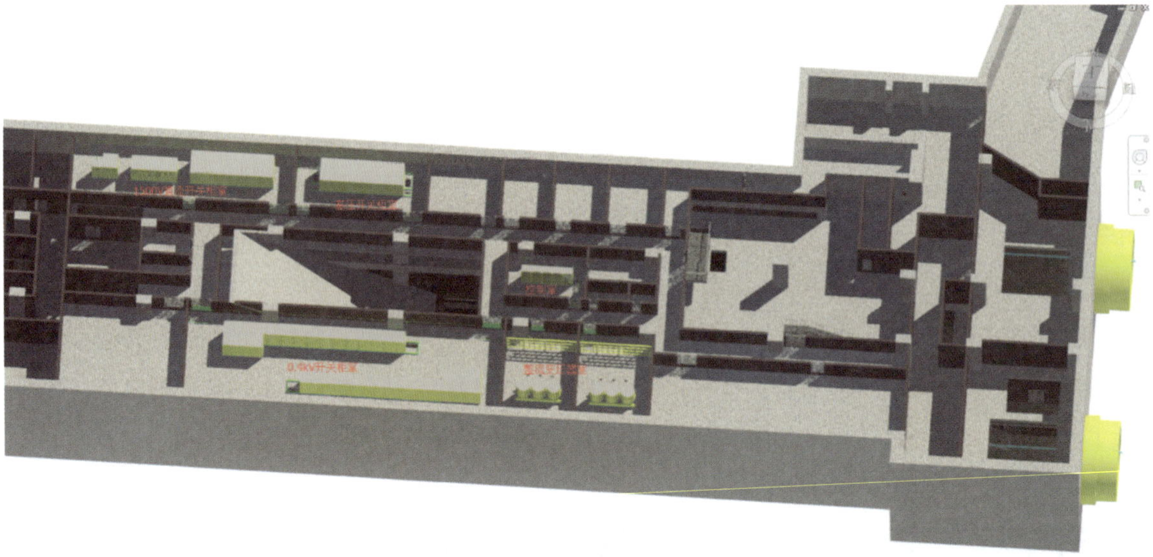

图2-74 变电所设备布置图

3. 变电所设备开孔及基础预埋件

变电所设备开孔及基础预埋件是施工图设计阶段非常重要的设计内容，尤其是设备开孔。在传统的CAD设计中，设备开孔往往需要通过工联单提资给建筑专业，再由建筑专业转给结构专业进行开孔。而BIM三维模型中，变电专业的设计者可以直接向结构专业申请权限，然后自己开孔，如此很完美地解决了多专业衔接烦琐、不及时和不精确等问题（如图2-75～2-78）。

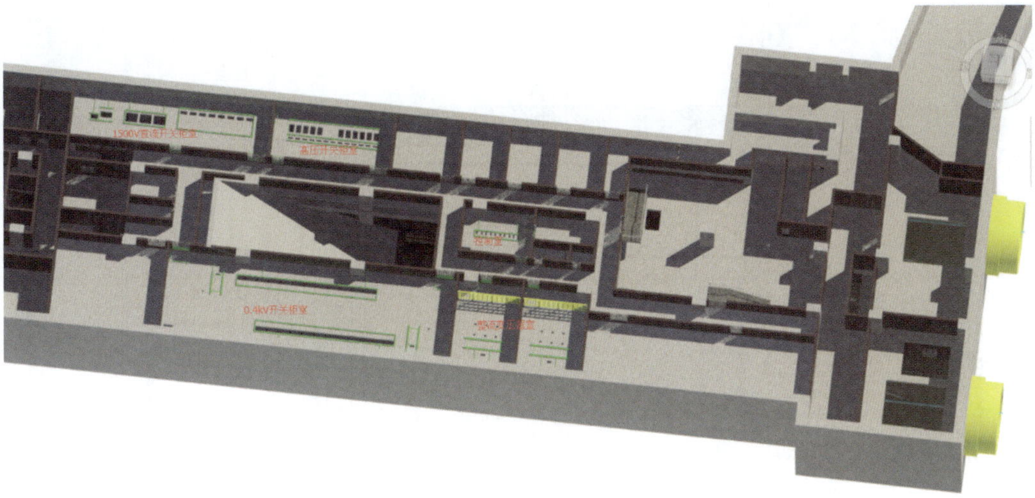

图 2-75 变电所设备开孔及基础预埋件图

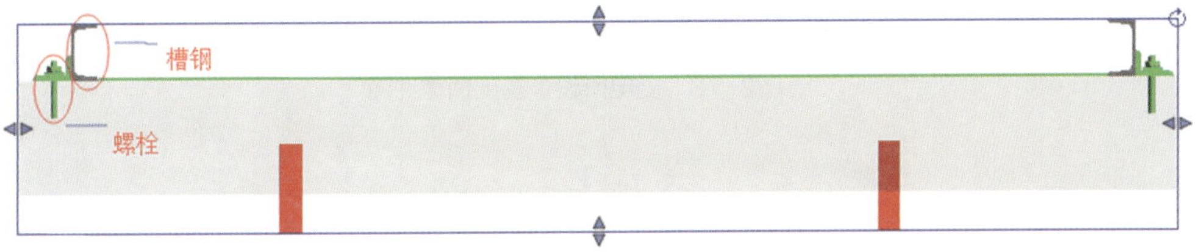

图 2-76 高压开关柜基础预埋件

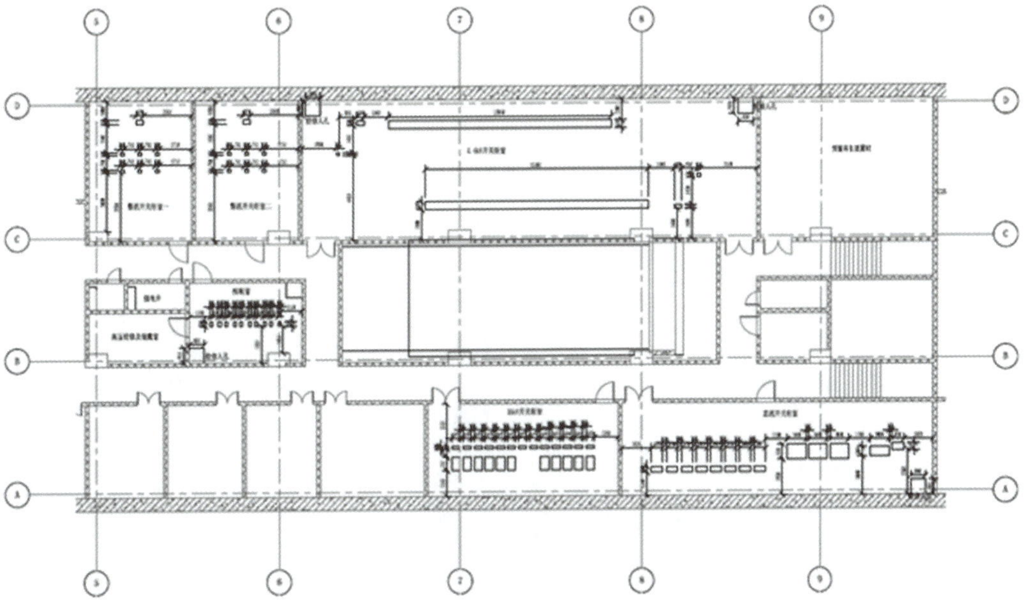

图2-77 变电所设备开孔图

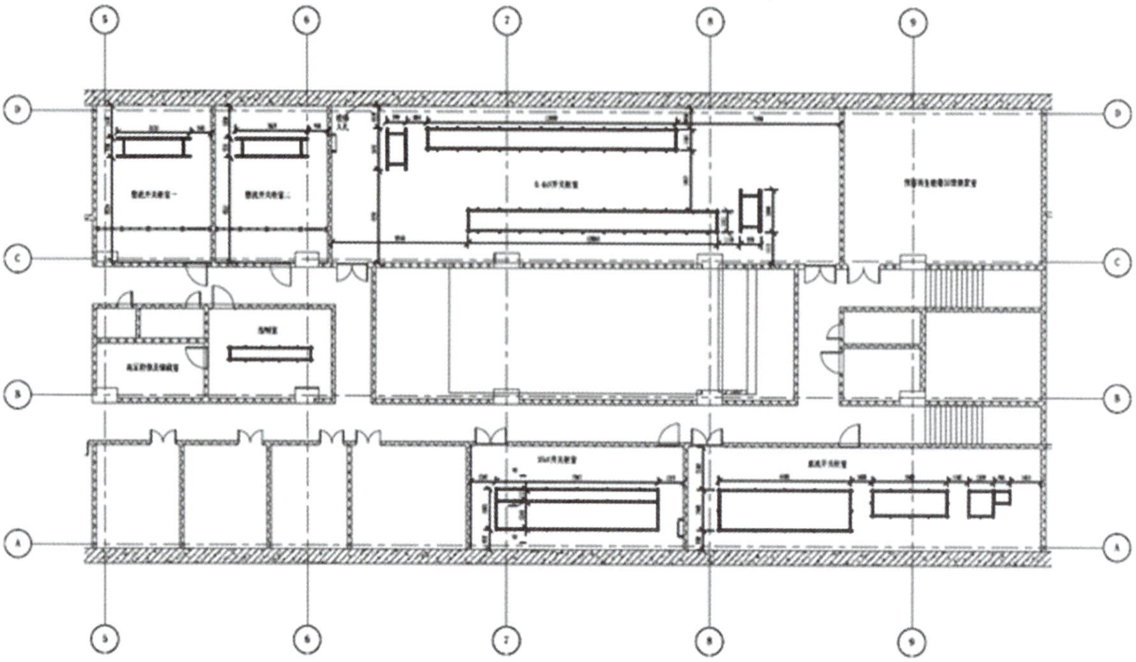

图2-78　变电所设备基础预埋件图

4. 电缆敷设

施工图设计阶段的电缆敷设设计是在初步设计基础上精细选择不同类型的电缆支架或者埋管进行设计的（如图2-79、2-80）。

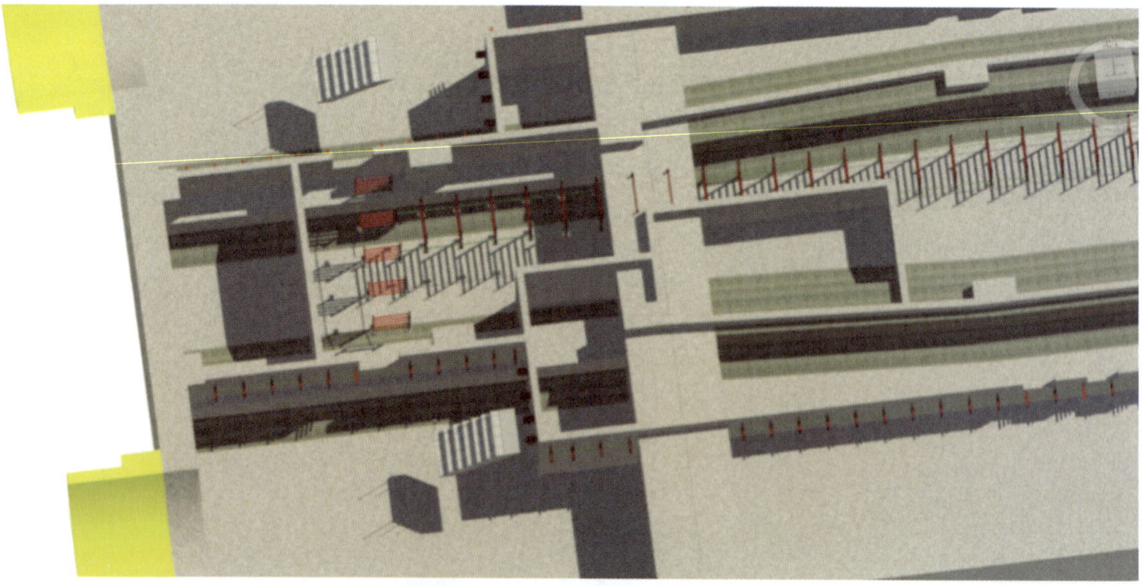

图2-79　变电所电缆支架敷设

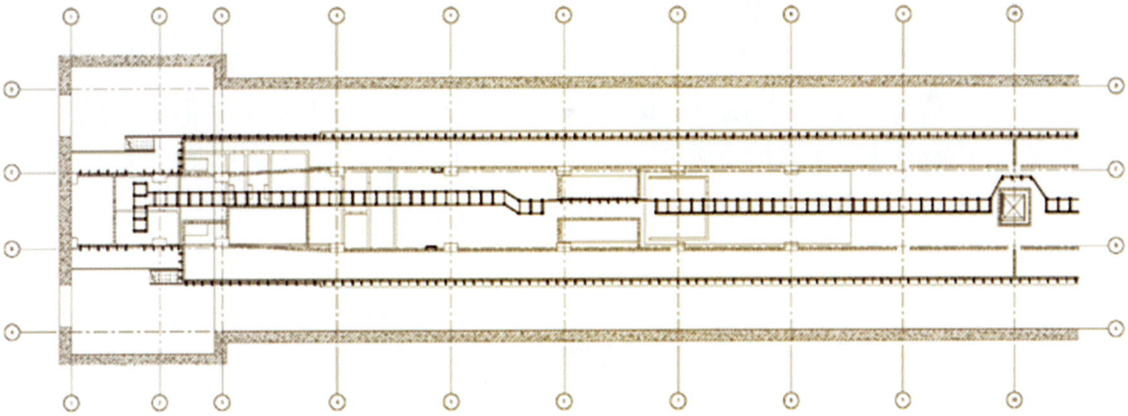

图2-80 车站电缆敷设图

5. 接触网模型布置

不管采用何种接触网类型，通过接触网与轨行区建筑、轨道的实际模型布置，可清楚地表示出其布置位置、空间及尺寸的关系，可以检查相关布置的合理性。通过建立城市轨道交通接触轨系统BIM模型库，完成在不同线路条件、运行工况下可灵活定义的接触轨设计算法程序。采用BIM工具，可与线路、轨道、结构等专业进行自动化布置以及检验（如图2-81）。

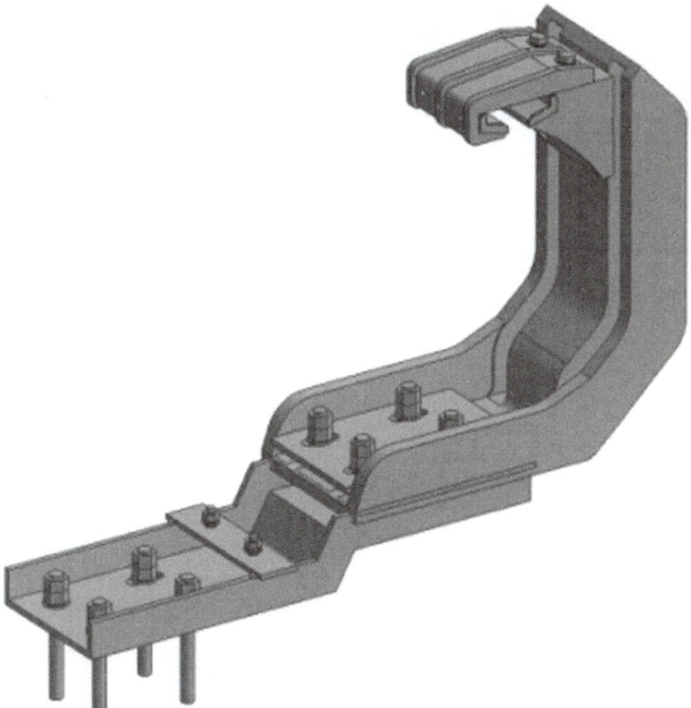

图2-81 接触轨悬挂点族

6. 碰撞检测

实际布置时，轨顶风道、轨道道床、隧道壁、疏散平台、消防水管、通信电缆、环网电缆、供电电缆等模型之间的冲突都能通过碰撞检测及时地发现，尽早地进行配合与修改（如图2-82）。

建筑专业为隔离开关预留符合条件的安装位置，为接触网悬挂安装、电缆敷设等调整孔洞；变电专业将供电电缆敷设至隔离开关；轨道专业为电缆过轨、接触轨安装提供相关条件。

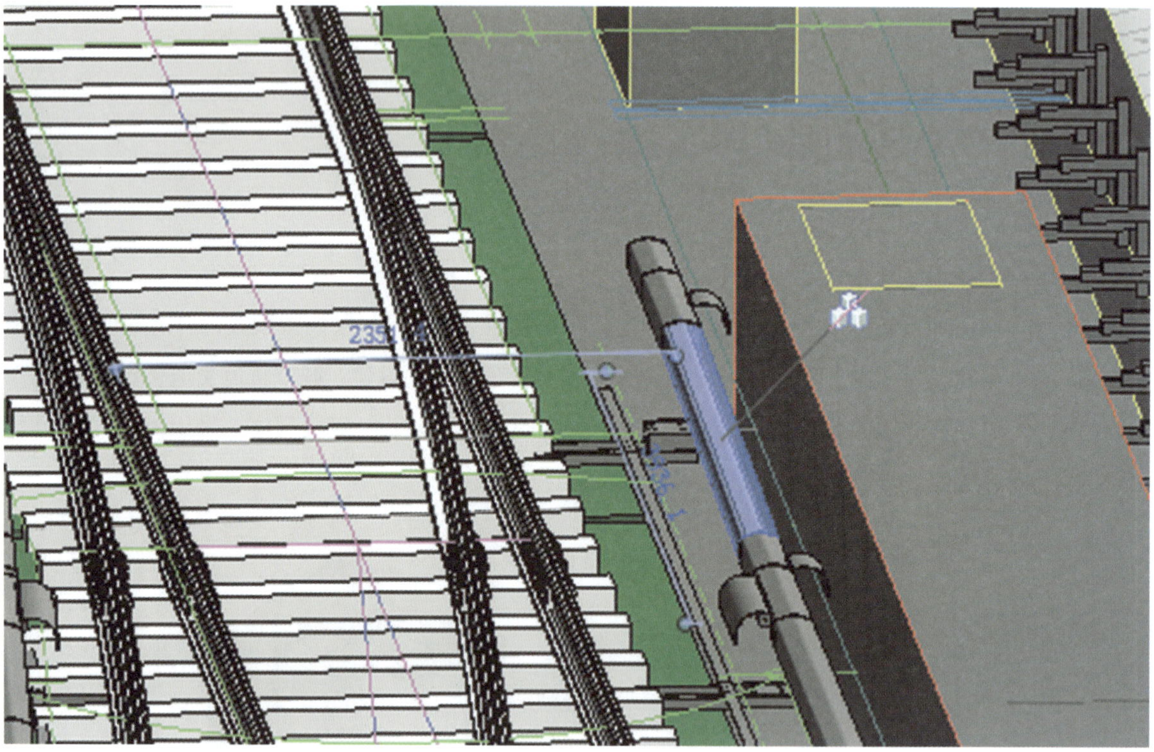

图2-82 碰撞检测

7. 自动扶梯及电梯

在土建方案设计时，自动扶梯、电梯专业的要点在于预留开孔提资、预埋件布置以及净空检测、干涉检测功能。通过参数化计算，当修改提升高度时，相对应的扶梯中间支撑数量、井道尺寸、吊装所需的吊钩定位，数量、荷载，都可计算出来并布置上去，并对电扶梯关键部分的尺寸，如扶梯踏步面往上的净空尺寸、扶手带周边尺寸、电梯轿厢前尺寸，实现智能化设计。

在设备招标之后，可根据电扶梯、站台门厂家的特点，完善细化模型，输出形成BIM专业施工图（如图2-83）。

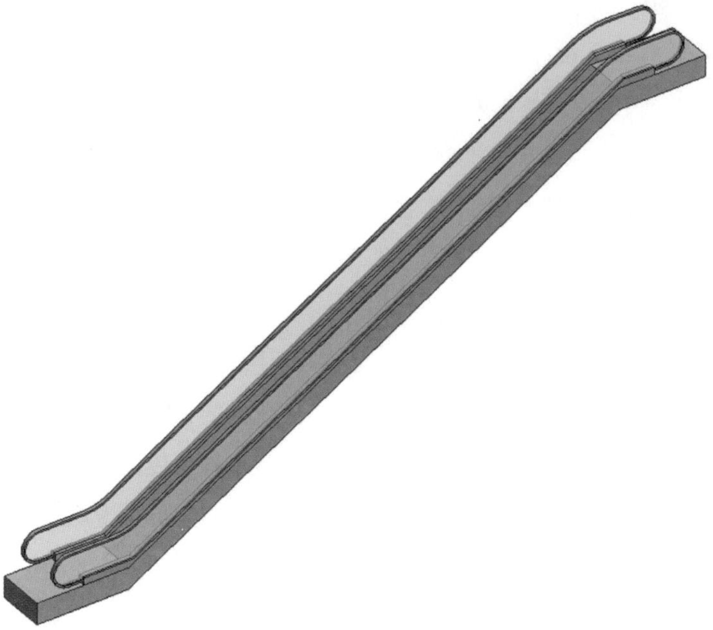

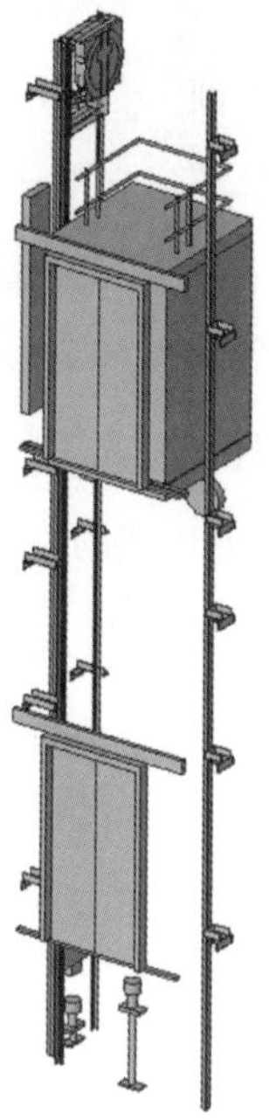

图2-83 自动扶梯、垂直电梯在施工图阶段BIM模型

8. 站台门

为满足轨道交通站台门设计在BIM中的需求，提高设计效率，优化设计质量，为BIM设计质量打下基础，故利用Revit二次开发功能设计满足多种车站形式的站台门布置功能。

本站台门布置功能可根据列车的参数，自动生成相应的站台门排列，还具备一系列站台门设计中所需的功能，如：

（1）可对门体的数量进行统计，可准确无误地计算出车站设计中站台门所需的工程量。

（2）根据门体的位置生成相应的预埋件和孔洞，并生成预埋件及预留孔洞表，与过往的人工计算相比，提高了准确性。

（3）自动标注门体的尺寸及编号，确保了图纸的质量。

另外，还可以结合车站情况，对站台门范围内存在限界加宽的位置的站台门单元进行相应调整，使之满足限界要求。

9. BIM技术应用案例

1）城市轨道交通电气设计的BIM技术

BIM，是以建筑工程项目的各项相关信息数据作为模型的基础，进行建筑模型的建立，通过数字信息仿真模拟建筑物所具有的真实信息。BIM技术拥有丰富的信息量，并在建筑设计优化、施工过程优化和施工管理优化等方面已得到了验证。使用BIM技术可以使规划、设计（初步设计、施工图设计）、竞标、建造、运营、管理等各个环节信息连贯一致，也包括设计与几何图形、成本、进度信息等。BIM技术以参数化三维模型为核心，原理是尽可能将工程建设过程中的变更提前到项目前期（施工以前），同时使建设全过程（方案、设计、建造、运营）的信息保持一致。本工程在轨道集团公司总部建立Revit、Server核心数据服务器，各相关单位根据自身角色的要求完成各自任务，包括设计、土建施工、机电安装以及其他相关单位按照标准交付各阶段成果，BIM应用研究项目部根据总体管理方案对各单位成果进行审核、汇总、完善，经审核后的模型上传至“一级平台”供业主随时查阅和调用。

2）电气族的建立

族，作为Revit中最基本的元素，是构成项目的基础。在专为BIM设计开发的软件Revit中，族是一个全新的概念。族是称为类型的对象的集合，它根据参数集的共用、使用上的相同和图形表示的相似来对图元进行分组。对电气专业来说，为了更通俗易懂，可以把某个组族理解为传统中的图块，但与平面CAD图块不同的是它是具有参数化、分类的3D信息模型，其内容更丰富、生成更为复杂。电气设备、电气桥架、电气管线、导线、标注等都是不同类型的族，电气族在二维平面图上既要满足国标的制图标准，在三维模型上又要符合事物的实际样貌，还需赋予尺寸、性能、负荷类型、光源参数等一系列属性参数。就比如，地铁站公共区域灯具的族，严格意义上必须包含灯具的型号、尺寸、安装方式、适用光源，所用光源的型号、规格、色温、显示指数、光通量及尺寸，单套灯具（含光源）的参考价格等信息。同样，在该工程中建立的照明配电箱、动力配电箱、双电源切换箱、低压开关柜、环控电控柜等电气设备族也具有比传统CAD图块更丰富的信息，无论是施工方、业主、运营等，都可以应用BIM设计软件在电气平面中直接查看某种设备的全方位的信息，而不是像传统的CAD设计中需要从设备材料表、相关厂家样本、平面图纸等多个环节去了解产品信息。电气族库的建立是将BIM软件应用于电气设计的必不可少的工作。只有建立完善的各类电气族库，才能体现BIM设计的优势，也才能进行下一步的设计工作。

3）文件的建立

在准备好电气族库，选择好工作方式之后，就可以开始正式的设计工作了。首先在公共服务器上打开建立好的MEP中心文件，选择在自己电脑上创建一个本地文件。本地文件相当于中心文件的一个副本，在此副本上创建电气工作集，并进行工作集、楼层平面、样板属性等参数设定，进行各种设计绘图和操作，通过实时同步中心文件将本地文件上的所有新内容同步到中心文件中，同时将中心文件上其他设计人的新内容同步到本地文件中，这样就实现了实时共享，协同设计。

4）电气桥架的绘制

BIM与传统的建筑设计根本的不同在于从二维的平面转变为三维的模型，因此在用Revit绘图的时候也有二维平面和三维模型两种绘制状态。通常情况下，我们与使用CAD一样是在二维平面中进行电气设备布置、桥架绘制、各种标注，在这个过程中可以随时切换到三维模型窗口进行观察，可以见到各种电气设备与管线在模型空间中的实际位置与样式。在Revit中，我们也按照楼层来划分平面，比如站厅层、设备层、站台层以及站台板下。在各个楼层平面中绘制电气桥架，除了平面中的确定位置以外，在三维图或者剖面中还会有一个确定的高度，这对于三维空间来说非常重要，它决定了设备在空间中的最终位置。在制作族的时候可以直接给每种电气设备族设置默认高度，也可在模型放置时调整。电气桥架与其他电气设备一样具有真实的样貌和尺寸参数，能够在二维平面和三维模型中显示。在电气桥架的绘制中，需要对桥架的各种连接件如水平弯通、水平四通、垂直下弯通等比较了解，包括尺寸和连接方式，这样布置起来既快捷又准确。这里需要指出的是，对于电气桥架，仅在平面图中绘制有时候难以表示清楚竖向的位置和相互关系，这就需要用到前面提到的剖面功能。Revit中可选取平面中任意位置转到此位置的剖面，在剖面图中可方便地绘制调整竖向电气桥架的连接等。在绘制电气桥架的时候还应该遵循电气设计规范，比如，一般电缆桥架水平敷设时距离地面的高度不宜低于2.5m，电缆桥架多层敷设时，其层间距离一般为：控制电缆间不应小于0.2m；电气电缆间不应小于0.3m；弱电电缆与电气电缆间不应小于0.5m，如果屏蔽盖板可减少到0.3m；桥架上距顶棚或者其他障碍物不应小于0.3m。几组电缆桥架在同一高度平行敷设时，各相邻电缆桥架间应考虑维护、检修距离。电缆桥架与各种其他管道平行或交叉时，其最小净距也都相关要求与规定。如图2-84所示。

图2-84 电气BIM模型

5）管线碰撞检查

BIM中有一个很实用的功能，就是碰撞检查，通过此功能能够检查出模型中存在的一些设计人员没有发现的电气专业内部或者电气专业与其他专业之间的设计冲突。地铁站综合管线系统错综复杂，由于设计疏忽或是空间面积的限制等各个因素，碰撞无可避免。与电气桥架相关的碰撞主要是两部分：一部分是电气桥架与结构和建筑部分，比如电气桥架与梁、柱子、剪力墙还有普通墙的碰撞等；另一部分是电气桥架与其他管线的碰撞，比如电气桥架与风管、水管、喷淋管等的碰撞。通过软件，我们能够分别找出电气桥架与各个部分的碰撞，然后按照一定的管线调节原则，各专业间进行协同设计。调节原则如小管避让大管，单管避让排管，有压管避让无压管，空间布置采取风管在上，强弱电桥架在中，水管在下等优化原则，对管线布置进行调整，充分利用有限空间，解决管线碰撞问题，保证图纸质量，提高设计效率。

6）电气设备的布置

电气设备主要为变配电系统设备，包括：变压器、高压开关柜、低压开关柜、交流屏、直流屏、EPS电源柜、照明配电箱、动力配电箱以及双电源切换箱等。公共区域的灯具包括：格栅荧光灯和荧光筒灯。这些设备在三维图中布置之前都得在电气族库中建好相应的族，信息包含设备名称、尺寸大小、电压等级等，由于施工和招标进度的问题，某些设备信息可能不全面，在后期工作中可以适时填补。电气设备的布置必须结合二维CAD平面设计图纸，因为许多电气设备都是放置在电气专用房间里，比如变压器、高低压开关柜都是放置在变压器及开关柜室。另外，在绘制时要注意设备是放置在地面上，还是明装于墙面或者暗装于墙内，同时要注意设备标高合情合理，这样便于指导现场施工。Revit软件在放置设备时，如果没有贴地或者贴墙，它会自动提示设备放置有误，这样使我们在绘制的时候能够及时发现哪些设备放置不合理、不准确，做到及时修改，提高设计的精确性。

2.5.5　轨道专业

1. 轨道工程BIM设计成果特点

轨道工程作为铁路工程项目中的一项站前工程，具有设计内容精细、烦琐、专业接口多、设计精度要求高等特点。

1）信息丰富化

当前轨道工程设计主要采用CAD计算机辅助设计，设计成果往往为文件说明与二维通用设计图纸。首先，二维设计图纸并不能充分表达三维实体结构；其次，二维通用设计图纸并不能表达某个具体工点的设计情况，而要辅以相应设计表格，进行查询换算；此外，二维设计图纸较难反映与相关专业设计接口信息。因此，利用目前轨道工程采用的设计形式并不能直观、精确地表达设计成果，而轨道设计过程中大量信息也不能得以存储，无法将丰富的信息传递至制造、施工及运营单位。若利用BIM技术进行设计，将设计文件、BIM模型作为设计成果，并辅以关键工点的二维图纸，则一定程度上可提高设计精度、深化设计成果。以BIM模型为载体，将丰富的设计信息存储至模型上，则可提高信息传递利用率，为后续工作所用。

2）可优化性

设计过程中运用BIM模型，经过模型的简化处理、网格划分、边界定义等，可利用常用有限元软件进行结构初步分析，对设计成果进行优化，从而达到优化结构参数、降低工程造价的目的。

3）协调性

轨道工程传统设计一般在工程线位，桥、隧、路基形式及其缺口较为稳定的情况下，才具备开展设计工作条件。但凡上述任何一个专业进行微小改动，轨道设计方案都需要随之调整。利用BIM技术进行设计，可保证上序来源的唯一性与同步性。当交付成果为具有可视化、协调性的BIM模型时，可对专业接口处设计成果进行重点检查，及时发现问题，调整设计方案，减小错漏碰缺出现概率，为保证施工工期、减少返工、提高施工质量打下基础。

2. BIM设计的特点

可视化、协调性、优化性、可出图性、设计精确性是BIM设计的五大特点。

（1）可视化特点：轨道工程对于路桥过渡段、CRTSⅢ型板地段、伸缩调节器地段、岔区地段等特殊工点的轨道结构设计，在BIM设计模式下可以得到更清晰、更直观的表达。

（2）协调性特点：轨道专业与上下序各专业间的配合更加顺畅。如在接收上序专业的缺口里程时，将桥、隧、路基等专业的缺口点直接作为上序来接收，省去从上序专业提供的电子或纸质文件中读取缺口里程再转换至本专业设计成果中的过程。

（3）优化性特点：轨道工程在接口较多的岔区地段、设备较复杂的钢轨伸缩调节器地段完成BIM模型后，设计人员可以更直观地看到设计成果。利用BIM技术可以为设计优化创造更大便利条件。

（4）可出图性特点：轨道工程对于复杂的设计工点，可以利用BIM模型进行二维图纸的辅助输出，能够更清楚更丰富地表达设计成果。

（5）设计精确性特点：轨道专业相对其他土建专业来讲设计精度较高。如采用BIM设计技术后，模型中已经体现了施工坐标系下轨道板的位置、底座的位置等，与原有通用图设计模式相比，设计内容更加丰富、设计成果更加精确。

3. BIM技术应用案例

铁路行业BIM设计探索主要集中于桥梁、隧道工程等，结合京沈客专BIM试点轨道工程进行分析。

1）工程概况

京沈客专BIM试点位于DK373+975—DK380+417.82处。含车站1座，长1400m（站内桥梁231.75m）；区间桥4座，总长2502.87m；区间隧道1座，长380m；区间路基4段，总长2159.95m；线路全长6442.82m。双线线间距按5.0m设计。轨道工程区间采用CRTSⅢ型板式无砟轨道，岔区采用轨枕埋入式无砟轨道结构。

2）轨道结构设计

零件库建模过程中，对于规格种类相对较少的构件（如轨道板等），采用局部坐标系下独立建模，并批量装配的方式进行BIM模型建立。针对这一类构件纳入零件库进行管理。BIM试点建立的零件主要包括：轨道板、自密实混凝土层、隔离层、路基上18号单开岔区无砟道床、路基上18号单渡线岔区无砟道床及桥上18号单渡线岔区无砟道床等（如图2-85）。

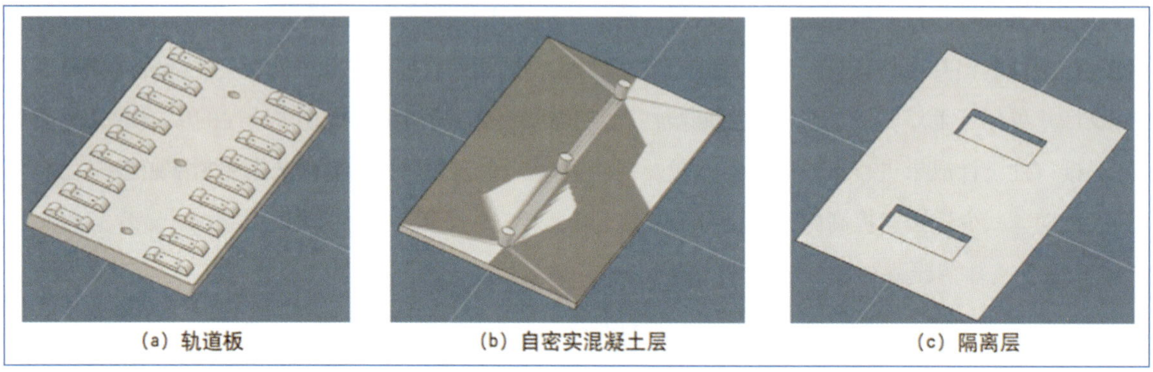

图2-85 零件库模型

模板库建模过程中，对于规格种类复杂多样、构件几何和非几何信息随线路状况变化而变化的构件（如底座、底座伸缩缝泡沫塑料板、聚氨酯等），采用全局坐标系下建立骨架线，然后重复调用模板，批量生成构件的方式进行建模。针对建模时用到的模板纳入模板库进行管理。BIM试点建立的模板主要包括：钢轨模板、底座模板、底座伸缩缝模板等（如图2-86）。

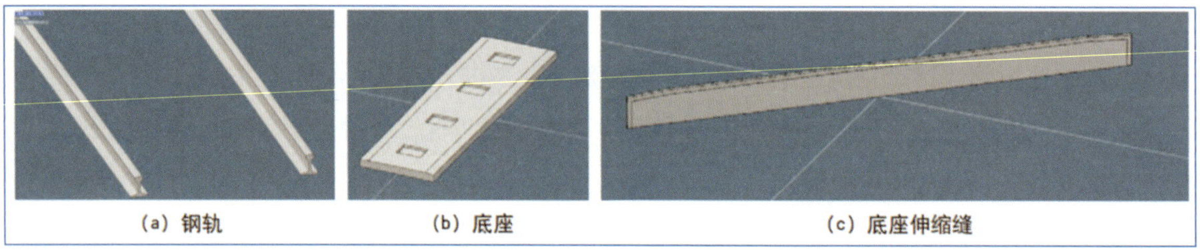

图2-86 模板库模型

轨道结构参数化设计BIM试点以总骨架线为基础，实现了轨道结构超高设计（如图2-87）及CRTS Ⅲ型板布板设计。参数化建模主要体现在骨架线和各构件之间相互关联，以及利用模板自动批量化生成所需构件。BIM试点初步实现骨架线和各构件之间相互关联，利用已建成的模板，完成近90个工点模型的建立工作（如图2-88）。

图2-87 轨道结构超高表达式

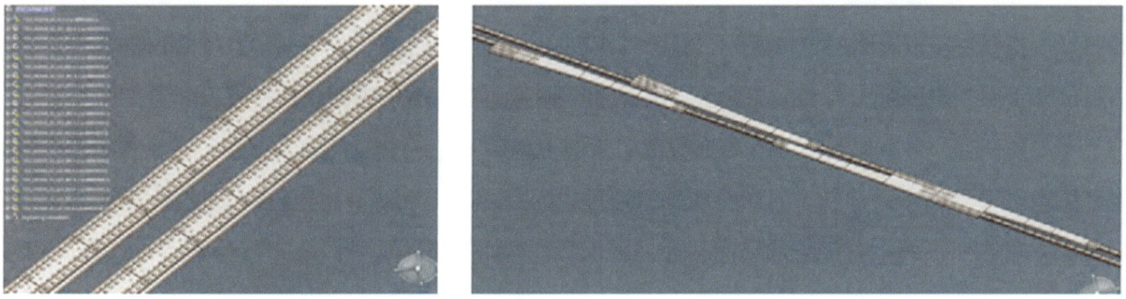

（a）区间轨道结构　　（b）岔区轨道结构

图2-88 工点模型

3）工程数量计算

利用已建成的BIM模型进行工程数量计算探索。初步实现了钢轨、轨道板、自密实混凝土层、底座工程数量计算。

4）有限元模型

在设计过程中遇到特殊工况时，通常需要利用有限元软件进行结构检算。在已建成的BIM模型中，选取个别计算单元，对影响网格划分的模型细部尺寸进行简化处理。然后进行网格划分，边界条件定义后，即可得到初步可用的有限元模型（如图2-89、图2-90）。

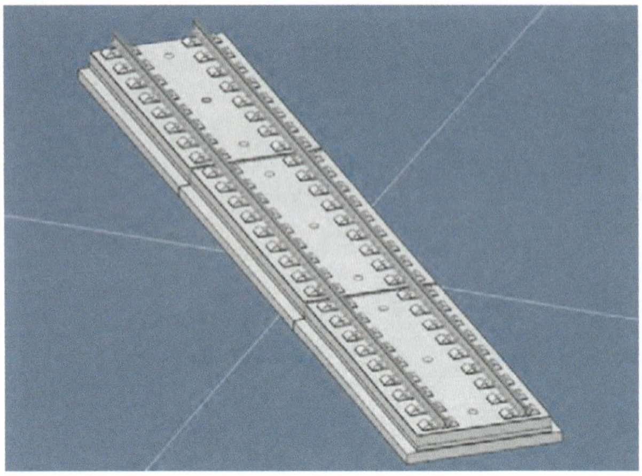

图2-89　BIM模型

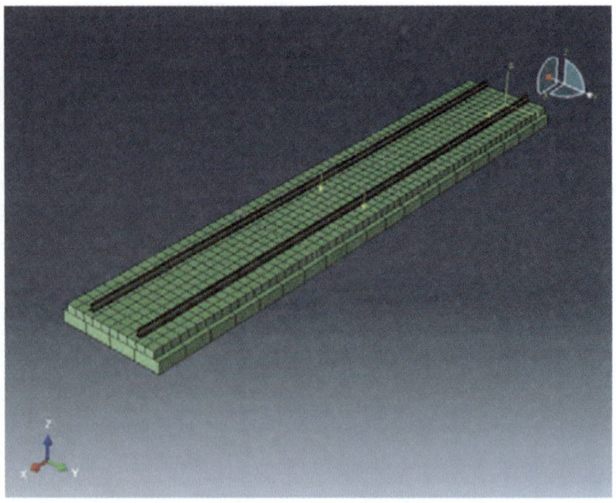

图2-90　有限元模型

5）生成二维图纸

利用已建成的区间轨道结构模型进行生成轨道结构布置图二维图纸的探索（如图2-91）。

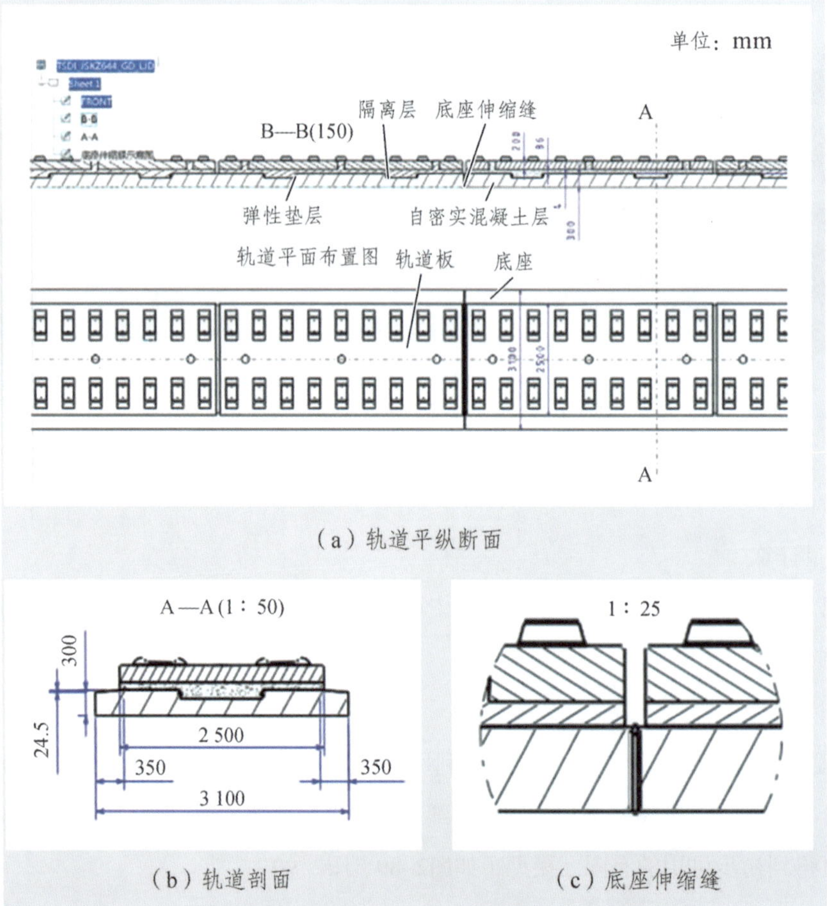

图2-91　轨道结构二维布置图

2.5.6 其他应用

1. 孔洞预留

城市轨道交通工程的机电设备安装施工过程是整个地铁建设中至关重要的一个环节，建筑安装工程预留孔洞的位置准确性在机电设备安装过程中起着非常重要的作用，是一个绝对不容忽视的问题，出现的问题主要有：漏留孔洞、孔洞位置不准确或者预留尺寸不对，甚至多开孔洞。一旦出现这些问题，对施工质量、施工进度、后续工序等诸多方面带来严重影响。

应用BIM技术对三维空间管线的模拟碰撞检查，这不但在设计阶段彻底清除硬碰撞，而且能优化净空和管线排布方案，减少由设备管线碰撞、预留孔洞错设引起的拆装、返工和浪费。BIM技术应用的主要目的就是在工程建造的过程中，对工程建造中的信息进行建立与集成，将所进行的工程项目进行一个总体规划，工程项目建设人员对BIM技术的合理运用，能够在很大程度上提高工程管理的效率和质量，在工程项目施工中提供准确的高质量数字化信息服务，有利于业主在工程项目后期建设中的运营管理，确保工程的顺利完成和后期高效率管理。如图2-92所示。

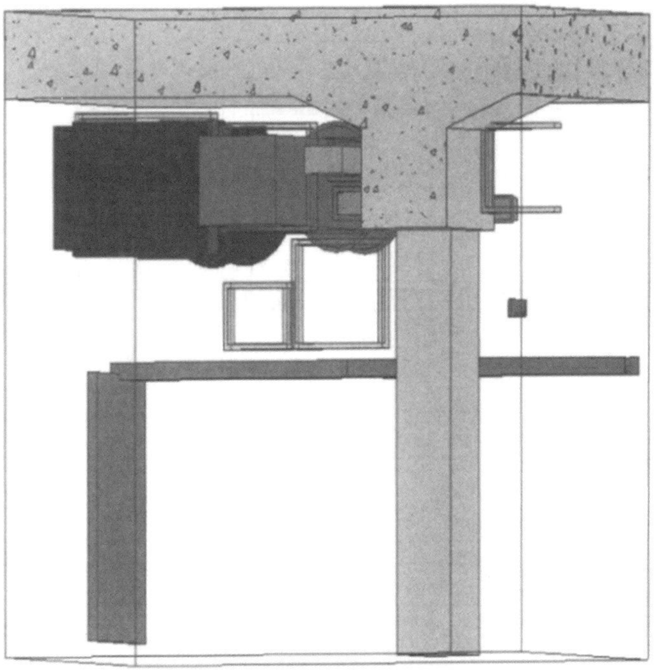

图2-92　车站模型孔洞示意图

BIM技术应用案例：

1）工程概况

广州六号线二期工程（长湴—香雪段）线路主要经过天河区和萝岗区，线路长约17.44km，全为地下线。六号线二期机电工程实施难点：六号线二期附属结构受前期拆迁、借地、交通疏解等先天不利因素影响，机电已进场的多个车站由于出入口土建结构未实施，机电安装施工组织、人员进出、材料运输非常困难。广州地铁六号线二期运用BIM技术对各车站进行建模，将模型中的孔洞与现场实际的孔洞进行匹配，找到设备房砌筑时不受控、考虑不到、临时增加等孔洞所产生的原因。

2）BIM技术解决地下空间预留孔洞中的难题

BIM的协调性服务可以减少各专业设计沟通不到位，出现各种专业碰撞的问题，包括布置管线预留孔洞时与结构设计的梁等构件的碰撞。BIM建造信息模型可以在建造前期对各专业的碰撞问题进行协调，生成协调数据。对施工过程中出现的不确定因素一一预测，防止不良因素的产生。

经过BIM系统中的协调、模拟、优化工作以后，可得出综合结构流动图、建筑结构机电装修综合图等施工图，为现场施工提供可视化辅助。将每个施工行为进行及时记录、管理人员随时核查。在虚拟场景详细了解工程中每个设备和构件的信息，有利于后期运营管理工作（如图2-93～2-95）。

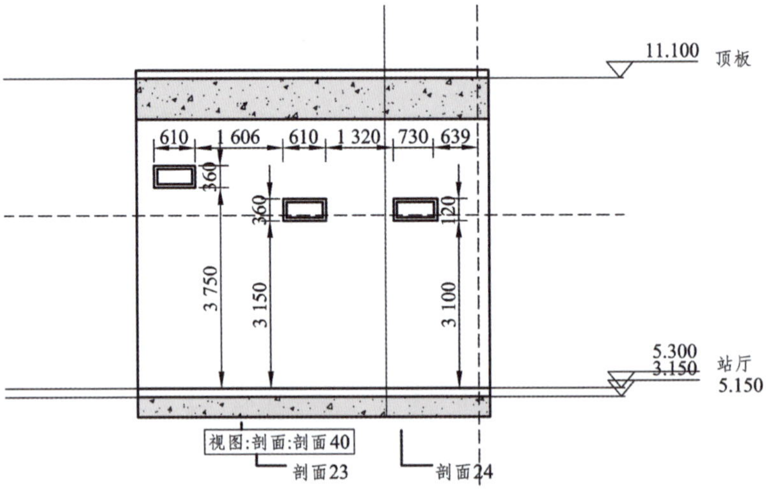

图2-93 模型墙壁孔洞剖面图1

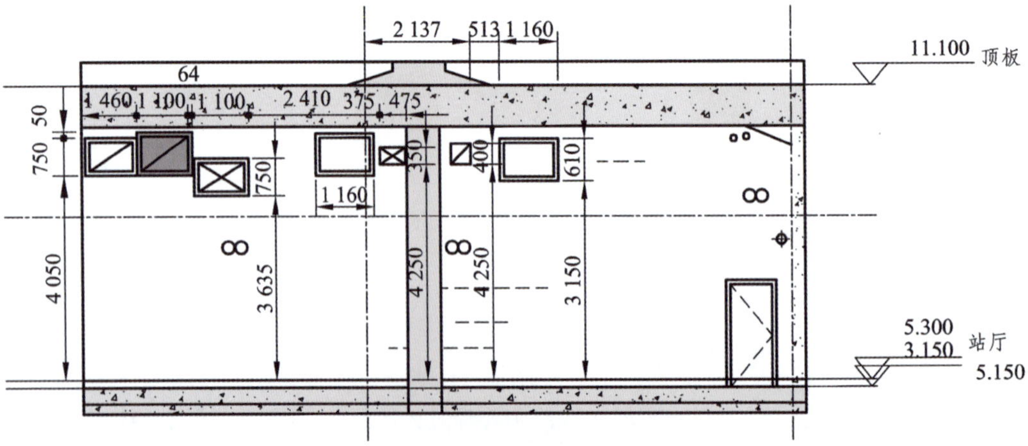

图2-94 模型墙壁孔洞剖面图2

图2-95 模型墙壁孔洞外观图

2. 管线迁改

管线迁改作为市政工程建设的重要内容，其具有广泛性、复杂性和阶段性的特点。可采用物探方法获取各类地下管线数据信息，并利用BIM技术建立地下管线综合管理系统，实现对地下管线的信息分类、三维模拟和碰撞检查功能。通过对地下管线与桥梁基础碰撞问题进行分析，提出管线迁改设计方案，为城市轨道交通等市政工程中的管线迁改工作提供必要参考。

1）工程概况

广西某轨道交通线路长度4.3km，全高架敷设，共包含五站（分别为西江路口站、白云路口站、九头山站、五岔口站及莲花客运站）四区间，平均站间距约990m。本工程施工范围内地下管线种类繁多，包含燃气、电力、通信、给排水等多项内容，涉及国防、供电、水务、市政管理处、五大运营商等十多个产权单位，其周边环境复杂、制约因素多、协调工作量大、迁改周期性长。

2）工作思路

（1）信息收集

根据建设单位提供的地下管线资料，统计地下管线数据，并委托物探单位对施工沿线地下管线进行探测。探测采用电磁感应法，探查仪器为RD8100管线探测仪，探测深度为地表以下4m范围内，通过物探成果与管线资料进行相互印证，准确掌握管线的施工年限、使用状况、位置埋深等数据信息，为地下管线的系统性管理提供依据。

（2）系统管理

结合物探成果数据信息，利用BIM技术建立地下管线三维信息模型，并通过综合管理系统实现对地下管线的信息分类与检索、碰撞检查、动态更新等功能。同时，借助于地下管线综合管理系统，能够建立各单位数据以及信息资源的共享渠道，促进管理系统内部的协调联动，切实保障管线迁改工作的顺利进行。

（3）迁改设计

通过对地下管线与桥梁基础进行碰撞检查，提出管线迁改设计及优化方案，为管线迁改的具体实施提供重要指导。在轨道交通工程建设中，管线迁改设计应遵循以下原则：

①根据工程实际情况，明确管线迁改基本方法（永久迁改、临时迁改、原位保护），制订切实可行的实施方案，保证管线使用功能不受影响。

②对施工现场实行动态管理，做到管线迁改设计与现场施工进度相结合，提高管线迁改工作效率，识别重要危险因素，保证实施过程安全可控。

③优化地下空间资源配置，统筹管线布设方法，降低工程造价，防控迁改风险，确保管线迁改工作科学合理、有序高效的推进。

3）应用实例

（1）莲花干渠迁改设计

①管线探测。柳州市莲花合流污水干渠，吸收了龙潭路、南环路、鸡喇堤等周边的雨污水，具有泄洪排涝作用，其管线资料因年久缺失、物探困难，无法准确制订迁改方案。因此如何掌握干渠的结构形式、埋置深度及走向等基本信息，成为迁改施工所面临的首要问题。

②地质雷达探测。采用GC100MHZ屏蔽天线配合LTD–2100探地雷达，对莲花干渠进行地质雷达探测工作，初步探明了莲花干渠的走向、埋深、管径尺寸等。干渠位于五岔口站—莲花客运站区间，长约230m，具体走向为由广西美术学校流出、跨柳石路，经路中间绿化带向南延伸，在柳石路东四巷往东拐。其反梁顶一般埋深5.7～6.1m，渠内壁宽3.8m，外壁宽5.5～6.0m，渠壁厚度约1.0m。

③反馈设计。根据实测干渠位置及现有图纸，利用BIM技术建立的地下管线三维信息模型显示，本标段五岔口站至莲花客运站区间5#～8#墩的部分桩基侵入莲花干渠。由于莲花干渠断面尺寸较大、埋置较深且水流湍急，并考虑易地迁改施工难度大、影响范围广、工程成本高等因素，所以采用原位保护的基本方法，即通过调整桥墩基础结构形式和平面位置，使基础跨越莲花干渠，同时要求钻孔桩施工时定位钢护筒深埋至干渠底以下不小于1m，避免因施工偏差对莲花干渠造成破坏。

（2）地下暗渠迁改设计

①资料收集

九头山站—五岔口站区间雨污合流暗渠，其建设年代久远、产权单位不明、调查资料稀少，初步采用电磁波感应探测方法确定其大致位置，如表2–3所示。初探成果与实际位置存在偏差，致使桩基施工遇暗渠顶板，发现桩基全部位于暗渠中时随即停止施工，并采取了保护措施。

②方案比选

由于前期对地下暗渠探测失误，经查明其准确位置并将信息模型更新后，考虑该暗渠尺寸较宽、埋置较深、水流量大且位于交通要道，暗渠迁改难度系数较高，因此拟通过调整桥墩孔跨以避开地下暗渠。桥梁原有孔跨为：3～6#墩（3×30）m连续梁、6～9#墩（3×30）m连续梁、9～12#墩（3×25）m连续梁。

综上所述，最终选用方案二作为设计方案，即将6～9#墩向北移动5m，以避开地下暗渠，调整孔跨后对7#墩位置的给水管道进行迁改，避免影响基础施工。

表2-3　桥梁孔跨调整方案比选

名称	调整孔跨	优缺点	经济性	备注
方案一	3～5#墩（2×30）m连续梁、 5～8#墩（3×22.5）m连续梁、 8～10#墩（22.5+30+25）m连续梁、 10～12#墩（2×25）m连续梁	①优点：调整方案无废弃工程。 ②缺点：增加了1个桥墩，结构由三联变为四联，跨度偏小，景观效果较差，3个桥墩需重新钻探勘察	费用增加109.2万元	×
方案二	3～6#墩（30+30+25）m连续梁、 6～10#墩（4×30）m连续梁、 10～12#墩（2×25）m连续梁	①优点：将前后孔跨挪动，避免新增桥墩。 ②缺点：废弃4根已施工桩基，孔跨调整后需迁改1根DN400给水管道，4个桥墩需重新钻探勘察	费用增加109.2万元	√
方案三	3～5#墩（2×30）m连续梁、 5～8#墩（25+40+25）m钢连续梁， 8～10#墩（30+25）m连续梁、 10～12#墩（2×25）m连续梁	①优点：调整方案避免废除3#、4#、9#墩桩基。 ②缺点：将原有混凝土梁改为钢连续梁，结构由三联变为四联，需废除5#、8#墩4根桩基，2个桥墩需重新勘察，费用急剧增加。钢连续梁和混凝土梁结构尺寸不一致，且跨度变化大，景观效果较差	费用增加248万元	×

管线迁改的重点主要在于策划阶段，前期应准确收集管线资料，为三维信息模型的建立提供必要保证。同时，在迁改设计过程中，应积极协调相关权属单位，科学统筹、精准施策，并结合项目工程特点，充分考虑各方面因素，制定科学合理的迁改方案，确保管线迁改工作与轨道交通建设协调推进。

3. 交通疏解

城市轨道交通车站一般处于城市繁华路段，交通流量大、人员密集，交通疏解期数多、车辆疏解困难。通过对车站临建设施进行建模、优化临建设施的布置、合理选择交通疏解的期数；并根据车站围护、主体、附属等结构施工需求不同，选择合理的交通疏解期数以及疏解具体方案；同时，利用Navisworks进行交通疏解模拟，达到高效疏导城市交通的目的，避免了不必要的拆迁工作，减少土地占用，节约资源的同时，节省了项目成本，创造了项目效益。

1）基于BIM技术的交通疏解流程

（1）常规交通疏解流程

目前，施工人员在繁华地段城市轨道交通车站施工过程中进行交通疏解的流程为：现状路面情况调查→根据场地情况确定交通疏解期数→编制交通疏解方案→交管部门审核审批。在常规性交通疏解过程中因为没有经过交通流程模拟计算，在交管部门处常难以通过。

（2）BIM技术交通疏解流程

采用BIM技术应用于城市轨道交通车站交通疏解工程中的应用流程，如图2-96所示。

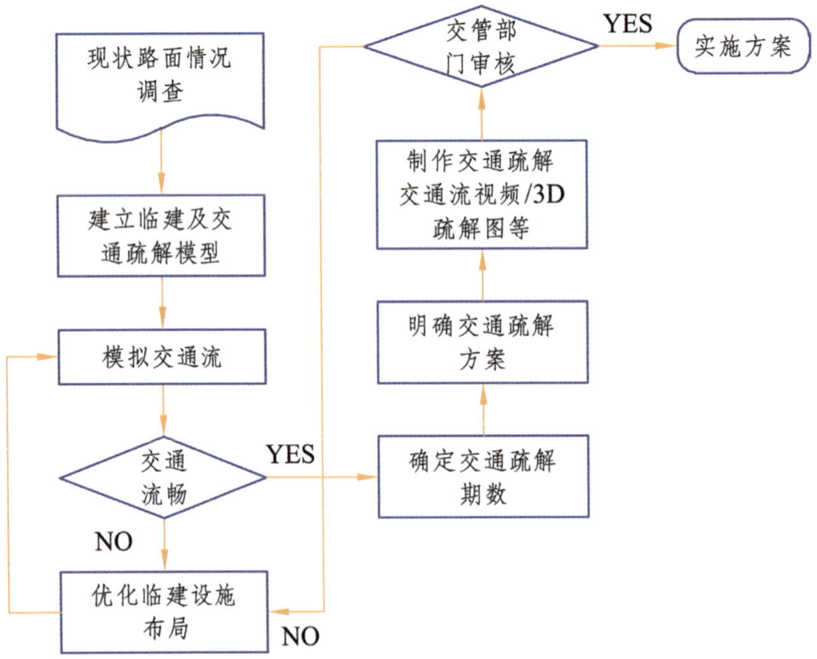

图2-96　应用BIM技术的交通疏解流程

2）交通疏解中BIM功能定位

（1）形象表达交通疏解后情况

在应用BIM技术的整个施工生命周期里，整个周期都是可视化的，使得二维的交通疏解图纸变成三维立体形象的可视化模型，将该功能用于交通疏解工程中形象表示既有道路通过交通改造以后的情况，可以使施工单位、监理单位以及交管部门等机构在直观可视化的状态下进行中沟通、讨论和决策，使各单位直观明确了解原本拥挤的车站通过交通疏解之后的道路状况，提高交通疏解方案的审核通过率，大大减少了多方交流沟通的时间损耗，提高了工作效率，推动地铁行业车站施工交通疏解工程的进程。

（2）管线碰撞检查

交通疏解过程中电缆、军缆、雨污水管等管线的改迁工作是重点，设计时，因管线众多而存在管线相互之间交错碰撞以及管线与车站结构碰撞等问题；利用BIM技术对改迁之后的管线进行建模，并与车站围护结构和主体结构模型进行碰撞检查，可检测管线改迁是否合理、是否会影响施工，并提前采取补救措施，避免影响施工工期。

（3）模拟交通流

城市轨道交通车站是一个重要的交通枢纽，它的建设投入成本高，时间长，人力物资花费较大，往往需要占据较大的现状路面，对道路交通流影响较大，因此，必须对车站周围道路进行交通疏解改造，使交通流量满足需求。通过BIM技术虚拟建造与漫游，可以模拟交通流，预测施工中可能出现的问题和需要的方案，提前布置与准备，为现场施工和设计服务与增值。

在现今流行的BIM技术当中，Navisworks软件中可以对道路交通流程进行模拟和优化，模拟交通疏解改造后的道路运行状况，可以发现在二维平面设计中难以发现的空间狭小和高度不足等设计情况，以检查交通疏解方案是否满足需求。

（4）深化施工方案

①一期围挡施工期交通组织

一期围挡施工工期计划14个月，主要施工内容为车站围护结构封闭、土石方开挖和车站主体结构施工；因地铁车站围护结构和土石方开挖阶段与主体结构施工阶段，对临建设施布局以及材料堆放需求的不同，利用BIM模型合理优化布局和材料堆放，将一期围挡施工分为两个阶段进行交通疏解。

第一阶段，车站围护结构和土石方开挖施工阶段：利用BIM技术建立一期工程施工临建设施及工程施工模型，优化围挡范围内临建布局，合理占用土地范围，如图2-97所示。经过模拟之后，得到围挡东侧通过破除银杉路人行道，新建车行道，保证围挡西侧银杉路为双向4车道+人非双向2车道：1.5m（人、非混合道）+3.25m（车行道）+3.0m（车行道）+3.0m（车行道）+3.25m（车行道）+1.5m（人、非混合道）=15.5m。

图2-97 湘江新城站一期交通疏解第一阶段效果图

第二阶段，主体结构施工阶段：利用BIM技术建立基坑及主体结构模型，合理布设材料占用土地范围，如图2-98所示。经过模拟之后，得到围挡东侧通过破除银杉路人行道，新建车行道，保证围挡西侧银杉路为双向4车道+人非双向2车道：1.5m（人、非混合道）+3.25m（车行道）+3.0m（车行道）+3.0m（车行道）+3.25m（车行道）+1.5m（人、非混合道）=15.5m。同时，在围挡东侧新建一条3.25m宽车行道供居民出入，在道路面积确定的情况下，比原方案多设计一条车行道，保证了车辆出行的交通流。

图2-98 湘江新城站一期交通疏解第二阶段效果图

②二期围挡施工期交通组织

二期围挡施工工期计划为8个月，主要施工内容为车站1、2、3、4号出入口及1、2号风亭等附属结构施工。

本期通过BIM模型模拟交通疏解和现场施工环境，将一期明挖主体施工区域恢复成原有路幅，在不影响施工的情况下，最大能力地保证银杉路双向6车道通行能力，疏解交通：2.5m（人、非混合道）+3.75m（车行道）+3.5m×2（车行道）+3.0m×2（车行道）+3.75m（车行道）+2.5m（人、非混合道）=26.5m。此深化方案，提高了车站交通疏解的能力，有效避免了交通事故以及施工占地和浪费用地情况。

参考文献

[1] 许蓁．BIM应用·设计［M］．上海：同济大学出版社，2016.

[2] 刘光武．城市轨道交通BIM应用研究与实践［M］．北京：中国建筑工业出版社，2016.

[3] 韩德志，张弘弢，华福才．城市轨道交通工程BIM应用研究与实践（精）［M］．北京：中国铁道出版社，2019.

[4] 张波．BIM城市轨道交通专业基础知识［M］．北京：中国建筑工业出版社，2019.

[5] 刘纯净．BIM技术在城市轨道交通工程设计阶段的应用研究［J］．建设监理，2016（08）：8-11.

[6] 冀程．BIM技术在轨道交通工程设计中的应用［J］．地下空间与工程学报，2014，10（S1）：1663-1668.

[7] 叶东明．BIM技术在轨道交通工程设计中的应用［J］．建筑工程技术与设计，2016（7）：709-709.

[8] 曹昕鸷．城市轨道交通工程设计中BIM技术的应用策略分析［J］．智能城市，2020，6（10）：148-149.

[9] 李函，周风帆．BIM技术在城市轨道交通全生命周期中的应用［J］．建筑工程技术与设计，2018（25）：3852.

[10] 马波．BIM技术在轨道交通工程设计中的应用［J］．商品与质量，2017（42）：114.

[11] 陈海丽，李敏，陈少波，等. BIM技术在城市轨道交通PPP项目全生命周期中的应用研究[J]. 市政技术，2019，37（05）：125-129.

[12] 侯思乐. 基于BIM技术的地铁精细化建筑设计方法研究[J]. 智能城市，2019，5（16）：61-62.

[13] 张波，孙希波，霍滨，等. 城市轨道交通工程BIM实施体系研究[J]. 土木建筑工程信息技术，2019，11（04）：63-70.

[14] 杨炳晔. BIM在地铁车站建筑设计中的应用实践[J]. 建筑·建材·装饰，2019（12）：221，223.

[15] 阚耀. 浅谈装配式建筑[J]. 建筑工程技术与设计，2016（9）：2038-2038.

[16] 徐渊函. BIM技术在地铁车站结构设计中的应用[J]. 装饰装修天地，2018（21）：159.

[17] 张赛. 基于BIM技术的装配式结构设计流程分析与应用研究[D]. 合肥：安徽建筑大学，2018.

[18] 解毅. 简析BIM技术在地铁车站结构设计中的应用[J]. 环球市场，2018（9）：378.

[19] 李仲佩. 地铁车站结构设计中BIM技术的应用[J]. 工程技术研究，2017（08）：186，201.

[20] 扶晓康，李浩彬. BIM技术在地铁车站结构设计中的应用研究[J]. 技术与市场，2017，24（04）：66，68.

[21] 殷美贞. BIM技术在招投标阶段的应用价值分析[J]. 江西建材，2016（23）：233-234.

[22] 马秀成. BIM技术在地铁车站结构设计中的应用[J]. 建筑工程技术与设计，2018（15）：427.

[23] 欧飞奇. BIM技术在地铁车站结构设计中的应用研究[J]. 建筑工程技术与设计，2017（29）：137-137.

[24] 李晖. 试论BIM技术在地铁车站结构设计中的应用[J]. 环球市场，2017（28）：186.

[25] 叶力. BIM在绿色建筑中的应用探析[J]. 建筑工程技术与设计，2017（20）：428-428.

[26] 孙润润. 基于BIM的城市轨道交通项目进度管理研究[D]. 徐州：中国矿业大学，2015.

[27] 李俊. BIM技术在轨道交通工程中的应用[D]. 天津：天津大学，2016.

[28] 李坤. BIM技术在地铁车站结构设计中的应用研究[J]. 铁道工程学报，2015，32（02）：103-108.

[29] 成金花，卢长宣. 深基坑支护技术在建筑工程施工中的应用[J]. 河南科技，2015（09）：

122-123.
[30] 毕亚茹．BIM技术在深基坑工程施工中的应用［J］．区域治理，2018（16）：148.
[31] 黄开雷．BIM技术在深基坑工程中的应用［J］．建筑技术开发，2018，45（17）：64-65.
[32] 陶俊．地铁深基坑施工BIM技术应用研究［D］．湖北：武汉理工大学，2016.
[33] 王臣．BIM技术在地铁暖通设计中的应用［J］．绿色科技，2019（16）：222-224.
[34] 汪军．基于BIM的MEP方案可施工性论证与优化研究［D］．重庆：重庆大学，2014.
[35] 申慧军．铁路信号联锁设备的常见故障及诊断方法［J］．中国设备工程，2019（4）：96-98.
[36] 王凯，王春风．地铁风水电安装碰撞检测中BIM技术的应用［J］．中国设备工程，2019（4）：98-99.
[37] 郝雪莹．BIM技术在数字城市建模中的应用［C］．//中国地理信息产业协会．2014中国地理信息产业大会论文集．2014：1-5.
[38] 武相超，王文敬．BIM建筑信息模型在暖通空调中的实践探索［J］．城市建设理论研究（电子版），2015（8）：4388-4388.
[39] 王刚．BIM技术在电气设计中的应用［J］．房地产导刊，2019（5）：205.
[40] 王旭．BIM技术在某青教公寓电气设计中的应用［C］．//全国建筑电气设计技术协作及情报交流网．2013年全国建筑电气设计技术协作及情报交流网第九届一次理事会年会论文集．2013：395-398.
[41] 迟珊．BIM电气设计案例［J］．建筑电气，2014（2）：28-34.
[42] 刘航，宋新启．BIM在铁路客站电气设计中的应用［J］．建筑电气，2015，34（10）：48-52.
[43] 王新宏，郭传海．建筑电气施工技术研究［J］．建筑工程技术与设计，2015（8）：1711-1711.
[44] 宋晓勇．BIM技术在轨道交通工程设计中的应用［J］．建筑工程技术与设计，2017（11）：1716-1716.
[45] 艾山丁．BIM技术在轨道工程设计中的应用探讨［J］．铁路技术创新，2016（3）：62-64，79.
[46] 马宝光．浅析地铁安装工程中预留和预埋工作质量控制［J］．城市建设理论研究（电子版），2016（13）：1010-1010.
[47] 李桃．探讨地铁设备安装问题的分析和预防［J］．城市建设理论研究（电子版），2012（17）.
[48] 龙东，李学国．BIM技术在超高层建筑预留孔洞中的运用［J］．城市建设理论研究（电子版），2014（30）：282-283.

[49] 濮宗俊，戚立春. 略谈BIM技术在地铁车辆段项目建设中的应用［C］. //江苏省土木建筑学会. 2015年度江苏省城市轨道交通建设学术年会论文集. 2016: 390-396.

[50] 李晓蒙. BIM技术在超高层建筑预留孔洞中的运用探析［J］. 建筑与装饰，2018，000（003）：138，141.

[51] 陈燚，谭博，罗光财，等. BIM技术在城市地铁施工交通疏解中功能解析［J］. 企业技术开发（学术版），2017，36（10）：29-31.

第3章

城市轨道交通设计BIM实施环境

3.1

实施难点

基于建筑全生命期各阶段、各参与方、各专业的BIM应用虽然能带来诸多价值，然而，由于BIM技术的引入，整个行业的都将面临着挑战。如何破解BIM实施带来的诸多难题，如何有条不紊地让BIM落地实施，是每一个加入BIM潮流中的企业所必须直面的问题。轨道交通行业的设计阶段BIM实施难点主要体现在以下几个方面：

1. 既得利益的冲突

BIM的实施将涉及企业的每个环节，对企业现有业务流程和管理模式都会带来较大的变化，如企业的盈利模式、企业内部岗位的重新设置、员工的考核和利益分配等，因此，如何让企业管理层达成共识、让全体员工接受BIM实施带来的变化，是BIM实施过程中面临的最大挑战。

2. 管理模式的改变

BIM的设计方法与传统二维的设计方法存在明显的不同，原有的制度和标准已不能满足基于BIM设计模式的需要，两者之间存在一定的冲突。BIM对于信息资源的管理也必须从传统的分散式管理转变为集中的统一式管理模式。

3. 业务流程的改变

BIM技术提供了一种数字化的统一建筑信息模型表达方法，可以支持多专业团队协同的并行业务模式。这种业务模式改变必然导致传统业务流程的优化，并对其相关的建模、分析等业务内容产生影响，同时也会对原有协作方式发生相应的变化。

4. 协同方式的转变

从规划、设计、建造到运营维护，城市轨道交通行业参与机构、专业众多，加之BIM自身的特点，传统的协同方式很难适应BIM环境下的全方位协作模式，需求更加高效的协同方式成为急需解决的难题。

5. BIM标准的制定

在基于BIM的轨道交通全生命周期管理中，BIM模型需要在全生命周期进行传递与共享，同时，BIM模型及信息也将成为企业的重要信息资产。一系列BIM标准的制定对规范、约束各个参与方的BIM信息将起到至关重要的作用。目前已颁布了《建筑信息模型应用统一标准》《民用建筑信息模型设计标准》等国家和地方标准，对推动BIM的落地发挥着重要作用，但在协同、施工等领域仍缺乏标准的规范及支持，且目前轨道交通领域BIM标准较少。

6. 技术人才储备

BIM技术实施及推广的核心离不开相关的BIM技术人员，其直接决定了BIM实施的进度及效果。因此，企业需要打造一支强有力的BIM技术及管理队伍，包括BIM工程师、BIM研发人员、BIM应用人员、BIM项目经理等。

7. 平台的选择

目前，BIM软件平台市场占据大多数份额的主要有三家公司，分别是欧特克（Autodesk）、奔特力（Bentley）、达索系统（Dassault Systems），它们均有各自的BIM系统平台及其数据交换接口，并提出了各自的解决方案。企业要充分了解各自平台的特点，根据自身的行业需求选择自己的BIM平台。

8. 软硬件问题

不论是哪个公司的BIM平台，都是由一系列的BIM软件所组成，其对BIM实施所需要的各类软件、网络环境、计算机和服务器等软硬件均有较高要求。

3.2 组织架构

3.2.1 企业级组织架构

BIM的实施将带来一系列的冲突和变革，其在实施过程中面临的诸多深层阻力随时可能使其夭折，为保证BIM落地的有力推进，BIM实施必须为一把手项目。因此，在组织构架中企业领导必须成为项目推进的领头人。

BIM作为新技术在企业中应用，对企业传统的组织架构带来了冲击。为适用BIM技术应用推广的需要，部分企业会成立独立的BIM部门（与其他生产部门平级），专门负责BIM技术的应用推广，技术研究以及BIM项目生产。有的企业则在全企业范围内开始BIM技术应用推广，即“全民BIM”的方式。

独立BIM部门的组织架构如图3-1所示。

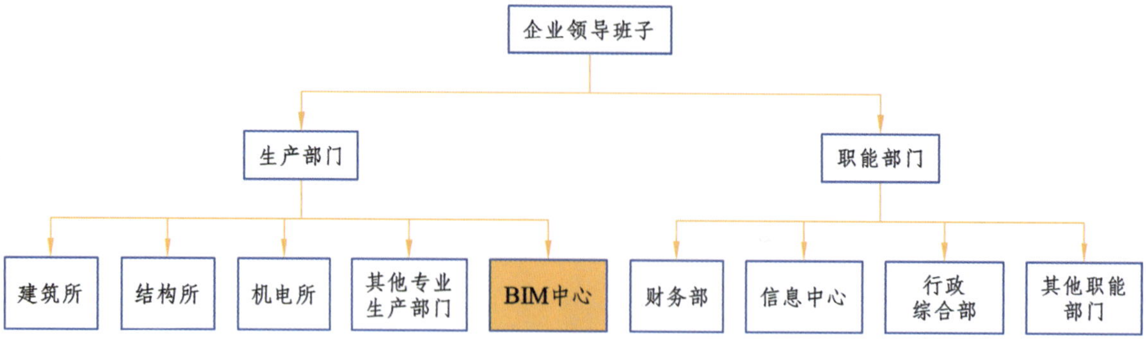

图3-1　BIM部门组织架构

BIM部门工作职责主要体现在以下几方面：

（1）负责企业内部BIM技术研究、实践、推广和普及。

（2）建立和完善BIM应用管理办法，其中包括建模标准、审核标准、协同工作流程、考核奖罚制度等。

（3）建立各专业BIM模型，并且配合其他外单位完成BIM生产。

（4）审核各专业BIM模型并且结合企业的管理平台进行模型管理。

（5）BIM平台的建设需求管理。

（6）配合各部门应用BIM技术协助项目管理。

（7）负责分公司和项目BIM应用指导和培训。

（8）负责各项目BIM应用情况监督。

BIM中心组织架构如图3-2所示。

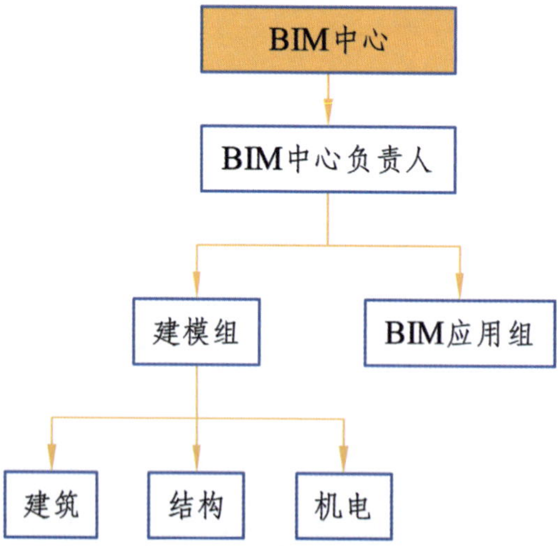

图3-2　BIM中心组织架构

各企业根据自己企业实际情况制定相关组织架构，可参与以下设置：

（1）BIM中心下面建模组和BIM应用组。建模组主要是支撑项目BIM生产的需要，主要工作职责是建立各专业BIM模型、审核和维护；现场BIM已知道、协调参建方各BIM应用等。

（2）BIM应用组主要是制定BIM系列管理办法和相关技术标准、BIM管理平台需求管理和应用；BIM技术培训、BIM技术交流和技术支持等工作。

3.2.2 项目级组织架构

在实际项目应用过程中，根据项目需要调整项目组织架构如图3-3所示。

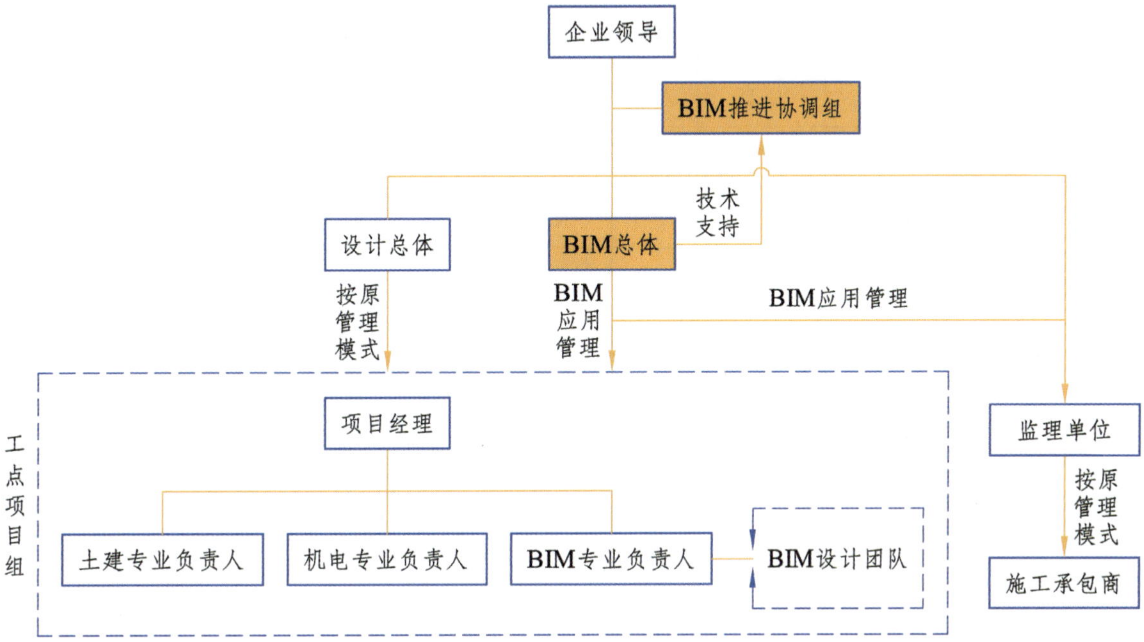

图3-3 BIM项目组织架构

项目成员中各方职责：

（1）BIM推进协调组的职责：负责协调项目各参与方在BIM应用方面的工作，主要包括平台管理、协调管理、流程管理、范围管理、文档管理、合同管理、支付管理等。

（2）BIM总体职责：对工点项目组和施工承包商进行BIM应用管理，主要包括BIM标准制定、BIM接口管理、BIM质量管理、BIM进度管理、BIM过程管理、BIM技术指导、BIM成果管理等。

（3）设计总体职责：按照原管理模式对工点项目组进行质量管理、进度管理、会签管理等。

（4）施工单位职责：在原有职责范围以外，提供BIM竣工模型、施工阶段模拟等，详见职责表。

（5）监理单位职责：在原有职责范围以外，提供施工模拟会审、BIM竣工模型检查等，详见职责表。

参与各方详细职责如表3-1所示。

表3-1　BIM实施参与各方职责表

序号	P筹划　D决策 C检查　E执行 K了解　Z指导 X协调		BIM推进协调组	BIM总体	建管项目中心	设计单位	施工单位	供货单位	监理单位现场	其他参与方
一	设计阶段									
	目标	确定具体应用点	D	C Z	K	K	K	K	K	K Z
		模型标准	C D	C K	K	K	K	K	K	K
		软硬件	C D	Z C	K C	K	K	K	K	K C
		BIM采购	C							
	模型	模型创建	C D	C D	K C	C E	C E	C E	C	C Z
		模型使用	C D	C	E	C E	C E	C E	C	C Z
		模型提交	C	C	C	C E	C E	C E	C	C Z
		模型修改	C	C	C	C E	C E	C E	C	C Z
		模型检查	C	Z C	E	E	E	E	E	C X
		模型审核	C	Z C	K C	C E	C E	C E	C E	C
		模型发布	C	Z C	K C	C E	C E	C E	C E	C
		模型存储	K C	K	K C	E C	E C	E C	E C	C X
		模型交底		C	C	E C	E C	E C	E C	C X
		模型验交	D	C	C E	E	E	E	C E	C X
	沟通	组织协调会	D E	K	C	C E	C E	C E	C E	C X
		问题处理	C	C	C	E	E	E	E	C
		处理跟踪、反馈	C		C E	C E	C E	C E	C E	C

续表

序号	P筹划 D决策 C检查 E执行 K了解 Z指导 X协调		BIM推进协调组	BIM总体	建管项目中心	设计单位	施工单位	供货单位	监理单位现场	其他参与方
	合同执行	质量检查	D	E	C	C E	C E	C E	C D	C
		进度检查		E	C	C E	C E	C E	C D	C
		支付申请				E	E	E	C	C
		支付批准	D	D	C	C E			C	C
二	施工阶段									
	目标	确定具体应用点	K D	D	D	K		K	E	
		模型标准	K D	D	K	K		D C	E	
		软硬件	K D	X	K	K	D E		E	
		BIM采购	D				E			
	模型	模型创建	C D	C D	K C	C	C E	CE	C	C Z
		模型使用			E	C	C E	C E	C	C Z
		模型提交	C	Z C	C	C	C E	C E	C	C Z
		模型修改	C	Z C	C	C	C E	C E	C	C Z
		模型检查	C	Z C	E		E	E	E	C X
		模型审核		Z C	K C	C	C E	C E	C E	C
		模型发布		Z C	K C	C	C E	C E	C E	C
		模型存储	KC	K	KC	C	E C	E C	E C	C X
		模型交底		C	C	C	E C	E C	E C	C X
		模型验交	D	C	C E	E	E	E	C E	C X
	沟通	组织协调会	D E	K	C	C E	C E	C E	C E	C X
		问题处理	C	C	C	E	E	E	E	C
		处理跟踪、反馈	C		C E	C E	C E	C E	C E	C
										E C D

续表

序号	P筹划 D决策 C检查 E执行 K了解 Z指导 X协调		BIM推进协调组	BIM总体	建管项目中心	设计单位	施工单位	供货单位	监理单位现场	其他参与方
	合同执行	质量检查	D	C	C	C E	C E	C E	C D	C
		进度检查		C	C	C E	C E	C E	C D	C
		支付申请				E	E	E	C	C
		支付批准	D	D	C	C E			C	C

3.3 配套制度

根据对行业BIM技术应用实施的经验，结合城市轨道交通项目特点和BIM应用需求，国家、省市应制定相应的BIM技术应用指南，各地方企业根据政府出台的应用指南制定相应的实施标准。对于企业，城市轨道项目BIM实施配套制度一系列技术标准、BIM设计协同管理标准、人员管理分配等相关制度来指导企业的BIM应用落地实施。对于项目应用，技术标准是服务于城市轨道交通建设方BIM实施体系的BIM技术规范。

3.3.1 企业级BIM标准

企业级标准：以服务城市轨道交通建设单位公司级BIM发展总体规划为核心、制定成果管理标准、应用标准、构件库创建于管理标准等一系列通用性标准。根据对行业BIM技术应用实施的经验，结合城市轨道交通项目特点和BIM应用需求，城市轨道项目BIM实施配套制度应当包括BIM设计应用统一标准、BIM设计协同管理标准、BIM设计模型交付标准、BIM设施设备编码标准等内容。如图3-4所示。

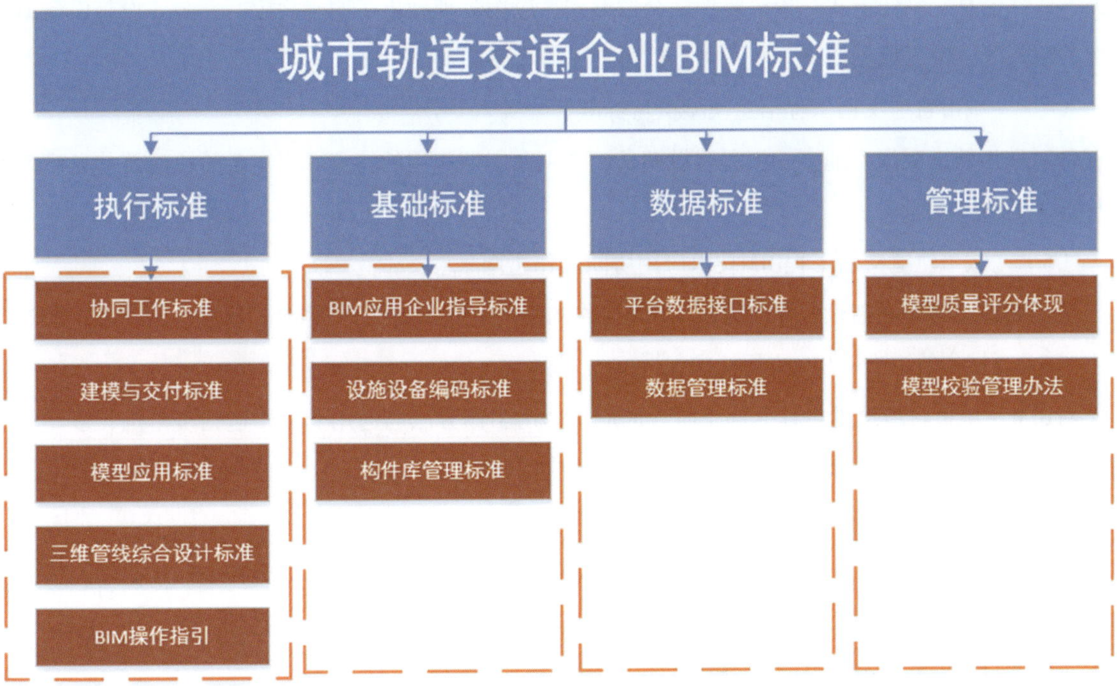

图3-4 BIM标准体系架构

考虑到目前城市轨道交通发展需求以及面向业主特点，初步规划如下：

基础标准：《BIM应用企业指导流程》《城市轨道交通工程信息模型分类与编码标准》《城市轨道交通工程信息模型构件库标准》。

执行标准：《城市轨道交通工程信息模型交付标准》《城市轨道交通BIM应用标准》《城市轨道交通三维管线综合设计标准》《城市轨道交通BIM操作指引》《城市轨道交通工程BIM技术应用协同工作指南》。

数据标准：《城市轨道交通BIM平台数据接口标准》《平台数据管理标准》。

管理标准：《城市轨道交通BIM模型质量评分体系》和《城市轨道交通BIM模型校验管理》等。

（1）《城市轨道交通工程信息模型分类与编码标准》

针对城市轨道交通资产密集度高、需关注资产全生命周期管理的特点，提出设备及资产全生命周期管理中各阶段的编码规则及应用规定，该标准应满足轨道交通现阶段建设需求。

（2）《BIM应用企业指导标准》

指导工程各参与方的BIM应用，通过采用统一的BIM实施办法，最大化采用BIM技术的工程项目的生产效率。

（3）《城市轨道交通工程信息模型构件库标准》

构件作为BIM模型最小的基本单元，构成了全专业BIM应用的数据基础，因此，本标准对构件的分类、属性信息、制作方式、校核要求、交付形式、应用管理做出了明确规定，并与《设施设备编码标准》相匹配，保证数据的统一性，便于数据应用和管理。

（4）《城市轨道交通工程信息模型交付标准》

针对城市轨道交通专业多、工程建设期长、全生命周期应用的特点，提出各阶段建筑信息模型建模与交付要求。

（5）《城市轨道交通工程BIM技术应用协同工作指南》

按照城市轨道交通建设各参与方应用BIM协作的需要，提出各方职责定位及协同工作流程要求。

（6）《城市轨道交通BIM应用标准》

对BIM在城市轨道交通设计、施工阶段的应用提出工作方法与通用要求，包括多单位、多专业协同设计、性能模拟分析、施工模拟、工程量复核等应用。

（7）《城市轨道交通BIM三维管综设计标准》

对各专业管线BIM设计提出颜色、属性、间距、路径等要求，对设备提出安装检修空间、运输路径等要求。

（8）《城市轨道交通BIM操作指引》

对各专业BIM软件建模步骤提出详细指引，可作为对业主、设计、施工人员BIM软件培训的基础教程。

（9）《城市轨道交通BIM平台数据接口标准》

为确保轨道交通项目设计施工一体化协同管理平台和建设协同管理平台主要业务功能模块的有效运行，指导设计、施工期间各参与方数据的采集、维护、交互及共享，规定了平台数据接口格式、原则及架构。

（10）《平台数据管理标准》

编制数据标准，规定数据的类别、范围、名称、关系、字段、格式、约束、数据集来源、存储、流转处理过程、数据采集方法等，便于数据应用分析。

3.3.2　BIM应用企业指导标准

BIM应用企业指导标准的作用如下：

（1）指导工程各参与方的BIM应用，通过采用统一的BIM实施办法，最大化采用BIM技术的工程项目的生产效率。

（2）规范项目各参与方的协同工作，进行有效的数据共享，制订和探索能确保项目高质量交付的实施标准和最佳实践。

（3）确保BIM项目文件在结构上的统一性，以利于各项目参与方、各项目阶段之间的信息互换，规避各阶段成本浪费、信息冲突等风险。

BIM应用企业指导标准包含以下内容：

（1）BIM工作流程和随后的图纸输出，提供最佳实践和重要原则以实现高效、高质量的工作。

（2）项目BIM策略，包括BIM协调员的职责和项目BIM策划文档的内容。

（3）项目协作和高效数据共享的流程。协作式环境的一个重要元素是高效地沟通、复用和共享数据，同时避免数据丢失或误解，因此需要对以下几个方面做出相关规定：

①从BIM生成的图纸的格式。

②BIM数据共享前的验证规则。

③对数据安全和保存做出相关规定。

④项目问题记录和解决机制。

⑤BIM数据校审办法。

（4）关于数据互用性的相关规定：

①从外部导入的CAD/BIM数据的管理办法。

②不同软件包之间的数据传递办法。

（5）模型拆分（工作集和链接）原则。

3.3.2.1 BIM应用企业指导流程

针对轨道交通项目的特点，制定基于全生命周期的整体实施内容和目标（如表3–2）。

表3–2 轨道交通BIM实施整体流程及目标

阶段	BIM应用点	工作内容	目标
可研	场地分析	调研项目周边环境情况利用GIS系统与BIM技术结合进行建模	降低实用需求和拆迁的成本；最小化有害物质的风险
	设计评审	对比不同的项目方案模型及其在外部环境下的表现	保证设计方案最优
设计	3D设计	对设计建模，各专业达到模型的整合	设计协同工作
	4D模拟	将设计模型和进度管理相结合	预判施工中问题
	绿建评估	利用模型，对可持续部分进行打分	提高项目的绿色节能品质
	成本评估	通过模型与算量软件的结合，对概算进行评估	提高概算效率
	3D协调	主要协调设计各专业的错漏碰问题	提高设计质量

续表

阶段	BIM应用点	工作内容	目标
施工	现状建模	对施工方案建模	施工方案可视
	虚拟建造	对重大施工方案及工序进行模拟	提高施工质量、减少后期变更
	4D模拟	将施工模型和进度管理相结合	提高施工进度合理性的验证质量
	3D协调	将施工问题3D可视化，或通过3D解决，转为2D方案及图纸	提高施工质量
	成本评估	拉出材料清单，做工程量计算	同时提高进度、质量的控制
	模型记录	将施工模型修改成竣工模型	完成数字化验交
运营	模型记录	优化竣工模型，将运营阶段信息附加在模型上	运营阶段管理需要的信息可视化
	资产管理	将所有资产信息化，并附加在模型上	提高资产管理的效率
	维护计划	将维护状态和计划与模型进行关联	减少错误维护和紧急性维修
	应急管理	将安全设施数字化，信息化，并模拟灾害处理过程	减少安全反馈时间

3.3.2.2 初步设计阶段

具体如表3-3所示。

表3-3 初步设计阶段BIM实施流程分析

序号	单位	主要内容
1	BIM总体设计	➢ 负责编制初步设计阶段3D设计总体工作计划； ➢ 每两周将审核通过的初步设计阶段性成果（模型）上传至BIM管理平台； ➢ 与咨询单位共同对初步设计模型（送审稿）及成本评估（5D概算）进行初步审核； ➢ 参与基于BIM技术的初步设计评审会，督促工点设计进行整改，并对各工点的最终初步设计模型进行合模，上传至BIM管理平台
2	工点设计单位	➢ 参与编制初步设计阶段3D设计总体工作计划； ➢ 每两周将初步设计阶段性成果（模型）提交至总体总包设计单位审核； ➢ 完成初步设计模型（送审稿），并输出成本评估（5D概算）表单，提交至总体总包设计单位； ➢ 将位置编码+流水码与初步设计模型构件进行匹配，将概算编码加入编码的属性字段内； ➢ 参与基于BIM技术的初步设计评审会，落实整改意见，进行模型修改

续表

序号	单位	主要内容
3	设计咨询单位	➢ 初步设计阶段3D设计总体工作计划审核； ➢ 定期检查3D设计进度，并督促设计单位进行进度纠偏； ➢ 与总体总包设计单位共同对初步设计模型（送审稿）及成本评估（5D概算）进行初步审核； ➢ 参与基于BIM技术的初步设计评审会，督促设计单位进行整改
4	BIM推进协调组	➢ 定期检查3D设计进度，并督促设计单位进行进度纠偏； ➢ 会同建设部门共同组织基于BIM技术的初步设计评审会，进行3D协调； ➢ 初步设计阶段性成果（模型）和最终模型备案
5	项目管理中心	➢ 会同BIM推进协调组组织基于BIM技术的初步设计评审会，形成会议纪要

3.3.2.3 招标阶段

具体如表3-4所示。

表3-4 招标阶段BIM实施流程分析

序号	单位	主要内容
1	BIM总体设计	➢ 负责编制招标阶段3D设计总体工作计划； ➢ 每两周将审核通过的招标阶段性成果（模型），并上传至BIM管理平台； ➢ 与咨询单位共同对招标设计模型（送审稿）及成本评估（5D招标预算工程量）进行初步审核； ➢ 参与基于BIM技术的招标设计评审会，督促工点设计进行整改，并对各工点的招标设计模型进行合模，上传BIM管理平台
2	工点设计单位	➢ 参与编制招标阶段3D设计总体工作计划； ➢ 每两周将招标阶段性成果（模型）提交至总体总包设计单位审核； ➢ 完成招标设计模型（送审稿），输出成本评估（5D招标预算工程量）表单，提交至总体总包设计单位； ➢ 将项目编码和合同编码附着于位置编码+流水码后的属性字段内； ➢ 参与基于BIM技术的招标设计评审会，落实整改意见，进行模型修改
3	咨询单位	➢ 招标阶段3D设计总体工作计划审核； ➢ 定期检查3D设计进度，并督促设计单位进行进度纠偏； ➢ 与总体总包设计单位共同对初步设计模型（送审稿）及成本评估（5D招标预算工程量）进行初步审核； ➢ 参与基于BIM技术的招标设计评审会，督促设计单位进行整改

续表

序号	单位	主要内容
4	BIM推进协调组	➢ 定期检查3D设计进度，并督促设计单位进行进度纠偏； ➢ 会同建设部门共同组织基于BIM技术的招标设计评审会，进行3D协调，形成会议纪要； ➢ 招标阶段性成果（模型）和最终模型备案
5	项目管理中心	➢ 会同BIM推进协调组组织基于BIM技术的招标设计评审会，形成会议纪要； ➢ 组织开展基于BIM环境的招标工作

3.3.2.4　施工图设计阶段

具体如表3-5所示。

表3-5　施工图设计阶段BIM实施流程分析

序号	单位	主要内容
1	BIM总体设计	➢ 负责编制施工图设计阶段3D设计总体工作计划； ➢ 每两周将审核通过的施工图设计阶段性成果（模型）上传至BIM管理平台； ➢ 与咨询单位共同对施工图设计模型（送审稿）及成本评估（5D施工图预算工程量）进行初步审核； ➢ 参与基于BIM技术的设计交底和图纸会审，督促工点设计进行模型修改，并对各工点的最终施工图设计模型进行合模，上传BIM管理平台
2	工点设计单位	➢ 参与编制施工图设计阶段3D设计总体工作计划； ➢ 每两周将施工图设计阶段性成果（模型）提交至总体总包设计单位审核； ➢ 将完成的施工图设计模型（送审稿），输出成本评估（5D施工图预算工程量）表单，提交至总体总包设计单位； ➢ 参与基于BIM技术的设计交底和图纸会审会议，明确问题解决方案，落实修改意见，进行模型修改
3	咨询单位	➢ 施工图设计阶段3D设计总体工作计划审核； ➢ 定期检查施工图阶段3D设计进度，并督促设计单位进行进度纠偏； ➢ 与总体总包设计单位共同对施工图设计模型（送审稿）及成本评估（5D施工图预算工程量）进行初步审核； ➢ 会同监理单位组织基于BIM技术的设计交底和图纸会审，督促设计单位进行模型修改
4	BIM推进协调组	➢ 定期检查施工图阶段3D设计进度，并督促设计单位进行进度纠偏； ➢ 参与基于BIM技术的设计交底和图纸会审会； ➢ 施工图阶段性成果（模型）和最终模型备案

续表

序号	单位	主要内容
5	施工承包商	➢ 参与基于BIM技术的设计交底和图纸会审，提出相关问题； ➢ 接收图纸会审后完善的施工图设计模型
6	设备供应商	➢ 将设备模型提交至项目集成服务商
7	监理单位	➢ 会同咨询单位组织基于BIM技术的设计交底和图纸会审，形成会议纪要
8	项目集成服务商	➢ 审核设备供应商的设备模型，并将其上传至平台
9	项目管理中心	➢ 参与基于BIM技术的设计交底和图纸会审； ➢ 组织BIM的招标工作

3.3.2.5 方案变更阶段

具体如表3-6所示。

表3-6 方案变更阶段BIM实施流程分析

序号	单位	主要内容
1	BIM总体设计	➢ 参与基于BIM技术的方案变更审查会； ➢ 会同咨询单位共同审批变更模型、变更的成本评估及虚拟建造（含工期及安全、质量风险的对比评估）源文件，将模型上传至BIM管理平台
2	工点设计单位	➢ 根据各方确定的变更方案，调整设计模型，与原模型比对； ➢ 完成变更的成本评估和虚拟建造（含工期及安全、质量风险的对比评估）源文件，提交总体设计单位； ➢ 参与基于BIM技术的方案变更审查会
3	咨询单位	➢ 组织召开基于BIM技术的方案变更审查会，形成会议纪要； ➢ 会同总体设计单位共同审批变更方案和模型
4	BIM推进协调组	➢ 参与基于BIM技术的设计方案变更审查会； ➢ 收集模型及应用相关源文件备案
5	项目管理中心	➢ 参与基于BIM技术的设计方案变更审查会

3.3.2.6 施工阶段

具体如表3-7所示。

表3-7 施工阶段BIM实施流程分析

序号	单位	主要内容
1	施工承包商	➢ 对施工图设计模型进行拆分，并添加场地、机械、施工措施等信息，实现现状建模，形成施工组织设计4D模拟源文件； ➢ 对危险性较大分部分项工程方案进行虚拟建造； ➢ 形成与每月实际完工一致的4D模拟源文件； ➢ 参与基于BIM技术的施工组织设计会审； ➢ 对于由业主造成工期拖延，修改总体施工组织设计的4D模拟源文件
2	设备供应商	➢ 参与基于BIM技术的施工组织设计会审； ➢ 当未能完成关键节点时，参与基于BIM技术的工程进度协调会
3	项目集成服务商	➢ 参与基于BIM技术的施工组织设计会审； ➢ 当未能完成关键节点时，参与基于BIM技术的工程进度协调会
4	监理单位	➢ 组织召开基于BIM技术的施工组织设计会审，形成会议纪要； ➢ 将施工组织设计4D模拟源文件上传至BIM管理平台； ➢ 每月定期审查实际进度完成情况的4D模拟源文件，是否完成总体计划中的关键节点，上传BIM管理平台； ➢ 组织基于BIM技术的工程进度协调会
5	BIM推进协调组	➢ 参与基于BIM技术的施工组织设计会审； ➢ 会同建设部门组织基于BIM技术的危险性较大分部分项工程方案评审； ➢ 当未能完成关键节点时，参与基于BIM技术的工程进度协调会； ➢ 4D模拟源文件的备案
6	项目管理中心	➢ 参与基于BIM技术的施工组织设计会审； ➢ 会同监理单位组织基于BIM技术的危险性较大分部分项工程方案评审； ➢ 当未能完成关键节点时，参与基于BIM技术的工程进度协调会

3.3.2.7 验交阶段

具体如表3-8所示。

表3-8 验交阶段BIM实施流程分析

序号	单位	主要内容
1	土建施工单位	➢ 定期在土建施工过程中输入质量控制、安全、功能项目检测等资料，形成过程管控信息的记录模型，最终形成土建施工阶段模型； ➢ 针对现场已完成整改土建方面的质量、安全问题在模型上进行标注； ➢ 土建施工完成后，进行三维扫描生成现状模型，并与设计模型进行比对，对存在的问题进行整改

续表

序号	单位	主要内容
2	机电施工单位	➢ 接收土建施工阶段的模型，并在土建施工阶段模型的基础上，定期在机电施工过程中的输入质量控制、安全、功能项目检测等资料，形成过程管控信息的记录模型，并最终形成竣工模型； ➢ 针对现场已完成整改土建方面的质量、安全问题在模型上进行标注； ➢ 根据分部工程及单位工程验收提出的整改意见进行模型修改
3	监理单位	➢ 对施工承包商提供的记录模型进行审核； ➢ 将现场的质量、安全问题照片与模型进行关联，并对整改情况进行跟踪； ➢ 分部、单位工程遗留问题模型修改跟踪； ➢ 竣工模型审查
4	BIM推进协调组	➢ 记录模型、分部工程、单位工程、竣工模型备案； ➢ 模型审查； ➢ 组织模型移交
5	项目管理中心	➢ 将竣工模型提供给运营部门

3.3.3 城市轨道交通工程信息模型交付标准

BIM模型创建是数字轨道交通建设的基础，没有模型则所有的应用都是空中楼阁；BIM交付标准则用以规范并检验模型是否满足各阶段应用需求，二者在BIM应用过程中起着至关重要的作用。

3.3.3.1 标准编制原则

（1）城市轨道交通工程进行BIM模型创建前，应根据工程需要对各阶段的BIM模型种类、数量、软硬件需求等进行整体规划。

（2）城市轨道交通工程建设过程按照阶段可划分为可行性研究阶段、初步设计阶段、施工图设计阶段、施工阶段和竣工交付阶段，对应创建的模型分别为方案设计模型、初步设计模型、施工图设计模型和深化设计模型、施工过程模型以及竣工验收模型等。深化设计模型是在施工图设计模型基础上，通过增加或细化模型元素等方式进行创建的；施工过程模型是在施工图设计模型或深化设计模型基础上创建的；竣工验收模型是在施工过程模型的基础上，根据工程验收要求，通过修改、增加或删除相关信息创建的。各参建单位应保证各自创建的模型的真实性、完整性和有效性。

（3）城市轨道交通工程BIM模型建立协调机制和方法，使各阶段模型能集成为逻辑上唯一的本阶段项目部分或项目整体模型。

（4）城市轨道交通工程建设各阶段的模型创建应考虑所处阶段BIM应用内容和模型数据集成的

需求，并对模型创建软件和创建方法进行规定。

（5）在满足BIM应用需求的前提下，模型创建可采用较低的模型细度。

（6）各参建单位按照BIM实施方案开展模型创建、使用和管理工作，并按要求向建设单位交付相关模型和资料。各参建单位根据建设单位的协同工作管理办法，获取相关模型及应用成果。

3.3.3.2　标准框架

根据城轨道交通具体情况，结合国家及地方的相关应用指南、标准、规范，城市轨道交通工程信息模型交付标准主要框架如下：

1. 基本规定

明确本标准的适用范围、确定各参与方的职责、规定统一软件及平台、采用统一的城建坐标系统和高程系统等内容。

2. 模型细度

如图3-5所示。

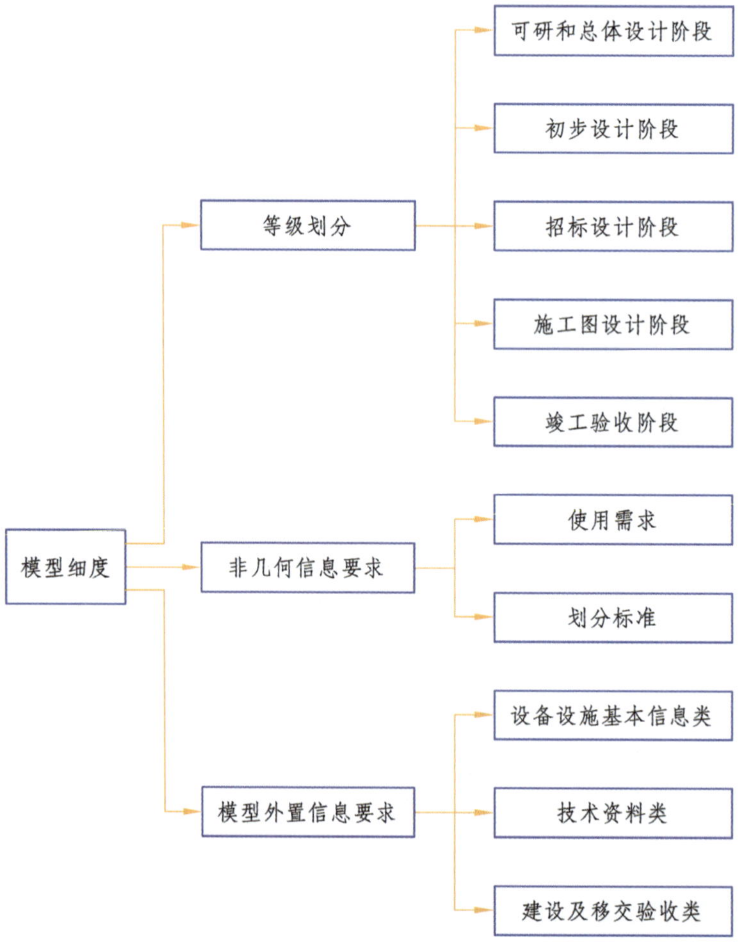

图3-5　模型细度

3. 模型创建

如图3-6所示。

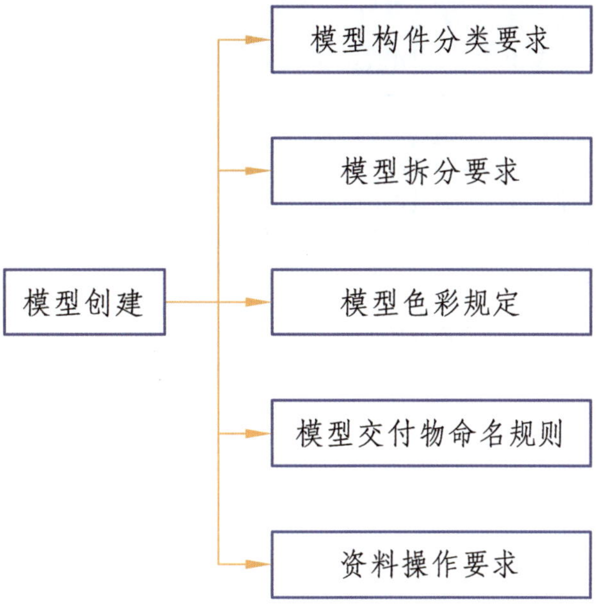

图3-6 模型创建要求

4. 模型交付

明确建模单位应负责交付模型的准确性及完整性，统一模型交付的软件版本及文件格式，制定交付文件信息内容要求，明确模型交付的时间要求。

3.3.3.3 标准示例

《城市轨道交通工程信息模型交付标准》各章节内容示例如下：

1. 基本规定示例

（1）工程项目各阶段各专业对BIM模型、建模对象、BIM模型软件、模型细度、模型构件分类、模型拆分、模型色彩、模型交付物命名、文件与文件夹命名、资料操作和模型交付等要求应遵守本标准。

（2）建模前应明确工程项目各阶段各参与方负责产生的几何信息和非几何信息，包括：信息类型、数量、详细程度等信息属性。

（3）创建的BIM模型及附属信息应满足工程项目全生命期内各阶段、各专业间的传递与应用。

（4）规划、设计、施工、运营单位应根据本标准规定的内容范围，结合各自职责和业务范畴制定实施细则和操作指南。

（5）运营单位接收最终竣工验收模型后，应结合运营相关工作进行模型使用、维护和更新工作。

2. 模型细度示例

（1）BIM模型精度等级（LOD）全称为Level of Development，用来表示BIM模型中的所有构件在全生命周期的不同阶段中的完整度，并定义了从LOD 100到LOD 500五个等级（如表3-9）。

表3-9 BIM模型精度等级（LOD）说明

模型精度等级	模型交付信息
LOD 100	以象征性或一般性的图形来代表模型中的构件，例如可用体量化图元代表大致的场地、周边建筑物关系等信息，并可使用二维图元表达部分信息。多用于可研、总体设计阶段
LOD 200	模型内构件具有通用的类型属性，具有大概数量、尺寸、形状、定位等广义的建筑及系统构件信息；具有设备运行参数、成本等非几何信息。多用于初步设计—招标设计阶段
LOD 300	模型内构件具有更为详细的实例属性，包含可满足施工需要的准确数量、尺寸、形状、定位、构造细节等信息。多用于施工图设计阶段
LOD 400	模型精度等级与LOD300大体一致，但包括了施工阶段的变更和不同建筑系统之间的接口信息等内容。多用于施工图设计阶段—竣工验收阶段
LOD 500	模型内构件为实际施工完成的建筑构件及系统设备的真实反映，有准确的数量、尺寸、形状、定位、构造细节等信息，具有不用建筑系统之间的接口信息，具有制造、安装、维护等信息。多用于竣工验收阶段

（2）非几何信息要求

①技术分析类数据（如流量、压强、强度等）用于模型分析计算。

②业务管理类数据（如供货商、维修时间、安装单位等）用于项目管理及运维管理。

③建模软件中的构件/设备属性表信息，包括默认和自定义信息，用于模型分析或管理的非几何信息归属模型内置信息。

④建设和运维需要支持日常管理的管理类非几何信息归属模型外置信息。

⑤运维阶段运营业务扩展和升级所需的非几何信息归属模型外置信息。

（3）模型外置信息要求

①模型外置信息应包含：基本信息、权属管理信息、来源信息、时间信息、位置信息、关联信息、成本信息、采购信息、技术参数信息、维护保养信息、文件信息、客户信息等要素。

②模型外置信息应包含设备设施基本信息、技术资料和建设及移交验收等类别信息，宜符合表3-10的规定。

表3-10 模型外置信息主要内容要求

信息类别	内容要求
设备设施基本信息类	基础信息：设备设施名称、编码、型号、质保期、使用寿命、供货商、安装单位等
	关联信息：供电关系、通信关系、信号关系、给水信息、排水信息、其他关系等
	经济信息：出厂价、合同价、仪器仪表、备品备件数量
技术资料类	总体、初步设计技术要求、技术规格书、设备设施功能说明、施工单位和供货商设备产品技术性能指标等
	安装手册、操作手册、维护手册等
	竣工图纸等竣工资料
建设及移交验收类	项目质量安全、工期计划、工程进度等支持项目建设管理的资料
	满足国家竣工验收和政府管理部门资料归档要求的各类档案资料
	安装调试及功能验收相关资料
	各类政府部门要求的专项验收及报备材料（如消防验收等）

3. 模型创建示例

（1）城市轨道交通工程项目建设各阶段的模型对象应符合表3-11～3-13的规定（表格中合并单元格表示有两个或以上对象在某个专业或系统中可合并建模，格内有“√”表示该阶段需建模，反之可不建模）。

表3-11 可研与总体设计阶段建模对象

模型分类	模型名称	建模对象			
		车站	区间	车辆段/停车场	控制中心/主变电站
线路模型	线路	√	√	√	
土建工程模型	建筑（体量模型）	√	√	√	√

表3-12　初步设计与招标设计阶段建模对象

模型分类	模型名称	建模对象			
		车站	区间	车辆段/停车场	控制中心/主变电站
初步勘察（初步设计）、详细勘察（招标设计）	岩土工程	√	√	√	√
	周边环境与市政管线	√	√	√	√
轨道工程模型	轨道	√	√	√	
土建工程模型	建筑（含区间风机房）	√	√	√	√
	结构	√	√	√	√
车站设备模型	低压配电及照明	√	√	√	√
	通风与空调	√	√	√	√
	给排水及消防	√	√	√	√
	自动扶梯及楼梯升降机	√			
	电梯	√		√	√
	站台门	√			
	防淹门（如有）	√	√		
系统设备模型	供电系统（含接触网/轨、变电所）	根据功能需要和现场实际情况，可局部建模或不建模（其中系统设备在本阶段图纸较少，且未确定设备选型，该部分可不建模。但影响到土建孔洞、空间预留的线缆和桥架等可局部建模）			
	通信系统（含旅客信息系统和CCTV）				
	信号系统				
	综合监控系统				

表3-13　施工图设计与竣工验交阶段建模对象

模型分类	模型名称	建模对象			
		车站	区间	车辆段/停车场	控制中心/主变电站
详细勘查	岩土工程	√	√	√	√
	周边环境与市政管线	√	√	√	√
轨道工程模型	轨道	√	√	√	

续表

模型分类	模型名称	建模对象			
		车站	区间	车辆段/停车场	控制中心/主变电站
土建工程模型	建筑	√	√	√	√
	结构	√	√	√	√
车站设备模型	低压配电及照明	√	√	√	√
	通风与空调	√	√	√	√
	给排水及消防	√	√	√	√
	自动扶梯及楼梯升降机	√			
	电梯	√		√	√
	站台门	√			
	防淹门（如有）	√	√		
系统设备模型	供电系统（含接触网/轨、变电所）	√	√	√	
	通信系统（含旅客信息系统和CCTV）	√	√	√	√
	信号系统	√	√	√	√
	综合监控系统	√	√	√	√
	火灾报警系统	√	√	√	√
	环境与机电设备监控系统	√	√	√	√
	自动售检票系统	√		√	√
车辆段/停车场工艺设备模型	车辆段/停车场工艺设备			√	
主变电站工程模型	单独建模，包括土建工程模型、机电设备模型、系统设备模型（按实际情况建模）				
控制中心/主变电站供电系统	降压变电所设备模型				

（2）模型色彩规定示例

模型中各专业的构件颜色应按表3-14～3-17中的要求进行绘制（以地质、建筑、结构、通风空调构件模型为例）。

表3-14 地质模型构件颜色要求

地质模型			
主层编号	颜色		线型
1	95-127-0		实线
2	95-127-50		实线
3	240-127-50		实线
4	200-120-147		实线
5	200-200-147		实线
6	253-249-147		实线
7	100-80-198		实线

表3-15 建筑模型构件颜色要求

建 筑			
构件名称	颜色		线型
墙	0-0-0		实线
标注_房间名称	0-0-0		实线
标注_标高	255-0-0		实线
标注_尺寸	0-255-0		实线
标注_文字	0-0-0		实线
标注_轴网	0-255-0		实线
轴线	128-128-128		点画线
孔洞_建筑	191-127-255		实线
楼扶梯	255-191-0		实线
门窗	0-255-0		实线
门窗编号	0-0-0		实线
家具	128-128-128		实线

续表

建筑			
构件名称	颜色		线型
装修	0-0-0		实线
索引	0-255-0		实线
填充	128-128-128		实线
面积	255-191-0		实线
辅助	128-128-128		实线

表3-16 结构模型构件颜色要求

结构			
构件名称	颜色		线型
结构柱	0-255-255		实线
明梁	255-0-0		实线
暗梁	255-0-255		实线
板	255-255-0		实线
墙体	255-255-0		实线
钢筋	255-128-1		实线
尺寸标注	0-255-0		实线

表3-17 通风空调模型构件颜色要求

通风空调			
构件名称	颜色		线型
隧道通风系统风管	5-90-5		实线
大系统送风管	100-100-255		实线
大系统回/排风管	0-30-255		实线
大系统排烟管	255-0-0		实线
小系统空调送风管	5-75-75		实线

续表

通风空调			
构件名称	颜色		线型
小系统空调回/排风管	135-0-135		实线
小系统通风送风管	0-255-120		实线
小系统通风排风管	255-130-65		实线
小系统通风排烟管	255-0-0		实线
水系统供水管	25-140-255		实线
水系统回水管	255-255-130		实线
冷媒管	33-89-103		实线
冷凝水管	0-0-255		实线
隧道通风系统设备及风管附件	5-90-5		实线
大系统送风设备及风管附件	100-100-255		实线
大系统回/排风设备及风管附件	0-30-255		实线
大系统排烟设备及风管附件	255-0-0		实线
小系统空调送风设备及风管附件	5-75-75		实线
小系统空调回/排风设备及风管附件	135-0-135		实线
小系统通风送风设备及风管附件	0-255-120		实线
小系统通风排风设备及风管附件	255-130-65		实线
小系统通风排烟设备及风管附件	255-0-0		实线
水系统供水设备及管道附件	25-140-255		实线
水系统回水设备及管道附件	255-255-130		实线
备用空调系统设备及管道附件	33-89-103		实线

4. 模型交付要求

模型交付要求应符合表3-18的规定。

表3-18 模型交付要求

序号	交付方	交付要求	文件格式	备注
1	设计、施工、建设单位	各专业/各系统模型源文件	.rvt/.idgn/.dgn/.ifc/tekla等	轻量化合模文件指本单位交付的所有专业合模文件
		一个轻量化合模文件	.nwd/.nwc+/.nwf等	
		一个通用性文件	Ifc	
2	供应商	所供应设备的模型源文件或构件库文件	.rfa/.proe/.obj/.fbx等	

施工图设计阶段模型精度要求如表3-19、3-20所示（以建筑、结构专业为例）。

表3-19 建筑专业模型精度要求

模型格式	建筑			
建模对象范围	车站		区间	车辆基地
	√			√
对象	子工程/子系统	建模构件/设备	几何信息	非几何信息
车站、车辆基地	车站主体建筑、附属建筑、车辆段单体建筑	墙	宽度、高度	材质、填充图案、颜色、防火等级
		柱（构造柱）	长度、宽度、高度	材质、填充图案、颜色
		梁（圈梁、过梁）	宽度、高度	材质、标记、填充图案、颜色
		楼梯	宽度、踏步宽度、踢面高度	材质、标记、保护层厚度、颜色
		坡道	坡度、长度、宽度	材质、颜色
		台阶	宽度、踏步宽度、踢面高度	材质、颜色
		散水	宽度、坡度	标记、颜色
		明沟	宽度、深度	标记、颜色

续表

模型格式	建筑			
建模对象范围	车站		区间	车辆基地
	√			√
对象	子工程/子系统	建模构件/设备	几何信息	非几何信息
车站、车辆基地	车站主体建筑、附属建筑、车辆段单体建筑	孔洞（吊装孔、检修人孔、风孔、电缆井孔、给排水孔等）	长度、宽度	标记、填充图案、颜色
		挡水坎	宽度、高度	标记、填充图案、颜色
		设备基础	厚度、长度、宽度	混凝土强度等级、保护层厚度、钢筋强度
		门、窗	宽度、高度	材质、标记、填充图案、颜色、防火等级
		天花	长度、宽度、高度	材质
		地面（石材地面、导盲带、地砖等）	长度、宽度、高度	材质、标记、颜色
		不锈钢护栏	高度	材质、填充图案
		客服中心	长度、宽度	材质、填充图案
		尺寸、房间名称、房间面积、文字注释、高程、坡度		文字

表3-20　结构专业模型精度要求

模型名称	结构			
建模对象范围	车站		区间	车辆基地
	√		√	√
对象	子工程/子系统	建模构件/设备	几何信息	非几何信息
车站、车辆基地	车站主体、车站附属、车辆段单体	结构柱（混凝土柱、钢管柱、钢管混凝土柱、型钢混凝土柱等）	尺寸、形状、高度	混凝土强度等级、保护层厚度、钢筋强度

续表

模型名称	结构		
建模对象	车站	区间	车辆基地
范围	√	√	√

对象	子工程/子系统	建模构件/设备	几何信息	非几何信息
车站、车辆基地	车站主体、车站附属、车辆段单体	梁（框架梁、暗梁、边梁、砼连梁、钢连梁、托换梁、掖角等）	宽度、高度	混凝土强度等级、保护层厚度、钢筋强度
		墙（外墙、内隔墙、人防墙、挡土墙）	厚度、墙幅宽、墙高、墙底标高	混凝土强度等级、保护层厚度、钢筋强度
		板（顶板、中板、底板、站台板、夹层板）	厚度、长度、宽度	混凝土强度等级、保护层厚度、钢筋强度
		撑（砼支撑、钢支撑）	尺寸、长度、间距、定位	混凝土强度等级、保护层厚度、钢筋强度
		桩（工程桩、抗拔桩）	直径、间距、长度、桩底标高	混凝土强度等级、保护层厚度、钢筋强度
		桩（围护桩）	直径、间距、长度、桩底标高	实桩水泥掺量、空桩水泥掺量、适用地层
		地连墙	深度、范围、厚度、分幅	混凝土强度等级、保护层厚度、钢筋强度、适用地层
		三维地质	范围、深度	层号、层名
		降水井	深度、直径	
隧道区间	盾构隧道	管片构造（封顶块、邻接块、标准块）	管片的轮廓尺寸、楔形量、管片宽度和厚度、弧度、环纵缝接口、吊装孔	混凝土强度等级、钢筋保护层厚度、管片生产厂、管片标记代号
		钢管片	管片的轮廓尺寸、楔形量、管片宽度和厚度、弧度、环纵缝接口、吊装孔	
		螺栓	直径、长度、大样尺寸	性能等级
		预埋件	直径、长度、大样尺寸	性能等级

续表

<table>
<tr><td>模型名称</td><td colspan="4">结构</td></tr>
<tr><td>建模对象</td><td colspan="2">车站</td><td>区间</td><td>车辆基地</td></tr>
<tr><td>范围</td><td colspan="2">√</td><td>√</td><td>√</td></tr>
<tr><td colspan="5"></td></tr>
</table>

<table>
<tr><th>对象</th><th>子工程/子系统</th><th>建模构件/设备</th><th>几何信息</th><th>非几何信息</th></tr>
<tr><td rowspan="3">隧道区间</td><td rowspan="2">盾构隧道</td><td>联络通道</td><td>参考车站主体、附属</td><td>参考车站主体、附属</td></tr>
<tr><td>端头加固</td><td>直径、间距、深度</td><td>实桩水泥掺量、空桩水泥掺量、适用地层</td></tr>
<tr><td>风井</td><td>基础及围护结构</td><td>参考车站主体、附属</td><td>参考车站主体、附属</td></tr>
<tr><td rowspan="8">场地</td><td>围护结构</td><td></td><td></td><td></td></tr>
<tr><td rowspan="3">环境风险源</td><td>地面建构筑物</td><td>结构形式、尺寸、定位</td><td>资料来源、初始风险、残余风险等级</td></tr>
<tr><td>地下障碍物</td><td>基础形式、尺寸、定位</td><td>资料来源、初始风险、残余风险等级</td></tr>
<tr><td>河道</td><td>河道宽度，规划河底标高</td><td>资料来源、初始风险、残余风险等级</td></tr>
<tr><td rowspan="2">地下管线</td><td>原装管线</td><td>尺寸、标高、定位</td><td>资料来源、材质、用途</td></tr>
<tr><td>迁改管线</td><td>尺寸、标高、定位</td><td>迁改时间、材质、用途</td></tr>
<tr><td rowspan="2">地质</td><td>地质钻孔</td><td>X坐标、Y坐标</td><td>钻孔号</td></tr>
<tr><td>地层分块</td><td>厚度</td><td>地层名称</td></tr>
</table>

注：明挖区间建模精度参照上表执行。

3.3.4　城市轨道交通工程BIM技术应用协同工作指南

BIM协同工作指南是为了规范BIM工作流程的协同动作（包括文件发布、创建本地文件、互提资料、工作集与协同、权限释放与接收、文件同步、模型提交审查等）、指导项目组高效顺畅地开展BIM协同设计、减少重复工作量而建立的标准。

3.3.4.1　标准编制原则

（1）基于BIM的协同工作包括单专业的模型创建协同、多专业的工作协同、各参建单位的管理协同。

（2）基于BIM的协同工作应根据BIM技术标准和管理体系，结合模型创建软件、BIM数据集成与管理平台实施，提高配合效率。

（3）利用模型创建软件有效地管理和检测模型更改内容，记录项目各阶段模型的修改和版本变化。

（4）多专业的工作协同应制定模型的定期共享规则，在关键时间节点开展专业协调。

3.3.4.2 标准框架

《城市轨道交通工程BIM技术应用协同工作指南》主要由协同设计策略、工作流程控制、协同流程控制、权限控制、时效性等部分组成（如图3–7）。

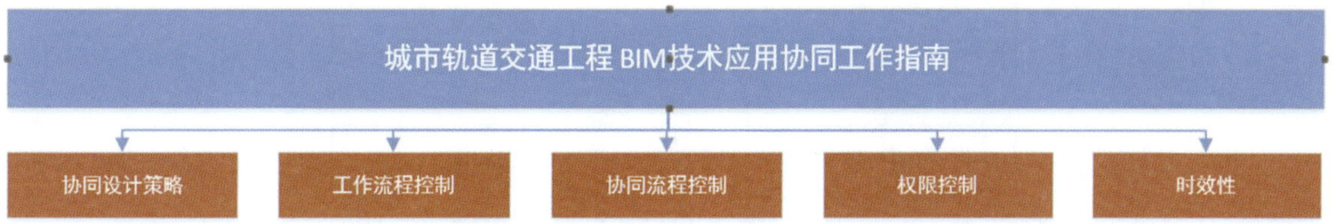

图3–7　城市轨道交通工程 BIM技术应用协同工作指南组成

3.3.4.3 标准示例

1. 协同工作策略示例

基于协同工作平台，在线模型可以进行实时协同工作，并在客户端创建本地副本，作为备份文件。

协同工作指南适用于建筑、结构、装修、通风空调、给排水及消防、动力照明、经济、通信信号、综合监控（含FAS、BAS、ACS等）、自动售检票、安防、供电、轨道等专业。

协同工作指南对模型的实施过程中的动作提供参考标准，并作为BIM模型责任认定的依据，但不作为设计规范使用。

2. 工作流程控制示例

BIM建模工作流程控制共含“项目启动、方案草图、方案设计、初步设计、施工图、施工配合”六个阶段。如图3–8所示。

BIM建模工作流程控制的参与方为：BIM领导小组、BIM软件维护方、设计人员、施工方/厂家。

建模工作流程中，涉及原项目管理体系ISO要求的如校核、审核、审定等环节均不能代替，本流程控制表中仅对BIM模型的符合性进行控制。

项目内各专业的配合流程由项目负责人按项目管理规定（ISO）相关要求进行控制。

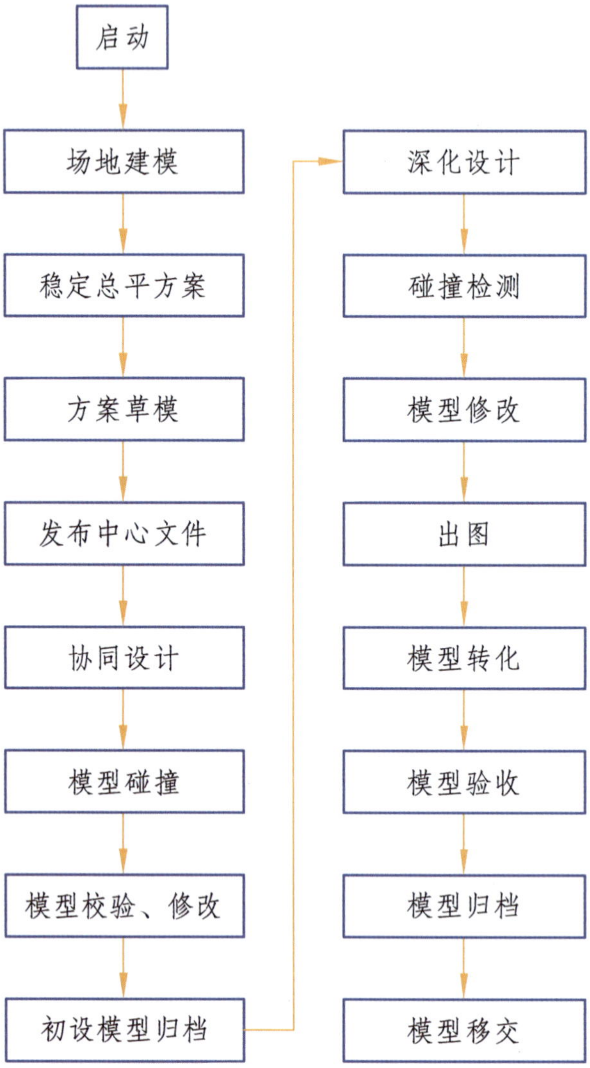

图3-8　BIM建模工作流程图

3. 协同流程控制示例

地铁车站的协同工作以系统Ⅰ标综合管线专业为核心开展，综合管线专业负责在设计过程与最终模型的确定中协调各专业的设计工作，并确保最终整合模型符合设计要求。详细协同过程如图3-9所示。

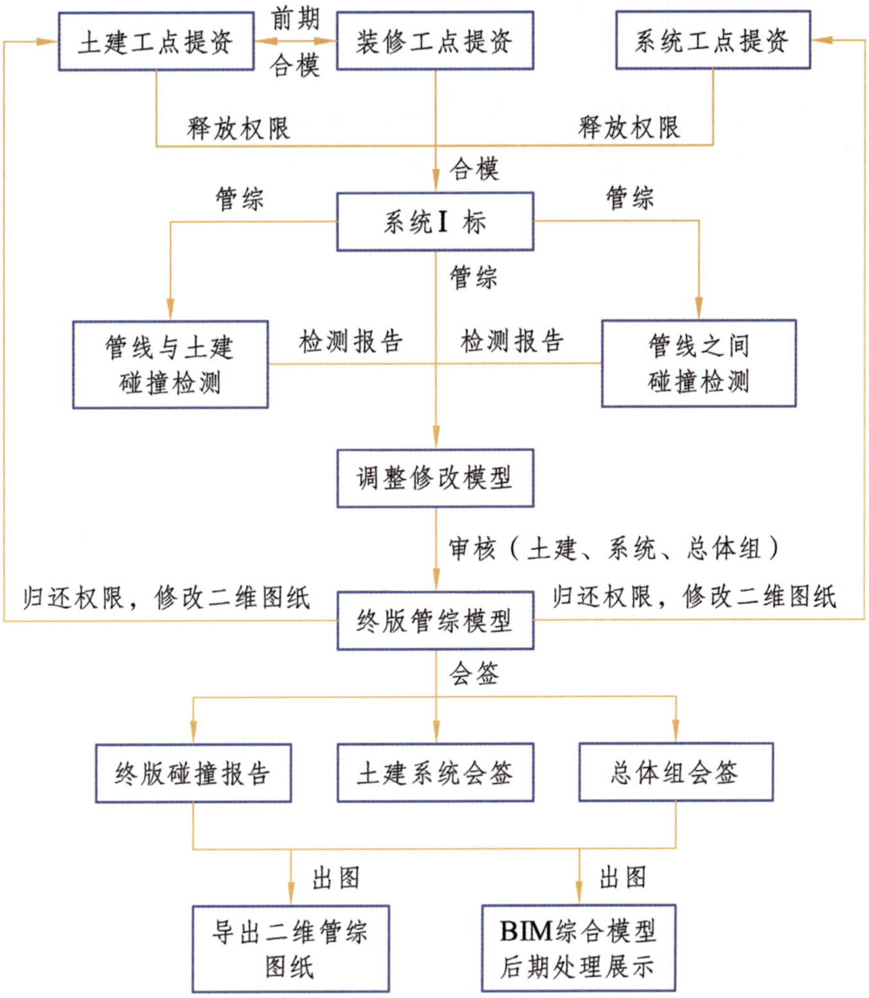

图3-9　协同工作流程图

4. 权限控制

1）土建（建筑与结构）内部专业协调

（1）建筑向结构开放模型

建筑结构同一中心文件：建筑专业完成中心文件的创建并将中心文件上传至协同平台。在完成轴网及相关层高的建模后，建筑专业向结构专业开放模型，创建结构柱，并确保释放“共享轴网”工作集的权限，由结构专业核实轴网及层高合理性。

（2）结构向建筑开放模型

结构专业根据实际情况对建筑专业轴网的布局进行调整，并与建筑专业协调层高，确定柱子大小。完成相关工作后，结构专业向建筑专业开放提资。当建筑专业需要时，经过权限申请，结构专业释放相关工作集的权限，由建筑专业局部调整轴网的位置，完成后由建筑与结构专业收回各自工作集权限，同步深化模型。

2）土建与机电、系统专业的协调

（1）土建向机电、系统专业开放模型

建筑及结构专业完成墙体、楼板、梁柱等土建内容，向机电、系统专业开放土建模型。当机电专业需要时，可向建筑、结构专业申请释放相关工作集的权限，由机电及系统专业在楼板、结构墙等位置预留各专业的孔洞及设备基础等内容。

（2）机电、系统专业向土建开放模型

机电及系统专业完成预留孔洞、设备基础建模后，向土建专业开放模型，机电、系统专业需向结构专业提供设备荷载、预埋件等内容。

3）机电与机电、系统专业的协调

（1）各专业与动照专业

通风空调、给排水、火灾自动报警、通信信号、站台门、UPS电源整合等专业完成设备摆放及相关用电负荷数据录入，当动照专业需要时，经过权限申请，各专业将配电设备的相关工作集工作权限开放给动照专业进行配电。

（2）各弱电专业与UPS电源整合专业

综合监控、门禁、环境与设备监控、通信、自动售检票等专业完成设备摆放及相关用电负荷数据录入，当UPS电源整合专业收资后，确定UPS电源容量，开放UPS电源工作集的工作权限给各专业，各专业自行连线至整合UPS电源配电盘。

（3）给排水专业与通风空调专业

通风空调专业完成设备摆放、设备参数录入、补水点及排水点设计，当给排水专业需要时，经过权限申请，通风空调专业将补水点和排水点的相关工作集权限开放用给排水专业进行补水点和排水点深化设计。

5. 时效性

为保证设计质量，在全设计阶段各专业原则上始终占有本专业工作集，若因设计协调产生的工作集借用情况，应通过中心文件发出正式申请。借用专业完成相关协调工作后，应自行主动放弃借用者权限。

1）同步中心文件的时限要求

中心文件建议每日同步的时间定为8:00—8:30，11:30—12:00，17:30—18:00三次；非工作时间段，以具体项目情况工作进展情况执行拟定。

原则上BIM协同不允许短期频繁同步，根据软件设定的更新周期自动更新，避免对他人造成影响，建议频率为每半天1次，每天不超过2次，至少完成1次。若临时关闭软件或切换工作状态，建议优先本地保存，利用非工作时段进行同步更新。

2）权限收放的时限要求

永久释放权限的构件，原则上不设置权限归还的时限要求，如结构外墙、顶、中、底板等，后续建筑专业需要修改时以借用形式调整。

临时释放权限的构件，根据工作性质，原则不超过1个工作日必须归还。

3.3.5 城市轨道交通BIM模型应用标准

作为BIM咨询总体管理模式下的BIM模型应用标准是在工程可行性研究、初步设计、施工图设计、施工等项目全生命周期的应用基础，并实现工程的数字化交付。在应用过程中，BIM咨询总体管理单位的重要任务是实现城轨道交通项目BIM应用在全生命期的数据传递和共享，满足建设管理和运营维护的数据需求。

3.3.5.1 标准编制原则

根据企业城市轨道交通BIM应用的实际要求，标准编制主要遵循以下原则：

（1）在工程各阶段应对BIM应用的内容、应用工具、软硬件需求进行整体规划。

（2）应对BIM应用的流程、应用成果、数据传递方式进行标准化。

（3）建立协调机制与方法，使各阶段的应用成果与模型相互匹配。

（4）城市轨道交通各阶段应考虑所处阶段BIM应用内容和模型数据集成的需求。

（5）各参建单位应根据各自工作范围和应用目标建立模型、开展应用，并对应用成果的真实性和有效性负责。

3.3.5.2 标准框架

根据城市轨道交通具体情况，模型应用标准将分为6个阶段进行管理，主要包括：

（1）可行性研究阶段：以方案设计模型为基础，利用GIS地理信息系统、大数据、云计算等技术对设计方案进行规划符合性分析、服务人口分析、景观效果分析、噪声影响分析、征地拆迁分析及地质适宜性分析等，选择最优设计方案，并以设计方案为依据进行相关区域的规划控制管理。

（2）初步设计阶段：利用初步设计模型所包含的信息对建筑设计方案、结构施工方案、专项风险工程、交通影响范围和疏解方案、管线影响范围和迁改方案进行可视化沟通、交流、讨论和决策。

（3）施工图设计阶段：利用模型开展设计进度和质量管理、限界优化设计、管线碰撞检查、三维管线综合、预留预埋检查及工程量统计等方面的应用，提高设计质量。

（4）施工准备阶段：结合施工工艺和现场情况，利用模型开展机电深化设计、装修深化设计、土建深化设计、大型设备运输路径检查、关键复杂节点工序模拟和工程筹划模拟等方面的应用，指导现场施工。

（5）施工实施阶段：结合GIS、物联网、移动互联等技术开展标准化管理、进度管理、安全风险管理、质量管理、重要部位和环节条件验收、成本管理等方面的应用，实现对工程项目的精细化管理。

（6）运维阶段：运用BIM技术开展设备设施运行维护管理、设备设施更新改造、空间管理、资产管理和人员培训与应急管理等方面的应用，能够增加轨道交通管理的直观性、空间性和集成度，有效帮助轨道交通业主单位管理设施设备和资产，进而降低运营成本。

3.3.5.3　标准示例

● 可行性研究阶段

1. BIM应用目标

基于BIM采集对设计运营功能、工程规模、工程投资等进行分析的数据，提供验证工程项目可行性、落实外部条件、稳定线站位方案、优化设计方案的BIM手段，从而进行规划符合性分析、服务人口分析、景观效果分析、噪声影响分析、征地拆迁分析及地质性分析等，最后形成方案设计模型和应用数据。

2. BIM应用内容和方法

根据当前城市轨道交通工程的设计特点、可行性研究阶段BIM应用的重点是结合GIS、无人机等对城市数据进行采集，同时借助BIM数据集成与管理平台进行分析和展示，具体见表3-21。

表3-21　可行性研究阶段的BIM应用

应用条目	应用内容	应用手段	交付成果
规划符合性分析	集成城市轨道交通线/网方案设计模型，分析城市轨道交通工程与周边环境建（构）筑物的位置关系、BIM数据集成方案设计交通接驳关系、车站换乘关系、商业一体化开发关与管理平台系等，实现城市轨道交通工程设计与城市规划协同	BIM数据集成与管理平台	方案设计模型
服务人口分析	集成城市轨道交通线/网方案设计模型，并通过接入城市人口分布信息库获取人口的年龄、性别、职业等信息，快速统计车站周边指定范围内建筑物的人口信息，用于客流量和服务人口的预测分析	BIM数据集成与管理平台	方案设计模型/服务人口分析报告
景观效果分析	集成城市轨道交通线/网方案设计模型，模拟城市轨道交通线路及周边环境，分析城市轨道交通建（构）筑物、设施与周边环境结合的景观效果	BIM数据集成与管理平台	方案设计模型/景观漫游视频

续表

应用条目	应用内容	应用手段	交付成果
噪声影响分析	集成城市轨道交通线/网方案设计模型和噪声影响，分析软件输出的数据，在三维场景中展示噪声影响范围，统计分析城市轨道交通运行噪声影响区域内的建筑信息（数量、面积、产权单位、用途等）、人员信息（数量、职业等）等	BIM数据集成与管理平台	方案设计模型/噪声分析报告
征地拆迁分析	在场地模型中集成城市用地规划、建（构）筑物产权单位、建设年代、建筑面积城市人口分布等信息，分析设计方案需要拆迁的建（构）筑物的数量、与管理平台面积、产权单位和拆迁成本等	BIM数据集成与管理平台	方案设计模型/征地拆迁分析报告
地质适宜性分析	集成城市轨道交通线/网方案设计模型，分析设计方案中线路穿越的地层、地下水和不良地质情况，提高方案分析和调整的效率	BIM数据集成与管理平台	方案设计模型/地质适宜性分析报告
规划控制管理	集成城市轨道交通线/网方案设计模型和城市控规/详规信息，建立包含完整环境模型信息的数字城区，进行设计方案审查，规划控制，实现整个规划的动态管理	BIM数据集成与管理平台	方案设计模型/规划控制性模型
投资估算分析	集成城市轨道交通线/网方案设计模型的综合信息，结合造价经验进行投资估算	BIM数据集成与管理平台	方案设计模型/投资估算分析报告

● 初步设计阶段

1. BIM应用目标

基于BIM采集对设计方案综合性分析，协调设计接口的数据，提供对建筑设计方案、结构施工方案、专项风险工程、交通影响范围和交通疏解方案进行可视化沟通、交流、讨论和决策的BIM手段，最后形成初步设计模型和应用数据。

2. BIM应用内容和方法

设计方案可视化、控制因素分析、设计方案比选、换乘方案分析、施工方法模拟、交通疏解、管线迁改模拟等应用分别从应用目的与内容、应用流程、交付成果和案例经验几个方面进行介绍。

1）设计方案可视化

（1）应用目的与内容

基于BIM，通过制作或局部调整的方式进行设计方案的整体展现，利用BIM的可视化特点充分展示设计意图。

（2）应用流程

①收集数据，并确保输入数据的准确性。

②建立整体方案模型，包括主体结构建模、管线建模、道路建模及周边环境建模。

③对以上模型进行校审，检查模型与图纸的一致性。

④生成主体方案模型。

⑤模型校审并形成最终整体方案模型。

设计方案可视化应用流程如图3-10所示。

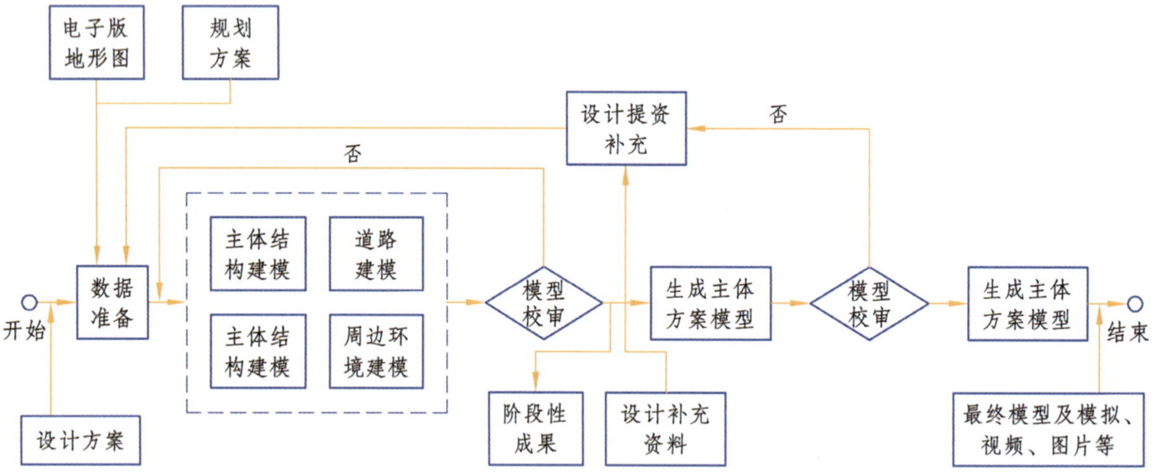

图3-10　设计方案可视化应用流程

（3）交付成果

①初步方案模型。应能充分体现方案的设计意图，应包含支撑方案比选和决策的几何信息和非几何信息。

②设计方案报告。报告应体现备选方案的三维透视图、轴测图、剖切图等图片，平面、立面、剖面图等二维图，以及方案比选的对比说明。

③模拟视频。模拟视频应能充分展示地铁结构与周边环境的空间关系、出入口位置等。

（4）实践经验

①周边环境模型（尤其是地上建（构）筑物道路与附属设施）要最大限度反映真实的现场环境，可采用Revit进行建模并融合GIS影像数据。

②车站及附属设施影响范围内的绿地（草坪、树木）、电力设施（灯杆、电塔）、公交站台等地上物应精确建模。周边环境模型建设完毕，应现场踏勘，校核模型数据的准确性。

③模拟视频的制作应满足设计方案论证和辅助沟通交流的需求。

④现有BIM建模软件尚不具备大场景的数据集成和渲染展示功能，因而开展此项应用时，宜结合BIM数据集成与管理平台实施。同时设计方案可基于BIM平台进行在线沟通、交流和实施。

2）控制因素分析

（1）应用目的与内容

利用BIM建模软件，在建立车站（区间）BIM模型的基础上，建立位置、高程准确的市政管线模型和周边环境模型，并将模型融合，进行协调性检查及环境影响分析。实现城市轨道交通建设环境控制因素（风险源）的直观展示，为设计阶段风险源专项提供对应的设计方案模型，为施工交底提供可视化参考依据。

（2）应用流程

①收集数据，并确保数据的准确性。

②建立模型，包括主体结构建模、环境管线模型、环境建构筑物建模及风险源分析。

③对以上模型进行校审，检查模型与图纸的一致性。

④生成控制因素方案成果。

⑤模型校审并最终控制因素可视化成果。

控制因素可视化应用流程如图3-11所示。

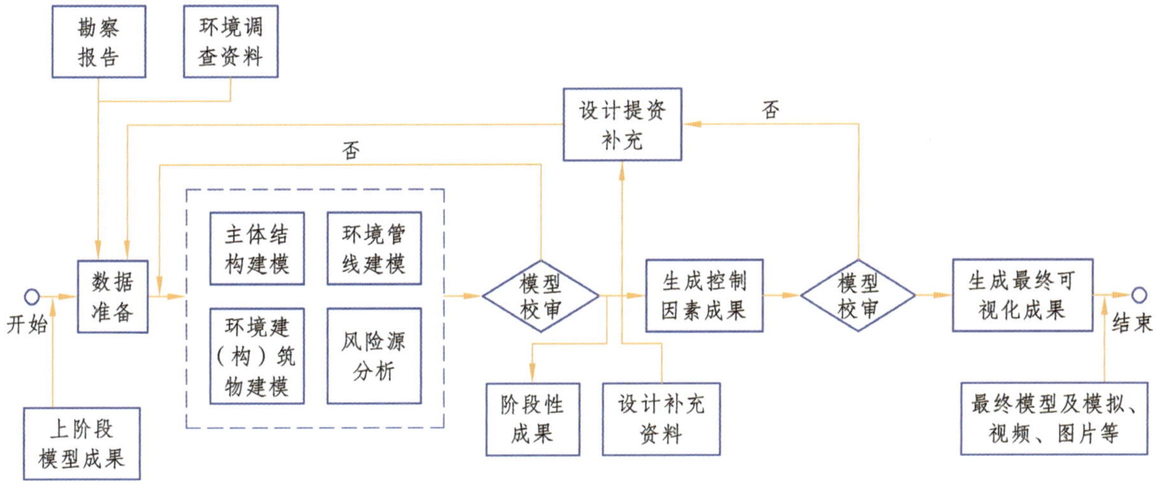

图3-11 控制因素可视化应用流程

（3）交付成果

①控制因素报告。包含反映控制因素与地铁关系的三维图片以及相关说明。

①模拟视频。应能充分展示各控制因素与地铁的空间关系。

（4）实践经验

①重点展示制约车站、区间埋深和平面位置的既有地铁结构、市政管线、河道、桥梁等风险源；

重点展示制约出入口、风亭等地面设施平面位置的建构筑物、公交站牌、电力设施等地上物。因此该项应用宜结合风险管理体系进行。

②环境调整资料中可能缺乏公交站牌、电力设置等小型地上构件信息，需要建模人员现场勘察以补充相关数据。

3）设计方案比选

（1）应用目的与内容

基于BIM形成多个备选的设计方案模型，并利用BIM的可视化特点选出最佳的设计方案；使项目方案的沟通、讨论、决策在可视化的三维场景下进行，实现项目设计方案决策的直观和高效。

（2）应用流程

①收集数据，并确保数据的准确性。

②建立建筑信息模型，模型应包含方案的完整设计信息。若采用二维设计图建模，模型应当和方案设计图纸一致。

③检查多个备选方案模型的可行性、功能性、美观性等方面。并进行比选，形成相应的方案比选报告，选择最优的设计方案。

④形成最终设计方案模型。

方案比选应用流程如图3-12所示。

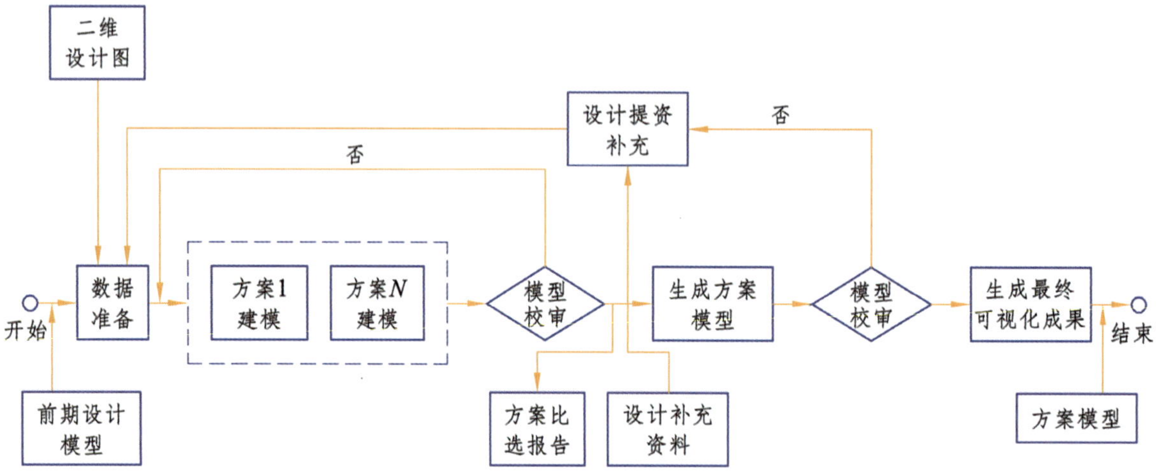

图3-12　方案比选应用流程

（3）交付成果

①方案比选报告。报告应体现备选方案的三维透视图、轴测图、剖切图等图片，平剖面等二维图，以及方案比选的对比说明。

②设计方案模型。

（4）实践经验

①针对不同阶段应控制建模范围和深度，满足该阶段方案比选需要即可，避免过度建模。总体设计阶段：表达车站层数、空间位置、外轮廓尺寸即可，内部构件与设施设备可不建模。初步设计阶段：准确表达全线站位、换乘通道、附属结构位置、站内房间布置。施工图设计阶段：满足工程筹划方案展示要求。

②方案比选应结合三维环境模型，包括既有地铁结构、环境建（构）筑物、市政管线工程地质、城市绿地、道路及附属设施、河道水系等。

③宜基于BIM数据集成平台进行方案比选，动态展示周边环境关系、换乘方案、设计控制因素等。

4）换乘方案分析

（1）应用目的与内容

通过对模型以剖切、透视、消隐等多种方式进行多角度展示，清晰、明确、直观地模拟车站换乘方案，使换乘方案的沟通、讨论、决策在可视化的三维场景下进行，实现项目设计方案决策的美观和高效，为方案讨论、宣传、公示等活动提供支撑。

（2）应用流程

①收集数据，并确保数据的准确性。

②建立换乘方案模型，包括主体结构建模、导向专业建模、客流仿真分析及疏散模拟分析。

③对以上模型进行校审，检查模型与图纸的一致性。

④生成换乘方案成果。

⑤模型校审并形成最终换乘方案可视化成果。

换乘方案可视化应用流程如图3-13所示。

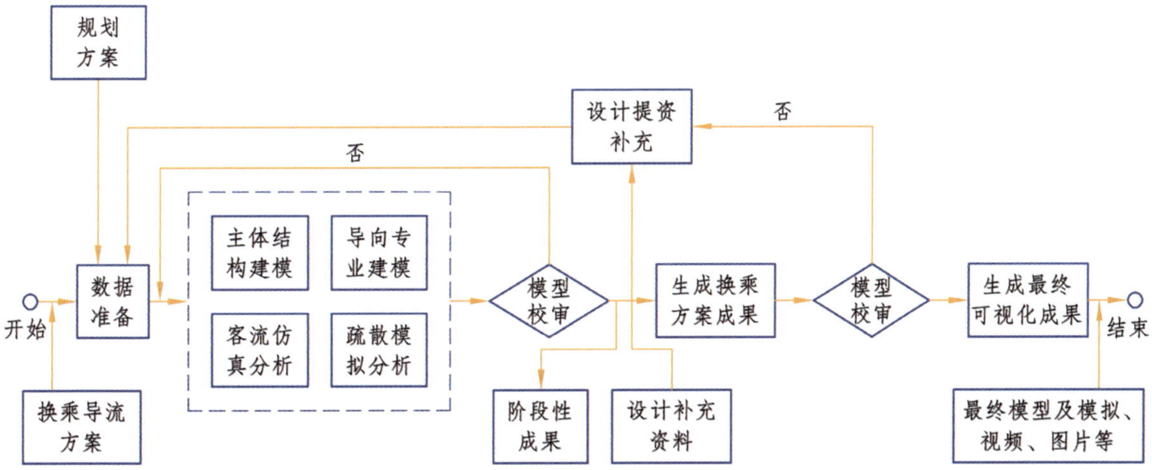

图3-13　换乘方案可视化应用流程

换乘方案可视化模型应包含导向专业建模，包括应急疏散标识标牌、楼梯电梯指示牌、换乘导行线等。最终成果宜结合客流仿真分析结果形成成果报告、换乘节点透视图、人行漫游视频等。

（3）交付成果

①换乘方案报告。报告应体现备选方案的三维透视图、换乘节点透视图、换乘路径效果图等，以及换乘方案的相关说明。

②模拟视频。模拟视频应能充分展示人员在车站内的换乘路径。

（4）实践经验

①模拟视频宜包括全局换乘路线展示和第一视角换乘路线漫游。全局换乘路线展示建议采用动态流线表达。

②现有BIM建模软件尚不能满足换乘客流模拟等应用需求，因此，该项应用宜结合专业的分析软件实施。

5）交通疏解与管线迁改

（1）应用目的与内容

创建施工围挡范围内的市政管线、施工围挡及影响管线迁改的周边环境模型，分阶段模拟管线迁改和道路疏解，检查方案可行性。利用BIM的可视化、可模拟、精确性等特点，实现交通疏解和管线迁改方案的优化和模拟。

（2）应用流程

①数据收集。收集的数据包括电子版地形图、图纸、报告、施工进度计划。

②施工围挡建模。根据管线迁改方案建立各施工阶段施工围挡模型，可采用墙体对象建模。

③管线建模。根据地下管线成果探测图、报告，以及管线迁改方案平面图、断面图建立现有管线和各施工阶段的管线模型，应采用设备管线对象建模。

④道路现状和各阶段建模。根据交通疏解方案，搭建道路现状模型与各阶段交通疏解模型。模型应能准确体现各阶段道路布局变化情况及周边环境的相应变化。

⑤周边环境建模。根据管线迁改地区周边地块断面图、地形图建立地表模型。根据周边建（构）筑物相关图纸建立周边建（构）筑物模型，可采用体量建模。

⑥内部校验模型。校验模型准确性、完整性及合理性等。

⑦通过实施施工围挡建模、管线建模、道路现状和各阶段建模及周边环境建模，且检验无误后生成管线迁改与交通疏解模型。

⑧生成管线迁改与交通疏解模拟视频。将BIM模型导入模型应用软件，并根据施工方案模拟管线迁改与交通疏解过程，完成相应视频。

交通疏解、管线迁改应用流程如图3–14所示。

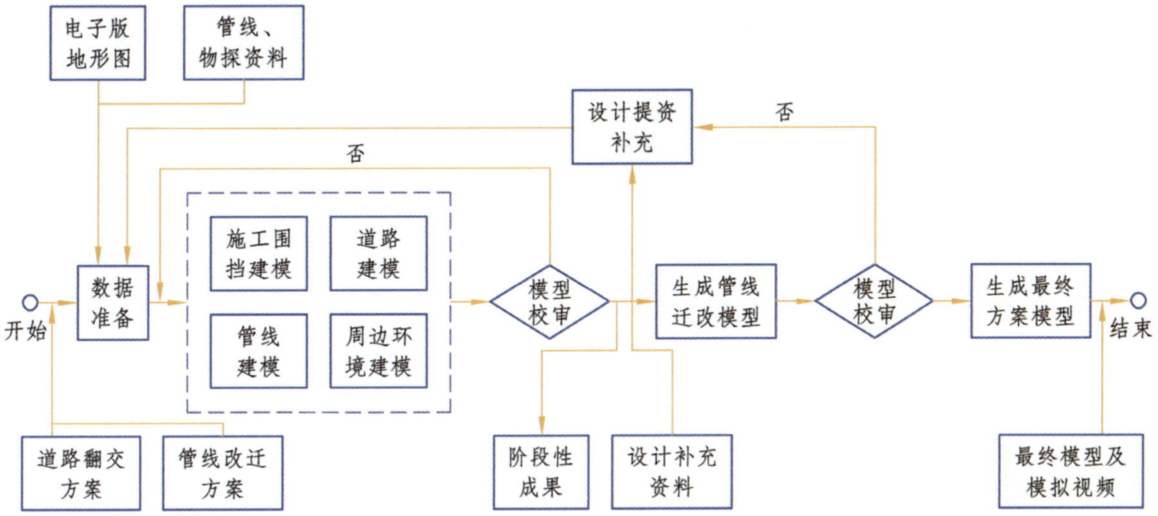

图3-14 交通疏解、管线迁改应用流程

（3）交付成果

①管线迁改与交通疏解模型。模型应清晰地展现各施工阶段管线迁改内容、交通疏解方案、施工围挡范围、管线与周边建（构）筑物位置的关系。

②管线迁改与交通疏解模拟视频。模拟视频应清晰表达管线迁改、交通疏解方案随进度计划变化的状况，重点反映各施工阶段的重点难点。

（4）实践经验

①分阶段建立并传递交通疏解、管线迁改模型，阶段性模型作为新的环境边界条件。

②管线迁改模拟过程中，应检查管线迁改方案是否引起新的碰撞问题。

③当迁改管线较少或站点周边市政管线整体数量不多、管线迁改关系简单时，应综合考虑性价比因素。

④交通疏解模型建立和模拟视频制作，宜融入建设管理单位的安全文明施工标准化元素。

⑤管线迁改从设计阶段到施工阶段的变化较为频繁，实施过程中方案的不确定因素较多，实施过程中注意把握BIM模型的建设时机。

● 施工图设计阶段

1. BIM应用目标

基于BIM开展设计进度和质量管理、限界优化设计、管线碰撞检查、三维管线综合、预留预埋检查及工程量统计等方面的应用，提高设计质量，形成施工图设计模型和应用数据。

2. BIM应用内容和方法

重点对设计进度和质量管理、限界优化设计、管线碰撞检查、三维管线综合、预留孔洞检查等应用进行介绍。

1）设计进度和质量管理

（1）应用目的与内容

利用BIM数据集成与设计管理平台实现对设计图纸和BIM交付成果的集中存储与管理，保证交付数据的及时性与一致性，在BIM数据集成与设计管理平台中进行设计任务分配及模型管理，确保信息沟通及时准确、工作开展顺畅有序，提高设计效率和质量。

（2）应用流程

①借助BIM平台设置项目文件管理权限。

②在BIM平台中设置项目文件夹架构，规范文件管理。

③明确BIM人员架构，设置BIM负责人及各专业协调员（协调员负责各专业具体建模工作）。

④设定项目样板文件（包含出图设置、常用族、视图设置、构件命名规则），进行任务分工，建立协同工作模式。

⑤统一建模规则、模型标准及注意事项。

⑥定期组织专业间协调会议，解决协作问题。

（3）交付成果

①项目级BIM标准。项目标准规定不同设计阶段的BIM模型标准，实施方法、流程，验收标准以及归档的标准，是实施BIM协同设计的基础。

②BIM模型成果。在设计的不同阶段，提供满足各阶段模型精细度要求的方案设计模型、初步设计模型和施工图设计模型。

（4）实践经验

①BIM数据集成与设计管理平台应能够在线查看BIM应用成果，包括文档、图纸、图片、视频等。

②BIM数据集成与设计管理平台应能够记录各单位提资记录，实现对各方提资文件的版本控制；记录任务发起和落实的时间，考核各单位的协同工作效率。

③BIM数据集成与设计管理平台的成果管理目录，应结合线路总体总包管理办法。

④全线/网BIM数据可集成至BIM数据集成与设计管理平台，基于平台进行辅助设计评审等工作。

2）限界优化设计

（1）应用目的与内容

基于BIM完成车辆限界、设备限界、建筑限界计算程序，并实现将计算结果转换输出为CAD图纸，作为出图使用。同时利用BIM将限界三维可视化，实现限界自动对区间土建、结构、设备布置的协调碰撞检查功能。

（2）应用流程

①确定界面逻辑。根据计算的限界和内容进行限界的分类计算，定制程序的界面。

②确定业务逻辑。将计算参数、计算过程、计算结果用计算机程序语言进行表达。全参数的定义、计算参数根据需求增加，提供更高的自由度。同时为出图需求输出相应成果，应用于基于BIM模型的协调碰撞检查。

③数据输出。将计算结果输出成CAD图形及Excel表格，用于交付。

④限界检查。利用建模软件建立隧道模型，生成限界模型面；利用BIM软件检查车辆、设备与限界模型面的碰撞情况。

（3）交付成果

①限界模型面。

②限界检查报告。

（4）实践经验

①对现有的《地铁限界标准》和《地铁设计规范》中的计算方法进行总结，得出最科学的计算方法和计算结果，将计算结果与已运营安全的地铁线路限界进行对比，调整得出符合实际的计算结果。

②进行限界检查的同时，可同步检验土建、岩土结构设计的合理性，协调设备安装布置的可行性。

3）管线碰撞检查

（1）应用目的与内容

基于BIM创建各专业管线模型，检测模型之间是否已经发生碰撞或即将发生碰撞，检查模型之间是否满足特定间距要求，并报告和展示模型发生碰撞的位置点或不能满足特定间距要求的位置点、疑似问题点，进一步调整设计成果，提高设计质量。

（2）应用流程

①数据收集。收集的数据包括管线综合图。

②建立模型。根据二维管线综合图建立各专业管线模型。

③碰撞检测。进行各专业管线的碰撞检测，并生成碰撞检测报告。

④设计修改。设计人员基于管线碰撞检测报告修改调整。

设计阶段碰撞检查应用流程如图3-15所示。

BIM模型应包括施工图设计对应的所有专业及其对应的空间定位、几何信息以及机电各专业所属系统信息。

（3）交付成果

生成碰撞分析报告。报告应用三维图片和文字的形式描述所有碰撞问题。

（4）实践经验

①由于设计图纸存在的错、漏问题（尤其是明显的标注错误问题、上下层立管位置不对照、各专业图纸版本不协调等）会导致大量碰撞问题，应在建模过程中将发现的设计错、漏问题及时向相关专业澄清，解决低级错误后再进行碰撞检查，保障工作的效率。

②管线碰撞检查的实施单位应与相关单位建立有效沟通机制，保障问题澄清的发起和回复及时有效。

③碰撞检查重点解决公共区的管线协调性问题，设备机房内部问题可留至施工阶段解决。

关于检查模型之间是否满足特定间距要求的检查，应按照设计文件的相关间距要求执行，具备条件时宜征求机电安装单位意见。

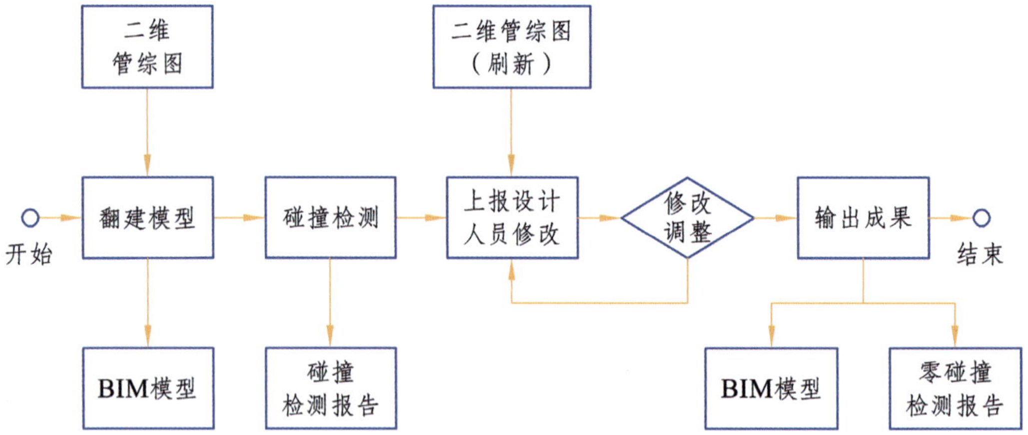

图3-15　设计阶段碰撞检测应用流程

4）三维管线综合

（1）应用目的与内容

基于BIM模型，根据管线碰撞检查结果、大型设备运输路径检查结果进行管线调整，合理布置设备区走廊和站台层公共区管线，为综合支吊架施工做好准备；合理布置公共区管线，使其满足装修、设备运行、检修空间和设备运输空间要求，最终确保施工方可按图施工。

（2）应用流程

①数据收集。收集的数据包括各专业设计成果、管线碰撞检查结果、大型设备运输路径检查结果。

②三维管线设计。根据各专业管线模型及碰撞检查结果等，在三维环境下合理调整和布置管线。

③BIM方案审查。进行三维BIM方案的审查，保证其设计原则准确无误。

④输出图纸。方案审查合格后，输出二维管线综合图及各专业施工图。

三维管线综合应用流程如图3-16所示。

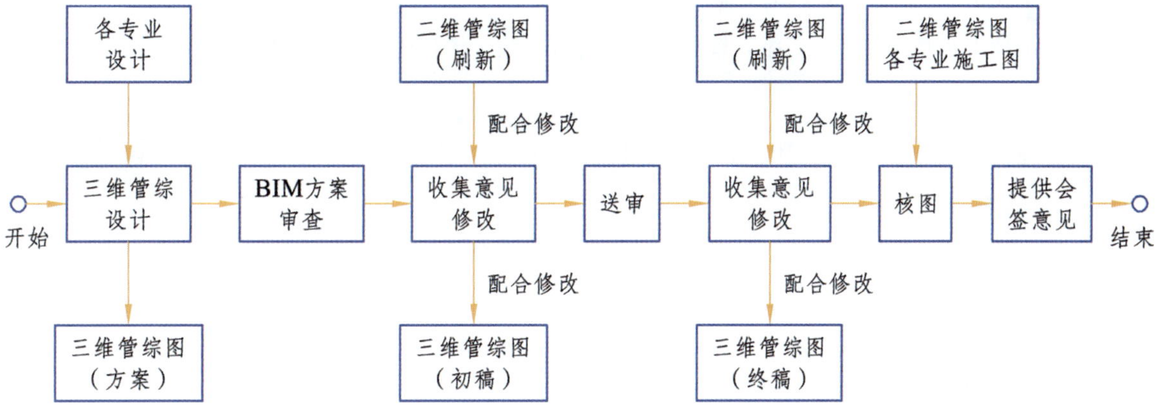

图3-16　三维管线综合应用流程

三维管线综合图应包括施工图设计对应的城市轨道交通工程全专业BIM模型的几何尺寸、空间定位、材质类型、所属系统以及房间用途等信息。

（3）交付成果

三维管线综合最终以电子文件形式给出最终成果文件，提供的电子文件包含具有模型树的三维PDF格式的中间文件和默认格式的三维综合管线设计文件。内容应包含但不限于以下内容：

①车站各层综合管线三维轴测图。

②通过模型树状结构打开和关闭车站相关系统专业三维轴测图（站厅层、站台层、站台板下层各分层表示）。

③车站管线综合相关关键节点部位（关键节点部位包括但不限于：站厅层设备区与公共区交接部位；公共区与出入口交接部位；管理用房集中区域设备走廊部位；结构层高有变化的部位；走廊交叉处管线变化复杂的地方；站台层安全门端门部位；楼扶梯部位；公共区四个角部位）三维剖视图，剖视深度为5～10m。

④车站整体综合管线三维轴测图。

⑤站厅层通风系统内部碰撞检测和车站各系统专业间的管线综合碰撞检查过程，以及设备层、商业层、站台层各系统间的综合管线碰撞检测过程均通过录像生成AVI格式文件。

⑥根据综合管线三维图分别切成二维的各系统专业管线图，并进行管线名称和高程的标注，形成管线综合二维专册图，为二维管线综合设计和各系统管线施工图绘制提供依据。

（4）实践经验

①三维管线综合工作宜由原管线综合专业主导具体实施。三维管线综合涉及多专业协同工作，应制定保障各专业设计提资时间和版本控制的措施。

②应先进行管线初排、确定原则，再进行具体三维管线综合工作。管线排布原则，应考虑该站点

是否采用综合支吊架进行安装，避免施工阶段再次调整。

③当前技术水平条件下，三维管线综合相比传统方法会消耗更多时间，设计单位的出图计划应充分考虑此因素。

④三维管线综合后的模型中应保存相关图纸剖面及标注信息，便于施工单位查看，指导现场作业。

⑤结合当前机电设计深度，设计单位实施三维管线综合的工作范围，可仅为主管线，但应做好接口预留，保障后期施工深化设计的实施。

5）预留孔洞检查

（1）应用目的与内容

基于多专业协调检查模型，梳理墙、柱、板、梁以及二次结构构件的预留孔洞，并导出预留孔洞图纸（应包含形状、尺寸、位置等信息），实现预留孔洞的提前检查，以免现场临时开孔导致工期延误和质量隐患。

（2）应用流程

①数据收集。收集的数据包括多专业协调检查模型，要求碰撞调整完毕。

②梳理各专业预留孔洞并布置洞口。梳理墙、柱、板、梁及二次结构构件的预留孔洞，布置洞口。

③校验模型。校验模型（特别是预留孔洞）的完整性、准确性。

④导出预留孔洞图纸。基于模型导出预留孔洞图纸，应包含形状、尺寸、位置等信息。

预留孔洞检查应用流程如图3-17所示。

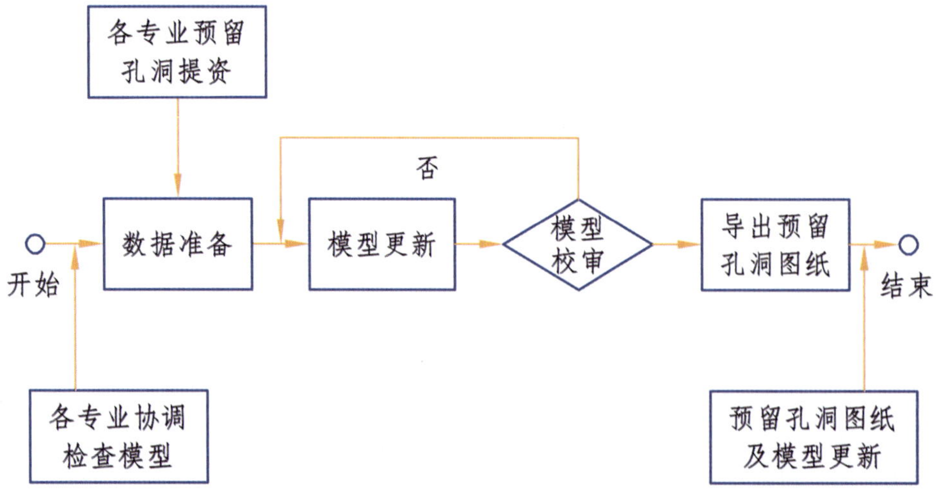

图3-17　预留孔洞检查应用流程

（3）交付成果

提交预留孔洞检查报告，用三维图片和文字说明描述预留洞口的错、漏位置。

（4）实践经验

①预留孔洞的重点检查内容：洞口是否缺乏；洞口尺寸是否满足安装条件（考虑建模软件中管件公称直径与实际尺寸关系、设计说明中关于管道穿墙安装要求）。关于洞口问题描述的三维图片宜包含轴网信息和洞口尺寸标注，便于位置识别。

②若站点实施三维管线综合，应在管线调整完毕后检查预留孔洞。

③预留孔洞检查结果宜由管线综合专业协调原建筑、结构专业进行修改完善。

④当前阶段，在实施过程中借助BIM实施预留孔洞的检查，宜将建筑、结构的一次预留和二次预留分开处理。

● 施工准备阶段

1. BIM应用目标

施工准备阶段应用BIM主要是对工程施工方案开展深化设计及虚拟建造，深入理解设计意图、分析工程重难点，全面优化施工组织设计，包括利用模型开展机电深化设计、土建深化设计、装修深化设计、关键复杂节点工序模拟和工程筹划模拟等方面的应用，用于指导现场施工。

2. BIM应用内容

重点对机电深化设计，装修深化设计，关键、复杂节点工艺模拟，工程筹划模拟，大型设备运输路径检查等应用进行介绍。

1）机电深化设计

（1）应用目的与内容

基于BIM三维管线综合的设计成果，添加设备末端，并开展综合支吊架设计，实现管线的合理安装，以达到综合支吊架安装的材料节约化、布置紧凑化和设计美观化。

（2）应用流程

①分析管线排布。根据三维管线综合图及综合支吊架设计规范分析现有管线排布。

②制定支吊架方案，并导出综合支吊架图。

③关键工序方案分析，并进行施工工序排布模拟。

④进行校审，修改后输出成果。

施工准备阶段综合支吊架深化流程如图3-18所示。

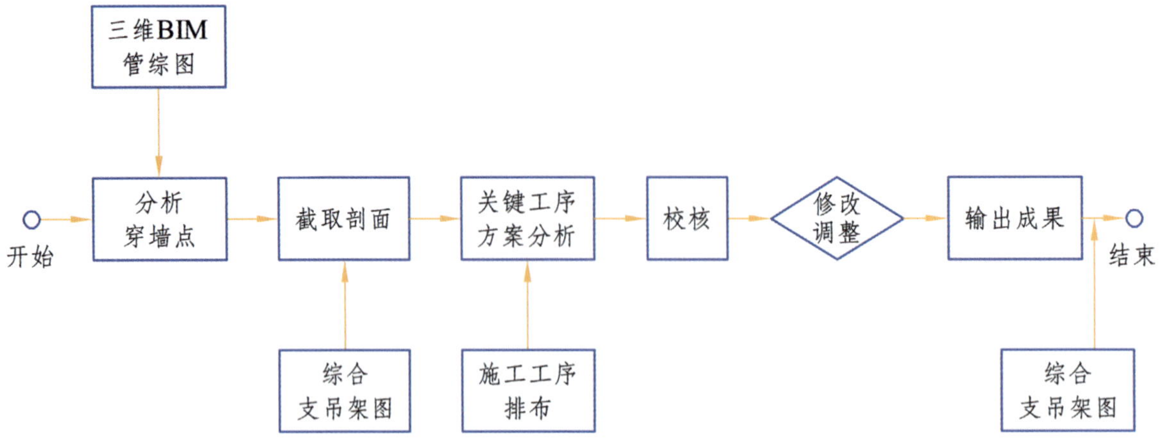

图3-18　施工准备阶段综合支吊架应用流程

综合支吊架设计应基于BIM三维管线综合设计成果开展，基础信息与其保持一致。

（3）交付成果

①综合支吊架三维图纸。综合支吊架三维图纸以BIM模型剖面图为蓝本，在其基础之上，标注综合支吊架位置、尺寸、标高。

②综合支吊架二维图纸。综合支吊架二维图纸上应标注综合支吊架的位置、高度、尺寸及支架标高。

（4）实践经验

①建议由机电安装专业分包单位自主实施，模型用于预制加工和工程计量。

②机电深化设计前宜核对工程实体与模型的一致性，考虑土建施工偏差因素。

2）装修深化设计

（1）应用目的与内容

基于BIM针对装修方案和三维管线综合设计成果进行对比分析，找出冲突位置和冲突问题并解决。通过装修深化设计，解决对装修设计本身效果的校核、对整个空间设计的校核、各类设施的平衡、管线校核和标高控制等问题，并通过BIM呈现装修设计方案，最终成果可确保装修方案切实可行、无冲突。

（2）应用流程

①分析管线排布，根据三维管线综合图及装修方案分析装修影响。

②进行建筑、结构影响分析。

③进行管线校核、标高控制。

④各类设施平衡。

⑤效果审核，修改完善后输出成果。

施工准备阶段装修深化设计应用流程如图3–19所示。

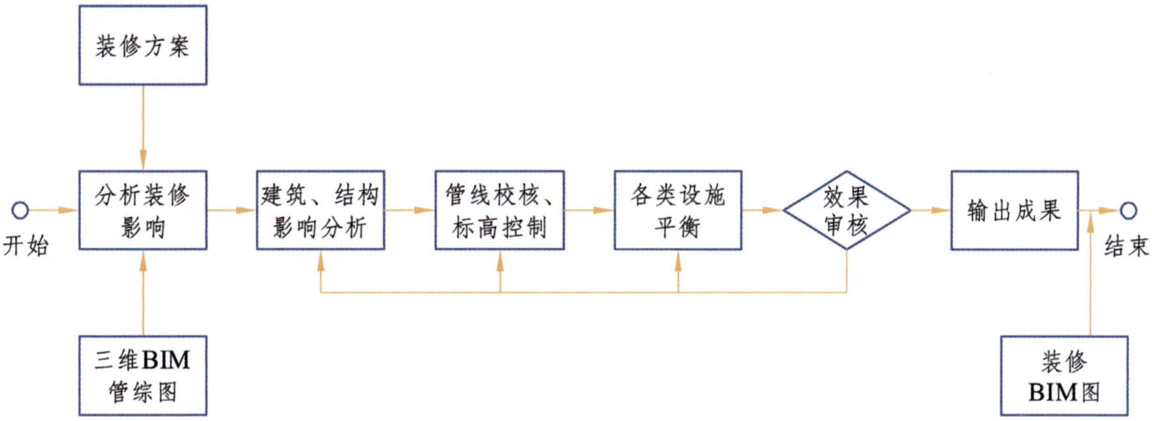

图3–19 施工准备阶段装修深化设计应用流程

在三维管线综合模型的基础上，增加装修材料的材质信息、办公设施的几何信息。

（3）交付成果

以三维渲染图片方式交付装修深化设计图。在站厅层、站台层公共区等关键部位，应能展现出装修设计意图，并用合适的装修材料进行展示。

（4）实践经验

①由于装修设计往往滞后于机电设计，应基于三维管线综合结果进行装修深化设计，防止部分节点装修与其他专业发生碰撞。

②可利用VR技术进行设计方案的检查，重点检查装修方案与其他专业协调性、墙面箱柜的美观性。

3）关键、复杂节点的工艺模拟

（1）应用目的与内容

基于BIM对关键、复杂节点工艺模拟，重点在于管线综合施工中多专业管路交错区域及土建工程特殊节点。在管线综合方面主要用于多专业交汇区域的管路安装次序演示、空间关系控制及相应书面、可视化交底；土建工程主要用于特殊节点施工方法演示及相应书面、可视化交底。便于施工前熟悉掌握施工方法及内容，用于施工交底，提高施工合格率，减少返工。

（2）应用流程

①收集数据，并确保数据的准确性。

②细化（优化）土建局部模型与管线综合模型，使模型达到工艺模拟精细度的要求。

③基于细化模型对管线设备安装或土建工程施工的关键、复杂节点进行工艺模拟。

④根据模拟结果及收集的意见对模型进行修改。

⑤模型校审并针对施工要素进行书面、可视化交底。

⑥基于土建、管综节点模型形成节点材料清单和虚拟施工影像等成果。

关键、复杂工艺模拟应用流程如图3-20所示。

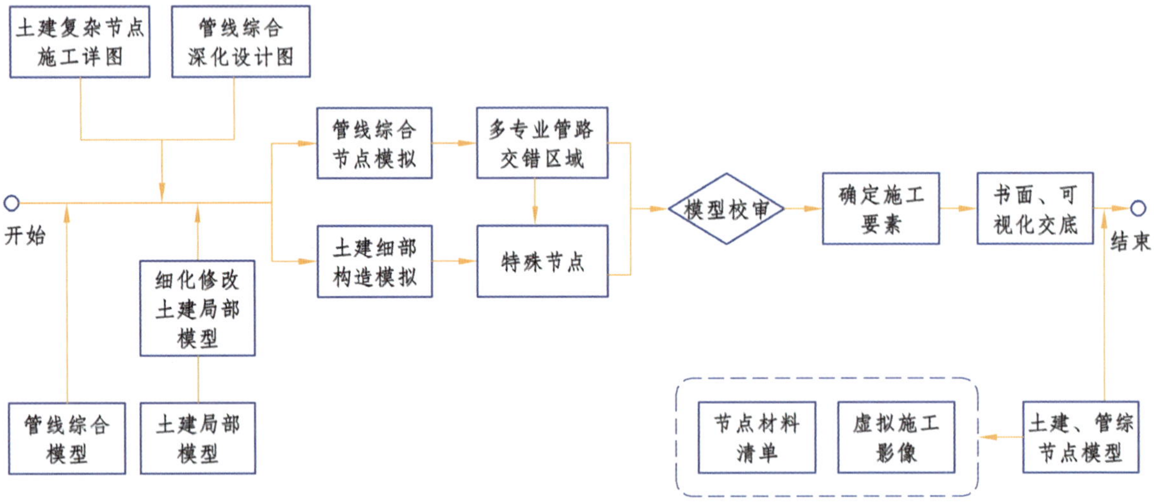

图3-20　关键、复杂节点的工艺模拟应用流程

细化土建模型应包含构件材质、几何信息；多专业管线交错区域应包含几何尺寸、所属系统、管道材质等信息；土建特殊节点应包含钢筋、预埋件等构件几何尺寸、空间定位、材质和强度信息。

（3）交付结果

成果应包含详细的节点模型，节点材料清单及相应的虚拟施工影像等。

（4）实践经验

①施工现场宜配备大屏演示系统，利用虚拟施工影像进行施工交底。

②实施过程中应注意成果的积累，逐步形成标准的工艺工法库。

4）施工工序模拟

（1）应用目的与内容

基于BIM对复杂断面区段、车站、管线综合等施工工艺复杂、结构形式特殊或专业施工交叉密集的工程进行施工工序模拟，便于技术人员、施工工人等直观掌握工程各阶段施工内容及施工要点。

（2）应用流程

①收集数据，并确保数据的准确性。

②初步确定管线设备安装或特殊部位土建施工的时间参数，并将其赋予到对应模型构件信息中。

③基于带时间参数的模型分别对管线设备安装、土建工程施工进行交叉作业协调和施工方案模拟。

④根据模拟结果和收集的意见对施工时间参数及模型进行修改。

⑤模型校审并形成最终工序方案及带时间参数的土建模型和管综模型。

⑥基于带时间参数的模型进行虚拟演示交底等应用。

施工工序模拟应用流程如图3-21所示。

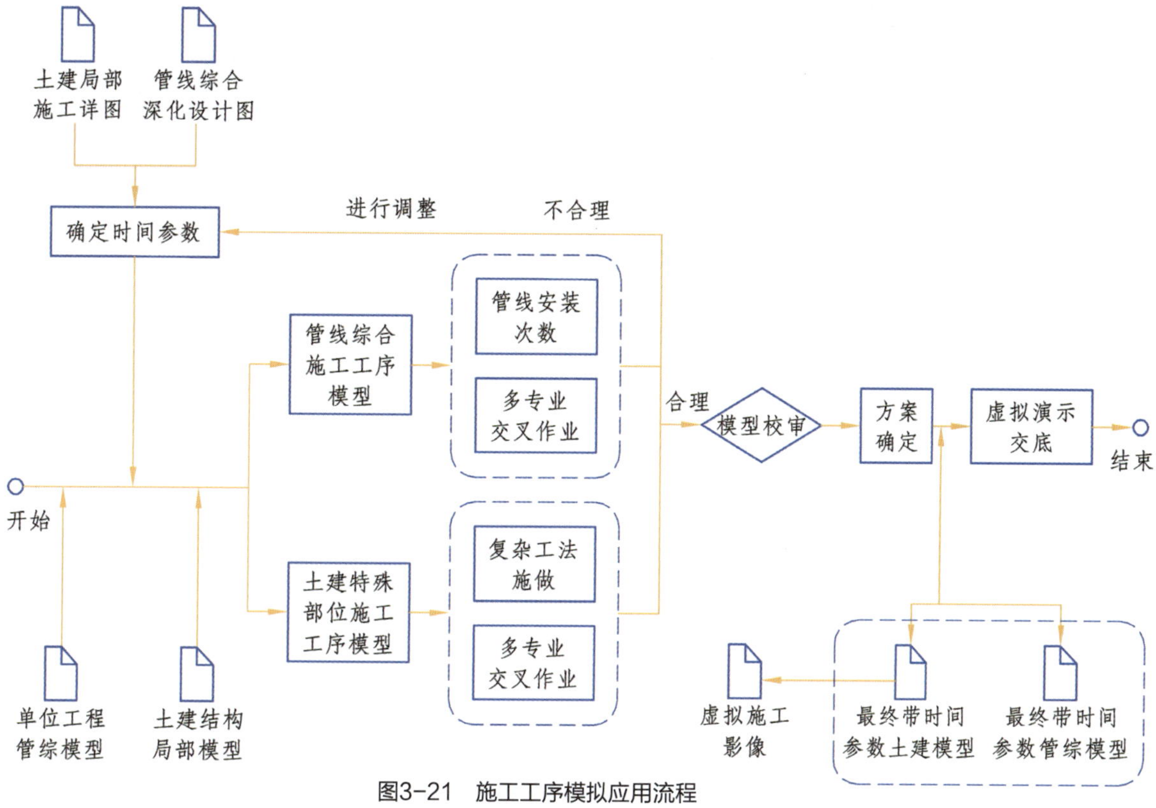

图3-21 施工工序模拟应用流程

土建结构局部模型应包含构件的几何信息；管线综合施工工序模型应包含几何尺寸、安装时间等信息；土建特殊部位施工工序模型应包括构件的几何尺寸、时间参数等信息。

（3）交付成果

成果应包含带时间参数的土建局部模型、管线综合模型、相应工序的虚拟施工影像及相应工序的施工方案等。

（4）实践经验

①模型制作深度宜结合施工分部分项范围。

②机电多专业交汇区域的管路安装次序演示，应结合各专业施工队伍的进场计划实施。

③当前建模软件尚不具备4D模拟功能，宜借助BIM平台实施。

5）大型设备运输路径检查

（1）应用目的与内容

基于BIM搭建大型设备模型和定义运输路径，动态模拟设备的安装检修路径，生成大型设备运输路径模拟视频，提前规划并检查大型设备的运输检修路径，以防现场返工导致的资源浪费和工期延误。

（2）应用流程

①数据收集。收集的数据包括大型设备图纸、大型设备安装及维修路径信息、装修效果仿真成果模型。

②整合模型。将已有模型导入到模型应用软件进行整合，并设定安装检修路径。

③校验模型。校验模型的完整性、准确性。

④进行路径检查。

⑤提交路径检查问题报告。

⑥运输路径模拟动画。根据大型设备运输路径模型，生成运输路径模拟动画。

大型设备运输路径检查应用流程如图3-22所示。

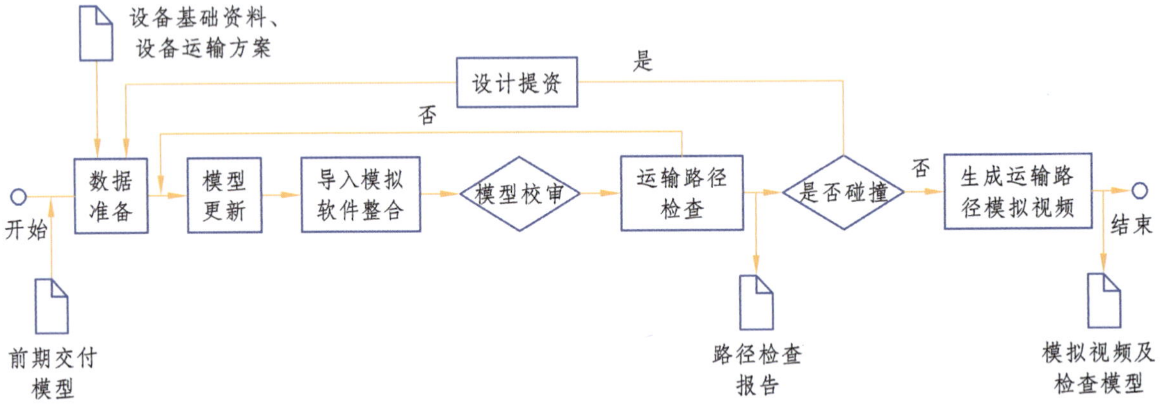

图3-22　大型设备运输路径检查应用流程

大型设备运输路径模型应包含大型设备、运输路径上的相关建筑、结构或机电构件的精确几何信息，应保证运输模拟的有效性和准确性。

（3）交付成果

①检查报告。提交设计提资路径检查问题报告，报告用三维图片和文字说明运输碰撞点位置、碰撞对象。

②运输路径视频。能清晰反映设备的运输路径。

（4）实践经验

①重点检查设备进站通道的大小、畅通程度、设备基础等环节是否能满足设备运输安装的要求，是否为后期吊装运输提供足够空间。

②模拟的设备包括空调机组、配电柜、轴流风机、轨排等大型设施设备。

③若设备招标尚未完成，大型设备尺寸由设计单位提供。

④大型设备运输路径检查宜结合三维管线综合和预留洞口检查过程实施，设备运输的空间需求作

为后者的限制条件。

- 施工实施阶段

1. BIM应用目标

施工实施阶段利用BIM数据集成与施工管理平台，在创建虚拟现场的基础上，结合GIS、物联网、移动互联等技术开展标准化管理、进度管理、质量管理、安全风险管理、重要部位和环节条件验收、成本管理、验收管理等方面的应用，实现对工程项目的可视化掌控和精细化管理。

2. BIM应用内容

施工阶段BIM应用的重点是保证所建设的数字工地与实体工地之间的交互关系。其中数字工地以整个建造过程的可计算、可控制为目标，基于先进的计算、仿真、可视化、信息管理等技术，实现对实体工地的数字驱动与管控。

主要的应用内容包含以下几个方面。

标准化管理应用：根据法律法规、企业标准化施工管理办法等，确定场地布置、工艺流程和质量控制等方面的标准化工作要求，创建包含临建、安全防护设施、施工机械设备、质量控制样板、质量通病等的标准化管理模型，对场地布置方案、施工工艺、施工流程、质量安全事故等进行模拟，开展施工交底、实施、管理及考核等标准化管理活动。

进度管理应用：根据施工组织设计和进度计划对深化设计模型进行完善，在模型中关联进度信息，形成满足进度管理需要的进度管理模型，利用BIM数据集成与管理平台进行进度信息上报、分析和预警管理，实现进度管理的可视化、精细化、便捷化。

质量管理应用：以深化设计模型为基础建立质量管理模型，根据质量验收标准和施工资料标准等确定质量验收计划，进行质量验收、质量问题处理和质量问题分析等工作，可利用移动互联网、物联网等信息技术将质量管理事件录入BIM数据集成与管理平台，建立工程质量信息与模型的关联关系，实现工程质量问题追溯和统计分析，辅助质量管理决策。

安全风险管理应用：以深化设计模型为基础，根据施工安全风险管理体系增加风险监测点模型和风险工程等信息，建立安全风险管理模型，利用BIM数据集成与管理平台建立环境模型与安全风险监测数据的关联关系，实现对施工安全风险的可视化动态管理。

重要部位和环节条件验收管理应用：根据轨道交通建设工程重要部位和环节施工前条件验收的具体实施办法和要求，利用BIM数据集成与管理平台查询施工过程模型的重要部位和环节的验收信息，快速获得验收所需准备工作及各项工作完成情况，提高条件验收工作沟通和实施的效率。

成本管理应用：以深化设计模型为基础，根据清单规范和消耗量定额要求创建成本管理模型，通过计算合同预算成本，结合进度定期进行三算对比、纠偏、成本核算、成本分析工作，可根据实际进度和质量验收情况，统计已完成工程量信息，推送相关数据、输出报表等，辅助验工计价工作。

验收管理应用：根据《城市轨道交通建设工程验收管理暂行办法》和其他现行国家标准、地方标准、行业标准的规定，单位工程预验收、单位工程验收、项目工程验收和竣工验收前，在施工过程模型中添加或关联验收所需工程资料，单位工程预验收、单位工程验收、项目工程验收和竣工验收时，利用模型快速查询和提取工程验收所需资料，通过对比工程实测数据来校核工程实体，提高验收工作效率。

● 运维阶段

运维阶段是占城市轨道交通全生命周期时间最长的阶段，基于BIM技术的运维管理将增加轨道交通管理的直观性、空间性和集成度，能够有效帮助轨道交通业主单位管理设施设备和资产，进而降低运营成本。在城市轨道交通运维阶段，BIM技术主要应用在设备设施运行维护管理、设备设施更新改造、空间管理、资产管理和人员培训与应急管理等方面。

在设备全生命周期管理的理念下应用BIM技术的城市轨道工程，当新线竣工验收后，运营维护单位将会获取、接收到真实反映建筑、结构、机电等专业的BIM模型，该模型中的模型元素是实际施工完成的建筑构造物或系统，且附带与模型相关或关联的信息数据，包括设备基本信息、安装拆除及保养维护信息、合同约定需交付运营的技术资料、建设和竣工资料等。同时，运维模型精度及附带信息在项目设计和施工阶段已按照最终运维管理需求在BIM模型中给予落实，可为运营维护管理提供技术支持。并根据运营维护实际需要，对工程建设竣工模型进行无用数据剥离，使BIM模型结构清晰和轻量化，生成运维BIM模型，该模型能提供整体及单个专业、系统、设备设施应用性能指标、技术参数，空间位置、外部接口等关键信息。因此，运营维护单位在接收资产时，除了接收真实的实物资产外，还有一个与实物一致且记录关键信息的虚拟资产，即“运维BIM模型”。

1. 设备设施运行维护管理

运维管理人员需要根据系统设备的性能指标和操作维护手册制定维修规程，按照设备型号和技术条件配置备品备件及物料，进而组织技术管理人员开展相应的检修维护工作。引入BIM技术后，运维BIM模型就是一个庞大的数据库和知识库，不仅能提供与现场一致的设备设施外形、结构、部件和配件的三维立体视觉展示外，还可以提供一系列设计参数、指标、安装尺寸、产品特性、调试、验收测试等关联信息，这些信息为设备设施检修维护前期准备工作提供了充分和必要的技术支持。在运维过程中，及时地将设备状况、检修质量和更换情况录入BIM模型，继续延续和实现设备全生命周期的管理。此外，在运维BIM模型数据的基础上，根据城市轨道交通运营维护的特点，结合其他技术手段和数据挖掘、开发，实现以下功能：

（1）结合现场移动终端、运维管理信息系统及二维码定位等技术，实现现场设备设施在模型中快速检索和定位，模型信息现场读取及录入功能区。

（2）结合既有设计、施工等信息通过应用开发，实现全生命周期的管理，支持运营期设备设施运行管理分析、故障分析、寿命趋势分析及维修策略制定等工作。

（3）结合实时监测技术，实现实时显示各监测点数据、精确定位、历史信息趋势分析、预报警并触发相应维护维修措施，实现大数据分析应用等功能。

（4）与关键、重要设备网管监控系统数据互联互用，通过定义警报等级，实现网管预警与BIM数据库联动，实现实时传递设备设施故障及处理信息、实时调阅资料功能。

2. 设备设施更新改造

城市轨道交通工程是百年工程且是一项涉及土建、结构、机电等近30个专业复杂而庞大的系统工程，由于各专业、系统设备性能和特性不同、产品设计使用寿命也不尽相同。因此在运营维护阶段不可避免地面临在线设备设施寿命期结束、需要进行相应的更新改造工程的任务。这种工程由于是属于既有线路的更新改造，将会遇到影响运营服务、作业时间短、施工安装空间受限、系统外部接口繁多、调试联调周期过长等一系列技术问题，以及安全风险管控、施工人员管控等管理问题。这就需要运营维护单位非常清晰地更新改造工程的外部条件（包括结构空间、风水电输入条件、外部接口关系等）、系统设计参数、指标、性能要求、技术规格型号等数据以确定改造设计方案，并需要结合现场情况和运营情况确定施工计划和实施方案。这一系列问题可以通过BIM模型这个庞大的数据库给予帮助和支持。

BIM模型数据中原始专业系统空间位置、接口条件和技术指标都是完整齐全的，这就为改造方案设计提供了充分和必要的条件。方案设计整体目标是优化设计质量，测试验证工程安全措施，减小工程安全风险、返工和不可预测的风险发生的概率。对于改造工程的施工建设管控，可通过BIM模型的虚拟建造及工程算量等功能，提供施工计划、工程物质物料动态管理，提高施工质量、加快进度并有效控制成本。改造完成后生成新系统BIM模型，通过统一的编码体系，与既有专业BIM运维模型实现合模、信息传递和信息共享，支持运营维护需要的各类数据应用，从而实现设备全生命周期的管理。

3. 空间、资产和人员培训与应急管理

城市轨道交通线路长、站点多、专业系统众多且交集接口繁多，因此空间管理和资产管理尤为重要。引入BIM技术，通过BIM模型可获取空间面积、空间用途、所有者、建设单位、使用单位、运维单位等基本信息，根据运营维护需要，结合管理流程可实现空间清册与使用分配、各分配空间比率分析、人员/访客空间使用、标识导向、空间经营、空间维护等空间管理功能。运维模型中资产具备资产名称、编码、所有者、建设单位、使用单位、运维单位等基本信息，以及设计、建设阶段根据合同约定关联的各类技术参数、技术资料、采购及安装合同资料、竣工资料等信息。可通过规约统一的编码体系，以实现设备设施模型及信息在资产全生命周期各阶段各业务模块的有效传递及交换，并可根据资产管理需要添加资产使用、租赁及更新合同、资产维护等运维信息。

在城市轨道交通线网线路的快速增长和运营大客流量、高密度行车间隔的双重要求下，对运营设备正常运行的高要求都转化成运营维护人员业务技能和应急处置能力的体现，因此，城市轨道交通人才问题日益突出、缺口日益增大，既是当前的困扰难题，也是未来可能制约发展的最大因素。

传统的员工技能和应急抢险培训手段，手工方式开展运输策划、设备保障和乘客服务的手段已力不从心，也无法快速、全面、高效地适应城市轨道交通线路运营高速增长的需要，借助BIM技术以设备“全生命周期管理”思路建立从设计→施工→验收→运营的系统知识库，为员工培训、检修维护、风险管控和应急处置提供最基础、最真实、最有效的支持和保障。可实现以下内容：

在运维模型基础上，建立包含设备设施专业知识、操作使用要求、维修规程和应急预案等信息的人员培训知识库。

在运维模型基础上，为培训、科研人员提供可视、真实、全面的专业、系统、设备设施的技术、维护和操作信息，结合信息化技术为人员培训提供真实场景模拟、虚拟操作及演练的培训平台，实现检验人员培训效果测试和综合评估功能。

利用运维模型可视化功能支持特殊事件的应急处理，通过可视化界面进行辅助决策，提高处理效率。

在运维模型基础上，开发灾害处理过程及设备设施故障的场景模拟，辅助应急预案和故障处理指南编制审查，支持应急演练、故障处理培训及特殊事件发生时的应急指挥辅助等。

3.3.6　城市轨道交通工程信息模型分类与编码标准

轨道交通工程信息模型分类与编码标准是城市轨道交通企业级BIM标准体系的重要组成部分，用于规范和统一基于BIM技术应用下城市轨道交通各阶段信息系统对设备设施管理的编码原则，明确相关管理要求，确保编码的统一及设备设施数据的一致性，保证数据的可靠性，实现城市轨道交通设备设施的全生命期管理，该体系构成如图3-23所示。

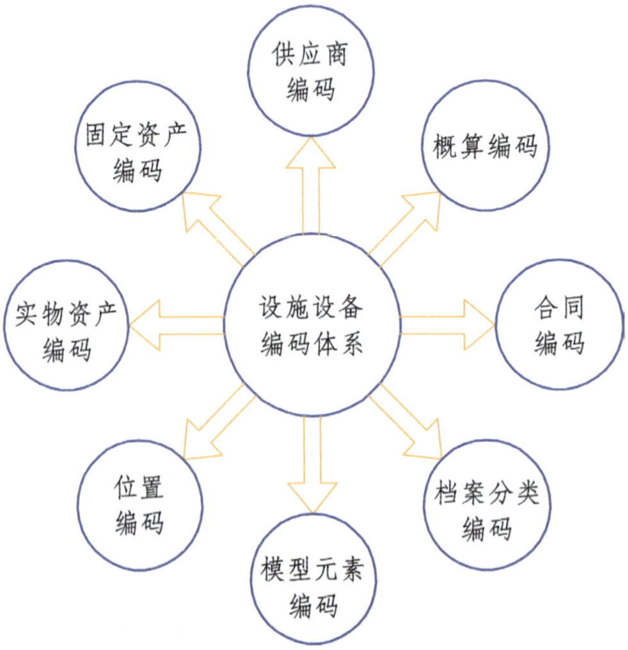

图3-23　设施设备编码体系构成

1. 标准编制原则

根据城市轨道交通BIM应用的实际需求，信息模型标准的编制需要遵循以下原则：

（1）唯一性：一个代码唯一标识一个或一类编码对象。

（2）稳定性：代码应相对稳定，在一段时间内不应改变。

（3）可扩充性：考虑未来发展，为增加新的编码对象而留有余地，便于代码维护。

（4）简明性：代码结构应尽量简单，长度尽量短，以便节省机器存储空间和减少代码的差错率。

（5）可操作性：代码应便于理解、识别、浏览和查询。

2. 标准框架

根据城市轨道交通具体情况，BIM信息模型分类与编码标准将分为9个子类进行管理，主要包括：

（1）概算编码应采用多级编码形式，涵盖线路信息、费用类型以及专业等基本信息。

（2）合同编码内容应包括合同类型、合同年份等基本信息，编码规则为“合同类型码+流水码”。

（3）供应商编码应使用企业统一的编码，宜采用无含义的流水号，以适用于城轨多业务的现状，流水号由业务管理系统自动产生。

（4）档案分类编码应结合档案管理的需要，采用无含义的编码方式。

（5）资产目录编码应以固定资产管理的最小颗粒度为准则，在企业内定义统一的资产目录，编码应采用无含义的编码方式。

（6）固定资产编码宜采用无含义流水码，由相应固定资产管理系统自动生成。

（7）实物资产编码应使用无含义数字流水码，由设备或维修管理信息系统自动生成，以保证唯一性。

（8）模型元素编码应采用统一编码，编码内容应包括线路、公共位置、专业、系统等基本要素。编码由业务管理系统根据编码规则自动产生。

（9）位置编码应用功能位置信息来表示，编码内容应包括专业、系统、功能位置等基本要素，非车辆专业的还应包括线路和公共位置两个要素，车辆专业的还应包括车型、车号两个要素。

3. 标准示例

1）概算编码

概算编码内容应包括线路、费用分类、专业等基本要素，由相应业务主管部门编制，并共享至各业务系统及业务操作，建议概算编码设计如表3-22所示。

表3-22 概算编码结构

项目	编码位数	取值范围	实现方案举例	
一级编码	2位	01～ZZ	14	14号线
二级编码	1位	0～9	1	第一部分费用：工程费用
三级编码	1位	0～9	2	设备系统
四级编码	2位	01～99	11	车站辅助设备
五级编码	2位	01～99	01	自动扶梯与电梯
六级编码	2位	01～99	02	自动人行道
组合编码	1412110102			

注：（1）一级代码段为线路编码段，2位编码，主要采用数字编码。

（2）二级代码段为费用大分类，1位数字编码，主要分为工程费用、工程建设其他费用、预备费用及其他费用。

（3）三级代码段为二级费用分类，1位数字编码，如工程费用分土建、设备系统及车辆段等。

（4）四级至六级代码段在三级代码的基础上，结合业务再进行细分。

2）合同编码

合同编码内容应由合同类型、合同年份及具有唯一标识功能的流水号组成，同时合同编码应由业务管理系统根据编码规则自动产生，以避免编码重复冲突，建议合同编码设计如表3-23所示。

表3-23 合同编码结构

项目	编码位数	取值范围	实现方案举例	
合同类型	2～3位	SHT	HT	支出类/采购类合同
合同签署年份	2位	01～ZZ	14	2014年
流水号	4位	0001～9999	1199	流水号
组合编码	HT141199			

注：合同类型建议分为支出类、采购类、收入类等，用大写字母表示，具体的分类与编码可结合城市轨道交通各合同管理业务进行分类及编码。

3）供应商编码

供应商编码应使用企业统一的供应商编码，多业务领域共有，避免一个供应商在企业不同业务领域中有不同的编码，同时编码建议采用无含义的流水号，如6～8位无含义数字流水码，由相应供应商管理系统自动生成。

4）档案分类编码

档案分类编码根据档案管理的需要和编码扩展应用需要，应采用无含义的编码方式，即编码不带档案具体信息，只按照档案分类的层次关系，逐层进行编码，不同层级用“.”隔开，如1、1.1、1.2.1、1.2.2.1。

5）资产目录编码

资产目录编码应以固定资产管理的最小颗粒度为准则，在企业内定义统一的资产目录。城市轨道交通企业是资产密集型企业，资产起源于合同，由合同清单形成资产及设备设施，跨越了多个业务阶段，因此需要在企业内定义统一的资产目录，明晰固定资产的管理颗粒度，统一建设、移交及运营阶段的资产管理口径。资产目录建议采用三级目录的形式，第三级细化到固定资产的最小管理颗粒度，采用**.**.**（每层两位数字）的规则进行编码，如01.02.05。

6）固定资产编码

固定资产编码属于设备设施的财务维度信息，对应固定资产，可以和实物资产编码采用同一套编码，也可以单独一套，但必须与实物资产编码做好对应，避免多个编码无法对应，数据不一致。固定资产编码宜采用8~10位无含义流水码，可用纯数字流水码或首位字母加数字流水码，由相应固定资产管理系统自动生成。

7）实物资产编码

实物资产编码是设备设施在运营阶段的身份认证编码，宜使用10位无含义数字流水码，由设备或维修管理信息系统自动生成，以保证唯一性。

8）模型元素编码

所有模型及构件都采用统一编码，编码内容应包括：线路、公共位置、专业、系统等基本要素，编码由业务管理系统根据编码规则自动产生，建议模型元素编码设计如表3-24所示。

表3-24 模型元素编码结构

项目	编码位数	取值范围	实现方案举例	
线路	3位	字母与数字组合	L06	6号线
公共位置	3位	1位字母+2位数字	D01	××车辆段
专业	4位	字母	PDZM	建筑电气
系统/子系统	不定长	字母	DL	动力配电
设备材料	不定长	字母/数字	BPQ	变频器柜
序号	3位	数字	001	001号柜
组合编码	L06_D01_PDZM_DL_BPQ_001			

注：模型元素编码建议由6层结构组成，中间以下划线“_”连接。公共位置码段的取值范围中字母的取值范围为A–Z；数字的取值范围为01–99。公共位置编码段的具体码值可参见表4.4.8–6公共位置编码表。专业段的具体编码值可参见表4.4.8–7模型专业编码表，取设计用专业代码，不足4位的在前面补“0”。

9）位置编码

位置编码与模型元素编码可以采用一套，也可以根据实际情况进行编码。编码内容应包括：专业、系统、功能位置等基本要素，非车辆专业的还应包括线路和公共位置两个基本要素，车辆专业的还应包括车型、车号两个基本要素。每条线的位置编码体系均需要对应业务主管部门按照编码规则编制，建议位置编码设计如表3-25及表3-26所示。

表3-25 位置编码结构（除车辆专业）

项目	编码位数	取值范围	实现方案举例	
线路	3位	字母与数字组合	L06	6号线
公共位置	3位	1位字母+2位数字	D01	XX车辆段
专业	3位	AAA～ZZZ	COM	通信
子系统	3位	AAA～ZZZ	WXS	无线设备
功能位置	不定长	字母+数字	CZ06	无线基站及天馈系统
组合编码	L06D01COMWXSCZ06			

注：线路、公共位置码段的具体码值可以与模型元素的线路、公共位置码段相同。专业段的具体编码值如不能与模型专业编码一致，可根据城市轨道交通运营阶段的专业进行编码，参见附表3-29设备设施专业编码表，同时，两不同专业信息应有明确的对应关系，具体对应关系可参见表3-30专业对应表。子系统编码段及末级位置根据城市轨道交通业务内容进行细分和编码，编码方式参考专业编码。

表3-26 位置编码结构（车辆专业）

项目	编码位数	取值范围	实现方案举例	
车型	3位	字母和数字组合	A01	A1车型
车号	3位	001～999	001	001电客车
专业	3位	GCL	GCL	车辆专业
子系统	3位	AAA～ZZZ	CGX	车钩系统
功能位置	不定长	字母和数字组合	01AZD	01A自动车钩
组合编码	A01001GCLCGX01AZD			

表3-27 公共位置编码表（仅举例）

编码	公共位置名称
Z+2位数字	车站编码第1位编码为Z。后面2位编码按照信号专业各线路的车站编码编号设置
S或X+2位数字	站间区间编码。第1位编码上行为S、下行为X，后2位编码根据车站设置，表示此编码的车站到后续编码车站之间的区间。例：L06S20代表六号线车站20–车站21之间上行区间
T或Y+2位数字	站内区间编码。第1位编码上行为T、下行为Y，后2位编码根据车站设置，表示此编码车站的区间
Q+2位数字	渡线、折返线、出入车厂线编码。编码顺序从北到南，从西到东。第1位编码为Q，后2位编码流水号
B+2位数字	主变电所编码。第1位编码为B，后面2位流水号
D+2位数字	车辆段编码。第1位编码为D，后面2位流水号
OC+1位数字	控制中心编码。第1位编码为O，后面C加1位流水号
2位数字+1位字母或者3位数字	区间泵房、联络通道编码。前2位编码根据车站设置，表示此编码的车站到后续编码车站之间的泵房/联络通道。第3位编码：区间泵房按A、B、C...顺序编号，联络通道按1、2、3...顺序编号
F+2位数字	风亭编码。编码顺序从北到南，从西到东。第1位编码为F，后面2位流水号
C+2位数字	车载系统编码。第1位编码为C，后面2位流水号

10）模型专业编码

如表3-28所示。

表3-28 模型专业编码表（仅举例）

专业	代码	专业	代码
建筑装饰与装修	OOZX	轨道及附属工程	GDGC
建筑电气	PDZM	桥隧	QLSD
通风与空调	OOKT	接触网	OJCW
给排水及消防	OOGS	环网	OOHW
智能建筑（BAS）	OBAS	疏散平台	OOQJ

续表

专业	代码	专业	代码
智能建筑（FAS）	OFAS	变电所	GDXT
智能建筑（ACS）	OOMJ	杂散电流	ZSDL
气体灭火	OOQT	综合监控	ZKXT
电扶梯	OOFT	供电运行安全管理系统	GDYS
站台门	OOPB	信号	OSIG
广告灯箱	GGDX	通信	OCOM
导向	JZDX	PIDS	OPID
商业	OOSY	AFC	OAFC

11）设备设施专业编码

如表3-29所示。

表3-29　设备设施专业编码表（仅举例）

编码	专业名称	编码	专业名称
SIG	信号	GIT	IT运维
COM	通信	GQT	气体灭火
PID	PIDS	GHK	环控
AFC	AFC	GPS	给排水
ACS	门禁	GDY	低压配电
PSD	站台门	GCL	车辆
FAS	FAS	GBD	变电
BAS	车站监控	GXL	线路
SCA	电力监控	GQS	桥隧
MCS	综合监控	GFJ	房建
JCW	接触网	GQF	清分
DFT	电扶梯		

12）专业对应表

如表3-30所示。

表3-30 专业对应表（仅举例）

模型对应专业	模型专业代码	维修设备专业	维修专业代码
建筑电气	PDZM	低压配电	GDY
广告灯箱	GGDX	低压配电	GDY
导向	JZDX	低压配电	GDY
建筑装饰与装修	OOZX	房建	GFJ
疏散平台	OOQJ	房建	GFJ
智能建筑（ACS）	OOMJ	门禁	ACS
AFC	OAFC	AFC	AFC
智能建筑（BAS）	OBAS	车站监控	BAS
通信	OCOM	通信	COM
电扶梯	OOFT	电扶梯	DFT
智能建筑（FAS）	OFAS	FAS	FAS
通风与空调	OOKT	环控	GHK
给排水及消防	OOGS	给排水	GPS
桥隧	QLSD	桥隧	GQS
接触网	OJCW	接触网	JCW
环网	OOHW	变电	GBD
气体灭火	OOQT	气体灭火	GQT
轨道及附属工程	GDGC	线路	GXL
综合监控	ZKXT	综合监控	MCS
PID	OPID	PIDS	PID
站台门	OOPB	站台门	PSD
信号	OSIG	信号	SIG
商业	OOSY	无	无

续表

模型对应专业	模型专业代码	维修设备专业	维修专业代码
变电所	GDXT	变电	GBD
杂散电流	ZSDL	接触网	JCW
供电运行安全管理系统	GDYS	无	无

3.3.7 城市轨道交通BIM三维管线综合设计标准

三维管综设计标准是整个城市轨道交通企业级BIM标准体系的重要组成部分，用于规范轨道交通设计及施工深化过中各专业管线及设备的空间排布、碰撞调整及优化策略，为施工阶段机电深化设计和装配式施工筑好基础，实现城轨道交通BIM应用中各专业管线和设备排布合理美观、管线零碰撞、施工零变更。地铁车站模型如图3-24所示。

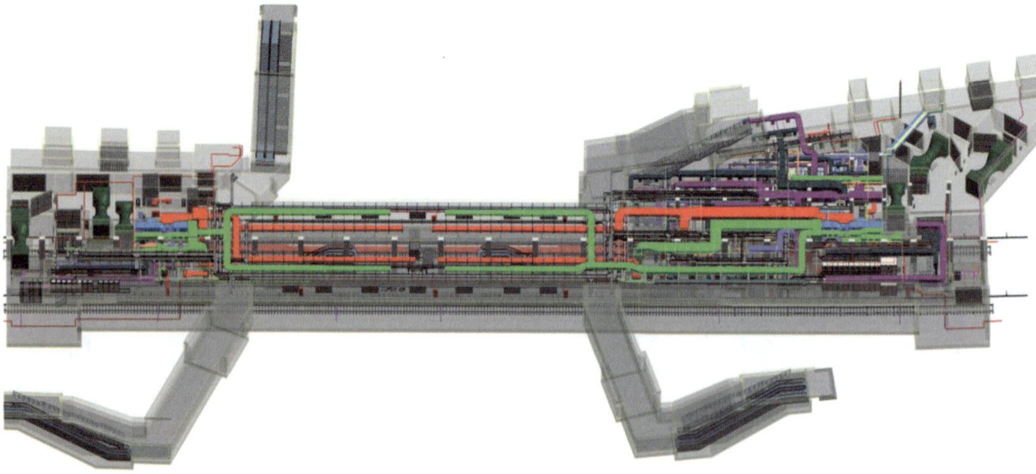

图3-24 地铁车站模型

3.3.7.1 标准编制原则

根据城市轨道交通BIM应用的实际需求，BIM三维管综设计标准需要遵循以下原则：

（1）规定城市轨道交通项目需进行三维管综设计的范围及相应涉及专业。

（2）规定各专业管线、设备设施排布方法及规则，确保管线排布合理、美观、统一且便于检修维保。

（3）规定管线综合BIM设计的设计管理、施工配合和成果文件等要求，促进管线综合BIM设计模型信息能在轨道交通工程全生命周期的有效传递和再利用。

3.3.7.2 标准框架

根据城市轨道交通BIM应用的具体情况，三维管综设计标准主要包括：

（1）管线综合BIM设计范围，主要包括车站室内管线综合布置、公共区装修末端设备布置、车辆段和停车场管线综合布置、车辆基地管线综合布置、区间管线综合布置等，涉及专业包括线路、轨道、建筑、结构、通风空调、给排水及消防、综合监控、供电、通信、信号等近30个专业。

（2）施工配合要求，包括关键节点部位管线深化设计、综合支吊架深化设计、施工配合的前期工作及施工过程中的工作等。

（3）设计管理要求。

（4）管线综合BIM模型要求，包括模型基准点和基准面、模型单位和文件格式等。

（5）管线综合二维制图要求，包括图例符号、图层及颜色、管线标注要求等。

（6）成果支付要求，包括成果内容、成果文件、数据互用要求等。

如图3-25所示。

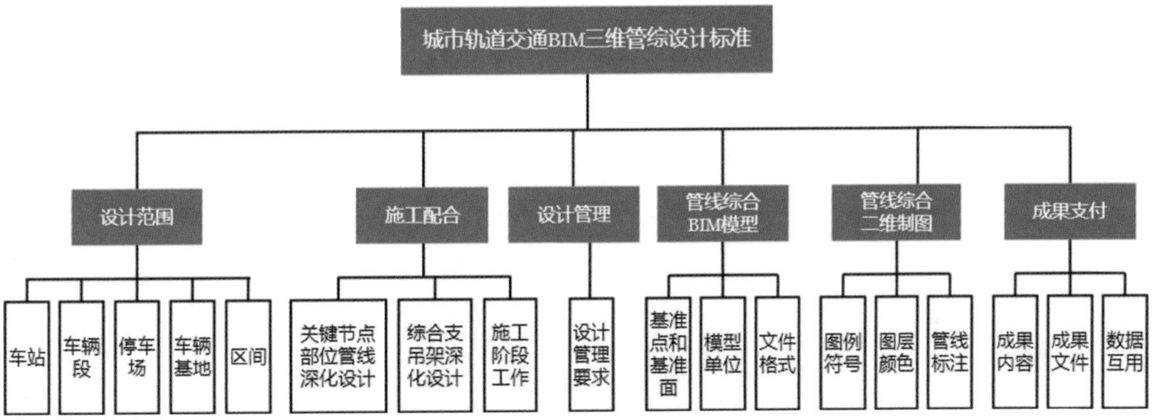

图3-25　BIM三维管综设计标准框架

3.3.7.3 标准示例

1.基本规定

（1）建设项目管线综合BIM设计模型应能促进模型信息在工程全生命周期的有效传递和再利用。

（2）管线综合BIM设计宜确保信息输入的完整性和连续性，宜根据项目需要确定管线综合BIM设计介入的设计阶段、工作内容、成果要求（如图3-26）。

（3）管线综合BIM设计模型宜完整真实地反映设计内容，宜根据合约规定，创建满足管线综合设计要求的模型。

（4）管线综合BIM设计需基于设计施工一体化平台并进行正向协同设计，不宜采用翻模方式。做到不同的参与方合理共享模型信息，实现BIM模型的价值最大化。

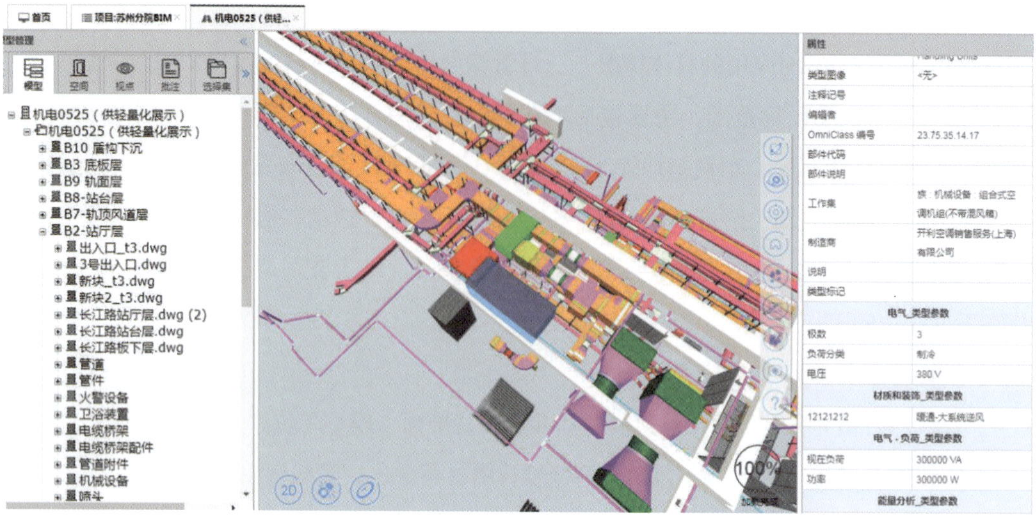

图3-26　BIM三维管综轻量化模型（带完整的模型信息）

（5）管线综合BIM设计应根据城市轨道交通建设项目中相关专业的设计提资，按照管线综合BIM设计标准、各专业BIM设计模型以及国家和城市相关标准，进行管线综合排布设计，形成管线综合BIM设计模型，并依据此BIM模型进行出图。

（6）管线综合BIM设计应考虑管线施工操作空间。

（7）管线综合BIM设计宜根据设备各专业的施工顺序及分布特点合理布置。

（8）管线综合BIM设计应综合考虑设备管线及设备的维修空间。

（9）管线综合BIM设计应综合考虑机房设备安装与机房管线的合理布置（如图3-27）。

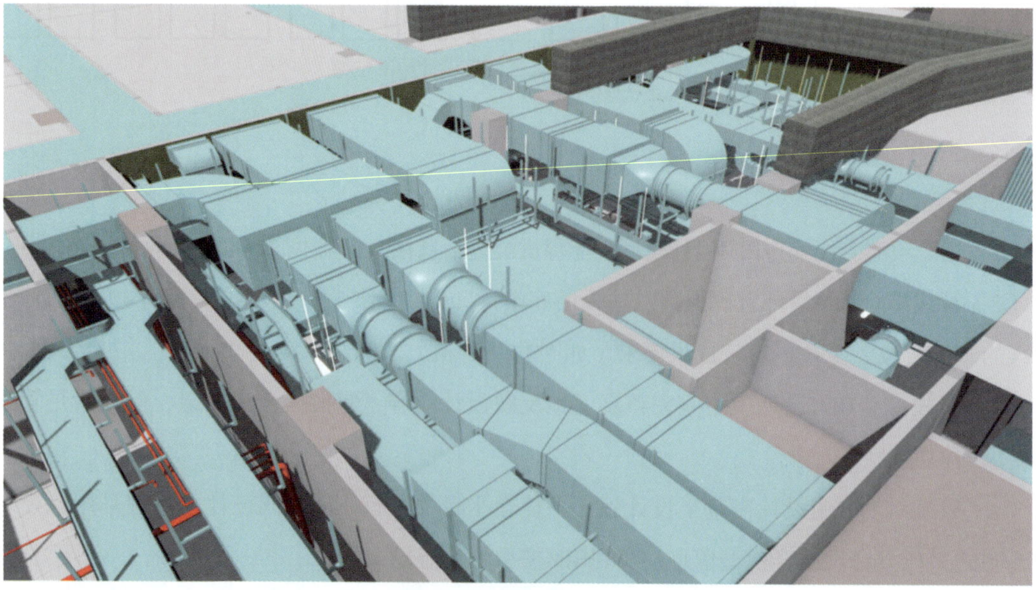

图3-27　环控机房模型

（10）管线综合BIM设计应综合考虑车站二次结构特点，并对构造柱、圈梁、过梁等构件作合理避让。

（11）城市轨道交通工程设计阶段的车站室内管线综合设计、公共区装修末端设备布置、车辆段和停车场室外管线综合设计、车辆基地室内管线综合设计、区间隧道管线综合设计等均应采用管线综合BIM设计。

2. 车站室内管线综合布置

1）一般规定

（1）车站室内管线综合BIM设计应包含的专业有：建筑、结构、人防、限界、通风空调、供电、通信、安防、公网、信号、火灾自动报警系统、环境与设备监控系统、综合监控系统、自动售检票系统、乘客信息系统、门禁、站台门、电扶梯、给排水及消防系统、气体灭火、装修、导向系统以及装修等。

（2）各相关专业设计人应对本专业提供的设计资料进行认真细致的分析、整理和汇总。发现专业设计存在矛盾时，应及时组织相关专业进行协调并修改。

（3）各专业管线布置宜避开构造柱，确实困难时，土建专业应配合调整处理。

（4）各专业管线布置如从门洞、窗洞、立式风阀、可拆墙等洞口上方穿过，应考虑过梁高度。

（5）管线布置时，消防水管宜布置在有消防栓箱或消防栓箱多的一侧。

（6）管线布置时，桥架宜布置在需要进入设备房间多的一侧。

（7）管线综合设计应符合国家现行有关设计标准的规定，保证各系统的安全运营，在满足功能及安全的前提下进行布置。

（8）风管、电缆桥架、母线、线槽、线管等各专业管线均应标注管底标高，有保温层的风管标高应包含保温层厚度。水管、空调管线应标注管中心标高。

（9）各种管道在风道内穿越人防结构时，应按照人防专业的预留孔洞图进行布置。在出入口穿越人防结构时，应跟人防专业设计协调专业的预留孔洞的位置，人防结构预留孔宜按照管线综合BIM图进行布置。

（10）管线立管位置应与结构预留孔洞位置一致，并宜保证有保温的风管周围有不小于150mm的空间，没有保温的风管周围有不少于100mm的空间。

（11）管线综合布置应保证管线布置合理，总体顺畅，拐弯少，交叉少，满足施工安装要求。

（12）站台层轨行区两侧布置的管线、设备、吊架均不得侵入设备限界。

（13）在有吊顶区域内，各专业管线布置均应在吊顶内通过，并充分利用结构空间紧凑布置，在满足各专业技术要求的前提下应减少对吊顶上空间的浪费。

（14）在无吊顶区域，各设备专业管线布置应充分利用结构空间布置。

（15）各类桥架、管线、灯具均应避开风阀有效面积范围。

（16）设备区走廊内，在无吊顶的情况下，排烟风管宜布置在所有管线最上方。

（17）公共区管线及送风管风口位置应与装修设计充分配合，满足装修设计的要求。

（18）应考虑管线保温层厚度和防火板厚度对管线综合和综合支吊架安装的影响。

（19）站台层公共区消防水管应远离站台门一侧布置。

（20）站台层公共区送风管风口应避开站台门顶箱和灯带。

（21）站台层公共区管线应避开挡烟垂帘或当烟垂壁，并应有不小于100mm的安装空间。

（22）轨行区水管宜远离轨行区一侧布置。

（23）风阀执行器应布置在易操作的一侧，不宜安装在有吊顶的设备房间。

（24）站台层环控小室接轨顶风道的集中排烟管上面的风阀应远离轨行区布置。

（25）管线之间不得有碰撞现象。

（26）同一层的管线，尺寸小的管线宜布置在靠近检修空间一侧。

（27）管线应避开设备吊装孔、设备吊钩、活塞风孔、设备运输预留门洞。

（28）管线综合布置应在满足施工、安全、检修的条件下节约空间。在公共区、设备区走廊应将管线布置在合理区域内，采用公共综合支吊架布置。

地铁车站三维管综模型如图3-28所示。

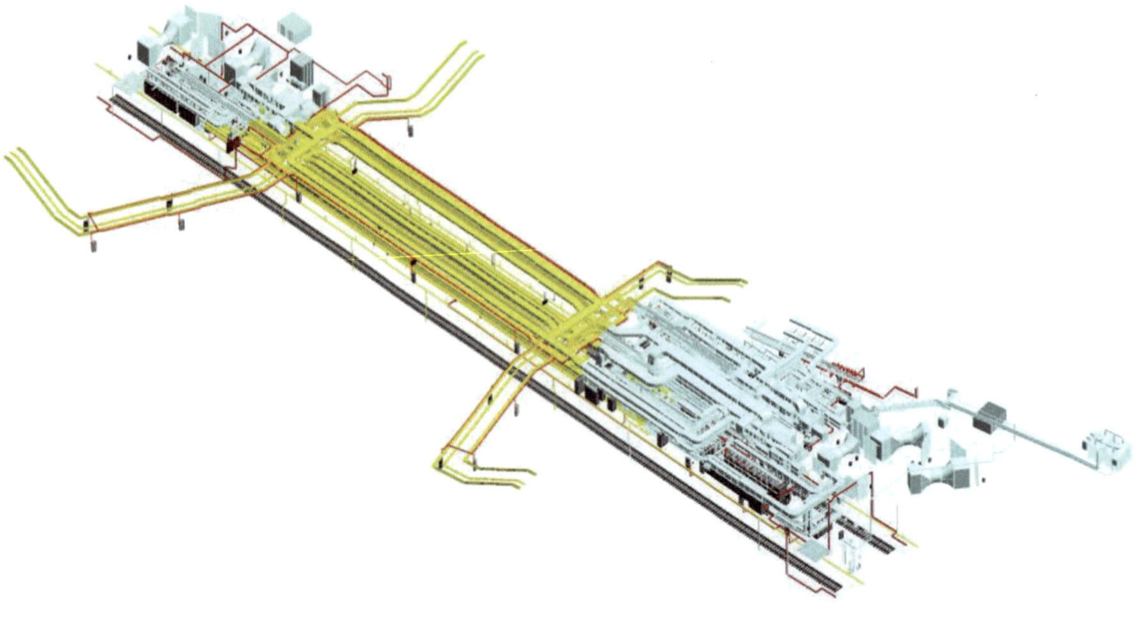

图3-28 地铁车站三维管综模型

2）标高与单位

（1）管线综合BIM设计绘图标高应采用相对标高。

（2）若各层底板坡度一致时，各层应分别以其公共区装修完成面作为相对标高 ± 0.00。

（3）各层坡度不同时，应以没有坡度的公共区装修完成面作为本项目的相对标高 ± 0.00。

（4）图中高程、里程、标高应以米为单位，其他均应采用毫米为单位。

（5）管线交叉避让。

（6）小管应让大管。

（7）施工难度和造价成本较低的线槽、桥架等应避让施工难度高和材料造价成本较高的设备管线。

（8）有压管线应避让无压管线。

（9）各种截面面积较小的线槽、桥架及水管等避让截面面积较大的风管等设备管线。

（10）给水管应布置在排水管上方。

3）管线在垂直空间的布置

（1）车站管线综合安装高度（含支、吊架所占用空间）应在建筑净高要求的高度以上；有装修的部位，应在装修吊顶（含龙骨及安装配件）标高以上。所有管线的布置高度应综合协调考虑，在可能的条件下应尽可能布置于高处。

（2）管线应避开楼梯、扶梯的敞口段，并考虑自动扶梯的检修距离。

（3）在变电所大型设备用房及设备运输通道上，所有管线安装完毕后，管线（含保温层、支架）下净空应满足设备运输的空间要求。

（4）管线应为防火卷帘安装预留空间。

（5）排风、排烟管应尽可能地布置在高处。排风、排烟管的设计除应符合本标准的要求外，应分别符合现行国家标准《地铁设计防火标准》（GB51298-2018）、《建筑防烟排烟系统技术标准》（GB51251-2017）和《建筑设计防火规范》（GB50016-2014）的有关规定。

（6）同一设备房间，排风管和送风管应采用上排下送的管线布置。

（7）设备区走廊的机械补风管，若风管布置在桥架上层不利于风口布置时，可将补风管布置在管线的最下层。机械补风管风口的设计除应符合本标准的要求外，尚应符合现行国家标准《建筑设计防火规范》（GB50016-2014）和《建筑防烟排烟系统技术标准》（GB51251-2017）的有关规定。

（8）风机、水阀等日常操控及检修设备下方不应布置电缆桥架，单侧应保留不小于400mm的检修空间。

（9）给排水管线必须上跨电缆桥架时，桥架应避开水管弯头、三通、阀门等易漏部位。

（10）车站行车管理用房中有吊顶的房间装修净高应符合表3-31的规定。管线（含保温层）底高程应满足装修要求。在有条件的情况下，管线应尽可能抬高。

表3-31 车站行车管理用房装修最小净高 单位：m

序号	房间名称	净高	序号	房间名称	净高	序号	房间名称	净高
1	车站控制室	2.8	8	AFC票务室	2.8	15	备用间	2.8
2	站长室	2.8	9	客户中心	2.8	16	信号巡检工区	2.8
3	区域站长室	2.8	10	乘客服务用房	3.2	17	AFC维修工区	2.8
4	警务室	2.8	11	卫生间	2.8	18	通信工区	2.8
5	站务室	2.8	12	盥洗室	2.8	19	工点维修工区	2.8
6	男更衣室	2.8	13	清扫间	2.8	20	机电维修工区	2.8
7	女更衣室	2.8	14	母婴室	2.8	21		

（11）车站设备房间，管线（含保温层）底高程应符合表3-32的规定。有条件的情况下，管线应尽可能抬高。

表3-32 车站设备房间设备上方最小净高 单位：m

序号	房间名称	净高	序号	房间名称	净高	序号	房间名称	净高
1	综合监控设备室	3.0	10	40.5kV开关柜室	3.2	19	照明配电室	2.8
2	公安通信设备室	3.0	11	低压开关柜室	3.2	20	检修兼储藏室	2.8
3	民用通信设备室	3.0	12	跟随所	3.2	21	污水泵房	无净高要求
4	信号设备及电源室	3.0	13	控制室	3.0	22	废水泵房	无净高要求
5	通信设备及电源室	3.0	14	整流变压器室	3.5	23	消防泵房	3.0
6	环控电控室	3.2	15	交直流开关柜室	3.2	24	气瓶间	3.0
7	电缆引入间	无净高要求	16	预留再生设备室	3.2	25	AFC配线间	2.8
8	材料室	2.8	17	AFC设备室	3.0	26	综合布线间	2.8
9	环控机房		18	站台门控制室	2.8			

注：1. 设备房间净高主要是指设备和设备运输通道正上方的净高要求。其他部位若管线无法满足净高要求时，管线综合设计应跟相关专业设计沟通，在非设备和运输通道正上方可以适当降低净高要求，满足管线综合设计要求和相关专业设计要求。

2. 表中的净高是指设备房间不含电缆夹层高度时的最小净高值。

3. 开关柜室的密集母线上方的管线应满足密集母线的安装高度要求，应不低于3.5m。

4. 环控机房大组控设备检修侧应满足设备检修所需要的空间，其余部分宜不低于2.4m。

（12）气体灭火系统管线应尽可能地顺畅，除应符合本标准的要求外，尚应符合现行国家规范《气体灭火系统设计规范》（GB50370-2005）的有关规定。

4）管线平行布置

（1）在地下车站站厅、站台公共区的吊顶内，管线综合布置应遵守平行布置的原则，即通风空调干管、电缆桥架及水管支架采用平行布置方式。

（2）各弱电专业桥架自上而下宜遵循的关系是：TX、AF在最上层，GW、XH次之；FAS、BAS、ISCS再次之，PSD、AFC在最下方。

（3）在设备区走廊区，管线综合位置应遵守变电桥架在最上方、通风空调风管其次、动照及弱电桥架中、水管下的原则。

（4）桥架宽度宜控制在不大于600mm。当桥架宽度大于600mm，管线综合设计中，遇到桥架单侧检修空间不满足400mm的时候，宜跟相关设计协商，将排布线缆数量大的桥架拆分两根桥架。

各种管线之间的距离最小值应符合表3-33的规定。

表3-33　车站管线综合敷设最小净距表

<table>
<tr><th colspan="2" rowspan="2">项目</th><th colspan="2">水管</th><th colspan="2">风管</th><th colspan="2">气管（气体灭火系统）</th><th colspan="2">强电桥架（电缆）</th><th colspan="2">弱电线槽（缆线）</th></tr>
<tr><th>平行</th><th>垂直交叉</th><th>平行</th><th>垂直交叉</th><th>平行</th><th>垂直交叉</th><th>平行</th><th>垂直交叉</th><th>平行</th><th>垂直交叉</th></tr>
<tr><td rowspan="2">水管</td><td>无阀</td><td>100mm</td><td rowspan="2">50mm</td><td>100mm</td><td rowspan="2">50mm（风管带保温层时200mm）</td><td>100mm</td><td rowspan="2">50mm</td><td>150mm（200mm）</td><td rowspan="2">50mm</td><td>150mm</td><td rowspan="2">50mm</td></tr>
<tr><td>有阀</td><td>满足阀的检修要求</td><td>满足阀的检修要求</td><td>满足阀的检修要求</td><td>满足阀的检修要求</td><td>满足阀的检修要求</td></tr>
<tr><td colspan="2" rowspan="2">风管</td><td colspan="2" rowspan="2"></td><td colspan="2">100mm</td><td>100mm</td><td>50mm</td><td>150mm（200mm）</td><td>100mm</td><td>100mm（风管）</td><td>100mm</td></tr>
<tr><td colspan="8">风管带保温层时200mm</td></tr>
<tr><td colspan="2">气管（气体灭火系统）</td><td></td><td></td><td></td><td></td><td>100mm</td><td>50mm</td><td>150mm（200mm）</td><td>50mm</td><td>150mm</td><td>50mm</td></tr>
</table>

续表

项目	水管		风管		气管（气体灭火系统）		强电桥架（电缆）		弱电线槽（缆线）	
	平行	垂直交叉	平行	垂直交叉	平行	垂直交叉	平行	垂直交叉	平行	垂直交叉
强电桥架							150mm（200mm）	50mm	150mm（200mm）	50mm
弱电线槽									100mm	50mm

注：括号内的数字为中压（40.5kV）电缆标准。弱电缆线均穿钢管敷设。

5）管线与设备之间

（1）所有与设备无关的管线应避开设备的正上方。

（2）可能产生冷凝水的风管、空调送风口、多联机室内机、风机盘管及水管等均应避开设备正上方。无条件避开时，风管及保温应采取特殊加固措施，设备上方应采用防水保护措施。

（3）多联机室内机、风机盘管应避开风管布置，应预留设备上部的安装空间；同时设备选型应参考可用安装空间。当空间条件不允许的情况下，可布置在风管的正下方，但应要求施工安装采取综合支吊架安装方式。

（4）如果选择的灭火气体介质密度大于空气，则布置有气体灭火的房间应设置下排风口。下排风管的位置应避开检修人孔、巡视通道和设备运输通道。下排风管与设备之间的最小水平距离应满足设备检修空间要求。

6）管线穿越房间及墙壁

（1）高、低压及弱电设备用房内严禁穿越各类无关的水管。

（2）车站控制室和气瓶间内不宜有与之无关的各类管线穿越。

（3）供电系统和低压电缆不应穿越弱电系统的设备用房。确实需要穿越房间的时候应取得相关专业的意见，采取相关保护。

（4）无关的风管和电桥架不应穿越楼梯间，确实需要穿越楼梯间的时候应取得建筑专业的意见，采取相关保护。

（5）管线应避免斜穿墙。

（6）法兰应避免穿墙，法兰离墙距离不小于50mm。

（7）除排风排烟风管外，其他管线不得穿越排热风室和排热风道。

（8）风阀离墙距离不大于200mm，不小于50mm。

（9）管线穿卫生间对应下一层设备房间的管线时，管线顶部与上部结构之间的间距应不少于

600mm。

7）重要设备房间

（1）重要设备房间应包含以下设备房间：整流变压器室、高压开关柜室、低压开关柜室、综合监控设备室、信号设备及电源室、通信设备及电源室、环控机房、环控电控室、配电室等。

（2）宜将重要设备房间的设备按照供货商提供的实际模型反映到BIM图中。

（3）整流变压器室的所有管线均不得布置在设备的正上方，需要检修和操作的设备应布置在离整流变压器800mm的安全区域以外，而且所有专业的管线应满足设备的净高要求、运输空间要求和设备检修空间要求。

（4）高压开关柜室、低压开关柜室内，除了本专业的桥架可以在设备上方外，其他专业的管线均应避开设备正上方。应满足设备的净高要求、运输空间要求和设备检修空间要求。

（5）环控机房除风管外，其他专业或系统的管线均不得布置在轴流风机的正下方。环控机房的管线布置应满足设备的安装空间、操作空间和检修空间。在有条件的情况下，管线应尽可能抬高。

（6）环控电控室内除了本专业的桥架可在设备上方布置管线外，其他专业的管线均应避开设备正上方。动照桥架底高程宜在3.0m左右。设备侧面应预留800mm的检修空间。

（7）配电室的管线布置应符合下列要求：

①动照桥架宜采用下进下出线方式，在配电柜下方沿墙敷设照明线槽。

②所有可能产生冷凝水的风管、风口和多联机室内机均应避开EPS主机柜和电池柜的正上方。

③EPS电源柜侧面应预留800mm的检修空间。

④FAS桥架和BAS桥架宜采用下进下出线方式，在控制箱下方沿墙敷设线槽。

⑤FAS和BAS控制箱宜靠近走廊最近处放置。

（8）综合监控设备室和信号设备室除了本专业的桥架可在设备上方布置，其他专业的管线均应避开设备正上方。设备侧面应预留800mm的检修空间。

（9）设备房间气灭泄压阀的泄压口不得被阻挡。

（10）检修人孔应避开站台板下电缆。

模型如图3-39所示。

图3-29　重要设备房间模型

8）车站关键节点部位

（1）车站关键节点部位应包括下列部位：

①站厅层设备区与公共区交接部位。

②公共区位与出入口交接部位。

③管理用房集中区域的设备区走廊部位。

④结构层高有变化的部位。

⑤设备区走廊交叉处管线变化复杂的地方。

⑥站台层安全门端门上部。

⑦站台层公共区楼扶梯两侧。

⑧公共区与设备区相邻的角点。

（2）各专业管线应均衡布置，应避免关键部位管线出现集中现象。

（3）管线综合布置应保证关键节点部位的管线顺畅，交叉少和施工方便。

（4）管线集中穿防火墙时，应考虑保温层厚度，并宜考虑防火封堵施工空间。

模型如图3-30所示。

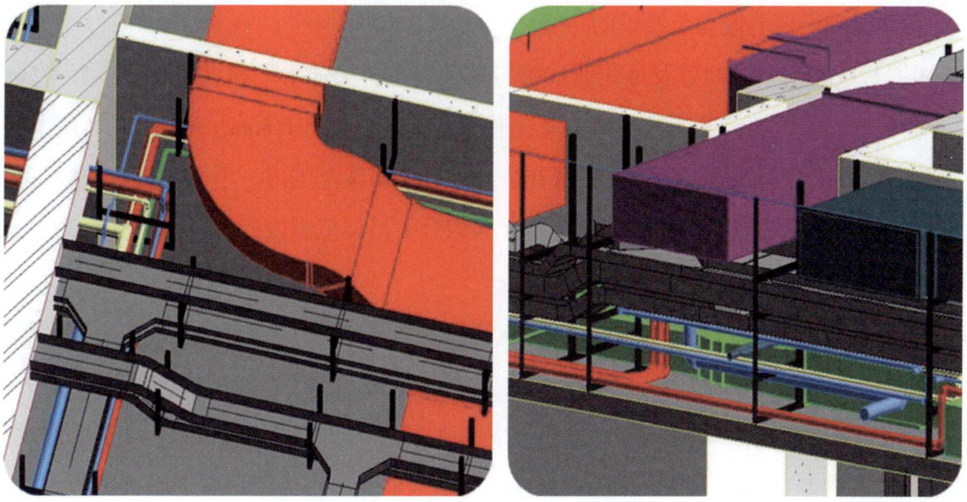

图3-30　车站关键节点部位模型

9）管线的安装、维护和检修空间

（1）管线综合布置上部管线应考虑下部管线的安装空间，应保证支吊架的吊杆和横杆安装空间不小于100mm。

（2）管线综合布置不超过两层时，应满足单侧预留不少于250mm的检修空间，当超过2层以上的桥架时，应满足单侧不少于400mm的检修空间。

（3）管线综合布置，管线及其管线上的设备的操作空间和检修空间应符合下列规定：

①管线的宽度不大于1200mm，可考虑从单侧进行检修。

②管线的宽度大于1200mm，宜考虑两侧均预留检修空间。

③检修的空间应不小于400mm，困难的情况下，应不小于300mm。

典型部位剖面图如图3-31所示。

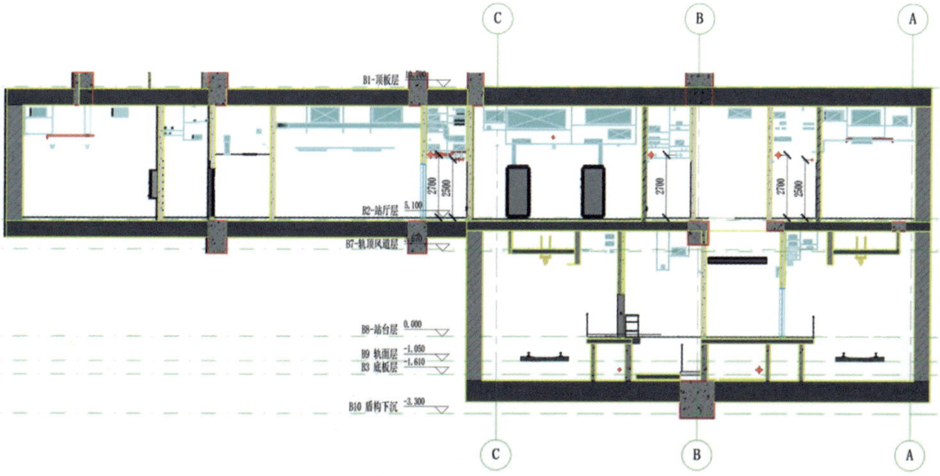

图3-31　车站设备区典型部位剖面图

10）照明、导向、广告配管及线槽的布置

（1）照明母线和线槽之间以及母线或线槽与其他弱电桥架的水平和垂直距离应参考线缆的屏蔽指标确定。屏蔽线缆的最小水平平行距离和垂直平行距离应不小于100mm。

（2）照明母线或照明线槽和配管宜布置在公共综合支吊架范围内，不得阻挡管线检修空间。

（3）公共区照明母线或照明线槽宜布置到公共综合支吊架范围内的桥架最下层。

11）环控设备的操作和检修空间

（1）组合空调机组检修侧应保留不小于1倍机组宽度的安装检修距离；非检修侧应不小于500mm，机组两端与墙的距离不应小于600mm。过滤段、表冷端的侧面应考虑拆洗空间条件。

（2）轴流风机外边缘距离墙或楼板之间的距离宜不小于200mm，设备机房应具备人员检修通道。风机接线侧的检修空间宜不小于（D+400）mm，D为轴流风机外径。若空间确实紧张，应保证有单侧不小于400mm的操作检修空间。

（3）在空间紧张的情况下，相邻区域多个风机应避开完全并行布置，宜前后错开。

（4）吊装的风机和小空调机组正下方不应布置桥架和水管。

（5）在空间确实紧张的情况下，相邻区域多个并列布置管线的阀门不宜并列布置，宜前后错开。若需并列安装，阀体与阀体之间的净距不宜小于150mm。

（6）阀门应布置于便于操作检修的部位。两层（含两层）以上风管的阀门若并列布置，应保证阀门有不小于400mm的操作检修空间。临近区域单独布置一个风阀，应保证风阀有不小于150mm的操作检修空间。

（7）冷水机组上方应预留吊钩。冷水机组、水泵等设备四周应留有必要的操作和维修空间。冷水机组前端应预留一倍冷水机组长度的检修空间。

（8）空调水系统水处理器安装位置及高度应符合设计及产品技术要求。空调水系统处理器距离外围管线及墙体、柱的距离宜不小于400mm，空调冷冻水管的最高点与上方障碍物、顶板、梁的距离宜不小于200mm。

冷水机房、环控机房模型如图3-32所示。

图3-32　冷水机房、环控机房模型

12）管线转弯半径

（1）风管弯头半径的应满足现行国家标准图集建筑设备施工安装图集91SB6-1的规定。

（2）供变电、动力照明电缆转弯半径应满足对应所容纳线缆的弯折半径最大要求。当桥架上下翻弯时，应放缓坡，满足电缆转弯半径，余角角度宜不大于45°。

（3）TX、AF、GW、XH、FAS、BAS、ISCS、AFC、PIS、PSD等弱电线缆桥架或线槽转弯半径宜满足其内布置线缆的最大要求的最大值，且预留一定的线缆转接头布置空间。当桥架上下翻弯时，应放缓坡，满足电缆转弯半径，余角角度宜不大于60°。弱电电缆桥架的敷设除应满足本标准外，尚应符合现行国家标准《综合布线系统工程设计规范》（GB50311-2016）的有关规定。

（4）管线综合布置应考虑水管弯头安装需要的空间及转弯部位的安装、检修的操作空间。

3. 公共区装修末端设备布置

1）一般规定

（1）公共区装修末端设备均应在装修吊顶下方。

（2）所有设备布置必须避开大系统送、回风管的风口下方。

（3）所有设备安装宜避开上方管线。

（4）所有设备安装宜避开公共区灯具。

（5）公共区装修设计宜采用BIM设计，并应将BIM设计成果给管线综合BIM设计提资。

2）设备构成

（1）车站公共区装修末端设备由照明灯具、消防栓箱、FAS系统的火警报警电话等末端设备、通风设备末端风口、风机盘管出风口、站台门顶箱、站台门、自动扶梯、指示牌、自动售检票系统、视频播放显示器、安防监控摄像机、通信监控摄像机等组成。

（2）公共区标志物由广告牌、导向牌、疏散标识等组成。

3）设备布置要求

（1）摄像机的视角严禁有遮挡，不应有监控盲区现象，应实现监控全覆盖。

（2）摄像机的位置应合理分布，不宜出现监控过度重叠现象。

（3）PIS屏和导向严禁遮挡摄像机的设计监控范围。

（4）PIS屏不得阻挡导向牌。

（5）疏散标识不得被设备遮挡。

（6）车站的通道、候车站台、出入口、售票区、检票区、等候大厅等场所均应布置安防摄像机。

（7）安防监控摄像机和通信监控摄像机的布置应通过BIM+仿真模拟分析技术，开展装修末端设备的设计协调和仿真模拟，并进行监控盲区分析。

（8）车站公共区监控摄像机的设计除应满足本标准外，尚应符合现行国家标准《地铁设计规范》（GB50157-2013）的有关规定。

模型如图3-33所示。

图3-33　车站公共区装修末端设备布置模型

4. 车辆段和停车场室外管线综合布置

1）一般规定

（1）各相关专业设计人应对本专业提供的设计资料进行认真细致的分析、整理和汇总。发现专业设计存在矛盾时，应及时组织相关专业进行协调并修改。

（2）车辆段和停车场管线综合BIM设计应包含的专业有：勘察、站场（场区道路、站场排水沟、围墙栅栏、地面硬化铺装）、轨道（轨道、道床、轨枕）、路基（挡墙、路基处理、敞口段）、接触网或接触轨、建筑（含景观）、房建结构（建、构筑物结构及静载沟槽）、绿化、声屏障、上盖开发（建筑、结构、给排水）、地下结构（段场下方设地铁车站或正线穿越段场时）、桥涵（过轨保护涵、桥梁、箱涵）、通风空调（含采暖及生产供热）、牵变电系统、动力照明及低压配电系统、通信系统、信号系统、AFC系统、综合监控系统（含FAS、BAS）、车辆检修工艺（工艺设备及有集中供气用空压站室外压缩空气管线时）、自喷淋系统、给排水及消防系统、中水、污水、废水、雨水、海绵城市设计系统等。

（3）当段场内设置有使用燃气的设施，如燃气锅炉房、食堂厨房时，燃气专业管线应纳入室外管线设计。

（4）管线交叉点的各管线标高应符合下列规定：

①以管线综合设计图为准。

②压力管线如给水管、消防管、自喷淋管、中水管应以管内底标高。

③重力流管线如雨水管、污水管、废水管应以管内底标高。

④变电、电力排管应以管内底标高。

⑤通信管及信号电缆槽应以内底标高。

⑥管廊、管沟应以内底标高。

（5）管道与建筑物的间距应以管道中心至建筑物外墙的距离；管道之间的间距应为管中心间距。

（6）场段室外管线综合BIM设计应充分考虑各专业管线的合理布局，以减少土方开挖。

（7）场段室外管线综合应考虑管线保温层厚度对管线综合的影响。

2）标高与单位

（1）管线综合BIM设计绘图标高宜采用绝对标高。

（2）图中高程、里程、标高应以米为单位，其他均应采用毫米为单位。

（3）坐标系宜与基线坐标系一致。

3）管线综合布置

（1）管线、管沟和管槽不得穿越建筑物及布置在建筑物、构筑物的基础压力影响范围内。

（2）管线、管沟和管槽不得平行敷设在轨道（含轨道、道床、轨枕）下面。

（3）管井、检修人孔应避开轨道（含轨道、道床、轨枕）布置。

（4）管线、管沟和管槽可集中平行布置，不得平行重叠敷设。

（5）管沟和管槽不宜平行敷设在道路下面，雨水、污水、废水、给水、水消防、自喷淋、隧道形式管廊等可设于路下。

（6）管线、管沟和管槽应减少与轨道、道路交叉布置。当确实需要交叉时，应力求正交，在困难的情况下，其交叉角度不宜小于45°。

（7）管线和管沟、管槽的埋深厚度应符合国家现行相关标准的规定。

（8）室外管线综合布置时，应符合下列规定。

①各种管线交叉时，应符合下列要求：

a．给水管在排水管上面。

b．煤气管、易燃管、可燃液体管在其他管上面。

c．电缆在给排水管上面。

d．通信、信号电缆在电力电缆上面。

②各种管线相互位置发生矛盾时，宜按下列原则处理：

a．有压力的让重力流的。

b．管径小的让管径大的。

c．可弯曲的让不可弯曲的。

d. 新设计的让原有的。

e. 临时的让永久的。

f. 施工工程量小的让工程量大的。

g. 检修次数少的、方便的，让检修次数多的、不方便的。

h. 同等情况下造价低的管线应让造价高的管线，改造成本低的管线应让改造成本高的管线。

（9）室外管线交叉布置时，应符合下列规定：

①各类水管与电缆沟和电缆槽交叉敷设时，有压水管应避让强电和弱电的电缆沟和电缆槽。

②雨水、污水、废水、污废水溢流为无压重力流形态时应以其他管线避让为原则。

③通信电缆沟或信号电缆槽应让动照和牵变电的排管，并在电缆沟或电缆槽相接处增设检修人孔。

④信号电缆槽应让通信电缆沟，并在电缆槽相接处增设检修人孔。

⑤通信和信号管道人孔和手孔设计应符合国家现行标准《通信管道人孔和手孔图集》（YD/T 5178–2017）的有关规定，并反映在BIM图中。

（10）车辆段和停车场管线综合BIM设计除应满足本标准外，尚应符合现行国家标准《地铁设计规范》（GB50157–2013）的有关规定。

5. 车辆基地室内管线综合布置

1）一般规定

（1）车辆基地包含停车列检、双周三月检、静调、镟轮、洗车、吹扫、定临修、大架修、工程车库、内燃机车库、物资总库、综合维修中心、乘务员公寓、食堂浴室、信号楼、各库辅助边跨端跨、污水处理站、中水处理站、雨水泵站、控制中心及备用控制中心、培训中心、综合办公楼等。室内管线综合BIM设计应根据合同约定的工作内容开展相关设计工作。

（2）各相关专业设计人应对本专业提供的设计资料进行认真细致的分析、整理和汇总。发现专业设计存在矛盾时，应及时组织相关专业进行协调并修改。

（3）车辆基地室内管线综合BIM设计应包含的专业有：建筑、结构、上盖开发（建筑及结构）、轨道、通风空调（还包含采暖及生产供热）、接触网或接触轨系统、牵变电系统、动力低压配电及照明系统、综合监控系统、通信系统、信号系统、AFC系统、自喷淋系统、给排水（给水、中水、污水、废水、雨水）及水消防系统、气体消防系统、接触网或接触轨系统等。

2）设计标高与单位

（1）管线综合BIM设计绘图标高应采用相对标高，应采用各层装修面地坪标高为±0.00。

（2）标高、里程以米为单位，其他均采用毫米为单位。

3）管线综合布置

（1）管线布置高度（含保温、支架所占空间）应在装修吊顶龙骨上皮标高以上。

（2）所有管线的布置高度应综合协调考虑。

（3）管线布置应尽可能布置于高处。

（4）管线布置应避开设备吊装孔及吊钩、通风空调系统风口、设备运输预留门洞。

（5）运用库、检修库、工程车库等生产类用房的中间、库前、库尾通道上方管线高度不应小于4.5m且不小于工艺要求的净高。

（6）外墙、内墙管线敷设应避开外窗。

（7）管线高度应合理布置，避免与吊车、爬梯、接触网、隔离开关等设备、管线、埋件位置冲突。

（8）运用库、检修库等生产类建筑，管线相对位置的布置原则应遵守电上、水中、暖下的原则，即电缆桥架布置在上层，水管布置在中层，采暖管布置在下层。其中，采暖管应与电缆桥架垂直间距1m以上，采暖管应避开隔离开关或其他带电的管线。

（9）接触网隔离开关左右各700mm范围内且前后1000mm范围内不得有其他管线通过。

（10）管线之间的最小距离应满足规定。

（11）检修平台侧面管线布置应充分考虑检修孔平台的检修空间，管线不得低于2.0m。

（12）管线不应侵占通往检修平台的楼梯空间。

（13）车辆基地建筑物室内管线综合布置应符合车站室内管线综合布置的规定。

6. 区间管线综合布置

1）一般规定

（1）各相关专业设计人应对本专业提供的设计资料进行认真细致的分析、整理和汇总。发现专业设计存在矛盾时，应及时组织相关专业进行协调并修改。

（2）区间管线综合综合BIM设计应包含的专业有：建筑、结构、限界、供电系统、动力照明系统、接触网、通信、信号、公网、火灾报警系统、给排水及消防系统等。

（3）区间各种设备和管线（含支架）均不得侵入设备限界，且应与设备限界应保持不小于50mm的安全间隙（架空接触网除外）。

（4）区间管线、设备的布置应满足各专业使用需要，避免各专业设备管线间的相互干扰。

（5）区间管线、设备位置的确定应充分考虑敷设、检修、使用方便。

（6）区间内的各种管线布置宜保持顺直，避免频繁过轨；除特殊情况外，电缆应统一安排在电缆支架上。

2）设计标高与单位

（1）管线综合BIM设计绘图标高应采用相对标高，应以轨平面为±0.00。

（2）管线综合图中标高、里程以米为单位，其他均采用毫米为单位。

3）区间管线布置

（1）区间管线综合布置应遵循以下原则：接触网在最上方，动力照明次之，弱电在下，给排水和水消防在最下方。

（2）强电、弱电管线和设备应分别布置在线路两侧，必须布置在同侧时，其间隔距离应符合强、弱电干扰距离的规定。

（3）区间管线不得侵占疏散平台和步行楼梯的人行空间。

（4）疏散平台和步行楼梯上方的管线底部高程含保温层及支吊架的底高程应不低于2.0m。

（5）区间管线应避免频繁过轨，同时避免在区间不利地段过轨，如需在道床内过轨，应在道床施工时预埋过轨管。

（6）信号机的安装位置应符合下列规定：

①区间道岔岔尖外不小于3m。

②应满足显示距离。

③高度宜不大于轨面以上1.8m。

（7）区间管线综合布置除应符合本标准的规定外，尚应符合现行国家标准《地铁设计规范》（GB50157-2013）的有关规定。

4）联络通道管线布置

联络通道行车方向右侧的管线综合布置应符合上述的规定。

7. 施工配合

1）一般规定

（1）管线综合BIM设计成果应确保传递到施工阶段，并按图开展施工。

（2）施工单位应能熟练运用管线综合BIM设计成果进行深化设计和指导施工。

（3）监理单位应能熟练运用管线综合BIM设计成果进行现场监理。

（4）管线综合BIM设计人员和现场监理人员应对现场检查的问题及时地进行拍照和记录，应做到要求施工单位按BIM图施工。

2）关键节点部位管线深化设计

（1）车站重要节点部位的管线施工，施工单位应做到根据管线综合BIM设计三维图进行深化设计。深化设计除了满足本标准的规定外，尚宜符合现行国家标准《建筑信息模型施工应用标准》（GB/T51235-2017）的有关规定。

（2）施工单位宜根据管线综合BIM设计成果中的三维图直接切成二维的平面图和剖面图以及提取局部的三维透视图，透视深度一般为10m。

（3）施工单位对管线综合BIM图深化设计的剖面图可按图3-34的形式设计。

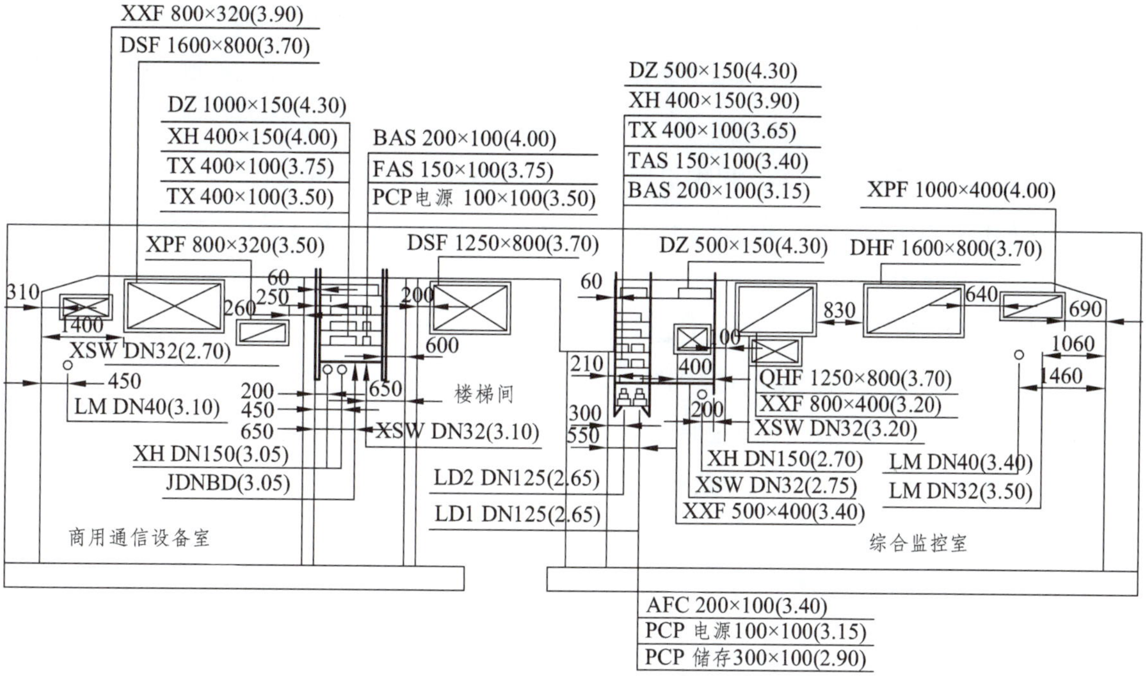

图3-34 设备区走廊管线集中区域的管线综合剖面图

（4）施工单位对管线综合BIM图深化设计的局部三维透视图可按图3-35的形式设计。

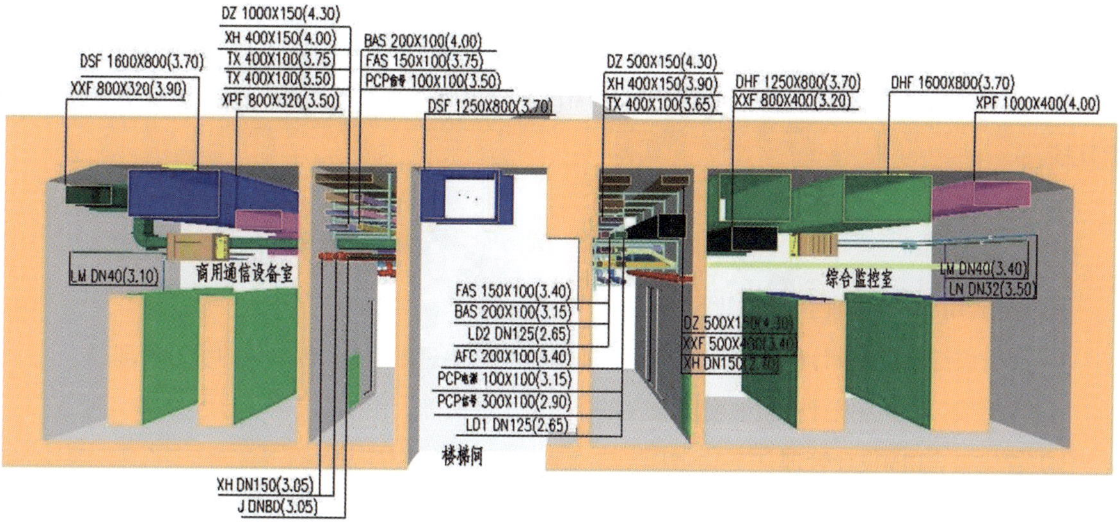

图3-35 设备区走廊管线集中区域管线综合BIM透视图

3）综合支吊架深化设计

（1）综合支吊架或装配式综合支吊架的设计范围应包括公共区和设备区走廊。有空间条件的设备房间内宜采用综合支吊架。

（2）公共区和设备区走廊的管线综合支吊架设计应根据管线综合BIM设计成果开展设计工作。

（3）综合支吊架深化设计单位应根据管线管径和管线高程的变化，在变化的地方均应根据管线综合BIM图切成二维剖面图，并进行综合支吊架的设计。

（4）环控机房宜根据管线综合BIM设计成果采用综合支吊架的设计和安装。

（5）城市轨道交通项目需进行抗震综合支吊架设计，抗震受力计算应满足《建筑机电工程抗震设计规范》（GB50981-2014）。

4）施工配合的前期工作

（1）管线综合BIM设计宜根据业主的统一安排对施工单位技术人员进行设计交底。

（2）因现场结构施工误差或其他原因导致管线综合设计不能满足现场施工时，施工单位应根据现场的实际情况进行测量，并将测量数据反馈给建筑设计以及管线综合BIM设计，管线综合BIM设计宜协同相关专业设计配合施工单位进行深化设计。

（3）管线综合BIM设计宜对施工单位深化设计的综合支吊架平剖面图进行审查，确保该成果跟管线综合BIM设计成果一致。

5）施工过程中的工作

（1）当现场施工遇到跟设计情况不一样的实际情况时，管线综合BIM设计宜协同相关专业设计配合施工单位及时处理。

（2）管线综合BIM设计单位宜参与检查施工单位是否按照管线综合BIM设计成果进行施工，若发现施工单位没有做到按照管线综合BIM设计成果施工，宜及时地向现场监理或业主代表反映。

（3）当现场出现设计变更时，管线综合BIM设计单位宜对现场变更进行设计变更的确认和工程量复核。

8. 设计管理

1）一般规定

管线综合BIM设计管理宜符合以下规定：

（1）管线综合BIM设计的工作宜由BIM咨询总体单位和各线总体总包单位的统一管理。

（2）管线综合BIM设计模型细度要求应在合同中予以明确。

2）管线综合BIM设计管理

管线综合BIM设计过程中的管理应符合下列规定：

（1）车站和车辆基地室内管线综合BIM设计宜按照本标准规定开展配合建筑结构施工图设计和机电施工图设计两个阶段的管线综合BIM设计。

（2）车辆段和停车场室外管线综合BIM设计可仅开展施工图设计工作。

（3）区间管线综合BIM设计可仅开展施工图设计的工作。

（4）管线综合BIM设计过程中，遇到需要调整专业设计时，重要问题宜以工作联系单形式反馈至相关专业设计人员。

（5）专业设计人员收到管线综合BIM设计人员的工作联系单宜在总体总包规定的工作日内对工作联系单的意见逐一落实，并进行回复。

（6）管线综合BIM设计单位应将管线综合BIM设计成果送给各系统专业设计、主管副总体及BIM副总体会签，各相关专业设计人员、主管副总体及BIM副总体宜在会签意见表上填写会签意见。

3）管线综合BIM设计出图管理

应符合下列规定：

（1）宜将管线综合BIM图分专业转成二维平面图，形成管线综合二维专册图。

（2）应根据管线综合BIM图在车站典型断面转成管线综合剖面图。

（3）各专业设计应确保本专业施工图与管线综合BIM图表达内容保持一致。

（4）管线综合BIM设计会签管理应符合下列规定：

①相关专业设计人员应对车站、车辆段和停车场、区间等管线综合BIM设计图纸进行会签。

②管线综合BIM设计人员应对建筑、结构以及各系统专业的BIM设计图纸进行会签。

③管线综合BIM设计人员应按照各阶段各专业的会签意见进行修改和优化，并应在会签意见表中对各会签单位的意见进行反馈。

④各专业设计人员应按照管线综合BIM设计人员的会签意见进行修改，并应在会签意见表中对会签单位的意见进行反馈。

9. 管线综合BIM模型

1）一般规定

（1）管线综合BIM设计模型的结构、模型分解、模型文件命名与专业代码、模型的颜色以及模型的细度等均应满足“城市轨道交通BIM建模与支付标准”的相关规定。

（2）管线综合BIM设计模型除满足本标准的有关规定外，尚应执行现行国家标准《建筑信息模型应用统一标准》（GB/T51212–2016）的有关规定。

（3）管线综合BIM设计模型应能在城市轨道交通建设全生命周期传递和应用。

（4）城市轨道交通管线综合BIM设计模型创建应结合管线综合应用需求为导向，应进行正向设计。

2）模型基准点和基准面

（1）车站和车辆基地建筑物的基准点宜将建筑平面图中的1轴和A轴的交叉点定义为模型的X、Y平面基准点。

（2）车辆段和停车场室外管线综合BIM设计场地模型及各专业管线模型宜将基线起点作为基准点。

（3）车站各层同坡度的，宜将本层中心里程处装修完成面作为基准面±0.0。

（4）车站各层不同坡度的，宜将没有坡度的站台层中心里程处装修完成面作为基准面±0.0。

（5）车辆基地各建筑物宜将地平面一层装修完成面作为基准面±0.0。

（6）区间宜将轨顶面作为基准面±0.0。

3）模型高程系统

（1）车站、车辆基地建筑物以及区间的管线综合BIM设计模型标高均应以基准面为±0.0的相对标高。

（2）车辆段和停车场的室外管线模型应采用绝对标高。

4）模型单位和文件格式

（1）模型单位宜符合下列规定：

①模型的主单位和子单位均应使用毫米（mm）。

②小数点后精确位数为0。

（2）模型数据格式三维成果文件格式应符合下列规定：

①可编辑的文件宜包含以下常用的两种主流的格式文件：*.dgn（可编辑）、*.rvt（可编辑）。

②交互文件宜采用*.ifc格式文件。

③轻量化浏览文件宜采用*.i.dgn，*.i.model，*.rvt，*.ifc等格式文件。具体采用其中一种或几种，应满足业主的要求。

10. 管线综合二维制图

1）一般规定

（1）平面图比例尺1：100；剖面图比例尺1：50；大样图比例1：25。

（2）标高（高程）应符合下列规定：

①应在图册首页设计说明中加以文字说明或图示说明。

②地铁车站室内管线、车辆基地建筑物室内及区间管线标高均采用相对标高制，车辆段和停车场室外管线应采用绝对标高制。

③每层管线相对应的±0.00面应与BIM图的定义一致，且应在图纸中标出。

④应在设计说明和图纸中说明或标注每一层基准标高对应的绝对标高值。

⑤平面图中的标高值应与剖面图中的高程值互相吻合一致。

⑥不应出现平面图和剖面图采用不同相对标高。

（3）标高值均以米为单位。

（4）管线综合平面图的绘图原则应符合下列规定：

①车站各层管线可分区绘制。

②应以从上面向下面俯视的原则进行绘图，能看见的部分应画实线，不能看见的部分采用尽可能不用虚线或少用虚线图示。

③正交或重叠面积较小的交叉管线下层管线被遮挡部分可不示出。

④对平行重叠或多层复杂管线平面布置，宜采用断切法分层实线展示。

⑤比较简单的下层线可用虚线画法。

⑥交叉的管线宜在下面断开，重叠的管线宜采用引线分别标注代号，管线关系复杂处及典型断面应有剖面图。

2）图例符号

（1）图例符号应在管线综合图设计说明中单独列出。

（2）图例符号应与设计图纸对应一致，各系统均应采用国家现行规范规定的图例，设计图中没有使用的图例符号不应出现在图例符号图中，同时也不应漏掉各系统图例。

3）图层、颜色

图层应符合下列规定：

（1）一个专业多个系统的管线图层名应按二级编制，如XXX-XXX，第一级为专业代码，第二级为专业内部分层。

（2）单个专业没有分系统的管线图层名应按一级编制。

（3）图层中的设备名称和管线名称宜与本标准的元素代码一致。

（4）管线标注和管线应在同一层。

4）线宽、字高

（1）线宽及表示方法宜符合下列规定：

①车站的主体建筑外轮廓宜采用0.5mm线宽，其他内部所有墙体、柱及其他设备均宜采用0.18mm线宽。

②系统的设备采用落地安装时，其设备宜采用虚线表示。若为吊式安装时，其设备宜采用实线表示，设备的线条宜采用0.25mm线宽。

③风管和桥架宜采用双线表示，线宽宜采用0.25mm线宽。

④水管宜采用单线表示，线宽宜采用0.5mm。

⑤非管线的线宽宜采用0.15mm。

（2）图中标注及说明文字字体高度宜采用3.5mm，字体宽高比系数可采用0.7（标题栏可用0.8）。

5）管线标注要求

（1）管线在弯折，放坡段应表示清楚，并且在标高的转折点应有相应的标高表示，放坡段宜有变坡符号“↱”。

（2）管线的标注应符合下列规定：

①风管和电缆桥架的标注，在平面图和剖面图中其标注形式应为：元素代码断面宽度×断面高度

（底标高）。

②若风管有保温管时，所需标注的标高宜为含保温材料厚度的风管底标高，且应以毫米为单位标注保温材料的厚度，并要标注的后面加*号来区分。

③风管的标注应按图3-36的形式标注。

DSF 宽 × 高 （标高）

DSF 1 000×500（3.80）

（a）无保温风管

DSF 宽×高（标高）*保温层厚度

DSF 1 000×500（3.80）*50

（b）50mm 厚的保温风管

图3-36 风管标注示意图

④强、弱电桥架的标注应按图3-37的形式标注。

DZ 宽 × 高 （标高）

DZ 600×200（4.85）

TX 宽 × 高 （标高）

TX 500×150（4.50）

图3-37 强弱电桥架标注示意图

⑤无保温水管的标注形式应为：符号管径（管中心线标高）。

⑥有保温水管的标高应为含保温材料厚度的水管外底标高，并以毫米为单位标注保温材料的厚度，并在标注的后面加*号来区分。

⑦空调水、给排水及消防的管线标注应按图3-38的形式标注。

LQ1 直径 （标高）

LQ1 DN150（3.50）

（a）无保温水管

LD1 直径（标高）*保温层厚度

LD1 DN150（3.50）*50

（b）50mm 厚的保温水管

图3-38 水管标注示意图

⑧风管、桥架及水管的简化标注：

a. 为使图面清晰，在同一张平面图纸中可允许部分标注简化。

b. 管线转弯且转弯后直段不长时，可完全省略标注；若仅管线高度发生变化，可在变化前后分别标注管线标高即可。

⑨各系统专业设备位置和设备标注可不在管线综合平剖面图上标注。设备位置和设备标注应以各系统专业施工图为准。

⑩电缆桥架若为梯式桥架，桥架平面图应用平行竖线填充，间距可根据实际比例设计。电缆桥架

若为线槽，线槽平面图可不用竖线填充。

（3）建筑底图应符合下列规定：

①建筑底图应既要体现其基础性，又要尽可能空出位置，让各管线设备图示及标注清楚。

②车站内部采用砼墙、柱部分应有填充，车站防火墙位置应有明显区别。

③底图中围护结构内可仅图示柱、墙体、门孔（门及开启方向不图示），大型孔洞、楼梯等。

④底图上标注的内容可仅为柱网编号、柱网尺寸、地面标高、房间名称、必要的标识（防火墙、防烟分区）、出入口通道编号、风道（井）名称及大小。如图3-39所示。

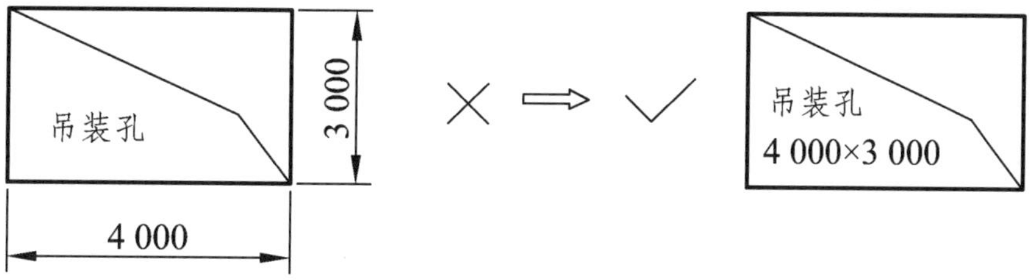

图3-39 大型孔洞尺寸标注示意图

注：上图中的“×”和“√”分别表示不应采用和应采用，以下同。

（4）管线平面图标注宜符合下列规定：

①风管和电缆桥架过墙时的标注宜按图3-40的形式标注。

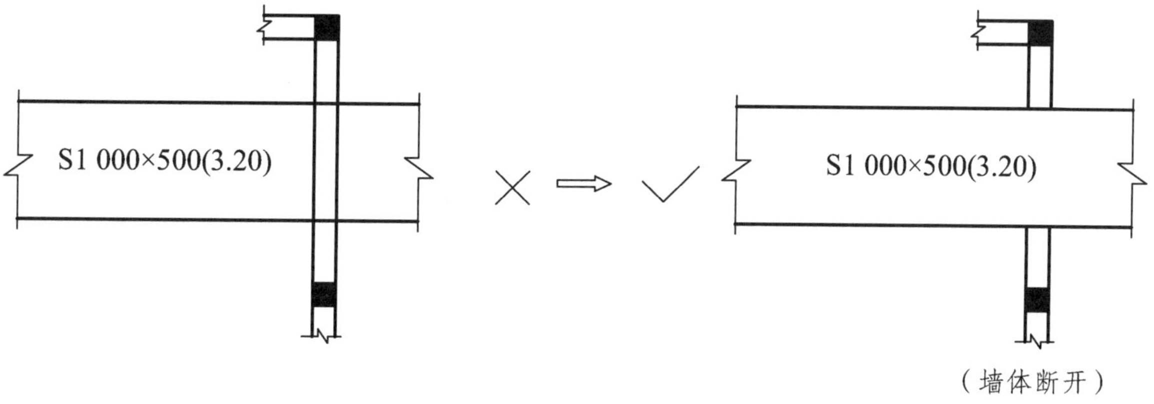

图3-40 风管和电缆桥架过墙时标注示意图

②风管和电缆桥架交叉时的标注宜按图3-41的形式标注。

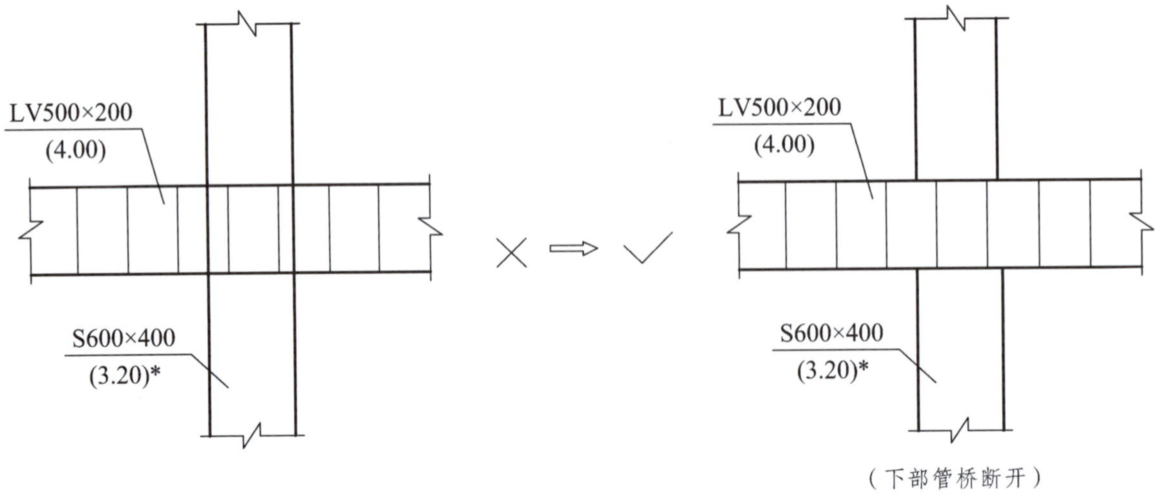

图3-41　风管和电缆桥架交叉时标注示意图

③水管的平面图标注应符合下列规定：

a. 水管包括消防水管、给水、排水管及空调冷冻、冷却水管等，水管在平面图中一律用单实线表示，只有从上向下俯视被遮挡的部分才可用虚线。

b. 水管在本层内标高发生变化时的标注宜按图3-42的形式标注。

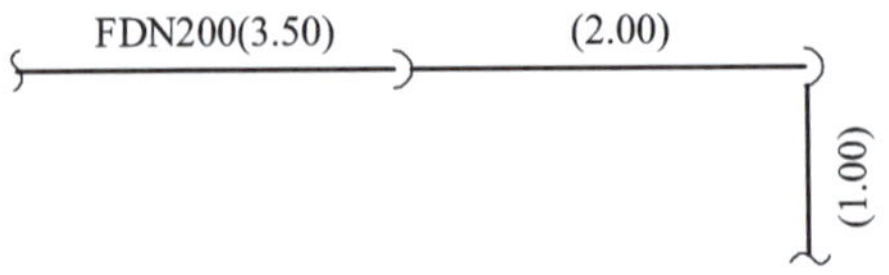

图3-42　水管在本层内标高发生变化时的标注示意图

c. 水管穿过楼板时的标注宜按图3-43的形式标注。

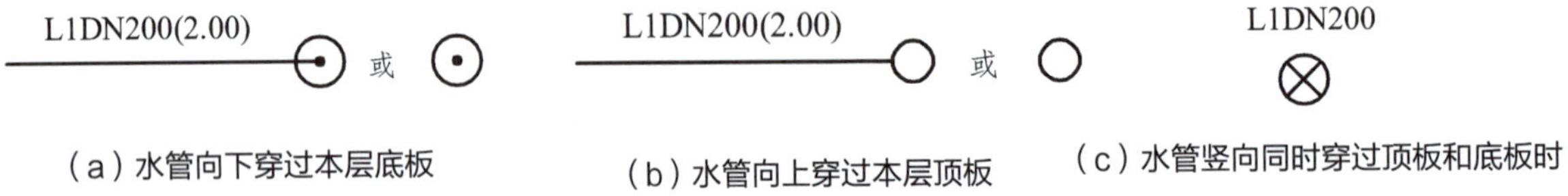

图3-43　水管穿楼板时的标注示意图

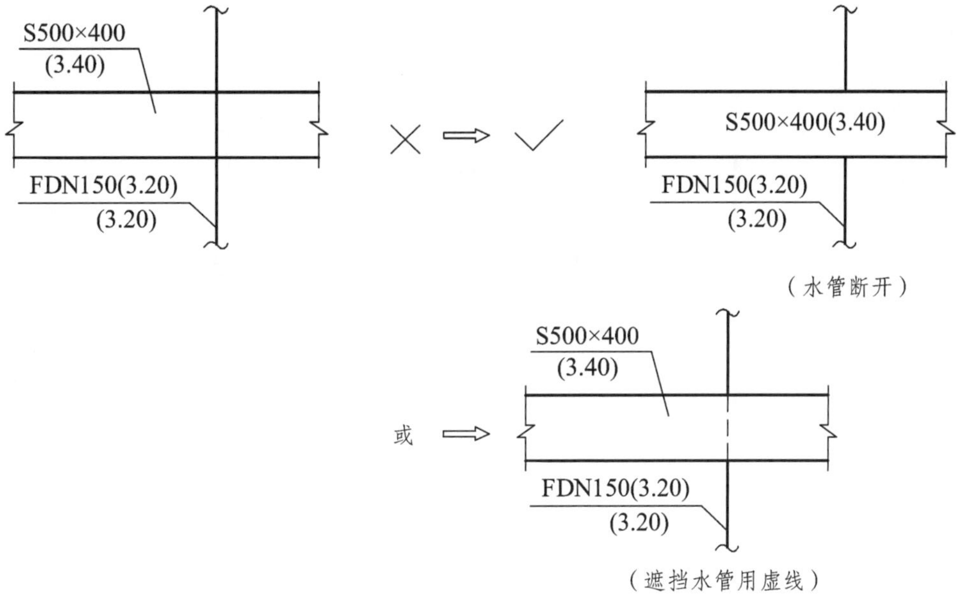

（a）水管在管桥下面十字交叉时标注示意图

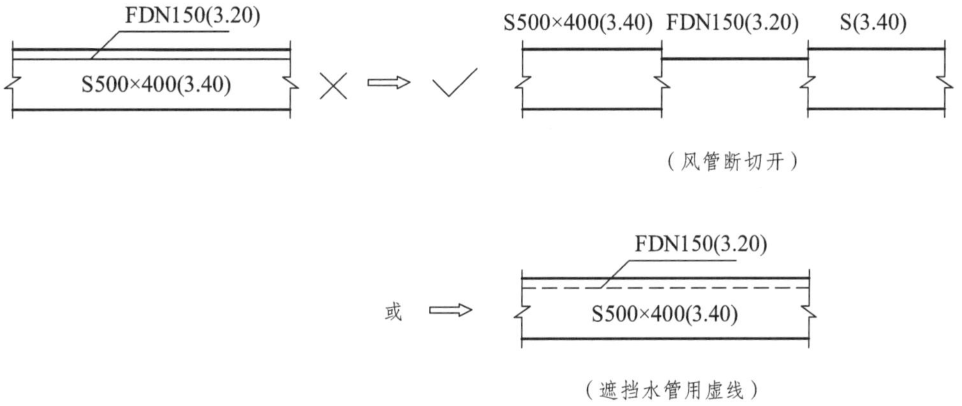

（b）水管在管桥下面平行布置时标注示意图

图3-44 水管在风管、桥架下面时的标注示意图

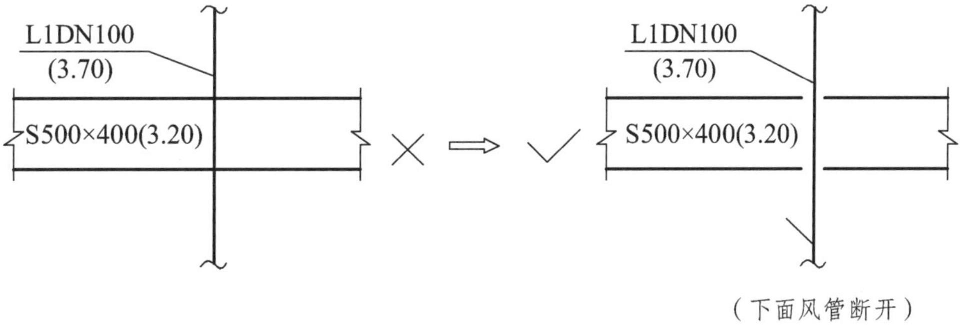

（a）错误的形式　　（b）正确的形式

图3-45 水管交叉于风管、桥架上面时的标注示意图

d. 水管交叉时的标注宜按图3-46的形式标注。

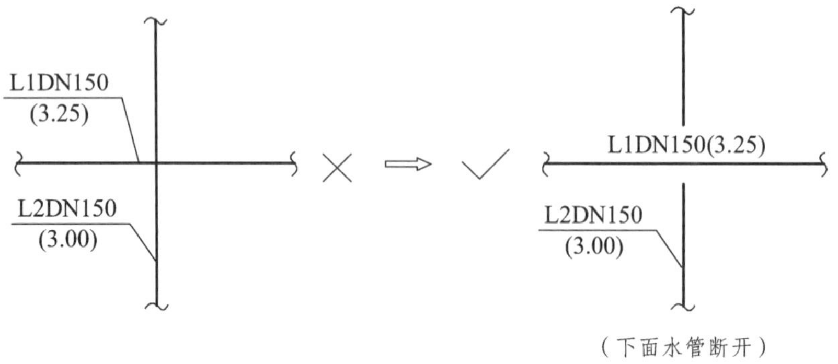

（a）错误的形式　　（b）正确的形式

图3-46　水管相交叉时的标注示意图

④多层平面布置时的断切宜符合下列规定：

a. 多层管线上下平行布置时的断切宜按图3-47的形式。

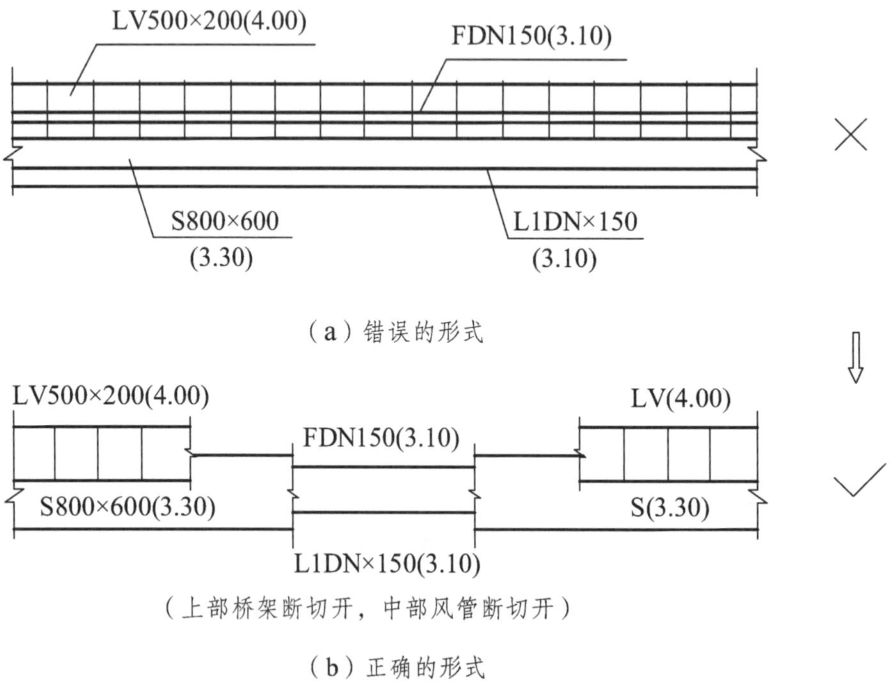

图3-47　多层管线上下平行布置时的断切示意图

b. 多层管线上下平行且有交叉布置时的断切应按图3-48的形式。

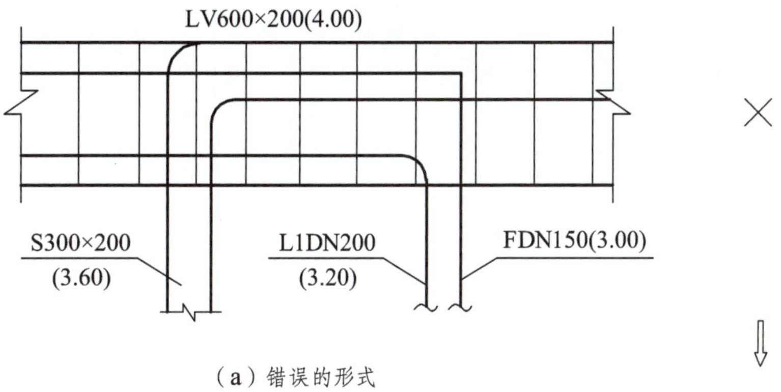

（a）错误的形式

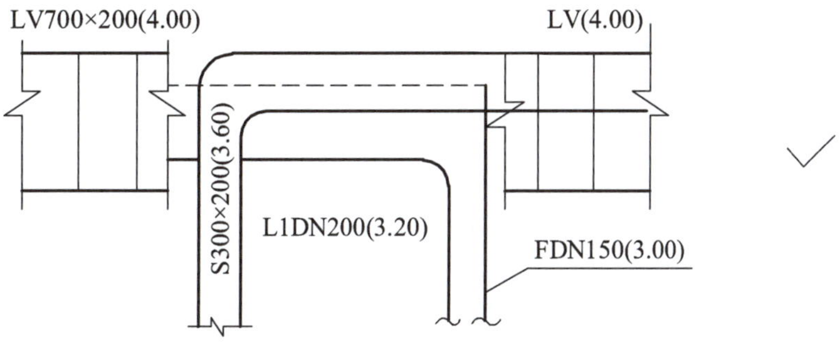

（桥架断切开，水管遮挡部分用虚线）

（b）正确的形式

图3-48　多层管线上下平行布置且有交叉时的断切示意图

c. 风管、桥架与设备交叉布置时的断切应按图3-49的形式。

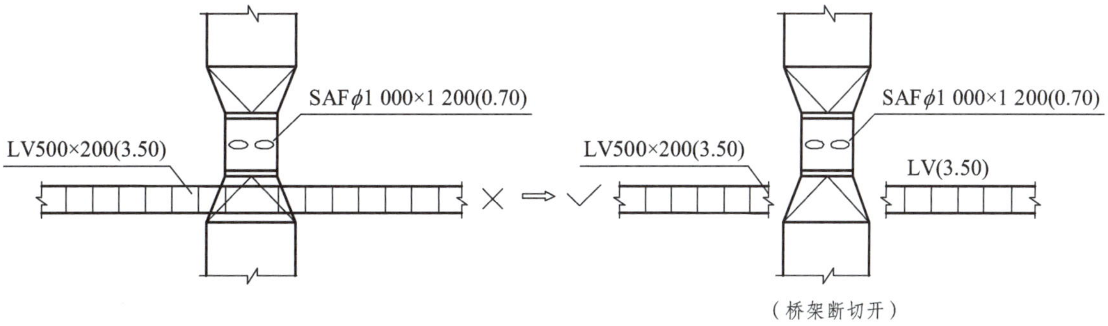

（a）错误的形式　　（b）正确的形式

图3-49　风管、桥架与设备交叉布置时的断切示意图

d．水管与较多风管、桥架及设备交叉布置时的断切应按图3-50的形式。

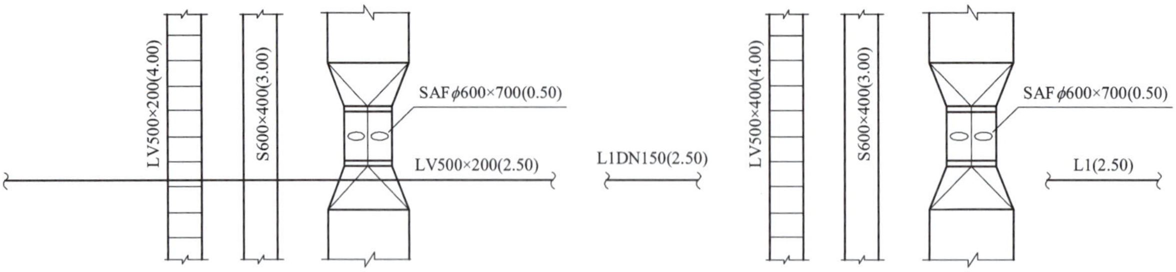

（a）错误的形式　　（b）正确的形式

图3-50　水管与较多风管、桥架及设备交叉布置时的断切示意图

e．水管与风管、桥架平行布置时的断切应按图3-51的形式。

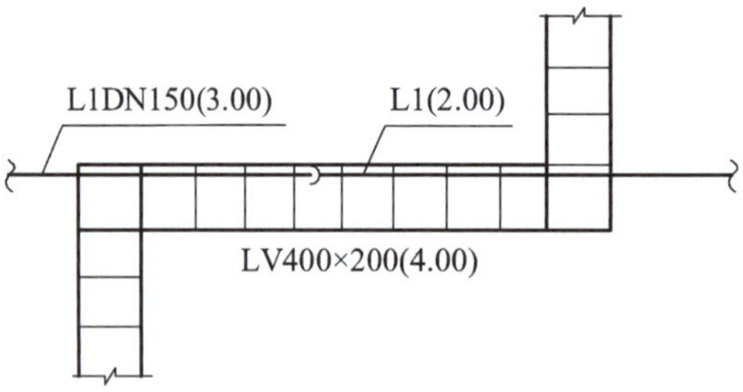

（a）错误的形式

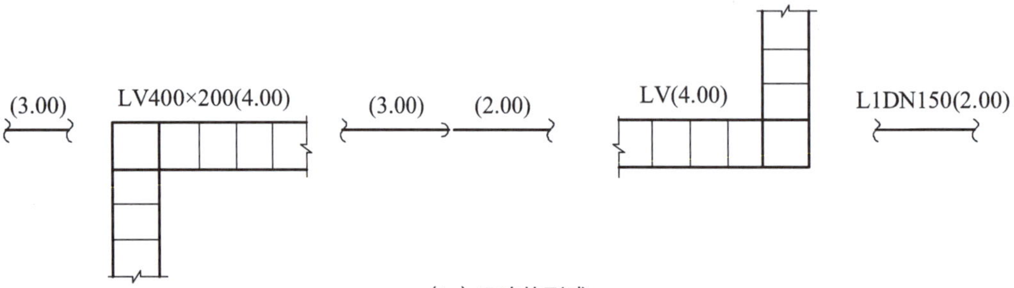

（b）正确的形式

图3-51　水管与风管、桥架平行布置时的断切示意图

⑤非重要的标注宜符合下列规定：

a．同一标高的风管管节线可以删除。

b．非重要的定位尺寸，可不作标注，确需要标注时可标注在围护结构的外面。

c. 非重要设备及设施，如风口等，可只作图示不作标注。

（5）剖面图高程标注应符合下列规定：

①剖面图应将土建结构内轮廓几何形状的主要尺寸标示清楚，并应对各层垫面层的厚度、梁的高度，相对标高±0.00位置等进行标注。

②所有管线、设备尺寸及位置不应使用尺寸线标注，其标注应按照图3-52的标注方式进行标注。

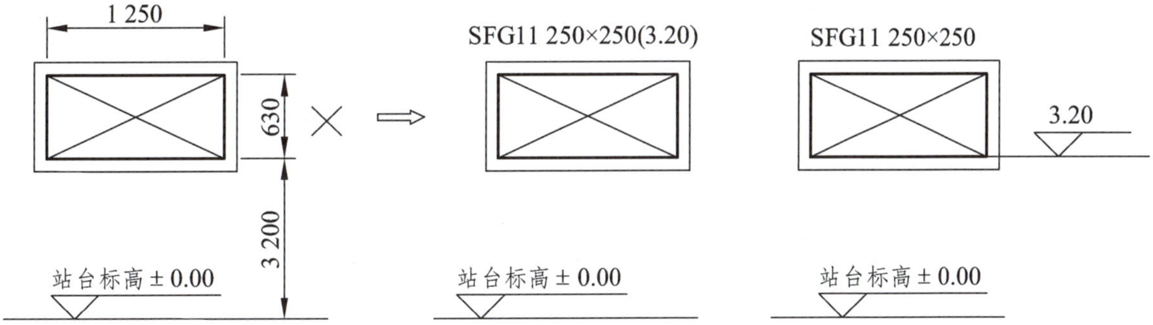

（a）错误的标注　　（b）正确的标注

图3-52　管线剖面图标注示意图

③管线综合平、剖面图图示应符合表3-34的规定。

表3-34　管线综合平剖面图图例表

序号	管线名称	平剖面图图例	
1	大系统送风管	DPF宽×高（标高）	
2	大系统回排风管	DHF宽×高（标高）	
3	大系统排烟管	DPY宽×高（标高）	
4	大系统回风兼排烟管	DHF/PY宽×高（标高）	
5	人防管	RFG宽×高（标高）	
6	小系统送风管	XSF宽×高（标高）	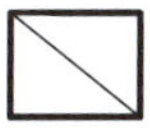
7	小系统排风管	XPF宽×高（标高）	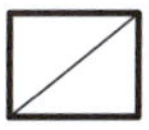

续表

序号	管线名称	平剖面图图例
8	小系统回排风管	XHF宽×高（标高） 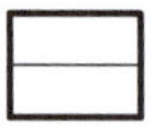
9	小系统排烟管	XPY宽×高（标高） 
10	加压送风管	JYS宽×高（标高） 
11	所有专业桥架或线槽	桥架（线槽）宽×高（标高） 
12	所有水管	水管 直径（标高） 
13	站台下牵引变电支架	牵变电缆支架宽×高（底标高） 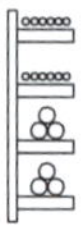

④剖面图非管线部分应符合下列规定：

a．剖面图中可只画剖面位置上的设备和管线。

b．平面图中的剖面位置线可使用多次折转的方式，以使一个剖面图能显示不同断面位置的重要设备或管线。

c．剖面图中应画出左线中心线、右线中心线以及对应的轨面线。

d．剖面图应标出所在区域装修标高下限线，例如站厅层公共区下限线为3.50m，以0.35mm虚线绘出并在两端注明。

e．轨道两侧的管线图剖面可按照限界图资料绘制。

（6）管线综合专册图纸编号应统一按文件组成与内容进行编制。

（7）当局部地面设置有相关设备和管线时，应有局部地面平面图（1∶100），剖面位置及编号在各层平面图中均应表示出来，并注意剖面与平面图示及标注的一致性。

（8）局部夹层设计时，可用断切法展示两层的不同设备。

（9）车站轨顶排热风道和站台下排风道均为建筑风道，绘图时应符合下列规定：

a．两端应有终止位置，全用双实线画出其风道墙体厚度；中部应注意分隔墙体的设计。

b．建筑风道不与其他墙体结合时均应用双线画出其风道墙体厚度。

c．剖面图中应用双线画出其壁厚及板厚度。

（10）供电和低压系统除牵引变电所、降压变电所、跟随变电所及环控电控室内设备外标注应符合下列规定：

a．大型设备应进行图示及标注。

b．小设备可不进行图示及标注。

c．其他系统设备采用落地安装的机柜应图示出。

d．挂墙安装的配电箱则可省略。

（11）多层桥架宽度相同时，其高度可以合并为一个，可以简化标注内容。

（12）结构板上开设的孔洞，在本层下部底板上时用实线，在本层上部顶板上时应用虚线，并应注意大型孔洞（例如：活塞风孔、活塞风井），进、排风孔或风井的图示及标注。

（13）站台层平面图可只画 ± 0.00位置以上的管线及设备。

（14）站台板下层平面图可只画 ± 0.00位置以下的管线及设备，若车站轨道底下还有人行通道或电缆通道等，对此宜增加一层平面，或用断切（车行道、站台下排风风道）方法，用实线画出该层管线设计情况。

（15）对于无任何变化的直管段的管线标注应在直线段间隔20m左右标注一次。

（16）所有风管、桥架平面纵向中心线一律不画出。

（17）平面图中如果管线布置为多层，在应用本标准规定的断切方式还难以表达清楚设计情况时，可在平面图就近位置用局部剖面图或局部向视图的形式来交待多层设计情况，平面图按俯视只画出可见部分。

（18）车站每端机房和公共区可各只画一个全断面剖面（即包括上、下各层结构断面）图，其他剖面可只画出某一层或某一布置局部剖面图，可不必将每张剖面图的上、下各层全部画出，以表述清楚各专业管线设计情况为原则。

（19）对轨道两侧限界资料可只画出广告牌、泄水管、电缆支架及电缆等，车辆限界线、接触网及信号机等均可不画出。

（20）对于气体保护系统可只需对送气管路进行图示和标注，气瓶室内的设备可只画出设备而不作标注。

（21）对于通信、信号系统可只对其线槽进行图示和标注，对其设备房内设备可只图示但可不作标注。

11. 成果交付

1）一般规定

（1）交付的管线综合BIM设计成果内容、模型命名文件、模型细度等应符合“城市轨道交通BIM建模与支付标准”的相关规定。

（2）交付的管线综合BIM设计成果应能传递到不同的BIM技术应用方向和建设工程全生命周期各个阶段中去。

（3）不同阶段交付的管线综合BIM设计成果中的三维模型元素的属性应满足本标准要求，同时也应能满足施工阶段和运维阶段的深化应用和编辑修改。

（4）管线综合BIM设计成果应有设计者、校核者、审核者以及审定者，并应在模型文件中体现。

2）成果内容

（1）管线综合BIM设计成果最终以电子文件形式给出最终成果文件，提交模型文件应满足本标准要求的电子文件一份，内容应符合以下规定：

①应提交分区域、分专业管线综合BIM设计图。

②应提交分区域所有专业参考在一起的管线综合BIM设计合图。

③应根据业主要求提交合约规定的轻量化的模型文件。

④应根据管线综合BIM图分专业分别切成各系统专业管线二维平面图和典型断面的管线综合剖面图，并进行管线名称和高程的标注，形成管线综合二维专册图。

（2）管线综合BIM设计单位应保证交付的模型的正确性，完整性，应与各专业各设计阶段出图的版本内容一致，并应确保模型中的几何信息和非几何信息满足“城市轨道交通BIM建模与支付标准”的要求。

（3）管线综合BIM设计过程中的工作联系单、互提资料单、会签意见单等也应被视为管线综合BIM设计的成果。

（4）车站公共区装修末端设备协调BIM设计成果内容应符合以下规定：

①站厅层和站台层公共区安防监控和通信监控摄像机盲区分析和重叠区分析报告各一份。

②根据车站公共区安防监控和通信监控摄像机盲区分析和重叠区分析报告，配合完成安防和通信监控摄像机位置、PIS、导向等专业的平面布置图电子文件一份。

③站厅层和站台层公共区装修末端设备BIM图一份。

3）成果文件

（1）交付的管线综合BIM设计成果文件应符合本标准规定。

（2）分专业的模型源文件不应有其他专业的模型文件。

（3）交付的模型文件均应清理设计过程中的垃圾文件，垃圾元素以及提取的视图模型。

（4）交付的管线综合BIM设计成果模型文件宜为.dgn/.idgn/.imodel/.ifc/.rvt/等常用的BIM软件的默认格式文件。

（5）交付的成果文件的版本应是跟专业设计出图文件一致的版本。

（6）管线综合BIM设计成果文件应保证业主能对管线综合BIM设计成果进行编辑、浏览和管理，宜提供使用BIM软件的版本号以及软件所需要的元素库或其他相关的资源文件和配置文件。

（7）管线综合BIM设计成果文件应由BIM设计单位根据合同约定交付。

4）数据互用

（1）模型数据互用宜采用相同格式或兼容格式的文件。

（2）模型数据互用宜做到颜色一致，信息一致，重要信息不能丢失。

（3）管线综合BIM设计三维成果文件互用应满足数据安全的要求。

（4）模型数据互用除满足本标准外，尚应符合现行国家标准《建筑信息模型应用统一标准》（GB/T51212-2016）的有关规定。

3.3.8 城市轨道交通BIM数据接口标准

本标准的接口是以webservice技术为主，目前支持XML和JSON两种格式数据的接口。一般对于复杂的数据传输，采用webservice接口的XML标准传输数据，对于轻量级的简单数据，采用restful接口的JSON格式传输数据。

1. 接口格式要求

1）应用接入接口（表3-35）

表3-35 应用接入接口要求

URL号地址：	URL中必须包括版本及通信协议（HTTP或HTTPS）
输入参数：	以JSON或XML字符串的方式传输
请求方式：	支持create、search、update、delete等操作。采用HTTP/HTTPS协议时对应绑定到POST、GET、PUT等方法
返回值：	定义返回值类型JSON或XML格式
授　权：	采用用户和密码验证、token验证

2）设备接入接口

采用HTTP或HTTPS协议时与应用接入接口一致，采用MQTT协议时，接口格式要求如表3-36。

表3-36 设备接入接口要求

Broker地址：	业务网关域名+端口
Payload：	支持JSON或二进制
请求方式：	publish（发布）和subscribe（订阅）
返回值：	定义返回值类型JSON或自定义
授　权：	采用用户和密码验证、token验证

2. 接口设计原则

接口设计遵循如下原则：

（1）安全可靠性原则：系统应提供良好的安全性和可靠性策略，支持多种安全而可靠的技术手段，制定严格的安全可靠的管理措施。

（2）开放性原则：提供开放式标准接口，提供与其他系统的互联互通。

（3）灵活性原则：提供灵活的接口设计，便于接口的变动。

（4）可扩展性原则：支持新业务的扩展以及接口容量与接口性能的提高。

（5）可管理性原则：提供良好的管理机制，保证在运行过程中提供给管理员方便的管理方式以处理各种情况。

（6）统一性原则：应当保证系统的接口方式、接口形式、使用的协议等标准、统一。

（7）实用性原则：应避免接口重复性，减少请求次数，提高程序稳定性和执行效率。宜减少参数传递，按请求情况进行传递。

（8）易用性原则：接口及参数包含必要内容，易于理解。对于传输成功/失败的情况，接口都必须提供明确的数据状态信息，都提供返回值。方便后期功能性调整，接口应具备可扩展性。

3. 接口分层架构

标准要求采用分层式架构设计，具有强大的开放性和二次开发能力，提供数据层、业务层、构件层、界面层各层次的二次开发能力和开发接口。

1）数据层

数据层提供两类接口，一类为数据库扩展接口、一类为通用接口。数据库扩展接口用于在保存业务对象时，提供前置或后置操作；通用接口提供了获取、插入、删除BIM业务对象及关联的各类接口。

2）业务层

（1）业务模型接口

提供对对象访问及模型访问的各类接口，包括对象获取接口、批量获取对象接口、批量保存接口、批量导入接口等。

（2）业务逻辑接口

负责业务流程逻辑扩展功能的提供，包括各主要业务功能，流程节点前后处理事件、各操作执行前后事件、定时处理接口、短信接口、待办接口等。

（3）安全访问接口

提供与数据安全、用户管理、访问控制相关的系统安全功能支持。并且提供标准的基于轻量目录访问协议（LDAP）的统一用户认证，与用户单点登录（SSO）支持。

3）构件层

平台的各类通过构件及领域构件均提供开发接口，可以依据用户或商业需要，利用标准的如Java，JSP，Java Beans，Servelet等语言，进行二次开发，形成组件，以实现各类平台客户端、浏览器、门户的访问。

4）界面层

界面层二次开发提供了JS通用函数以及标准界面二次开发接口，面向门户的用户，可以嵌入接口实现各异构系统的页面的集成，也可以提供相应的门户接口给其他系统调用。对应表单界面，提供界面开发接口，实现界面初始化加载事件、值变化接口、字段联动接口等，实现界面的个性化配置。

3.3.9 平台数据管理标准

数据标准是整个城市轨道交通企业级BIM标准体系的基础，用于规范轨道交通设计、施工以及竣工交付过程信息模型的数据存储、交互和使用，实现城市轨道交通BIM应用中跨平台、跨应用的信息存储、交互和使用。

在传统模式下，由于各个阶段、各个项目参与方没有统一的数据标准和统一的交付标准，在项目推进过程中，随着各个阶段数据在众多项目参与方之间传递，很容易造成数据在传输过程中的损失，如图3-53所示。对于轨道交通行业，由于项目复杂、参与方众多，数据在传递过程中的损失次数和损失量都成几何级放大，而在项目推进过程中，下图中每一次曲线的下降，都标志数据损失带来成本增加和效率降低，而这些损失都会最终转移到建设方以及运营方。

BIM技术的出现不仅带来了三维模型、带来了设计的可视化，还带来了轨道交通项目推进过程中数据标准化的可能性，给建设和运营过程中不同组织、不同阶段间的高质量、高完整度的数据传递并最终形成数据资产带来了可能。数据标准目的即是，实现城轨道交通设计、建设阶段数据交换的标准化，降低以至于消除信息传递过程的数据损失，并最终形成运营阶段可用的数据资产。

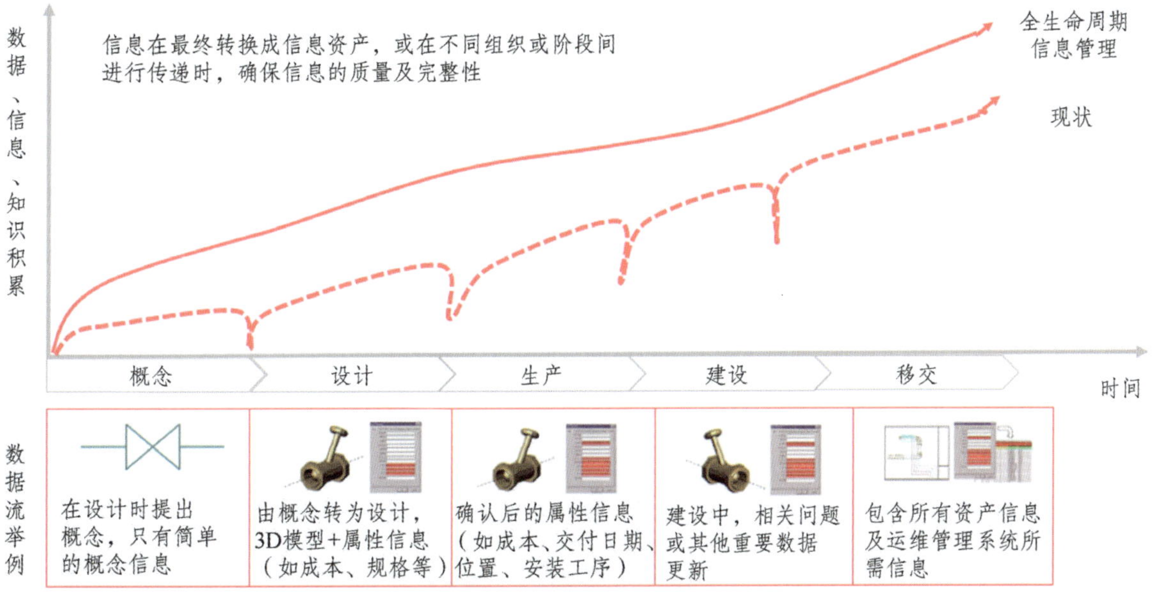

图3-53 英国伦敦CROSSRAIL地铁项目应用实例

1. 标准编制原则

本部分标准拟采用形式化方法（如互联数据）表达对象与属性，从而可以在复杂情况下精确描述对象、属性及其之间的关系，并适用于计算机处理与网络访问。

根据城轨道交通BIM应用的实际需求，数据标准的编制需要遵循以下原则：

（1）“可选择性”指本标准中定义的任何元素都是可选的。

（2）“可修改性”指在具体应用中可以对本标准定义的元素进行进一步“修饰”或“限定”，但不能扩大或改变元素的基本语义。

（3）“简单性原则”要求定义一个能得到最广泛应用、被城轨道交通所有参与方所理解和接受的最小元素集，并能作为特殊用户详细描述需求的一个核心集。

（4）“句法独立（Syntax independence）原则”指本标准只规定元素的基本语义，数据的元素可以以多种方式编码，应用于各类技术平台中。

（5）“可扩展性原则”希望本标准成为一个城轨道交通“核心”元素集合而可以通过各种方式扩展为适应各不同范围内资源描述需要的参考数据方案。

（6）“易用性原则”要求能方便作者和信息提供者描述自己的文档，而不给他们增加太多的负担，并能方便地实现资源发现工具之间的互操作性。

（7）“可重复性”指本标准中定义的任何元素都是可重复的。

基于以上原则，广州地铁设计研究院认为ISO 16739：工业基础类（Industry Foundation Class，简称IFC）具有成为城市轨道交通BIM模型数据存储标准的潜力，并在此基础上制定可靠的信息交换机制，形成城市轨道交通的模型数据标准。

2. 数据分类

信息模型管理标准ISO19650-1中将信息分为结构化数据和非结构化数据，ISO19650中将BIM应用划分3个阶段（如图3-54），随着BIM应用的不断深入，结构化数据在整个设计、建设过程中所占整个数据结构的比例不断上升，轨道交通行业也具有同样特征。轨道交通行业的BIM数据标准不仅要对结构化数据进行标准化管理，同时也要对非结构化数据（如文档、图片、视频等）进行有效的管理。

数据标准管理范围包括结构化数据和非结构化数据，而对于结构化数据又可以分为动态数据和静态数据，BIM模型所承载的数据主要是指静态数据。静态数据又可分为图形数据和非图形数据，图形数据主要指在空间中使用形状和布置传送的数据，非图形数据主要是指使用字母数字字符传送的数据，整体数据分类如图3-55。

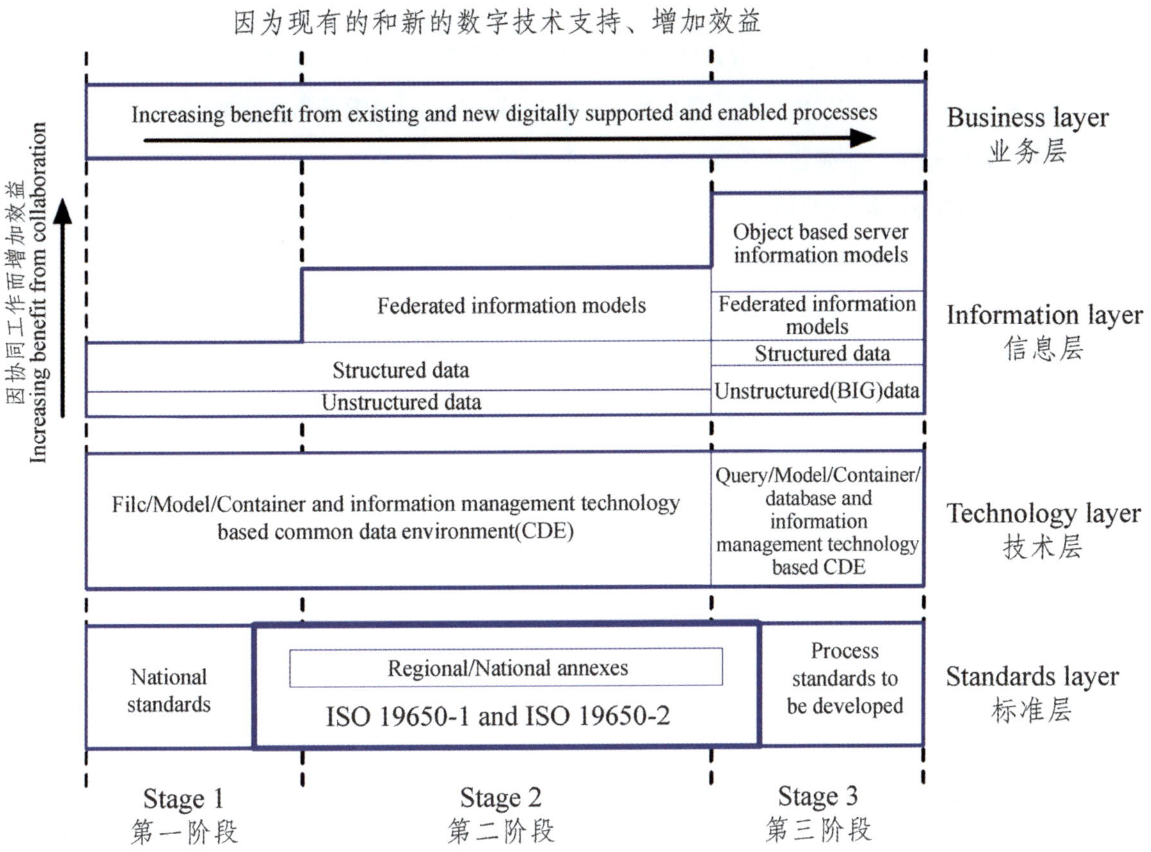

图3-54　BIM应用不同阶段的数据管理

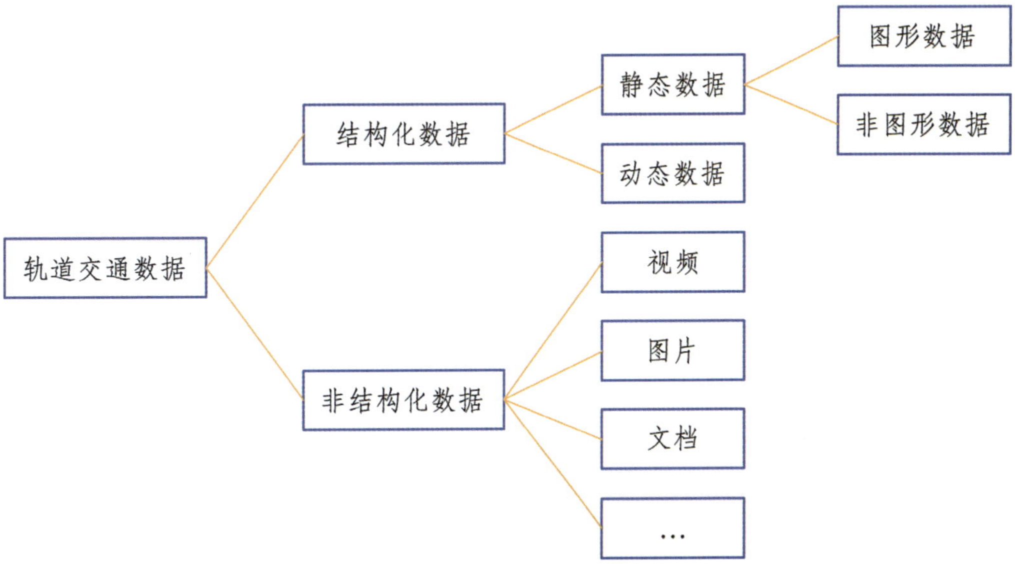

图3-55　轨道交通数据分类

3. 数据标准框架

根据城市轨道交通具体情况，数据标准将分为13个子类进行管理，主要包括：

（1）联系/Contact，主要包括在项目用所涉及的公司、人员、组织等相关数据。

（2）设施/Facility，主要包括项目所涉及的设施数据。

（3）楼层/Floor，主要包括轨道交通项目竖向空间划分（即楼层）相关数据。

（4）空间/Space，主要包括轨道交通项目的空间信息。

（5）区域/Zone，主要包括轨道交通项目各个空间组成的功能区域的相关信息。

（6）类型/Type，主要包括设备、产品的类型信息。

（7）构件/Component，主要包括设备、产品的实例信息。

（8）系统/System，主要包括由多个构件组成的，为轨道交通提供一系列服务的系统信息。

（9）备件/Spare，主要包括备用件的数据信息。

（10）资源/Resouce，主要包括设计、施工以及竣工交付过程中所需的材料、工具、培训基于劳动力等资源的数据信息。

（11）作业/Job，主要包括项目管理、安全、质量等工作计划的数据信息。

（12）文件/Document，主要包括设计、施工以及竣工交付过程中所产生的文件信息，主要是非结构化数据。

（13）属性/Attitude，主要包括产品、设备、空间所包含的静态非图形数据信息。

数据标准将城市轨道交通设计、施工和竣工交付过程中所产生的结构化、非结构化的数据分为以上13类进行标准化，保证在各阶段数据交换的过程中的标准化传递，各个数据之间的关系如图3-56。

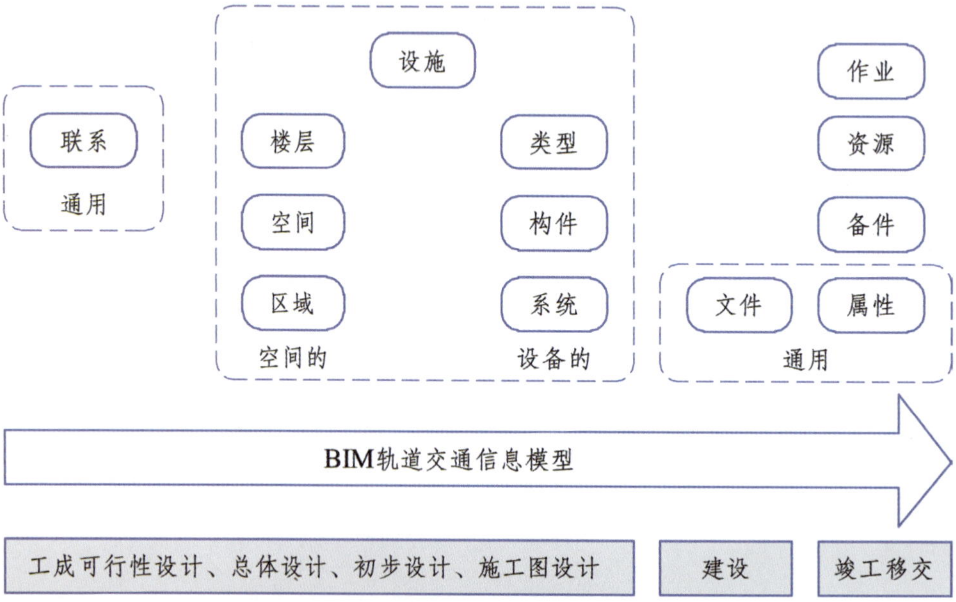

图3-56 数据关系

4. 数据交付

根据信息模型管理标准ISO19650-1各类型数据都是随着项目设计、建设的推进不断产生的，如图3-57。为了规范各阶段数据的交付深度，应建立各阶段BIM模型交付标准和数据标准的对应关系。如表3-37，表示在竣工交付阶段，若干信息模型构件交付标准和数据标准的对应关系。

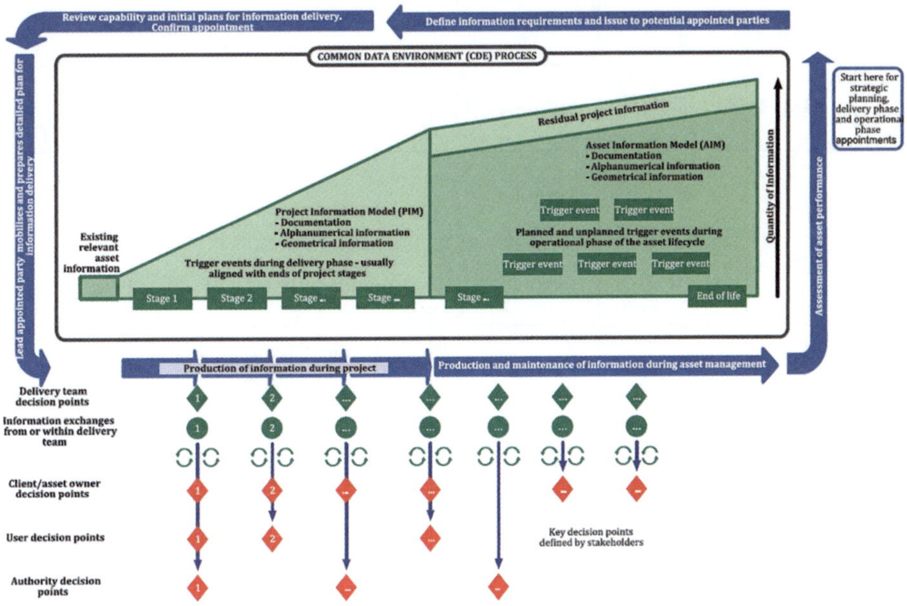

图3-57　数据生成过程

表3-37　竣工交付阶段部分BIM模型构件交付标准和数据标准对应系

构件	属性类型	属性	要求	格式	对应数据交换标准			
					表	列	属性	属性引用列
门	类型属性	名称	√	文本				
		类型	√	文本	Type/类型	Name/名称		
		构件分类码	√	表值	Type/类型	Category Element /元素分类		
		产品分类码	√	表值	Type/类型	Category Product /产品分类		
		IFC构件分类	√	表值	Type/类型	Ifc Element/ifc构件分类		
		粗略宽度	√	数值	Type/类型	Nominal Width/名义宽度		

续表

构件	属性类型	属性	要求	格式	对应数据交换标准			
					表	列	属性	属性引用列
门	类型属性	粗略高度	√	数值	Type/类型	Nominal Height/名义高度		
		厚度	√	数值	Attitude/属性		厚度	Type/类型
		防火等级	√	枚举	Attitude/属性		防火等级	Type/类型
		生产厂家	√	文本	Type/类型	Manufacturer/生产厂家		
		保修负责人	√	文本	Type/类型	Warranty Guarantor Parts /保修负责人		
		保修期	√	文本	Type/类型	WarrantyDurationParts /保修期		
		预期寿命		文本	Type/类型	Expected Life/预期寿命		
		替换成本		数值	Type/类型			
		把手材料	√	表值	Attitude/属性		把手材料	Type/类型
		框架材料	√	表值	Attitude/属性		框架材料	Type/类型
		嵌板材料	√	表值	Attitude/属性		嵌板材料	Type/类型
		说明		文本	Type/类型	Description/描述		
	实例属性	序列号	√	文本	Component /组件	Serial Number/序列号		
		编号		文本	Attitude/属性		编号	Component /组件
		实例名称	√	文本	Component /组件	Name/名称		
		标高	√	枚举	Component /组件	Floor/楼层		
		底高度	√	数值	Attitude/属性		底高度	Component /组件

续表

构件	属性类型	属性	要求	格式	对应数据交换标准			
					表	列	属性	属性引用列
门	实例属性	安装日期	√	日期	Component/组件	Installation Date/安装日期		
		保修开始日期	√	日期	Component/组件	Warranty Start Date/保修期开始日期		
		出厂编号	√	文本	Attitude/属性		出厂编号	Component/组件
		注释		文本	Component/组件	Description/描述		
电梯	类型属性	名称	√	文本				
		类型	√	文本	Type/类型	Name/名称		
		构件分类码	√	表值	Type/类型	Category Element/元素分类		
		产品分类码	√	表值	Type/类型	Category Product/产品分类		
		IFC构件分类	√	表值	Type/类型	Ifc Element/ifc构件分类		
		编号	√	文本	Attitude/属性		编号	Type/类型
		宽度	√	数值	Type/类型	Nominal Width/名义宽度		
		高度	√	数值	Type/类型	Nominal Height/名义高度		
		长度	√	数值	Type/类型	Nominal Length/名义长度		
		额定载重量	√	数值	Attitude/属性		额定载重量	Type/类型
		额定载客人数	√	数值	Attitude/属性		额定载客人数	Type/类型
		无障碍功能	√	判断值	Attitude/属性		无障碍功能	Type/类型

续表

构件	属性类型	属性	要求	格式	对应数据交换标准			
					表	列	属性	属性引用列
电梯	类型属性	生产厂家	√	文本	Type/类型	Manufacturer/生产厂家		
		保修负责人	√	文本	Type/类型	Warranty Guarantor Parts /保修负责人		
		保修期	√	文本	Type/类型	Warranty Duration Parts /保修期		
		预期寿命		文本	Type/类型	Expected Life/预期寿命		
		替换成本		数值	Type/类型	Replacement Cost /替换成本		
		说明		文本	Type/类型	Description/描述		
	实例属性	序列号	√	文本	Component /组件	Serial Number/序列号		
		实例名称	√	文本	Component /组件	Name/名称		
		编号	√	文本	Attitude/属性		编号	Component/组件
		梯速	√	数值	Attitude/属性		梯速	
		提升高度	√	数值	Attitude/属性		提升高度	
		层数	√	数值	Attitude/属性		层数	
		门数	√	数值	Attitude/属性		门数	
		安装日期	√	日期	Component /组件	Installation Date /安装日期		
		保修开始日期	√	日期	Component /组件	Warranty Start Date /保修期开始日期		
		出厂编号	√	文本	Attitude/属性		出厂编号	
		注释		文本	Component /组件	Description/描述		

续表

构件	属性类型	属性	要求	格式	对应数据交换标准			
					表	列	属性	属性引用列
水泵	类型属性	名称	√	文本				
		类型	√	文本	Type/类型	Name/名称		
		构件分类码	√	表值	Type/类型	Category Element /元素分类		
		产品分类码	√	表值	Type/类型	Category Product /产品分类		
		IFC构件分类	√	表值	Type/类型	Ifc Element/ifc构件分类		
		宽度	√	数值	Type/类型	Nominal Width/名义宽度		
		高度	√	数值	Type/类型	Nominal Height/名义高度		
		长度	√	数值	Type/类型	Nominal Length/名义长度		
		流量	√	数值	Attitude/属性		流量	
		型号		文本	Attitude/属性		型号	Type/类型
		功率	√	数值	Attitude/属性		功率	Type/类型
		电压	√	数值	Attitude/属性		电压	Type/类型
		扬程	√	数值	Attitude/属性		扬程	Type/类型
		转速		数值	Attitude/属性		转速	Type/类型
		效率		数值	Attitude/属性		效率	Type/类型
		是否变频	√	判断值	Attitude/属性		是否变频	Type/类型
		重量		数值	Attitude/属性		重量	Type/类型
		噪声		数值	Attitude/属性		噪声	Type/类型

续表

构件	属性类型	属性	要求	格式	对应数据交换标准			
					表	列	属性	属性引用列
水泵	类型属性	生产厂家	√	文本	Type/类型	Manufacturer/生产厂家		
		保修负责人	√	文本	Type/类型	Warranty Guarantor Parts /保修负责人		
		保修期	√	文本	Type/类型	Warranty Duration Parts /保修期		
		预期寿命		文本	Type/类型	Expected Life/预期寿命		
		替换成本		数值	Type/类型	Replacement Cost /替换成本		
		说明		文本	Type/类型	Description/描述		
	实例属性	序列号	√	文本	Component /组件	Serial Number/序列号		
		实例名称	√	文本	Component /组件	Name/名称		
		系统类型	√	表值	System /系统	Category/分类		
		系统名称	√	文本	Component /组件	System Name/系统名称		
		编号		文本	Attitude /属性		编号	Component /组件
		安装日期	√	日期	Component /组件	Installation Date/安装日期		
		保修开始日期	√	日期	Component /组件	Warranty Start Date /保修期开始日期		
		出厂编号	√	文本	Attitude /属性		出厂编号	Component /组件
		注释		文本	Component /组件	Description/描述		
阀门	类型属性	名称	√	文本				
		类型	√	文本	Type/类型	Name/名称		

续表

构件	属性类型	属性	要求	格式	对应数据交换标准			
					表	列	属性	属性引用列
阀门	类型属性	构件分类码	√	表值	Type/类型	Category Element/元素分类		
		产品分类码	√	表值	Type/类型	Category Product/产品分类		
		IFC构件分类		表值	Type/类型	Ifc Element/ifc构件分类		
		宽度		数值	Type/类型	Nominal Width/名义宽度		
		高度	√	数值	Type/类型	Nominal Height/名义高度		
		长度	√	数值	Type/类型	Nominal Length/名义长度		
		公称通径	√	数值	Attitude/属性		公称通径	Type/类型
		材料	√	表值	Attitude/属性		材料	Type/类型
		连接方式		文本	Attitude/属性		连接方式	Type/类型
		工作压力	√	数值	Attitude/属性		工作压力	Type/类型
		局部阻力系数		数值	Attitude/属性		局部阻力系数	Type/类型
		生产厂家	√	文本	Type/类型	Manufacturer/生产厂家		
		保修负责人	√	文本	Type/类型	Warranty Guarantor Parts/保修负责人		
		保修期	√	文本	Type/类型	Warranty Duration Parts/保修期		
		预期寿命		文本	Type/类型	Expected Life/预期寿命		
		替换成本		数值	Type/类型	Replacement Cost/替换成本		
		说明		文本	Type/类型	Description/描述		

续表

构件	属性类型	属性	要求	格式	对应数据交换标准			
					表	列	属性	属性引用列
阀门	实例属性	序列号	√	文本	Component/组件	Serial Number/序列号		
		实例名称	√	文本	Component/组件	Name/名称		
		系统类型	√	表值	System/系统	Category/分类		
		系统名称	√	文本	Component/组件	System Name/系统名称		
		编号		文本	Attitude/属性		编号	Component/组件
		安装日期	√	日期	Component/组件	Installation Date/安装日期		
		保修开始日期	√	日期	Component/组件	Warranty Start Date/保修期开始日期		
		出厂编号	√	文本	Attitude/属性		出厂编号	Component/组件
		注释		文本	Component/组件	Description/描述		
消火栓	类型属性	名称	√	文本				
		类型	√	文本	Type/类型	Name/名称		
		构件分类码	√	表值	Type/类型	Category Element/元素分类		
		产品分类码	√	表值	Type/类型	Category Product/产品分类		
		IFC构件分类		表值	Type/类型	Ifc Element/ifc构件分类		
		宽度		数值	Type/类型	Nominal Width/名义宽度		
		高度	√	数值	Type/类型	Nominal Height/名义高度		
		长度	√	数值	Type/类型	Nominal Length/名义长度		
		公称通径	√	数值	Attitude/属性		公称通径	Type/类型

续表

构件	属性类型	属性	要求	格式	对应数据交换标准			
					表	列	属性	属性引用列
消火栓	类型属性	门框材料		表值	Attitude/属性		门框材料	Type/类型
		生产厂家	√	文本	Type/类型	Manufacturer/生产厂家		
		保修负责人	√	文本	Type/类型	Warranty Guarantor Parts /保修负责人		
		保修期	√	文本	Type/类型	Warranty Duration Parts /保修期		
		预期寿命		文本	Type/类型	Expected Life/预期寿命		
		替换成本		数值	Type/类型	Replacement Cost /替换成本		
		说明		文本	Type/类型	Description/描述		
	实例属性	序列号	√	文本	Component /组件	Serial Number/序列号		
		实例名称	√	文本	Component /组件	Name/名称		
		系统类型	√	表值	System/系统	Category/分类		
		系统名称	√	文本	Component /组件	System Name/系统名称		
		编号		文本	Attitude/属性		编号	Component /组件
		安装日期	√	日期	Component /组件	Installation Date /安装日期		
		保修开始日期	√	日期	Component /组件	Warranty Start Date /保修期开始日期		
		出厂编号	√	文本	Attitude/属性		出厂编号	Component /组件
		注释		文本	Component /组件	Description/描述		

续表

构件	属性类型	属性	要求	格式	对应数据交换标准			
					表	列	属性	属性引用列
灭火器	类型属性	名称	√	文本				
		类型	√	文本	Type/类型	Name/名称		
		构件分类码	√	表值	Type/类型	Category Element/元素分类		
		产品分类码	√	表值	Type/类型	Category Product/产品分类		
		IFC构件分类		表值	Type/类型	Ifc Element/ifc构件分类		
		宽度		数值	Type/类型	Nominal Width/名义宽度		
		高度	√	数值	Type/类型	Nominal Height/名义高度		
		长度	√	数值	Type/类型	Nominal Length/名义长度		
		罐体材料	√	表值	Attitude/属性		罐体材料	Type/类型
		灭火剂	√	表值	Attitude/属性		灭火剂	Type/类型
		规格	√	数值	Attitude/属性		规格	Type/类型
		生产厂家	√	文本	Type/类型	Manufacturer/生产厂家		
		保修负责人	√	文本	Type/类型	Warranty Guarantor Parts/保修负责人		
		保修期	√	文本	Type/类型	Warranty Duration Parts/保修期		
		预期寿命		文本	Type/类型	Expected Life/预期寿命		
		替换成本		数值	Type/类型	Replacement Cost/替换成本		
		说明		文本	Type/类型	Description/描述		
	实例属性	序列号	√	文本	Component/组件	Serial Number/序列号		

续表

构件	属性类型	属性	要求	格式	对应数据交换标准			
					表	列	属性	属性引用列
灭火器	实例属性	实例名称	√	文本	Component/组件	Name/名称		
		编号		文本	Attitude/属性		编号	Component/组件
		安装日期	√	日期	Component/组件	Installation Date/安装日期		
		保修开始日期	√	日期	Component/组件	Warranty Start Date/保修期开始日期		
		出厂编号	√	文本	Attitude/属性		出厂编号	Component/组件
		注释		文本	Component/组件	Description/描述		
坐便器	类型属性	名称	√	文本				
		类型	√	文本	Type/类型	Name/名称		
		构件分类码	√	表值	Type/类型	Category Element/元素分类		
		产品分类码	√	表值	Type/类型	Category Product/产品分类		
		IFC构件分类		表值	Type/类型	Ifc Element/ifc构件分类		
		宽度	√	数值	Type/类型	Nominal Width/名义宽度		
		高度	√	数值	Type/类型	Nominal Height/名义高度		
		长度	√	数值	Type/类型	Nominal Length/名义长度		
		排水管径	√	数值	Attitude/属性		排水管径	Type/类型
		供水管径	√	数值	Attitude/属性		供水管径	Type/类型
		配件		文本	Attitude/属性		配件	Type/类型

续表

构件	属性类型	属性	要求	格式	对应数据交换标准			
					表	列	属性	属性引用列
坐便器	类型属性	冲水器型号		文本	Attitude/属性		冲水器型号	Type/类型
		表面处理		文本	Attitude/属性		表面处理	Type/类型
		生产厂家	√	文本	Type/类型	Manufacturer/生产厂家		
		保修负责人	√	文本	Type/类型	Warranty Guarantor Parts /保修负责人		
		保修期	√	文本	Type/类型	Warranty Duration Parts /保修期		
		预期寿命		文本	Type/类型	Expected Life/预期寿命		
		替换成本		数值	Type/类型	Replacement Cost /替换成本		
		说明		文本	Type/类型	Description/描述		
	实例属性	序列号	√	文本	Component /组件	Serial Number/序列号		
		实例名称	√	文本	Component /组件	Name/名称		
		系统类型	√	表值	System/系统	Category/分类		
		系统名称	√	文本	Component /组件	System Name/系统名称		
		编号		文本	Attitude/属性		编号	Component /组件
		安装日期	√	日期	Component /组件	Installation Date/安装日期		
		保修开始日期	√	日期	Component /组件	Warranty Start Date /保修期开始日期		
		出厂编号	√	文本	Attitude/属性		出厂编号	Component /组件
		注释		文本	Component /组件	Description/描述		

续表

构件	属性类型	属性	要求	格式	对应数据交换标准			
					表	列	属性	属性引用列
多联机室内机	类型属性	名称	√	文本				
		类型	√	文本	Type/类型	Name/名称		
		构件分类码	√	表值	Type/类型	Category Element /元素分类		
		产品分类码	√	表值	Type/类型	Category Product/产品分类		
		IFC构件分类		表值	Type/类型	Ifc Element/ifc构件分类		
		宽度	√	数值	Type/类型	Nominal Width/名义宽度		
		高度	√	数值	Type/类型	Nominal Height/名义高度		
		长度	√	数值	Type/类型	Nominal Length/名义长度		
		制冷量	√	数值	Attitude/属性		制冷量	Type/类型
		制热量		数值	Attitude/属性		制热量	Type/类型
		风量	√	数值	Attitude/属性		风量	Type/类型
		机外余压		数值	Attitude/属性		机外余压	Type/类型
		功率	√	数值	Attitude/属性		功率	Type/类型
		是否变频	√	数值	Attitude/属性		是否变频	Type/类型
		冷暖	√	数值	Attitude/属性		冷暖	Type/类型
		电压		数值	Attitude/属性		电压	Type/类型
		重量	√	数值	Attitude/属性		重量	Type/类型
		噪声		数值	Attitude/属性		噪声	Type/类型

续表

构件	属性类型	属性	要求	格式	对应数据交换标准			
					表	列	属性	属性引用列
多联机室内机	类型属性	生产厂家	√	文本	Type/类型	Manufacturer/生产厂家		
		保修负责人	√	文本	Type/类型	Warranty Guarantor Parts /保修负责人		
		保修期	√	文本	Type/类型	Warranty Duration Parts /保修期		
		预期寿命		文本	Type/类型	Expected Life/预期寿命		
		替换成本		数值	Type/类型	Replacement Cost /替换成本		
		说明		文本	Type/类型	Description/描述		
	实例属性	序列号	√	文本	Component /组件	Serial Number/序列号		
		实例名称	√	文本	Component /组件	Name/名称		
		对应室外机名称	√	文本	Attitude/属性		对应室外机名称	Component /组件
		系统类型	√	表值	System/系统	Category/分类		
		系统名称	√	文本	Component /组件	System Name/系统名称		
		编号		文本	Attitude/属性		编号	Component /组件
		安装日期	√	日期	Component /组件	Installation Date/安装日期		
		保修开始日期	√	日期	Component /组件	Warranty Start Date /保修期开始日期		
		出厂编号	√	文本	Attitude/属性		出厂编号	Component /组件
		注释		文本	Component /组件	Description/描述		

续表

构件	属性类型	属性	要求	格式	对应数据交换标准			
					表	列	属性	属性引用列
多联机室外机	类型属性	名称	√	文本				
		类型	√	文本	Type/类型	Name/名称		
		构件分类码	√	表值	Type/类型	Category Element/元素分类		
		产品分类码	√	表值	Type/类型	Category Product/产品分类		
		IFC构件分类		表值	Type/类型	Ifc Element/ifc构件分类		
		宽度	√	数值	Type/类型	Nominal Width/名义宽度		
		高度	√	数值	Type/类型	Nominal Height/名义高度		
		长度	√	数值	Type/类型	Nominal Length/名义长度		
		制冷量	√	数值	Attitude/属性		制冷量	Type/类型
		制热量		数值	Attitude/属性		制热量	Type/类型
		功率	√	数值	Attitude/属性		功率	Type/类型
		是否变频	√	数值	Attitude/属性		是否变频	Type/类型
		冷暖	√	数值	Attitude/属性		冷暖	Type/类型
		电压		数值	Attitude/属性		电压	Type/类型
		重量	√	数值	Attitude/属性		重量	Type/类型
		噪声		数值	Attitude/属性		噪声	Type/类型
		生产厂家	√	文本	Type/类型	Manufacturer/生产厂家		
		保修负责人	√	文本	Type/类型	Warranty Guarantor Parts/保修负责人		

续表

构件	属性类型	属性	要求	格式	对应数据交换标准			
					表	列	属性	属性引用列
多联机室外机	类型属性	保修期	√	文本	Type/类型	Warranty Duration Parts /保修期		
		预期寿命		文本	Type/类型	Expected Life/预期寿命		
		替换成本		数值	Type/类型	Replacement Cost /替换成本		
		说明		文本	Type/类型	Description/描述		
	实例属性	序列号	√	文本	Component /组件	Serial Number/序列号		
		实例名称	√	文本	Component /组件	Name/名称		
		系统类型	√	表值	System/系统	Category/分类		
		系统名称	√	文本	Component /组件	System Name/系统名称		
		编号		文本	Attitude/属性		编号	Component /组件
		安装日期	√	日期	Component /组件	Installation Date/安装日期		
		保修开始日期	√	日期	Component /组件	Warranty Start Date /保修期开始日期		
		出厂编号	√	文本	Attitude/属性		出厂编号	Component /组件
		注释		文本	Component /组件	Description/描述		
新风机组	类型属性	名称	√	文本				
		类型	√	文本	Type/类型	Name/名称		
		构件分类码	√	表值	Type/类型	Category Element /元素分类		
		产品分类码	√	表值	Type/类型	Category Product/产品分类		
		IFC构件分类		表值	Type/类型	Ifc Element/ifc构件分类		

续表

构件	属性类型	属性	要求	格式	对应数据交换标准			
					表	列	属性	属性引用列
新风机组	类型属性	宽度	√	数值	Type/类型	Nominal Width/名义宽度		
		高度	√	数值	Type/类型	Nominal Height/名义高度		
		长度	√	数值	Type/类型	Nominal Length/名义长度		
		制冷量	√	数值	Attitude/属性		制冷量	Type/类型
		制热量		数值	Attitude/属性		制热量	Type/类型
		风量	√	数值	Attitude/属性		风量	Type/类型
		机外余压		数值	Attitude/属性		机外余压	Type/类型
		功率	√	数值	Attitude/属性		功率	Type/类型
		是否变频	√	数值	Attitude/属性		是否变频	Type/类型
		冷暖	√	数值	Attitude/属性		冷暖	Type/类型
		电压		数值	Attitude/属性		电压	Type/类型
		过滤器形式		文本	Attitude/属性		过滤器形式	Type/类型
		重量	√	数值	Attitude/属性		重量	Type/类型
		噪声		数值	Attitude/属性		噪声	Type/类型
		生产厂家	√	文本	Type/类型	Manufacturer/生产厂家		
		保修负责人	√	文本	Type/类型	Warranty Guarantor Parts/保修负责人		
		保修期	√	文本	Type/类型	Warranty Duration Parts/保修期		

续表

构件	属性类型	属性	要求	格式	对应数据交换标准			
					表	列	属性	属性引用列
新风机组	类型属性	预期寿命		文本	Type/类型	Expected Life/预期寿命		
		替换成本		数值	Type/类型	Replacement Cost /替换成本		
		说明		文本	Type/类型	Description/描述		
	实例属性	序列号	√	文本	Component /组件	Serial Number/序列号		
		实例名称	√	文本	Component /组件	Name/名称		
		对应室外机名称	√	文本	Attitude/属性		对应室外机名称	Component /组件
		系统类型	√	表值	System/系统	Category/分类		
		系统名称	√	文本	Component /组件	System Name/系统名称		
		编号		文本	Attitude/属性		编号	Component /组件
		安装日期	√	日期	Component /组件	Installation Date/安装日期		
		保修开始日期	√	日期	Component /组件	Warranty Start Date /保修期开始日期		
		出厂编号	√	文本	Attitude/属性		出厂编号	Component /组件
		注释		文本	Component /组件	Description/描述		
风机	类型属性	名称	√	文本				
		类型	√	文本	Type/类型	Name/名称		
		构件分类码	√	表值	Type/类型	Category Element /元素分类		
		产品分类码	√	表值	Type/类型	Category Product/产品分类		

续表

构件	属性类型	属性	要求	格式	对应数据交换标准			
					表	列	属性	属性引用列
风机	类型属性	IFC构件分类		表值	Type/类型	Ifc Element/ifc构件分类		
		宽度	√	数值	Type/类型	Nominal Width/名义宽度		
		高度	√	数值	Type/类型	Nominal Height/名义高度		
		长度	√	数值	Type/类型	Nominal Length/名义长度		
		风量	√	数值	Attitude/属性		风量	Type/类型
		机外余压	√	数值	Attitude/属性		机外余压	Type/类型
		功率	√	数值	Attitude/属性		功率	Type/类型
		电压	√	数值	Attitude/属性		电压	Type/类型
		转速	√	数值	Attitude/属性		转速	Type/类型
		重量	√	数值	Attitude/属性		重量	Type/类型
		噪声	√	数值	Attitude/属性		噪声	Type/类型
		生产厂家	√	文本	Type/类型	Manufacturer/生产厂家		
		保修负责人	√	文本	Type/类型	Warranty Guarantor Parts /保修负责人		
		保修期	√	文本	Type/类型	Warranty Duration Parts /保修期		
		预期寿命		文本	Type/类型	Expected Life/预期寿命		
		替换成本		数值	Type/类型	Replacement Cost /替换成本		
		说明		文本	Type/类型	Description/描述		

续表

构件	属性类型	属性	要求	格式	对应数据交换标准			
					表	列	属性	属性引用列
风机	实例属性	序列号	√	文本	Component/组件	Serial Number/序列号		
		实例名称	√	文本	Component/组件	Name/名称		
		系统类型	√	表值	System/系统	Category/分类		
		系统名称	√	文本	Component/组件	System Name/系统名称		
		安装方式		文本	Attitude/属性		安装方式	Component/组件
		编号		文本	Attitude/属性		编号	Component/组件
		安装日期	√	日期	Component/组件	Installation Date/安装日期		
		保修开始日期	√	日期	Component/组件	Warranty Start Date/保修期开始日期		
		出厂编号	√	文本	Attitude/属性		出厂编号	Component/组件
		注释		文本	Component/组件	Description/描述		

3.3.10　城市轨道交通工程信息模型构件库标准

编制《城市轨道交通工程建筑信息模型构件管理标准》以规范建筑信息模型构件的创建方法，建立统一标准的建筑信息模型构件，指导和规范工程BIM构件的创建规则及使用流程，旨在提高族的使用效率，提高BIM建模效率。族库的建立有利于实现BIM信息的高度统一，便于今后运营维护对设备实施信息的提取，形成本项工程巨大的数据财富，以便于BIM项目的建设及运维。

3.3.10.1　标准编制原则

（1）标准保持适当的前瞻性。适应BIM在轨道交通工程领域的应用和交付的前景，并指导城市轨道交通工程信息模型的应用发展。

（2）标准保持适当的兼容性。基于目前BIM在轨道交通工程领域应用的使用情况，充分考虑各参与方不同软硬件环境、不同的实际应用目的及不均衡的应用水平等多重情况。

（3）标准保持广泛的可操作性。针对城市轨道交通行业不同的参与方，都能够掌握和理解本标准的全部要求，并在行业职责内付诸实施。

3.3.10.2 标准框架

本规定主要标准内容为“总则、术语、族库基本要求、族分类标准、族制作标准、族校验标准、族交付标准、族库管理规定”等八方面内容。

（1）总则：叙述标准的标准背景、原则、适用范围等内容。

（2）术语：对标准涉及的专业名称进行解释。

（3）族库基本要求：对族创建方式、属性、分类及使用进行总体规定。

（4）族分类标准：根据族使用的不同场合、不同专业、不同属性等规则进行分类，便于族的使用和管理。

（5）族制作标准：详细阐述了族的创建方法、制作精度等要求，使其满足城市轨道交通企业需求。

（6）族校验标准：依据企业标准对族的质量进行校验，设定校验规则。

（7）族交付标准：对满足质量的族交付文件进行格式、版本等规定，使其满足使用方便及管理需要。

（8）族库管理规定：对族的使用权限、下载、上传、更新等做出管理规定。

3.3.10.3 标准内容示例

1. BIM族库基本要求

族即各专业设备设施模块的统称，是一个包含通用属性（称作参数）集和相关图形表示的图元组。可直接指定给创建的构件，可按需要设定权限共享或管理其所赋予的信息。城市轨道交通系统工程参与设计单位比众多，族库文件的共享、创建标准与质量直接影响BIM设计效率及交付成果的质量。族库的建立应具有以下基本要求：

（1）按专业归类族库文件。

（2）按不同设计阶段的要求归类不同精度的族库文件。

（3）支持数据读取与存储，包括厂家产品资料的存储与数据读取、管理。

（4）为各专业设计人员，包括使用者与设计者创建存取控制的渠道。

（5）设置浏览、查询、存取等管理权限。

2. BIM族库分类标准

1）按来源分类

（1）既有族

既有族包括：BIM软件自带族库（以Revit软件族为主），各BIM软件二次开发插件单位创建族库，各类BIM网络平台共享族库等。

该部分族由BIM咨询总体单位按照《BIM族库技术要求与管理规定》统一完成二次编辑，并纳入城市轨道交通BIM族库共享使用。各工点设计单位也可向总体单位推荐应用较好的族或者族库来源。

（2）设备厂商提供

设备厂商需按照招标要求提供符合本项目未来运维管理需求的设备设施族。族属性信息必须按照BIM咨询总体单位下发《BIM族库技术要求与管理规定》中的相关要求完成族的创建，且族几何、非几何属性必须与实际供货一致，经BIM咨询总体单位审核通过后纳入城市轨道交通BIM族库共享使用。

（3）自建族

BIM咨询总体单位将已有的各专业自建族纳入城市轨道交通BIM共享族库。各工点设计单位也可依据《BIM族库技术要求与管理规定》自建族，咨询单位提供技术支持，经咨询单位审核通过后纳入城市轨道交通BIM族库共享使用。

2）按专业分类

专业分类是最普遍的族分类方式，通常按照轨道交通中涉及的专业划分为车站建筑、车辆基地建筑、车站结构、区间结构、车辆基地结构、车站装修、车辆基地装修、工艺、轨道、接触网、通信、信号、通风空调、给排水及消防、动力照明、供电、气体灭火、站台门、电扶梯、综合监控、FAS、BAS、AFC等。专业分类方式也是Revit自带族库的分类方式。

3）按使用阶段分类

轨道交通工程建设阶段分为可行性研究阶段、总体设计阶段、初步设计阶段、招标设计阶段、施工图设计阶段、施工阶段。族按使用阶段分类的原则为：各阶段建模深度需求不同，对族详细程度不同进行归类。

初步设计阶段族一般考虑几何参数及数量，对功能参数不做细致考量。

招标设计阶段族完善族功能参数，甚至针对使用特点添加相关族属性参数，以满足招标要求。

施工图设计阶段族一般为设备材料厂商根据招标要求提供的反映设备正式尺寸及功能参数的样式族。

施工阶段族为在施工图设计阶段族基础上完善族的所有几何及功能参数，使其包含项目所有数字信息，满足之后运维使用的需要。

根据当前BIM技术在轨道交通行业应用范围及应用深度，可行性研究阶段和总体设计阶段通过内建体量的方式展示车站轮廓及线路与周边环境的位置管线，优化方案设计。因此，这两阶段使用的族很少，采用初步设计阶段族即可，不作为族使用阶段的一个分类。

4）族库分类表

把族库按照专业、使用阶段、族来源分类的层级关系如表3-38所示。

表3-38 轨道交通BIM信息模型构件库分类表

专业	使用阶段	族来源	内容
车站建筑	初步设计	项目族	观察窗、楼梯、静电地板、栏杆、服务台等
		官方族	墙（防火墙、普通砌块墙）、门（防火门、卷帘门）、构造柱、幕墙（地面站）等
		引入族	安检机、闸机、自动售票机等
	招标设计	项目族	观察窗、楼梯、静电地板、栏杆、服务台等
		官方族	墙（防火墙、普通砌块墙）、门（防火门、卷帘门）、构造柱、幕墙（地面站）等
		引入族	安检机、闸机、自动售票机等
	施工图设计	项目族	观察窗、楼梯、静电地板、栏杆、服务台、广告牌等
		官方族	墙（防火墙、普通砌块墙）、门（防火门、卷帘门）、构造柱、幕墙（地面站）等
		引入族	安检机、闸机、自动售票机、导向等
	施工	项目族	观察窗、楼梯、静电地板、栏杆、服务台等
		官方族	墙（防火墙、普通砌块墙）、门（防火门、卷帘门）、构造柱、幕墙（地面站）等
		引入族	安检机、闸机、自动售票机、导向等
车站结构	初步设计	项目族	基础及围护结构（挖孔桩、地下连续墙、水泥土搅拌桩、旋喷桩等）、集水井等
		官方族	梁、板、柱、墙、楼梯等
		引入族	防水层、圈梁、挖孔桩、地下连续墙等
	招标设计	项目族	基础及围护结构（挖孔桩、地下连续墙、水泥土搅拌桩、旋喷桩等）、集水井等
		官方族	梁、板、柱、墙、楼梯等
		引入族	防水层、圈梁、挖孔桩、地下连续墙等
	施工图设计	项目族	基础及围护结构（挖孔桩、地下连续墙、水泥土搅拌桩、旋喷桩等）、集水井等
		官方族	梁、板、柱、墙、楼梯等
		引入族	防水层、圈梁、挖孔桩、地下连续墙等

续表

专业	使用阶段	族来源	内容
车站结构	施工	项目族	基础及围护结构（挖孔桩、地下连续墙、水泥土搅拌桩、旋喷桩等）、集水井等
		官方族	梁、板、柱、墙、楼梯等
		引入族	防水层、圈梁、挖孔桩、地下连续墙等
动力照明	初步设计	项目族	灯具、开关柜、控制柜、配电箱、事故照明电源装置、疏散指示牌、防雷接地等
		官方族	插座、电缆桥架、母线槽等
		引入族	灯具、开关柜、配电箱、事故照明电源装置、疏散指示牌、控制柜等
	招标设计	项目族	灯具、开关柜、控制柜、配电箱、事故照明电源装置、疏散指示牌、防雷接地等
		官方族	插座、电缆桥架、母线槽等
		引入族	灯具、开关柜、配电箱、事故照明电源装置、疏散指示牌、控制柜等
	施工图设计	项目族	灯具、开关柜、控制柜、配电箱、事故照明电源装置、疏散指示牌、防雷接地等
		官方族	插座、电缆桥架、母线槽等
		引入族	灯具、开关柜、配电箱、事故照明电源装置、疏散指示牌、控制柜等
	施工	项目族	灯具、开关柜、控制柜、配电箱、事故照明电源装置、疏散指示牌、防雷接地等
		官方族	插座、电缆桥架、母线槽等
		引入族	灯具、开关柜、配电箱、事故照明电源装置、疏散指示牌、控制柜等
通风空调	初步设计	项目族	整体片式消声器、组合式风阀、风管支吊托架、管道消声器、电动风阀、手动风阀、防火阀、防烟防火阀、风道消声器、静压箱、风口等
		官方族	天圆地方、风机软接头、风管、冷媒铜管、冷冻/冷却水管、水管附件、电动蝶阀、电动二通阀、水管管件等
		引入族	组合式空调器、柜室空调器、风机盘管、多联机室内/室外机、冷水机组、冷冻水泵、冷却水泵、冷却塔、水处理器、分集水器、风冷机组、风机、电动风阀、手动风阀、防火阀等

续表

专业	使用阶段	族来源	内容
通风空调	招标设计	项目族	整体片式消声器、组合式风阀、风管支吊托架、管道消声器、电动风阀、手动风阀、防火阀、防烟防火阀、风道消声器、静压箱、风口等
		官方族	天圆地方、、风机软接头、风管、冷媒铜管、冷冻/冷却水管、水管附件、电动蝶阀、电动二通阀、水管管件等
		引入族	组合式空调器、柜室空调器、风机盘管、多联机室内/室外机、冷水机组、冷冻水泵、冷却水泵、冷却塔、水处理器、分集水器、风冷机组、风机、电动风阀、手动风阀、防火阀等
	施工图设计	项目族	整体片式消声器、组合式风阀、风管支吊托架、管道消声器、电动风阀、手动风阀、防火阀、防烟防火阀、风道消声器、静压箱、风口等
		官方族	天圆地方、风机软接头、风管、冷媒铜管、冷冻/冷却水管、水管附件、电动蝶阀、电动二通阀、水管管件等
		引入族	组合式空调器、柜室空调器、风机盘管、多联机室内/室外机、冷水机组、冷冻水泵、冷却水泵、冷却塔、水处理器、分集水器、风冷机组、风机、电动风阀、手动风阀、防火阀等
	施工	项目族	整体片式消声器、组合式风阀、风管支吊托架、管道消声器、电动风阀、手动风阀、防火阀、防烟防火阀、风道消声器、静压箱、风口等
		官方族	天圆地方、风机软接头、风管、冷媒铜管、冷冻/冷却水管、水管附件、电动蝶阀、电动二通阀、水管管件等
		引入族	组合式空调器、柜室空调器、风机盘管、多联机室内/室外机、冷水机组、冷冻水泵、冷却水泵、冷却塔、水处理器、分集水器、风冷机组、风机、电动风阀、手动风阀、防火阀等
通信、信号	初步设计	项目族	PIS设备机柜、UPS输出配电箱、通信设备柜、监控设备机柜、车站PIS显示屏、ATS接口机柜、信号设备区域控制器机柜、线路控制器机柜等
		官方族	UPS/ODF配线架、线缆桥架等
		引入族	通信机柜、联锁机柜、接口柜、分线柜、防雷箱、电源屏、电池柜、ATS网络柜机等

续表

专业	使用阶段	族来源	内容
通信、信号	招标设计	项目族	PIS设备机柜、UPS输出配电箱、通信设备柜、监控设备机柜、车站PIS显示屏、ATS接口机柜、信号设备区域控制器机柜、线路控制器机柜等
		官方族	UPS/ODF配线架、线缆桥架等
		引入族	通信机柜、联锁机柜、接口柜、分线柜、防雷箱、电源屏、电池柜、ATS网络柜机等
	施工图设计	项目族	PIS设备机柜、UPS输出配电箱、通信设备柜、监控设备机柜、车站PIS显示屏、ATS接口机柜、信号设备区域控制器机柜、线路控制器机柜等
		官方族	UPS/ODF配线架、线缆桥架等
		引入族	通信机柜、联锁机柜、接口柜、分线柜、防雷箱、电源屏、电池柜、ATS网络柜机等
	施工	项目族	PIS设备机柜、UPS输出配电箱、通信设备柜、监控设备机柜、车站PIS显示屏、ATS接口机柜、信号设备区域控制器机柜、线路控制器机柜等
		官方族	UPS/ODF配线架、线缆桥架等
		引入族	通信机柜、联锁机柜、接口柜、分线柜、防雷箱、电源屏、电池柜、ATS网络柜机等
供电	初步设计	项目族	1500V直流开关柜、负极柜、整流变压器、再生制动能馈装置、升压隔离变压器、0.4kV变压器、整流器柜等
		官方族	电动隔离开关、回流箱、线缆支架、蓄电池盘、控制信号盘等
		引入族	36kVGIS开关柜、交流电源屏、排流柜等
	招标设计	项目族	1500V直流开关柜、负极柜、整流变压器、再生制动能馈装置、升压隔离变压器、0.4kV变压器、整流器柜等
		官方族	电动隔离开关、回流箱、线缆支架、蓄电池盘、控制信号盘等
		引入族	36kVGIS开关柜、交流电源屏、排流柜等
	施工图设计	项目族	1500V直流开关柜、负极柜、整流变压器、再生制动能馈装置、升压隔离变压器、0.4kV变压器、整流器柜等
		官方族	电动隔离开关、回流箱、线缆支架、蓄电池盘、控制信号盘等
		引入族	36kVGIS开关柜、交流电源屏、排流柜等

续表

专业	使用阶段	族来源	内容
供电	施工	项目族	1500V直流开关柜、负极柜、整流变压器、再生制动能馈装置、升压隔离变压器、0.4kV变压器、整流器柜等
		官方族	电动隔离开关、回流箱、线缆支架、蓄电池盘、控制信号盘等
		引入族	36kVGIS开关柜、交流电源屏、排流柜等

注：表格中只列举部分专业族的分类，其他为列举的专业族可以表格为参照进行分类；使用阶段分类的族有所交叉，因为各阶段都有相同的建模内容，只是对族的功能参数侧重不一致，导致族的精度不同；来源分类族也有所交叉，在于同一个族不同的设计者或单位制作精度、功能侧重点不同，建模过程中按需进行选择。在项目族库的使用过程中，对族使用次数、族质量进行反馈统计，优中选优，就能形成轨道公司的标准族库，成为轨道公司BIM应用的核心价值数据库。

3. 族属性要求

1）族命名规则

族命名遵循专业具体，名称简单的原则。

族命名规则如下：专业代码+轨道交通设备设施名。如：结构专业构造柱为JG-构造柱，建筑防火墙为JZ-防火墙，通风空调隧道风机为KT-隧道风机等。

备注：专业代码与设计总体下发《文件统一编制规定》一致。

2）几何属性

设备设施族的建模几何尺寸以规定的最精细尺寸及设备供应商提供的图纸尺寸为准。同时，根据相关几何尺寸参数的实际使用需求确定参数类型（即实例参数——需按设备实际参数修改或共享参数——相同设备类型一次修改即可）。

3）非几何属性

族非几何属性是指设备设施的功能、经济、来源、权属、维护、位置等参数，如：组合式空调器的风量、冷量、功率、压力、型号、设备厂商、价格、检修信息、处于设备大端等参数。

如表3-39所示。

表3-39　建筑族典型属性表

<table>
<tr><th>层级</th><th colspan="3">名　称</th></tr>
<tr><td>专业</td><td colspan="3">建　筑</td></tr>
<tr><td>族</td><td colspan="3">JZ-防火门</td></tr>
<tr><td>参数</td><td colspan="3"></td></tr>
<tr><td>尺寸</td><td colspan="3">1021、1223、1523</td></tr>
<tr><td>门扇厚度</td><td colspan="3">40mm、45mm、50mm</td></tr>
<tr><td>门板厚度</td><td colspan="3">0.8mm</td></tr>
<tr><td>门框厚度</td><td colspan="3">1.2mm</td></tr>
<tr><td>防火级别</td><td colspan="3">甲、乙、丙</td></tr>
<tr><td>耐火时间</td><td colspan="3">30min、60min、90min</td></tr>
<tr><td>安装时间</td><td colspan="3"></td></tr>
<tr><td>安装单位</td><td colspan="3"></td></tr>
<tr><td>安装位置</td><td colspan="3"></td></tr>
<tr><td>实例</td><td></td><td>模型</td><td>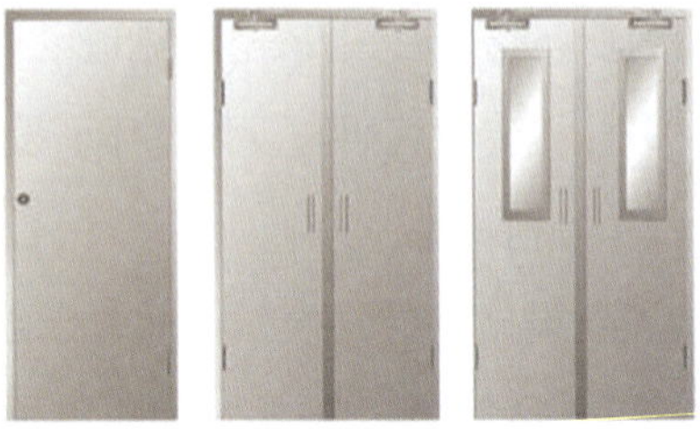</td></tr>
</table>

4. 族校验

在族正式投入使用前，咨询单位需对该族进行标准性校验，检查是否满足城市轨道交通族库标准，审核通过的才能纳入族库进行共享。族校验项目包括：显示效果、参变性能、使用性能、管理规定等。

1）族校验项目清单

如表3-40所示。

表3-40 族校验项目表

项目	校验内容	视图	内容说明	校验要求	备注
显示效果	三维形体	三维	校验所有图元的显示状态	在不同详细程度上的各图元可见性是否符合设计要求	
		三维	观察模型组成的空间布置	模型组件没有空间冲突	
		三维	检查模型的材质（颜色）、线型图案、填充样式等的显示状态	符合标准	
显示效果	二维图形	平立剖面	校验图形的显示是否符合设计规范，包括尺寸标注、文字说明等	二维图形表达与设计规范相符	
		平立剖面	观察图形的二维布置	二维图形表达与设计规范相符	
		平立剖面	检查模型的材质（颜色）、线型图案、填充样式等的显示状态	符合标准	
参变性能	参变性能	三维	在属性对话框中修改族属性信息，检查族各图元的显示状态变化	各图元的变化情况正常	
使用性能	加载族	–	将族文件加载至项目浏览器	正常加载、信息准确	
	应用于	三维	将族文件加载到模型项目中	正常加载、信息准确	
管理规定	命名	–	在族编辑器中检查族文件的编码和名称	符合标准	软件校验
	完整性	–	在族编辑器中检查族所承载的属性信息数目	符合标准	软件校验
	分组方式	–	在族编辑器中检查族所承载的属性信息及其类型	符合标准	软件校验
	升级	–	检查族文件版本的升级设置	符合族文件版本的可升级性	

2）族校验报告

在校验族文件过程中，需完成校验报告，记录族文件的校验结果，并填写必要的校验说明。当且仅当族文件的各校验项目的校验结果为“√”时，族的校验结果为“通过”。若族校验结果为“不通过”，创建者需根据族校验报告进行修改，直至通过校验为止。如表3-41所示。

表3-41 族校验报告表

族文件				xxx.rfa	
创建者（单位）					
创建时间					
校验者（单位）					
校验时间					
校验结果				通过/不通过	
校验项目	校验内容	序号	内容说明	√/×	校验说明
显示效果	三维形体	1	图元显示		
		2	空间布置		
		3	材质（颜色）、线型图案、填充样式		
	二维图形	4	设计规范（尺寸标注、文字说明等）		
		5	二维布置		
		6	材质（颜色）、线型图案、填充样式		
参变性能	参变性能	7	修改族属性信息		
加载性能	加载族文件	8	加载至系统		
	应用于项目	9	加载至项目		
管理规定	族文件命名	10	编码和名称		
	参数完整性	11	属性信息数目		
	命名分组	12	属性信息及其类型		
	族文件升级	13	族文件的可升级性		

5. 族交付要求

（1）族的交付文件格式为*.rfa。

（2）需提供使用说明书（pdf格式），说明书应包括以下内容：

族文件的版本号。

族类别、族类型的介绍。

族主要类型参数、实例参数和共享参数的涵义描述。

族在项目文件中的放置过程描述。

族控件的功能描述。

如表3-42所示。

表3-42 族交付属性示例

序号	专业	建模构件/设备	构件/设备举例	要素	图示	几何信息		非几何信息	
						初步设计	施工图设计	初步设计	施工图设计
1	建筑	墙、柱、板、梁、楼梯、交通系统、坡道、台阶、明沟、孔洞、集水井、风亭、风道、冷却塔、出入口、设备房、天花、地面、墙面、导向系统、广告灯箱、门、窗、不锈钢、卫生间设备、家具、幕墙、注释与标注等	墙	普通墙		宽度、高度	宽度、高度	材质、填充图案、颜色	材质、填充图案、颜色、热膨胀系数
				防火墙	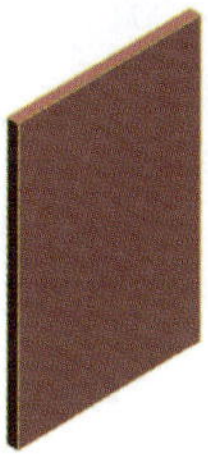	宽度、高度	宽度、高度	材质、填充图案、颜色、防火等级	材质、填充图案、颜色、热膨胀系数、防火等级
				混凝土墙		宽度、高度	宽度、高度	材质、填充图案、颜色	材质、填充图案、颜色、热膨胀系数
			楼梯	楼梯		宽度、踏步高，踢面高度	宽度、踏步高	材质、保护层厚度，颜色	材质、标记、保护层厚度，颜色
				爬梯		—	长度、宽度	—	材质、标记、制造商颜色
			导向系统	导向类		—	长度、宽度、高度	—	材质、制造商、标记、颜色
				警示类		—	长度、宽度、高度	—	材质、制造商、标记、颜色
				资讯类		—	长度、宽度、高度	—	材质、制造商、标记、颜色

续表

序号	专业	建模构件/设备	构件/设备举例	要素	图示	几何信息		非几何信息	
						初步设计	施工图设计	初步设计	施工图设计
1	建筑		广告灯箱	广告灯箱		—	长度、宽度	—	类别、材质、制造商、标记、颜色
			门	A类隔热防火门	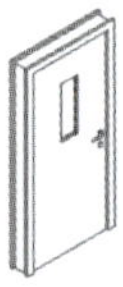	宽度、高度	宽度、高度	材质、颜色、编码	材质、制造商、标记、颜色、编码
				A类隔声防火门		宽度、高度	宽度、高度	材质、颜色、编码	材质、制造商、标记、颜色、编码
				防护密闭门		宽度、高度	宽度、高度	材质、颜色、编码	材质、制造商、标记、颜色、编码
			家具	办公桌	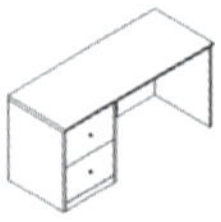	—	长度、宽度、高度	—	制造商、标记、颜色
				办公座椅		—	长度、宽度、高度	—	制造商、标记、颜色
				文件柜		—	长度、宽度、高度	—	制造商、标记、颜色
2	结构（包含区间）	结构柱、梁、墙、板、支撑、桩、支挡结构、预埋件、管片构造、螺	结构柱	混凝土矩形柱		长度、宽度、高度	长度、宽度、高度	混凝土强度等级、保护层厚度、钢筋强度	混凝土强度等级、保护层厚度、钢筋强度、配筋信息、含钢量

续表

序号	专业	建模构件/设备	构件/设备举例	要素	图示	几何信息		非几何信息	
						初步设计	施工图设计	初步设计	施工图设计
2	结构（包含区间）	栓、洞口结构、联络通道、周边建筑物等	结构柱	混凝土圆柱		直径、高度	直径、高度	混凝土强度等级、保护层厚度、钢筋强度	混凝土强度等级、保护层厚度、钢筋强度、配筋信息、含钢量
				格构柱		—	尺寸、形状、高度	—	钢材牌号
				钢管混凝土柱		直径、高度	直径、高度	钢材牌号、混凝土强度等级	钢材牌号、混凝土强度等级
				型钢混凝土柱		尺寸、形状、高度	尺寸、形状、高度	钢材牌号、混凝土强度等级	钢材牌号、混凝土强度等级
			梁	框架梁	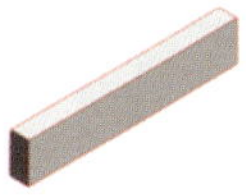	宽度、高度	宽度、高度	混凝土强度等级、保护层厚度、钢筋强度	混凝土强度等级、保护层厚度、钢筋强度、配筋信息、含钢量
				冠梁、腰梁、压顶梁	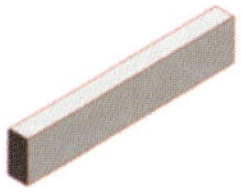	—	宽度、高度	—	混凝土强度等级、保护层厚度、钢筋强度、配筋信息、含钢量

续表

序号	专业	建模构件/设备	构件/设备举例	要素	图示	几何信息		非几何信息	
						初步设计	施工图设计	初步设计	施工图设计
2	结构（包含区间）		梁	钢腰梁		—	宽度、高度	—	钢材牌号
			板	顶中底板	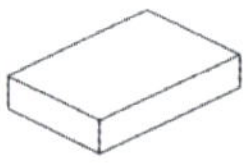	厚度、长度、宽度	厚度、长度、宽度	混凝土强度等级、保护层厚度、钢筋强度	混凝土强度等级、保护层厚度、钢筋强度、配筋信息、含钢量
				站台板	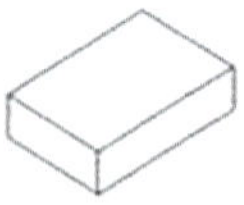	厚度、长度、宽度	厚度、长度、宽度	混凝土强度等级、保护层厚度、钢筋强度	混凝土强度等级、保护层厚度、钢筋强度、配筋信息、含钢量
				夹层板	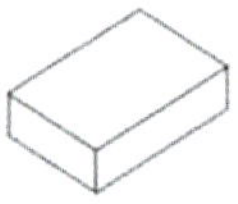	厚度、长度、宽度	厚度、长度、宽度	混凝土强度等级、保护层厚度、钢筋强度	混凝土强度等级、保护层厚度、钢筋强度、配筋信息、含钢量
				设备基础	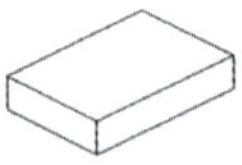	—	厚度、长度、宽度	—	混凝土强度等级、保护层厚度、钢筋强度、配筋信息、含钢量

续表

序号	专业	建模构件/设备	构件/设备举例	要素	图示	几何信息		非几何信息	
						初步设计	施工图设计	初步设计	施工图设计
2	结构（包含区间）		支撑	砼支撑	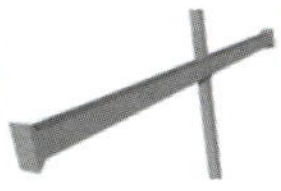	尺寸、长度、间距、定位	尺寸、长度、间距、定位	混凝土强度等级、保护层厚度、钢筋强度	混凝土强度等级、保护层厚度、钢筋强度、配筋信息、含钢量
				钢支撑		尺寸、长度、间距、定位	尺寸、长度、间距、定位	钢材编号	钢材编号
			桩	工程桩		直径、间距、长度、桩底标高	直径、间距、长度、桩底标高	混凝土强度等级、保护层厚度、钢筋强度	混凝土强度等级、保护层厚度、钢筋强度、配筋信息
				承台	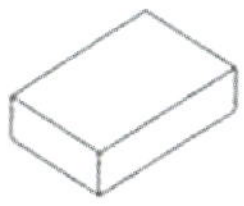	—	直径、间距、长度、桩底标高	—	混凝土强度等级、保护层厚度、钢筋强度、配筋信息、含钢量
				围护桩		直径、间距、长度、桩底标高	直径、间距、长度、桩底标高	混凝土强度等级、保护层厚度、钢筋强度	混凝土强度等级、保护层厚度、钢筋强度、配筋信息、含钢量

续表

序号	专业	建模构件/设备	构件/设备举例	要素	图示	几何信息		非几何信息	
						初步设计	施工图设计	初步设计	施工图设计
2	结构（包含区间）		桩	SMW工法桩		—	直径、间距、长度、桩底标高	—	水泥掺量、钢材编号
				钢管桩		—	直径、间距、长度、桩底标高	—	水泥掺量、钢材编号
				搅拌桩		—	直径、间距、长度、桩底标高	—	实桩水泥掺量、空桩水泥掺量、适用地层
				旋喷桩		—	直径、间距、长度、桩底标高	—	水泥掺量
				树根桩		—	直径、间距、长度、桩底标高	—	水泥掺量
			管片构造	封顶块	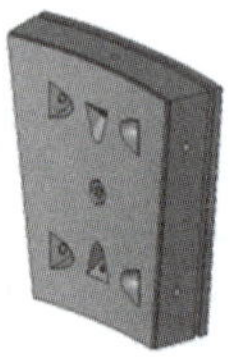	轮廓尺寸、宽度、厚度、弧度	轮廓尺寸、宽度、厚度、楔形量、环纵缝接口、吊装孔	混凝土等级、强度保护层厚度、钢筋强度	混凝土强度等级、保护层厚度、钢筋强度、配筋信息、含钢量、管片标记代号

续表

序号	专业	建模构件/设备	构件/设备举例	要素	图示	几何信息		非几何信息	
						初步设计	施工图设计	初步设计	施工图设计
2	结构（包含区间）		管片构造	邻接块		轮廓尺寸、宽度、厚度、弧度	轮廓尺寸、宽度、厚度、楔形量、环纵缝接口、吊装孔	混凝土强度等级、保护层厚度、钢筋强度	混凝土强度等级、保护层厚度、钢筋强度、配筋信息、含钢量、管片标记代号
				标准块		轮廓尺寸、宽度、厚度、弧度	轮廓尺寸、宽度、厚度、楔形量、环纵缝接口、吊装孔	混凝土强度等级、保护层厚度、钢筋强度	混凝土强度等级、保护层厚度、钢筋强度、配筋信息、含钢量、管片标记代号
			螺栓	螺栓		—	直径、长度、大样尺寸	—	性能等级
			预埋件	预埋件		—	直径、长度、大样尺寸	—	性能等级
			周边建筑物	桩基础		布置形式、尺寸、定位、桩底标高	布置形式、尺寸、定位、桩底标高	名称	名称、业主单位、建设年代、风险等级
				地面建筑	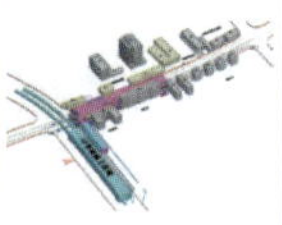	尺寸、定位	尺寸、定位	名称	业主单位、建设年代、风险等级

续表

序号	专业	建模构件/设备	构件/设备举例	要素	图示	几何信息		非几何信息	
						初步设计	施工图设计	初步设计	施工图设计
3	轨道	钢轨、接头、长枕、短枕、双块式轨枕、扣件、道床、道岔、信号标志、车挡、涂油器、道口、加强设备等	钢轨	钢轨		—	长度、断面尺寸	—	混凝土强度等级、保护层厚度、钢筋强度
			正线及配线长枕	预应力混凝土长枕	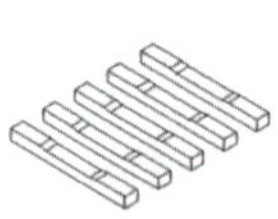	—	长度、断面尺寸	—	混凝土强度等级、保护层厚度、钢筋强度
			矩形隧道整体道床	一般地段整体道床		断面尺寸、长度	断面尺寸、长度	混凝土强度等级、保护层厚度、钢筋强度	混凝土强度等级、保护层厚度、钢筋强度
4	供电	中压开关柜、配电变压器、整流变压器、整流器、整流器柜、直流开关柜、控制柜、负极柜、交流屏、直流屏、轨电位限制装置、电缆支架、汇流排、接触线、接地母排、	主要设备	低压开关柜		几何尺寸、空间定位	几何尺寸、空间定位	—	设备名称、设备编号，设备规格型号，电气参数
				整流变压器	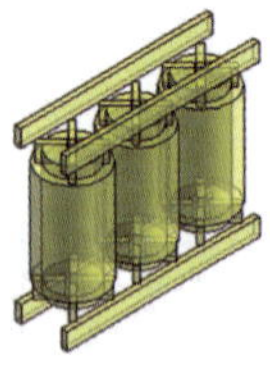	几何尺寸、空间定位	几何尺寸、空间定位	—	设备名称、设备编号，设备规格型号，电气参数
				配电变压器		几何尺寸、空间定位	几何尺寸、空间定位	—	设备名称、设备编号，设备规格型号，电气参数

续表

序号	专业	建模构件/设备	构件/设备举例	要素	图示	几何信息		非几何信息	
						初步设计	施工图设计	初步设计	施工图设计
4	供电	接地扁钢、基础槽钢等	主要设备	汇流排	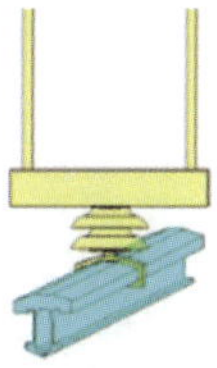	—	几何尺寸，空间定位	—	名称、编号，规格型号，电气参数，机械参数
				排流柜		几何尺寸、空间定位	几何尺寸、空间定位	—	设备名称、设备编号，设备规格型号，电气参数
				中压开关柜	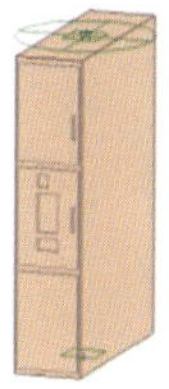	几何尺寸，空间定位	几何尺寸，空间定位	—	设备名称、设备编号，设备规格型号，电气参数
5	通信	机柜、网管、调度台、天线、电话、值班台、控制终端、枪机、球机、监视器、摄像机、广播控制盒、扬声器、显示屏、工作站、声光报警器、接地母排、管槽等	主要设备	机柜		—	外形尺寸，安装位置信息；基础的尺寸及位置	—	设备编号、名称；柜内设备参数（承包商、制造商、位置、投入使用日）
				摄像机		—	外形尺寸，安装位置信息；基础的尺寸及位置	—	设备编号、名称；柜内设备参数（承包商、制造商、位置、投入使用日）

续表

序号	专业	建模构件/设备	构件/设备举例	要素	图示	几何信息		非几何信息	
						初步设计	施工图设计	初步设计	施工图设计
5	通信		主要设备	普通电话		—	安装位置信息	—	设备编号、名称；柜内设备参数（承包商、制造商、位置、投入使用日）
				吸顶扬声器	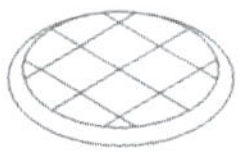	—	安装位置信息	—	设备编号、名称；柜内设备参数（承包商、制造商、位置、投入使用日）
6	信号	机柜、工作站、网络打印机、不间断电源、蓄电池、发车指示器、信号机、转辙机、计轴、信标、AP箱、桥架、管槽、工作台等	主要设备	机柜		—	尺寸，安装位置；基础的尺寸及位置	—	设备编号、名称；内设参数（承包商、制造商、位置、投入使用日期）
				网络打印机		—	外形尺寸，安装位置信息	—	设备编号、名称；设备参数（名称、编号、功率、承包商、制造商、投入使用日期）

续表

序号	专业	建模构件/设备	构件/设备举例	要素	图示	几何信息		非几何信息	
						初步设计	施工图设计	初步设计	施工图设计
7	自动售检票系统(AFC)	工作站、售票机、动售票机、检票机、机柜、管槽等	售票机	自动售票机		外形尺寸、安装位置	外形尺寸、安装位置	—	设备编号、名称；设备参数（名称、编号、功率、承包商、制造商、投入使用日期）
			检票机	标准通道进站检票机	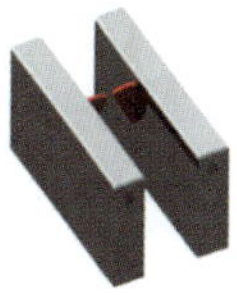	外形尺寸、安装位置	外形尺寸、安装位置	—	设备编号、名称；设备参数（名称、编号、功率、承包商、制造商、投入使用日期）
8	综合监控系统(ISCS)	机柜、工作台、室内配电屏、室外配电箱、室外防水箱、LCD显示屏、扬声器、管槽等	柜体设备	机柜		—	外形尺寸，安装位置信息；基础的尺寸及位置	—	设备编号、名称；设备参数（名称、编号、功率、承包商、制造商、投入使用日期）

续表

序号	专业	建模构件/设备	构件/设备举例	要素	图示	几何信息		非几何信息	
						初步设计	施工图设计	初步设计	施工图设计
8	综合监控系统(ISCS)		柜体设备	工作台		—	外形尺寸，安装位置信息；基础的尺寸及位置	—	设备编号、名称；设备参数（名称、编号、功率、承包商、制造商、投入使用日期）
				LCD显示屏		—	外形尺寸，安装位置信息；基础的尺寸及位置	—	设备编号、名称；设备参数（名称、编号、功率、承包商、制造商、投入使用日期）
9	火灾自动报警系统(FAS)	火灾报警控制器、模块箱、手动报警按钮、消火栓按钮、声光报警器、消防立柜、图形工作站、	柜体设备	烟感探测器	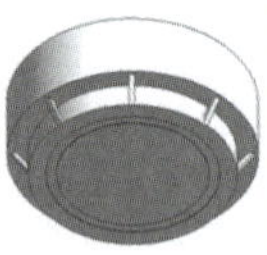	—	标高、净尺寸、安装位置	—	设备编号、名称；类型、规格
				手动报警按钮	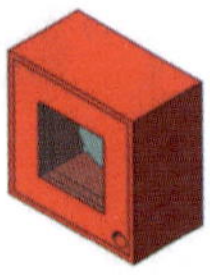	—	标高、净尺寸、安装位置	—	设备编号、名称；类型、规格

续表

序号	专业	建模构件/设备	构件/设备举例	要素	图示	几何信息		非几何信息	
						初步设计	施工图设计	初步设计	施工图设计
9	火灾自动报警系统(FAS)	消防电话主机、UPS不间断电源、打印机、消防应急广播主机、管槽等	柜体设备	声光报警	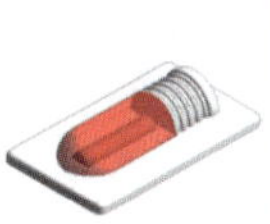	—	标高、净尺寸、安装位置	—	设备编号、名称；类型、规格
10	环境与设备监控系统(BAS)	机柜、设备远程控制柜、远程控制箱、管槽等	柜体设备	机柜	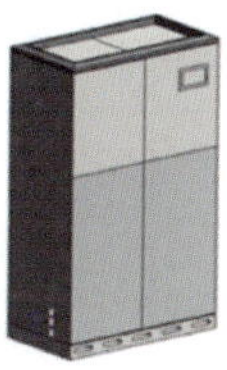	—	外形尺寸，安装位置信息；	—	设备编号、名称；类型、规格
				远程控制箱		—	外形尺寸，安装位置信息；	—	设备编号、名称；类型、规格
11	门禁系统(ACS)	机柜、就地控制器管槽等	柜体设备	机柜		—	外形尺寸，安装位置信息；基础的尺寸及位置	—	设备编号、名称；类型、规格
				读卡器	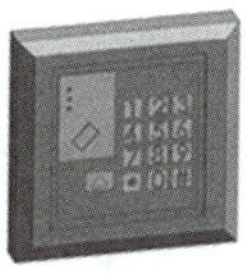	—	外形尺寸，安装位置信息；基础的尺寸及位置	—	设备编号、名称；类型、规格

续表

序号	专业	建模构件/设备	构件/设备举例	要素	图示	几何信息		非几何信息	
						初步设计	施工图设计	初步设计	施工图设计
12	动力与照明	低压开关柜、配电箱、接地端子箱、电缆桥架、金属线槽、就地控制箱、插座、开关、灯具、EPS电源柜等	低压开关柜	环控电控柜	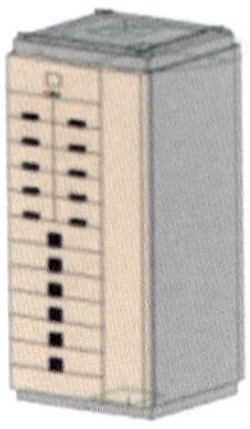	几何尺寸、安装位置	几何尺寸、安装位置，基础高度	设备编号、名称；	设备编号、名称；电压等级，柜的用途，防护等级，防爆等级，安全操作距，进出线方式
			配电箱	双电源切换箱、动力配电箱、照明配电箱等		几何尺寸、安装位置	几何尺寸、安装位置	设备编号	设备编号，电压等级，用途，防护等级，防爆等级，明/暗装，安全操作距离，进出线方式
			电缆桥架	梯形电缆桥架		外形尺寸，路由，安装高度	外形尺寸，路由，安装高度，桥架与配电柜的连接位置，直线段支吊架间距	—	桥架的材质，厚度，规格，安装方式

续表

序号	专业	建模构件/设备	构件/设备举例	要素	图示	几何信息		非几何信息	
						初步设计	施工图设计	初步设计	施工图设计
12	动力与照明		电缆桥架	槽式电缆桥架		外形尺寸，路由，安装高度	外形尺寸，路由，安装高度，桥架与配电柜的连接位置，直线段支吊架间距	—	桥架的材质，厚度，规格，安装方式
13	给排水及消防系统、气体灭火	消防泵、废水泵、稳压泵、污水提升装置、消火栓、冲洗栓、管道、弯头、闸阀、蝶阀、水表、压力表、钢瓶、喷头、警铃等	设备	水泵		水泵的外形尺寸，安装位置信息，水泵之间的间距，水泵基础的尺寸及位置	水泵的外形尺寸、泵孔的高度，安装位置信息，水泵之间的间距；水泵基础的尺寸及位置	设备编号、名称；水泵的性能参数（流量、扬程，额定功率）	设备编号、名称；水泵的性能参数（流量、扬程，额定功率），接线方式
				消火栓箱		消火栓箱的规格、安装位置信息	消火栓箱的规格、外形尺寸(长、宽、高、厚度)，安装位置信息	设备编号、名称；是否暗装	设备编号、名称；是否暗装、开门方向，接线方式

续表

序号	专业	建模构件/设备	构件/设备举例	要素	图示	几何信息		非几何信息	
						初步设计	施工图设计	初步设计	施工图设计
13	给排水及消防系统、气体灭火		管件	闸阀		闸阀的尺寸、直径	闸阀的尺寸、直径、位置安装信息	设备编号、名称	设备编号、名称、安装方式
			气体灭火	钢瓶		钢瓶的规格、容积、外形尺寸，安装位置信息	钢瓶的规格、容积、外形尺寸，安装位置信息	设备编号、名称；气体介质	设备编号、名称；气体介质，接线方式
14	通风空调系统	通风机、空调机组、风机盘管、空气净化装置、制冷机组、多联式空调机、冷却塔、水泵、补水定压装置、分集水器、风管、风管管件、风管附件、风口、水管、水管管件、水管附件等	通风机	隧道风机		设备的外形尺寸，安装位置信息	风机的外形尺寸，安装位置信息；风机扩散筒的实际尺寸信息及扩散筒开检修孔的尺寸位置信息，基础的尺寸及位置	设备编号、名称；风机的性能参数（额定风量，额定功率，风压）	设备编号、名称；正常工况气流方向示意；风机的性能参数（额定风量，额定功率，风压，转速，重量），安装方式，耐温要求，接线方式

续表

序号	专业	建模构件/设备	构件/设备举例	要素	图示	几何信息		非几何信息	
						初步设计	施工图设计	初步设计	施工图设计
14	通风空调系统		通风机	轴流式风机		设备的外形尺寸，安装位置信息	设备的外形尺寸，安装位置信息	设备编号、名称；风机的性能参数定（额定风量，额定功率，风压）	设备编号、名称；正常工况气流方向示意；风机的性能参数（额定风量，额定功率，风压，转速，重量），安装方式，耐温要求，接线方式
			制冷机组	螺杆式冷水机组	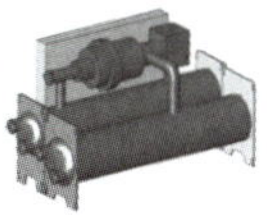	机组的外形尺寸，安装位置	机组的外形尺寸，安装位置，基础的尺寸及位置	设备编号、名称；机组的性能参数（制冷量，配电要求，蒸发器和冷凝器的水量，供回水温度等）；接管位置	设备编号、名称；机组的性能参数（制冷量、配电要求，运行重量，COP值，压缩机类型，蒸发器和冷凝器的水量，水压损失，噪声，供回水温度等）；接管位置；控制面板方向

续表

序号	专业	建模构件/设备	构件/设备举例	要素	图示	几何信息		非几何信息	
						初步设计	施工图设计	初步设计	施工图设计
14	通风空调系统		空调机组	组合式空调器		设备外形尺寸，安装位置信息;	设备外形尺寸，安装位置信息；各功能段的尺寸信息，基础的尺寸及位置	设备编号、名称；机组的性能参数（风量、余压、冷量、电机功率）；进出风口尺寸，水管连接方向	设备编号、名称；机组的性能参数（功能段、风量、余压、冷量、水量、电机功率、噪声、冷冻水进出水温、表冷器进风参数、表冷器出风参数）；进出风口尺寸，水管连接方向，接线方式
			风阀	组合风阀		外形尺寸及安装位置、执行器方向	外形尺寸及安装位置、执行器方向	设备编号、名称；风阀的耐温要求，安装方式	设备编号、名称；风阀的耐温要求，控制要求（是否与风机连锁、控制参数等信息），承压，电动风阀的执行器安装方向，安装方式

续表

序号	专业	建模构件/设备	构件/设备举例	要素	图示	几何信息		非几何信息	
						初步设计	施工图设计	初步设计	施工图设计
14	通风空调系统		风阀	70℃防火阀		示意安装位置	示意安装位置	设备编号、名称；风阀的耐温要求	设备编号、名称；风阀的耐温要求，控制要求（是否与风机连锁、控制参数等信息），承压，电动风阀的执行器安装方向，安装方式
15	自动扶梯及电梯	自动扶梯、电梯、自动人行道、楼梯升降机等	自动扶梯	自动扶梯		几何尺寸、安装位置、安装尺寸要求等	几何尺寸、安装位置、安装尺寸要求等	部件材质要求，运行要求等	部件材质要求，运行要求等
			电梯	电梯	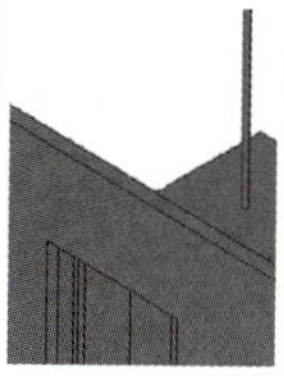	几何尺寸、安装位置、安装尺寸要求等	几何尺寸、安装位置、安装尺寸要求等	部件材质要求，运行要求等	部件材质要求，运行要求等
16	站台门	站台门门体、柜、线缆、线槽、穿管、预埋件等	站台门门体	六辆编组站台门	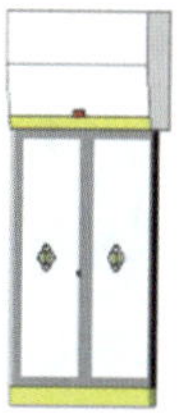	站台门长度、高度、安装尺寸要求等	站台门长度、高度、安装尺寸要求等	—	材质要求、寿命要求等

续表

序号	专业	建模构件/设备	构件/设备举例	要素	图示	几何信息		非几何信息	
						初步设计	施工图设计	初步设计	施工图设计
16	站台门		柜	PSC柜		—	长度、高度、安装位置等	—	材质要求、寿命要求等

6. *构件库管理*

按照业主及总体咨询要求，本项目的所有BIM族均需按专业类别、族版本号等分类汇存，并形成城市轨道交通BIM标准构件库，各专业BIM建模时只能采用构件库中的族进行设计。

城市轨道交通BIM标准构件库由业主委托本项目咨询单位统一管理并存储于BIM协同管理平台上，各参与设计单位通过总体咨询单位分配的操作权限进行族的调用。为确保族库的安全性，对所有入库族进行加密处理，即只能使用不能编辑或只能编辑实例参数部分。

为提高构件库的数字化管理水平，提高构件库应用效率，咨询单位将对BIM设计施工一体化协同管理平台进行二次开发，构建具有城市轨道交通BIM应用特点的参数化构件库管理系统，实现参数化构件查询、检查、加密、解密、备份等功能。

3.4 配置资源

BIM应用软件可大致分为BIM工具软件与BIM平台软件两大类，支持搭建信息化模型并利用信息进行成本估计、碰撞检查、能源分析并输出成果等软件均属于工具软件，例如：Autodesk公司的Revit软件。BIM平台软件提供信息模型数据存放平台，并附带其他工具功能，提供接口条件，有分享和互动的功能。对于多种平台的管理与协调，可实现数据管理拓展。

简而言之，BIM软件的功能就是创建模型与信息并对其进行管理与应用。在设计这个分项中，BIM软件主要指BIM工具软件，主要有图3-58所示几大类。

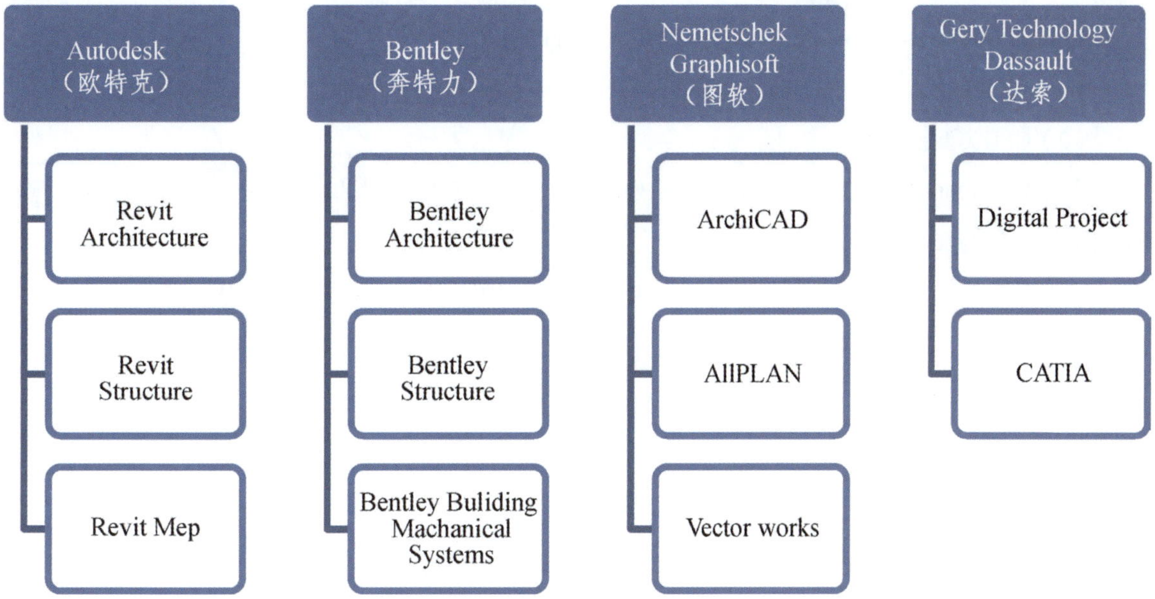

图3-58　BIM工具软件分类

在城市轨道交通设计行业，目前BIM设计软件以Revit为主，对运行配置要求也较高。以Autodesk Revit 2019为例，以下为官方要求的电脑及系统配置要求。

1）Autodesk Revit 2019最低入门配置

（1）操作系统：

Microsoft® Windows® 7 SP1 64-bit:Enterprise, Ultimate, Professional, or Home Premium

Microsoft Windows 8.1 64-bit:Enterprise, Pro, or Windows 8.1Microsoft Windows 10 Anniversary Update 64-bit （version 1607 or higher）:Enterprise, or Pro

（2）CPU类型：

单核或多核Intel® Pentium®、Xeon®或i系列处理器或支持SSE2技术的AMD®同等级别处理器。建议尽可能使用高主频CPU。

Revit软件产品的许多任务要使用多核，执行近乎真实照片级渲染操作需要多达16核。

（3）内存：

4GB。

（4）显卡：

支持DirectX® 11和Shader Model 3的显卡。

2）Autodesk Revit 2019高性价比配置

（1）操作系统：

Microsoft® Windows® 7 SP1 64-bit:Enterprise, Ultimate, Professional, or Home Premium

Microsoft Windows 8.1 64-bit:Enterprise, Pro, or Windows 8.1

Microsoft Windows 10 Anniversary Update 64-bit （version 1607 or higher）:Enterprise, or Pro

（2）CPU类型：

单核或多核Intel® Pentium®、Xeon®或i系列处理器或支持SSE2技术的AMD®同等级别处理器。建议尽可能使用高主频CPU。

Revit软件产品的许多任务要使用多核，执行近乎真实照片级渲染操作需要多达16核。

（3）内存：

8GB。

（4）显卡：

支持DirectX® 11和Shader Model 5的显卡。

3）Autodesk Revit 2019大型、复杂的模型配置

（1）操作系统：

Microsoft® Windows® 7 SP1 64-bit:Enterprise, Ultimate, Professional, or Home Premium

Microsoft Windows 8.1 64-bit:Enterprise, Pro, or Windows 8.1

Microsoft Windows 10 Anniversary Update 64-bit （version 1607 or higher）:Enterprise, or Pro

（2）CPU类型：

单核或多核Intel® Pentium®、Xeon®或i系列处理器或支持SSE2技术的AMD®同等级别处理器。建议尽可能使用高主频CPU。

Revit软件产品的许多任务要使用多核，执行近乎真实照片级渲染操作需要多达16核。

（3）内存：

16GB。

（4）显卡：

支持DirectX® 11和Shader Model 5的显卡。

对于BIM项目人员工作来说，模型体量较大，模型的各类操作较为频繁，这类人员对电脑配置的要求较高，结合官网配置要求推荐以下配置机型，基本可满足90%以上BIM项目实施，见表3-43。

表3-43 推荐机型

系统	64位 Win7 sp1以上系统
CPU	i7四代及以上，八核以上
显卡	独立显卡，显存4G以上
内存	8G以上
硬盘	500G以上机械硬盘+128G以上固态硬盘
显示器	1920×1200真彩色显示器，最高可以配到超高清（4k）显示器

随着企业对BIM技术应用的不断深入，企业对BIM应用资源的需求将越来越大，突出表现在建设企业自有模型构件库，成为企业全面深入推进BIM技术应用的重要条件和关键环节。目前在城市轨道交通主流的三维设计平台为欧特克（Autodesk）和奔特力（Bentley）。两个软件平台支持的族（构件）或元件的格式如表3-44。

表3-44 族或元件格式

序号	构件文件格式	软件平台	公司	软件版本
1	.rfa、.adsk	Revit	Autodesk	revit2015、revit2016、revit2017
2	.cel、.dgn	Microstation	Bentley	Connect版本

结合城市轨道交通项目的特点，按专业类别划分后统计，至少需要约790个构件才能支撑BIM模型的构建（详细清单如表3-45）。

表3-45 类型与族

专业	类型	族名称
车站建筑	注释、标注以及标记	多线引注、房间标记、门标记、窗标记、自助设备标记、里程注释、详图索引、断面符号、剖面符号、转折剖面符号、坡度标记、洞口标记、柱标记、尺寸标注、标高、标高（含绝对标高）、材质标注、视图标题（平面图）、视图标题（详图）

续表

专业	类型	族名称
车站建筑	家具设施	座椅、凳子、转椅、办公桌、办公桌（带抽屉）、文件柜、单人床、双人床、更衣休息凳、更衣梳妆镜、更衣柜、更衣柜（双层）、地柜、会议桌、会议室显示器、三维投影屏、水槽、水槽（多槽）、电开水器、边桌、冰箱、吊柜、微波炉、消毒橱柜
	卫浴设施	厕所隔断、蹲式便器、坐便器、坐便器（带台阶）、厕所梳妆镜、洗手池台盆、洗手池台盆（多个）、小便斗、拖布池、厕所隔断门、无障碍扶手、淋浴喷头、拖把、漏斗
	门窗	钢结构无门槛防护密闭门、钢结构无门槛密闭门、钢结构防护密闭门、钢结构活门槛防护密闭门、钢结构活门槛密闭门、临空墙防护密闭封堵板、清洁式进风防护密闭门、进风机密闭门、清洁式排风防护密闭门、排风机密闭门、区间隔断防护密闭门、钢结构活门槛双向受力防护密闭门、出入段线防护密闭门、出入段线密闭门、A类隔热防火门（单扇）、A类隔热防火门（双扇）、钢质防护门（单扇）、钢质防护门（双扇）、钢质密闭门（单扇）、防火防盗门（单扇）、防火防盗门（双扇）、A类隔热隔声防火门（单扇）、A类隔热隔声防火门（双扇）、屏蔽门滑动门、屏蔽门固定门、屏蔽门端门、防火观察窗
	土建其他设施	扶梯吊钩、人防吊钩、吊钩（平剖显示）、预埋钢板、预埋套管、套管（二维）、地漏、垂直电梯（室内）、垂直电梯（室外）、自动扶梯、安检设备、票务中心、闸机进出指示、自助设备、排水沟、横截沟、离壁墙、墙面凹槽、检修盖板、检修人孔、吊装孔盖板、吊装孔、扶梯支撑、屏蔽门预埋件、装配式商铺、构造柱
	栏杆	A型分隔栏杆、A型排队栏杆、A型防护栏杆、A型栏杆工作门、B型公共区室内楼梯栏杆、B型公共区室外楼梯栏杆、C型高架站栏杆、D型高架站天桥栏杆、E型敞口出入口周边栏杆、E型下沉式冷却塔周边栏杆、楼梯中间分割栏杆（双杆）、残疾人坡道栏杆、出入口墙面扶手、下轨楼梯边栏杆
	装修其他设施	天花龙骨（主、次龙骨）、风口带、天花栅格、地面石材、地面石材分隔缝、导盲带行进带、导盲带止步带、地面蓄光型疏散指示标志、楼梯蓄光型疏散指示标志、墙面蓄光型疏散指示标志、干挂石材、绝缘带、静电地板、静电地板支撑、A型票亭、B型票亭、C型票亭、D型票亭、E型票亭、广告灯箱、电子刷屏、垃圾桶、车站座椅、出入口雨棚、条形灯具、踢脚
车站结构	结构柱	混凝土矩形柱、混凝土圆柱、混凝土异形柱、格构柱–四肢角钢、格构柱–双拼工字钢、格构柱–双拼槽钢、钢管柱、钢管混凝土柱、型钢混凝土柱

续表

专业	类型	族名称
车站结构	梁	框架梁、暗梁、边梁、混凝土冠梁、混凝土腰梁、钢腰梁、混凝土连梁、钢连梁、压顶梁、托换梁、腋角、格构梁、疏散平台混凝土梁、疏散平台钢梁
	墙	外墙、内隔墙、风阀墙、人防墙、挡土墙、防渗墙
	板	顶板、中板、底板、站台板、夹层板、设备基础、疏散平台砼板、疏散平台复合材料板、
	撑	砼支撑、钢支撑、锚杆、锚索
	地连墙	一字形、L形、Z形、T形、导墙
	浅基础	独立基础、条形基础、筏板基础
	桩	工程桩、抗拔桩、承台、围护桩、钢板桩、SMW桩、钢管桩、搅拌桩-单轴、搅拌桩-双轴、搅拌桩-三轴、旋喷桩、树根桩、挤密砂桩、预应力管桩、CFG桩
	防水	防水卷材、防水涂料、止水带、止水条、接水槽、密封胶、挡水坎、软木衬垫、粘结剂、止水胶、橡胶圈、止水钢环、防水保护层
区间结构	管片	标准环管片、通用环管片、特殊管片、矩形混凝土管节、矩形钢管节、圆形混凝土管节、圆形钢管节
	桩	围护桩、钢板桩、SMW桩、钢管桩、搅拌桩-单轴、搅拌桩-双轴、搅拌桩-三轴、旋喷桩、工程桩、树根桩、预应力管桩、CFG桩、挤密砂桩
	墙	一字形连续墙、L形连续墙、Z形连续墙、T形连续墙
		挡土墙、人防墙
	梁	框架梁、暗梁、边梁、钢结构横梁、钢结构纵梁、托换梁、混凝土冠梁、混凝土腰梁、钢腰梁、混凝土连梁、钢连梁、压顶梁
	柱	格构柱-四肢角钢、格构柱-双拼工字钢、格构柱-双拼槽钢、钢管柱、降水井、混凝土矩形柱、混凝土圆柱、混凝土异形柱、钢管混凝土柱、型钢混凝土柱、钢结构立柱、系缆柱
	基础	独立基础、条形基础、筏板基础
	支撑	混凝土支撑、钢支撑、锚杆、锚索

续表

专业	类型	族名称
区间结构	其他	注浆管、回灌井、檩条、止水带、止水条、接水槽、密封胶、钢架格栅、钢架型钢、锁口圈、导管、管棚、螺栓、预埋件、橡胶帘布、钢环板、预埋钢板、钢套筒、混凝土箱、止水条、管沟、排水沟、防护网、剪切键预埋件、舾装设备、绞缆设备、导向架、鼻托、土钉、临时围堰、混凝土沉箱、钢板、基床、端封门、水箱、测量塔、人孔、锚块、碎石、支撑垫块、混凝土剪切键、钢剪切键、橡胶支座、接头钢索、钢端壳、阀门、腋角、吊钩、钢板、钢结构埋件、土工布、挡水坎、土工格栅
桥梁	上部结构（常规混凝土桥梁）	单线桥箱梁节段（实心段、标准段、变化段）、双线桥箱梁节段（实心段、标准段、变化段）
	上部结构（常规钢结构桥梁）	组合截面（标准段、横隔梁）、钢箱梁（标准段、横隔梁）
	上部结构（特殊结构）	钢桁架梁、分体式钢箱梁、钢拱肋
	下部结构（常规结构）	花瓶墩、柱式墩、门式墩、盖梁、桩基、承台、桥台、桩基检测管
	下部结构（特殊结构）	桥塔（混凝土）、锚碇、桥塔（钢）
	预应力结构	顶板束、腹板束、底板束、平行钢丝斜拉索、钢绞线斜拉索、悬索桥主缆、吊杆、锚具、锚垫板
	钢筋大样	异形墩钢筋族、桩扩头渐变螺旋钢筋族
	附属	声屏障、挡板、疏散平台、支座、支座垫石、防撞墙、栏杆、伸缩缝、防落梁措施防雷接地、维养通道、限高钢架、防撞护舷
	支护结构	钢板桩、支护桩、钢板桩支撑
通风空调	机械设备	通风机、空调机组、风机盘管、空气净化装置、制冷机组、多联式空调机、普通单元式空调机组、房间空气调节器、专用单元式空调机组、热泵、锅炉、单元式热水设备、燃气红外线供暖装置、换热设备、蓄热、蓄冷装置、燃气冷热电三联供、循环水处理设备、冷却塔、冷冻水泵、冷却水泵、补水、定压装置、分水器、集水器、除污器（过滤器）

续表

专业	类型	族名称
	风管	矩形风管、圆形风管、椭圆形风管
通风空调	风管管件	风管弯头、风管接头、风管三通、风管四通、风管变径、风管堵头、天圆地方、静压箱、软接
	风道末端	送风口、回风口、排风口、变风量末端
	风管附件	风阀、消声器
	水管	金属给水管、塑料给水管、复合管
	水管管件	水管弯头、水管三通、水管四通、水管接头、水管堵头
	水管附件	阀门、仪表、控制元件
	其他附件	防排烟系统建筑部品
	防腐与保温	管道与设备绝热材料、管道与设备防腐材料
	噪声与振动控制	吸声减噪材料和构造、隔声设施、设备隔振设施、管道隔振设施
	支吊架	支架、吊架
给排水及消防	机械设备	潜水泵、消防泵、成套压力消防给水设备、污水密闭提升装置、无负压变频一体化给水设备、水箱、电热水器、电开水器
	水管	球墨铸铁管、不锈钢管、热浸镀锌钢管、焊接钢管
		无缝钢管、聚乙烯（PE）管、聚丙烯（PP）管、涂塑复合钢管、衬塑复合钢管、钢塑复合压力管、硬聚氯乙烯（PVC-U）实壁管材、建筑排水用高密度聚乙烯（HDPE）管
	水管管件	水管弯头、水管三通、水管四通、水管接头、水管堵头
	水管附件	阀门、仪表、控制元件、管道伸缩器、金属软管、橡胶软接头、压力表、管堵、水龙头、冲洗阀
		地漏、雨水斗、生活给水过滤器、水箱自洁消毒器
	消防设施	消火栓箱、消火栓口、水龙带箱、移动灭火器、喷淋头、气体灭火气瓶组、气体灭火喷头、气体灭火控制盘
	保温	管道保温材料、电伴热保温装置
	支吊架	支架、吊架

续表

专业	类型	族名称
轨道	结构构件—轨道部件	长枕、短枕、双块式轨枕、岔枕、圆形隧道整体道床、矩形隧道整体道床、马蹄形隧道整体道床、地下线道岔区整体道床、高架线普通整体道床、高架线道岔区整体道床、无减振车辆段停车场道床、有减振车辆段停车场道床、地下线车辆段停车场道岔区整体道床
	结构构件—附属设备	预制混凝土板道口、现浇混凝土整体道口、橡胶道口板道口
	系统机械设备—轨道部件	P60钢轨、P50钢轨、P60–P50异形钢轨、双层非线性减振扣件、单趾弹簧扣件、WJ-2A扣件、单趾弹簧小阻力扣件、P50弹条Ⅰ型分开式扣件、P60钢轨弹条Ⅰ型分开式扣件、弹条Ⅰ型扣件、Lord扣件、科隆蛋扣件、道岔区扣件、先锋扣件、5号单开道岔、5号道岔5m交渡、5号道岔4.6m交渡、7号单开道岔、7号道岔5m交渡、7号道岔4.6m交渡、9号单开道岔、9号道岔5m交渡、9号道岔4.6m交渡、12号单开道岔、12号道岔5m交渡、12号道岔4.6m交渡
	系统机械设备—附属设备	固定式车挡、液压缓冲移动式车挡、月牙式车挡、混凝土车挡、摩擦式车挡、DPII-60型防脱新型护轨、DPⅢ-60型防脱新型护轨、单向伸缩调节器、双向伸缩调节器道口、轨距拉杆、轨撑、涂油器
	系统机械设备—线路标志	里程表、曲线要素标、百米表、限速与取消限速标、停车位置标、制动起点标、道岔编号标、进站预告标、警冲标、坡度标
站场	道路	人行道、7m宽标准道路横断面、4m宽标准道路横断面、路缘石大样图
	排水	排水沟、排水沟盖板、排水圆井、排水方井、雨水篦子、雨水管
	标志标线	道路标线（边线）、道路标线（中心线）、道路导向箭头、道路交通标志牌
	围蔽	围蔽
通信系统	机柜类	PIS设备机柜、UPS输出配电箱、监控设备机柜、住户配线箱
	监控设备	壁装摄像机、吸顶半球摄像机、吊杆半球摄像机、云台摄像机、室外云台摄像机、室内枪机、室外枪机、摄像监控器
	PIS设备	车站PIS显示屏
	计算机网络及公务电话	电话插座、数据插座、地插、双孔插座
	布线工程	电缆桥架、电缆桥架配件、线管、线管配件、支架、吊架、分线盒

续表

专业	类型	族名称
信号系统	机柜类	ATS接口机柜、ATS数据库机柜、ATS网络机柜、MSS服务器机柜、ODF配线架、防雷箱、分线柜、接口柜、联锁机柜、线路控制器机柜、区域控制器机柜、组合柜
	轨旁设备	壁装摄像机、吸顶半球摄像机、吊杆半球摄像机、云台摄像机、室外云台摄像机、室内枪机、室外枪机、摄像监控器
	电源设备	UPS、电池柜、电源屏
	布线工程	电缆桥架、电缆桥架配件、线管、线管配件、支架、吊架
综合监控系统	机柜类	12位模块箱、2位模块箱、火灾报警接线箱、消防立柜、BAS控制柜、BAS远程控制箱、综合监控设备柜、UPS柜
	探测器	防爆型复合感烟感温火灾探测器、点型可燃气体探测器、防爆型感温火灾探测器、点型复合感烟感温火灾探测器、烟感器、温感器、防爆型光电感烟火灾探测器、红外光束烟感探测器、线型光束感烟火灾探测器、安检机器、温湿度传感器、温度传感器、压力传感器、流量传感器、压差传感器、二氧化碳浓度传感器
	报警设备	消火栓起泵按钮、消防广播、消防风机箱、输入模块、输出模块、声光报警器、警铃、隔离模块、单输入模块、单输入单输出模块、消防电话插孔、带火灾电话插孔的手动报警按钮、残卫紧急求救声光报警器、残卫报警复位按钮、残卫报警按钮、报警闪铃、E-可燃气体（气体灭火）报警控制器
	控制设备	IBP盘、残卫报警控制器、区域火灾报警控制器
	布线工程	电缆桥架、电缆桥架配件、线管、线管配件、支架、吊架
自动售检票系统	机柜类	AFC设备柜
	售票机/验票机	自动售票机、自动验票机
	检票机	标准通道自动检票机左端机、标准通道自动检票机中间机、标准通道自动检票机右端机、宽通道自动检票机左端机、宽通道自动检票机中间机、宽通道自动检票机右端机
	布线工程	电缆桥架、电缆桥架配件、线管、线管配件、支架、吊架、分线盒
门禁系统	机柜类	门禁设备柜
	设备类	对讲机、读卡器、带键盘读卡器、可视对讲室内机、可视对讲门口机
	布线工程	电缆桥架、电缆桥架配件、线管、线管配件、支架、吊架

续表

专业	类型	族名称
低压配电	配电设备	开关柜、配电箱、EPS应急电源柜、UPS电源柜
	照明设备	荧光灯、筒灯、LED灯、安全照明灯、指向指示灯、翘板开关
	接地设备	接地端子箱、等电位接地端子箱
	其他设备	插座、接线盒、熔断器
	线缆材料	电线、电缆、密集母线
	支撑系统材料	桥架、支架、线槽、穿管
	防雷接地材料	扁钢、扁铜、预埋钢板
自动扶梯、电梯、站台门	自动扶梯	桁架、中间支撑、梯级、预埋钢板、吊钩
	电梯	轿厢、控制盒、曳引机、预埋钢板、吊钩
	站台门	滑动门、固定门、应急门、端门、门机、立柱、IBP盘、控制柜
供电	电气设备	交流开关柜、直流开关柜、整流变压器、配电变压器、负极柜、钢轨点位限制装置、回馈装置、交直流盘、排流柜、隔离开关、分段绝缘器、静调电源柜、带电显示装置、氧化锌避雷器、均流箱、回流箱、汇流排、电连接
	机械部件	线岔、吊弦、接触轨安装、柔性接触网安装、刚性悬挂系统、钢铝复合轨、刚柔过渡元件、膨胀元件、接触线、硬铜绞线
	电气附件	端子、扁钢、预埋件
	电气监测元件	传感器、转接器、监测装置、参比电极
	电缆	直流电缆、交流电缆
	穿管	镀锌钢管、PVC管
	支吊架	支架、吊架
接触网	汇流排	汇流排
	支吊架	支架

3.5

应用资源

3.5.1 BIM资源库管理软件

当前轨道交通工程设计、施工、运维由基于传统的二维信息向以BIM应用为主的三维信息转型之时，如何保障工作效率，如何对模型构建进行规范化管理成为企业关注的焦点。轨道交通资源库需要根据轨道交通行业设计和业务需求，对模型文件进行集中存储共享与调用，实现对模型文件的规范化管理，项目参与人员可以按照不同权限使用项目的模型文件，通过管理、浏览、上传、编辑、下载等功能，优化从查找模型到编辑、下载模型的操作流程，使项目参与人员更加简单快捷地进行操作，从而提高管理效率，保障项目模型管理的规范性与完整性。

一般来说，资源库的使用应满足按目录查询、快速查询、方便读取、上传和下载等使用要求。而模型的存取结构应灵活，便于用户从不同维度查询和调用模型。因此，模型的管理规则既要满足项目管理的需求，也要满足参与单位管理需求、软件分类管理需求、模型深度管理需求等，用系统的管理规则，规范用户对模型的上传、下载、调用等操作。

资源库的权限也是资源库平台一个很重要的功能。资源库设计的用户角色较多，而不同角色的用户，或者同一角色不同用户的权限设置也不一样。因此，权限管理须满足按角色设置，同一角色不同用户对项目权限的设置，同一项目的模型操作权限设置。权限设置的颗粒度须把控好：若权限设置颗粒度太细，则会造成操作复杂；若权限设置颗粒度过于大，则起不了权限控制的作用。

在BIM应用和实施过程中，企业级构件、标准模型、模型组等资源的数量和质量是决定企业能否顺利实施BIM的核心环节之一，足够数量的高质量BIM资源是BIM推广过程中实现标准化的必备条件；同时，如何让工程和设计人员方便、简洁地使用BIM资源，是提高BIM工具使用效率的一个关键因素。资源库管理系统解决了构件文件、标准模型、模型组等资源在管理和控制上存在的局限性，为企业提供高质量的BIM资源文件，适应操作人员的使用习惯，有效提高BIM技术使用效率。

资源库管理系统特点如下：

（1）强大的企业级权限管理系统，实现分部门，分专业控制的权限控制。

（2）灵活、强大的资源管理及审核功能，方便快速建立资源库。

（3）与三维设计软件无缝集成，实现在用户在三维建模时直接调用族文件。

（4）二维图例与资源文件动态映射关联。

（5）多视图的资源库管理方式，支持快捷方式视图，无须一构件多存。

（6）独有的参数混淆加密技术。

（7）参数规格数据与资源文件分离。

（8）BIM资源文件支持链接外部文档，支持资源文件全信息存储和展示。

（9）无须进入编辑环境快速查看BIM资源文件。

（10）动态添加BIM资源文件参数。

3.5.2 功能设计规划

在城市轨道交通建设生命周期中，有多个项目参与单位，而各个参与单位的建模环境、协同环境等均不相同。如何让项目各个参与方在统一的环境下实现模型的交付与传递、共享成为资源库一个很重要的需求。同时，由于参与方多、模型量大等特点，规范来自各个单位的模型，更显得尤为重要。

1. BIM资源管理

可以对不同专业的资源文件进行分别的管理，软件默认带有建筑、暖通、给排水、电气、系统等规定交通工程所有专业分类，用户可以在其中进行新增自己的类别，增加自己的BIM资源文件，编辑规格等操作。如图3-59所示。

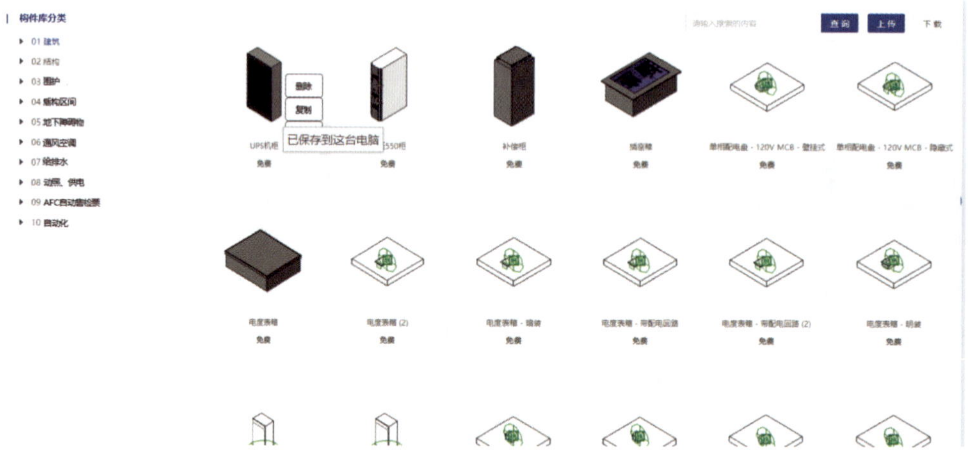

图3-59 资源库管理界面

（1）BIM模型库管理。可以对不同专业的模型库分包进行管理，用户可以通过各个专业的模型库中的模型直接载入项目模型，成为项目模型的一部分。

（2）BIM资源文件编辑。支持对构件、标准模型、模型组等BIM资源文件的编辑。可支持参数编辑、关联附件等。如图3-60所示。

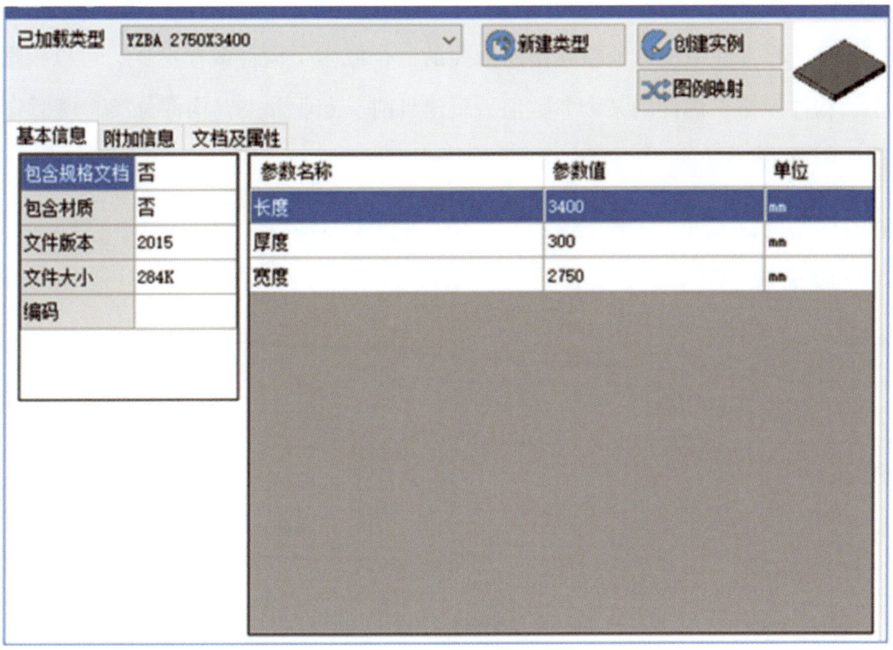

图3-60 构件编辑界面

（3）二三维联动。二维图例与构件动态映射关联；二维图纸与三维模型的联动。可以通过查看标准模型模块，同时关联到标准模块的相应图纸。

（4）为使用者、创建者提供存取控制的渠道，以及不同级别颗粒度模型的读取/写人创建的功能。

（5）让使用者、创建者与项目相关联，让他们的参与、存取和行为可以追踪并与工作流程相协调。

（6）BIM资源库与本地软件环境集成，本地软件环境直接访问BIM资源库，在设计的时候能够直接调用BIM资源库里面的构件或者标注模型组生成项目文件。

（7）读取、存储和写入平台的所有资料模型，以及其他各种BM工具软件使用的衍生资料模型。

（8）支持不同格式的构件或BIM模型在线浏览。

（9）读取、存储和写入用开放标准建模的资料模型，用于一些交换性工作流程及项目管理。

（10）支持模型或构件非几何数据的读取与存储，用于项目运营阶段。

（11）支持模型与企业的协同办公平台对接，业主通过协同办公平台能浏览资源库中的族或模型。

（12）平台构件库管理支持多种主流软件格式，每个族或模型支持.ifc标准格式和构件原格式的在线管理。

（13）BIM资源文件支持离线查看：可支持离线查看构件、标准模型组等BIM资源文件。

2. BIM资源库查询

在大量的BIM资源文件中快速地检索出所需要的一个或多个构件或模型族，可以根据BIM资源文件名称关键字、构件规格、构件的某个参数值、新建日前、专业分类、构件分类、模型分类等方式进行检索。如图3-61所示。

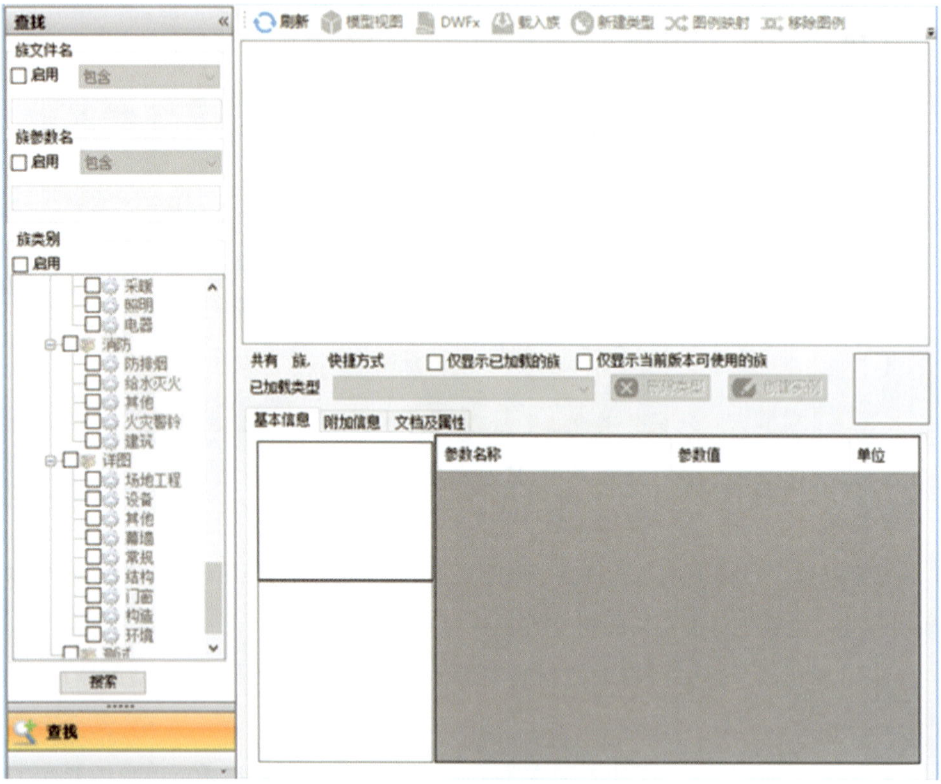

图3-61　构件查询界面

3. 权限管理

对使用资源库的人员所拥有的权限进行管理，有默认的系统管理员，系统管理员可以对使用族库的人员分配查看、编辑、删除等操作权限，其他人员只能进行查看和使用。具体权限管理功能见能力层权限中心服务。

4. BIM资源文件编码

根据既定的编码规则，对于每个入库的构件或标准模型组均给与唯一编码。

5. 版本管理

支持构件文件、模型文件的版本管理，能够查看历史版本的详细信息，多个版本进行对比，包括参数类型对比、参数值对比、模型对比等多维度对比分析。对于历史版本，可对多个历史版本进行对比，并且差异的地方高亮显示。

对于新增版本，发布版本前需通过流程审批。流程应用功能详见能力层流程中心服务。

参考文献

[1] 张波，孙希波，霍滨，等. 城市轨道交通工程BIM实施体系研究［J］. 土木建筑工程信息技术，2019，11（4）：63-70.

[2] 陈炫江，黄先健. 地铁车辆段项目BIM设计实施标准研究［J］. 智能城市，2019，5（18）：30-31.

[3] 孙希波，张波，张志伟. 城市轨道交通工程BIM总体管理模式研究［J］. 隧道建设（中英文），2019，39（z1）：50-56.

[4] 王凯，王春风. 地铁风水电安装碰撞检测中BIM技术的应用［J］. 中国设备工程，2019（4）：98-99.

[5] 中华人民共和国住房和城乡建设部办公厅. 城市轨道交通工程BIM应用指南［OL］. http://www. mohurd. gov. cn/wjfb/201805/t20180531_236262. html.

[6] 上海市城乡建设和管理委员会. 上海市建筑信息模型技术应用指南（2015版）［J］. 上海建材，2015（5）：5-12.

[7] 罗平，王辉，高银鹰，等. 北京地铁19号线BIM总体管理体系研究及在典型工点的示范应用［J］. 土木建筑工程信息技术，2018，10（5）：38-45.

[8] 李函，周风帆. BIM技术在城市轨道交通全生命周期中的应用［J］. 建筑工程技术与设计，2018（25）：3852.

[9] 陈丽娟. 基于BIM的工程施工质量管理研究［D］. 武汉：华中科技大学，2015.

[10] 董政民. 支持BIM应用的建筑设施编码体系研究［J］. 土木建筑工程信息技术，2014，6（5）：107-111.

[11] 祝嘉. 基于GIS的城市轨道交通全生命期信息化体系研究［D］. 南京：东南大学，2009.

[12] 广州地铁集团有限公司. 城市轨道交通基于建筑信息模型（BIM）的设备设施管理编码规范：DBJ/T15-161-2019［S］. 广东：广东省住房和城乡建设厅，2019.

[13] 沈小兵. 地铁运营施工管理系统的设计与实现［D］. 苏州：苏州大学，2015.

[14] 范礼乾. BIM技术在城市轨道交通工程设计中的应用研究［C］. 中国土木工程学会轨道交通分会、中国工程院土木、水利与建筑工程学部、河南省土木建筑学会. 2017中国城市轨道交通关键技术论坛暨第26届地铁学术交流会论文集. 中国土木工程学会轨道交通分会、中国工程院土木、水利与建筑工程学部、河南省土木建筑学会：中国土木工程学会，2017：233-240.

[15] 史聪灵，钟茂华，胥旋，等. 某地铁车站站台现场火灾烟气实验［C］. //东北大学. 2012

（沈阳）国际安全科学与技术学术研讨会论文集．2012：393-398.
[16] 祝强文．地铁车站管线综合设计优化 [J]．有色冶金设计与研究，2015，36（6）：55-56，63.
[17] 姜涛，周强．地铁车站二维及三维综合管线设计浅议 [C]．//湖北省土木建筑学会、湖北省制冷学会．2015年湖北省暖通空调制冷及热能动力学术年会暨湖北省暖通年会论文集．2015：542-545.
[18] 李娜．综合管线平衡技术在机电安装工程中的应用 [J]．装饰装修天地，2018（23）：373.
[19] 何伟斌．地铁车站设备工程特点、重点难点分析及施工管理注意事项 [J]．安装，2015（11）：17-21.
[20] 苏磊．地铁车站机电安装工程综合管线施工浅析 [J]．中国房地产业，2018（6）：183-184.
[21] 李俊．BIM技术在轨道交通工程中的应用 [D]．天津：天津大学，2016.
[22] 党挺．地铁车站综合管线设计注意问题 [J]．铁道建筑技术，2012（z2）：48-50.
[23] 胡建国，陈宏．地铁车站综合管线设计浅析 [J]．隧道建设，2005，25（6）：15-16，24.
[24] 中华人民共和国住房和城乡建设部．GB50157-2013地铁设计规范 [S]．北京：中国建筑工业出版社，2013.
[25] 航天云网科技发展有限责任公司．AII/001-2018工业互联网平台接口模型规范 [S]．北京：工业互联网产业联盟，2018.
[26] 于忠庆．DC元数据语义原理及其中文本地化研究 [D]．北京：中国科学技术信息研究所，2008.
[27] 康英杰．RevitMEP在暖通上的应用 [J]．建筑工程技术与设计，2016（16）：3414.
[28] 王民治．BIM技术在城市轨道交通设计中的应用研究 [J]．科学家，2017，5（4）：91-92.

第4章

城市轨道交通BIM协同设计

4.1

协同设计概念

随着科学技术的不断发展，协同设计已成为目前设计行业技术更新的重要方向之一，是工程技术发展的必然趋势。通过统一的协同设计平台，一方面能够建立统一的设计标准，包括图层、颜色、线型、线宽等，另一方面能够有效减少各专业之间因沟通偏差导致的错、漏、碰、缺以及图纸不一致等设计问题，极大提高设计质量。协同设计逐渐拓展至项目进度管控、人员管理、成本控制、图文归档等工程项目的方方面面，即发展为所谓的BIM-4D、BIM-5D协同设计，从而大大降低工程成本，实现工程项目数字化、智慧化管理。

广义的BIM协同设计一般指通过一定的方式实现工程项目全生命周期中同一角色内部协作或不同角色之间协作以及不同工程阶段之间协作。同一角色内部协作指同一角色内部流程的运作，例如设计、校核、审核、审定的流转；不同角色之间协作包括建筑、结构、通风空调、给排水、系统设计等不同专业角色之间的提资、会签等或者设计、施工、监理、业主、供应商等不同主体角色之间的工作配合等；不同工程阶段之间协作指轨道交通工程设计、施工、建造、运维各阶段之间的协同工作。

而狭义的BIM协同设计一般指工程项目设计阶段不同设计环节中各专业间的协作。本章节主要介绍城市轨道交通工程设计阶段的BIM协同设计。城市轨道交通主要设计阶段如表4-1，城市轨道交通设计阶段主要参与角色如表4-2，城市轨道交通主要设计专业如表4-3。

表4-1 城市轨道交通主要设计阶段

序号	设计阶段	备注
1	工可设计	
2	初步设计	
3	招标设计	

续表

序号	设计阶段	备注
4	施工图设计	
5	施工配合设计	

表4-2 城市轨道交通设计阶段主要参与角色

序号	参与角色	备注
1	设计	
2	设计总体	含总包管理
3	咨询	
4	强审	
5	监理	
6	施工单位	
7	供应商	材料、机电设备等
8	甲方（业主）	
9	行政审批机构	包括规划、民防、消防等图纸审批机构

表4-3 城市轨道交通主要设计专业

序号	专业名称	备注
1	行车组织	
2	车辆	
3	限界	
4	线路	
5	轨道	
6	路基	
7	车站建筑	
8	高架结构	
9	地下结构	

续表

序号	专业名称	备注
10	工程防水	
11	通风空调	
12	给排水	
13	供电	
14	通信	
15	信号	
16	自动售检票系统	
17	火灾自动报警系统	
18	综合监控系统	
19	环境与设备监控系统	
20	乘客信息系统	
21	门禁	
22	控制中心	
23	电、扶梯	
24	站台门	
25	车辆基地	
26	防灾	
27	环境保护	
28	车站装修（含导向设计）	
29	人防	
30	低压配电与照明	
31	综合管线	
32	区间结构	
33	站场	
34	经济概算	

续表

序号	专业名称	备注
35	工程测量与工程地质	
36	其他房屋建筑	
37	工程筹划	
38	防淹门	
39	主变电站	
40	劳动安全与卫生	

注：由于轨道交通设计专业众多，不同的项目应根据具体的项目特点、设计工作组织情况、BIM技术水平等诸多因素确定参与协同设计的专业，当前一般建议如下：建议建筑、结构、风水电专业作为联系最紧密的专业，必须协同设计。区间结构、供电、通信、信号、自动售检票系统、火灾自动报警系统、综合监控系统、乘客信息系统、电、扶梯、站台门专业应参与协同设计。其他专业则需根据自身BIM的发展情况尽量参与协同设计。

4.2 协同设计方式

目前城市轨道交通设计阶段BIM技术应用主要采用欧特克系列软件（即A平台），其协同设计主要采用两种方式，一是使用“中心文件”协同设计，二是采用“链接”的方式进行协同设计。对于参与专业较多、工程复杂、体量大、建模深度要求高的项目，考虑到目前硬件的通用水平及部分BIM软件的特点，宜采用第二种方式。

“中心文件”协同设计是指不同设计专业使用同一个中心文件分别创建各自的本地副本，各专业在各自的副本文件上进行操作，并保持与中心文件同步。“中心文件”协同设计可以保证项目的设计质量，保证大家的模型与图纸都是完全一致的，完美地解决设计过程经常出现的图纸不一致、错漏碰缺等问题，但它却有一个致命的问题——可能会效率低。

“中心文件”协同设计会导致模型文件过大、卡顿明显，操作过程就会耗费大量时间（尤其是大型的、复杂的工程项目）。若其中某专业进行同步，其他专业则无法同步。假设一台破旧的电脑在同步，其他设备再高端也只能等待，这可能会浪费大量时间。再者，因为所有专业使用一个中心文件，中心文件被操作的次数增多，中心文件更容易崩溃，一旦如此就会浪费大量时间。众所周知，轨道交通工程一般都是多个单位协作一个项目，一旦采用同一个中心文件，就需要搭建统一的、稳定的支撑平台，这本身就是一个复杂的、耗费大量时间的工作。

基于以上原因，出现了“链接”协同设计方式。采用“链接”协同设计，可根据工程实际需求对整体模型进行拆分建模再链接整合，保证工作的流畅性、便捷性等，虽然它可能会带来一定的不同步、不一致以及其他一些操作问题。根据当前城市轨道交通设计阶段BIM协同设计应用的实际使用情况，对复杂的或者建模深度要求高的工程可结合两种协同方式，即土建（建筑、结构）使用一个“中心文件”协同、机电（风、水、电）使用一个“中心文件”协同、系统（供电系统、通信、信号、AFC等）使用一个“中心文件”协同，而三者之间采用“链接”方式协同设计。如表4-4所示。

表4-4　城市轨道交通设计阶段协同方式

序号	设计阶段	协同方式	备注
1	工可设计	中心文件	
2	初步设计	中心文件	
3	招标设计	中心文件或“链接”	根据实际图纸深度要求确定
4	施工图设计	“链接”	
5	施工配合设计	“链接”	

4.3

协同设计流程

BIM协同设计目的是实现各设计专业线上交流、修改，提高设计质量。由于城市轨道交通工程涉及的专业非常多，若要确保协同设计高效、有序地进行就必须明确各专业的在BIM协同设计过程中的角色分工、权限和职责，不能有任何模棱两可的状态，即在项目BIM技术实施之前就必须统一规定好很多细节问题。

以广州地铁设计院《BIM协同设计标准》企业标准为例，该《标准》根据城市轨道交通工程的特点，对轨道交通工程设计阶段BIM协同设计的方方面面做了统一规定。包括不同专业建模分工的界面，例如建筑专业创建中心文件、轴网、标高、普通隔墙、装修等，风水电专业创建各自的孔洞、基础、管线等。包括建模的流程管理，例如建筑专业创建初始文件后开放结构，完善土建模型后再开放给机电（风水电）专业、建筑、结构、风水电继续完善后在开放给系统专业。该《标准》还明确在模型创建、流转的过程中各专业资料互提的深度、时间、权限收放等问题。

当前BIM技术在城市轨道交通设计阶段的应用主要集中于初步设计与施工图设计阶段。但考虑到不同城市、不同单位的工作流程存在一定的差异，BIM技术应用水平、BIM企业标准也各不相同，且国内并不存在标准的城市轨道交通设计阶段BM协同设计工作流程。本书结合广州地铁、厦门地铁、长沙地铁、深圳地铁等国内城市轨道交通BIM技术应用、推广较好的城市的BIM技术实施实际经验，针对城市轨道交通设计阶段提供一条轨道交通工程设计阶段BIM协同设计参考流程，以供读者探讨、总结、优化。如图4-1所示。

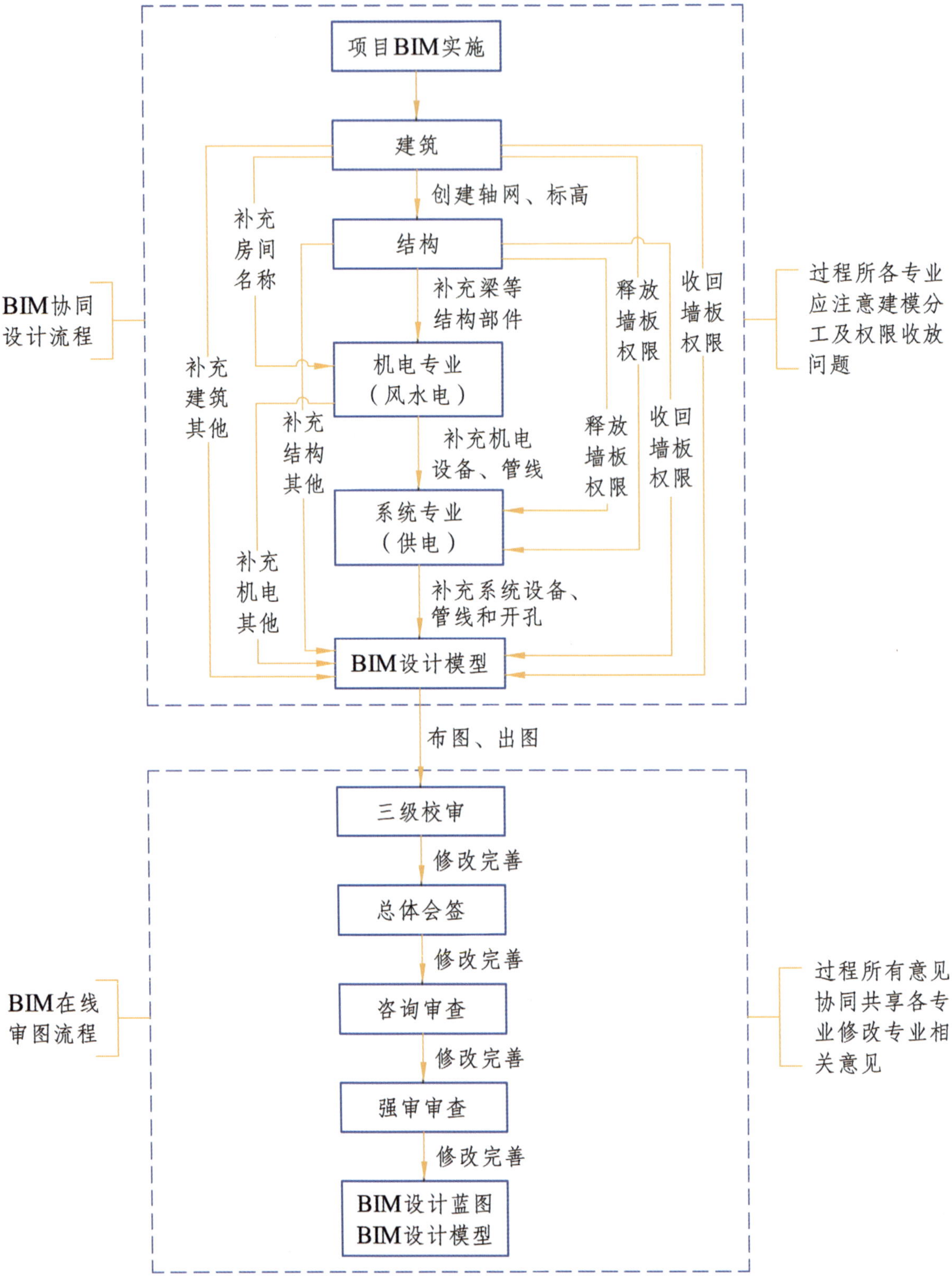

图4-1　城市轨道交通设计阶段BIM协同设计工作流程参考图

参考文献

[1] 中华人民共和国住房和城乡建设部. GB50157—2013地铁设计规范[S]. 北京：中国建筑工业出版社，2013：8-15.

第5章

城市轨道交通BIM设计标准

5.1

国外BIM标准体系

5.1.1 美国BIM标准体系介绍

在北美，BIM已被整个建筑行业规范采纳。根据*McGraw-Hill Construction 2012*，北美建筑业应用BIM技术的比例，2007年为28%，2009年为49%，2012年已达到71%。美国总务管理局（General Services Administration，GSA）于2003年推出了国家3D-4D-BIM计划。美国联邦机构美国陆军工程兵团（United States Army Corps of Engineers，USACE）在2006年制定并发布了一份15年（2006—2020年）的BIM路线图。2009年起，包括威斯康辛、得克萨斯、俄亥俄等多个州政府宣布对州政府投资的设计和施工项目提出应用BIM技术的要求。

美国BIM研究与应用都走在世界前列。目前，美国大多建筑项目已经开始应用BIM，BIM的应用点也种类繁多，而且存在各种BIM协会，也出台了各种BIM标准。根据McGraw Hill的调研，工程建设行业采用BIM的比例从2007年的28%增长至2009年的49%，直至2012年的71%。其中，74%的承包商已经在实施BIM了，超过了建筑师（70%）及机电工程师（67%）。显而易见，BIM的价值在不断被认可。

关于美国BIM的发展，不得不提到几大BIM的相关机构。

1. GSA

美国总务署（General Service Administration，GSA）负责美国所有的联邦设施的建造和运营。早在2003年，为了提高建筑领域的生产效率、提升建筑业信息化水平，GSA下属的公共建筑服务（Public Building Service）部门的首席设计师办公室（Office of the Chief Architect，OCA）推出了全国3D-4D-BIM计划。3D-4D-BIM计划的目标是为所有对3D-4D-BIM技术感兴趣的项目团队提供“一站式”服务，虽然每个项目功能、特点各异，但是OCA会帮助每个项目团队提供独特的战略建议与技术支持，目前OCA已经协助和支持了超过100个项目。

GSA要求，从2007年起，所有大型项目（招标级别）都需要应用BIM，最低要求是空间规划验证和最终概念展示都需要提交BIM模型。所有GSA的项目都被鼓励采用3D-4D-BIM技术，并且根据采用这些技术的项目承包商的应用程序不同，给予不同程度的资金支持。目前GSA正在探讨在项目生命周期中应用BIM技术，包括：空间规划验证、4D模拟、激光扫描、能耗和可持续发模拟、安全验证等等。同时其陆续发布各领域的系列BIM指南，并在官网可供下载，对于规范和BIM在实际项目中的应用起到了重要作用。在美国，GSA在工程建设行业技术会议（如AIA-TAP）中都十分活跃，GSA项目也常被提名为年度AIA BIM大奖。因此，GSA对BIM的强大宣贯直接影响并提升了美国整个工程建设行业对BIM的应用。

2. USACE

美国陆军工程兵团（the U.S. Army Corps of Engineers，USACE）隶属于美国联邦政府和美国军队，为美国军队提供项目管理和施工管理服务，一共有3万多平民人员和600多军人，是世界最大的公共工程、设计和建筑管理机构。

2006年10月，USACE发布了为期15年的BIM发展路线规划（Building Information Modeling: A Road Map for Implementation to Support MILCON Transformation and Civil Works Projects within the U.S. Army Corps of Engineers），为USACE采用和实施BIM技术制定战略规划，以提升规划、设计和施工质量和效率。规划中，USACE承诺未来所有军事建筑项目都将使用BIM技术。

其实在发布发展路线规划之前，USACE就已经采取了一系列的方式为BIM做准备了。USACE的第一个BIM项目是由西雅图分区设计和管理的一项无家眷军人宿舍（enlist unaccompanied personnel housing）项目，利用Bentley的BIM软件进行碰撞检查以及工程量核算。随后2004年11月，USACE路易维尔分区在北卡罗来纳州的一个陆军预备役训练中心项目也采用了BIM技术。2005年3月，USACE成立了项目交付小组（Project Delivery Team，PDT），研究BIM的价值并为BIM应用策略提供建议。发展路线规划即是PDT的成果。同时，USACE还研究合同模板，制定合适的条款来促使承包商来使用BIM。此外，USACE要求标准化中心（Centers of Standardization，COS）在标准化设计中应用BIM，并提供指导。

在发展路线规划的附录中，USACE还发布了BIM实施计划，从BIM团队建设、BIM关键成员的角色与培训、标准与数据等方面为BIM的实施提供指导。2010年，USACE又发布了适用于军事建筑项目分别基于Autodesk平台和Bentley平台的BIM实施计划，并在2011年进行了更新。适用于民事建筑项目的BIM实施计划还在研究制定当中。

3. bSa

Building SMART联盟（building SMART alliance，bSa）是美国建筑科学研究院（National Institute of Building Science，NIBS）在信息资源和技术领域的一个专业委员会，成立于2007年，同时也是BuildingSMART国际（buildingSMART International，bSI）的北美分会。bSI的前身是国际数据互用联盟（International Alliance of Interoperability，IAI），开发了和维护IFC（Industry Foundation Classes）标准

以及openBIM标准。

bSa致力于BIM的推广与研究，使项目所有参与者在项目生命周期阶段能共享准确的项目信息。BIM通过收集和共享项目信息与数据，可以有效地节约成本、减少浪费。因此，美国bSa的目标是在2020年之前，帮助建设部门减小31%的浪费或者节约4亿美元。

bSa下属的美国国家BIM标准项目委员会（the National Building Information ModelStandard Project Committee-United States，NBIMS-US）是专门负责美国国家BIM标准National Building Information Model Standard，NBIMS）的研究与制定。2007年12月，NBIMS-US发布了NBIMS的第一版的第一部分，主要包括了关于信息交换和开发过程等方面的内容，明确了BIM过程和工具的各方定义、相互之间数据交换要求的明细和编码，使不同部门可以开发充分协商一致的BIM标准，更好地实现协同。2012年5月，NBIMS-US发布NBIMS的第二版的内容。NBIMS第二版的编写过程采用了一个开放投稿（各专业BIM标准）、民主投票决定标准的内容（Open Consensus Process），因此，也被称为是第一份基于共识的BIM标准。

除了NBIMS外，bSa还负责其他的工程建设行业信息技术标准的开发与维护，包括：美国国家CAD标准（United States National CAD Standard）的制定与维护，2011年5月已经发布了第5版；施工运营建筑信息交换数据标准（Construction Operations Building Information Exchange，COBie），2009年12月已经发布国际COBie标准，以及设施工管理交付模型视力定义格式（Facility Management Handover Model View Definition formats）等。

除此之外，美国国家建筑信息模型标准（National BIM Standard，NBIMS）项目委员会于2012年和2015年分别推出了NBIMS-US第2版和第3版。NBIMS的制定是整合已有标准（包括ISO核心标准、行业标准以及行业应用指导方针），通过项目委员会投票产生的。该标准作为一个自愿性标准，因此不具备强制执行性。

5.1.2 英国BIM标准体系介绍

英国是目前全球BIM应用增长最快且成效显著的地区之一，也是全球BIM标准体系最健全及实施推广力度最大的地区。与大多数国家相比，英国政府强制要求使用BIM。2011年5月，英国内阁办公室发布了“政府建设战略（Government Construction Strategy）”文件，其中有章节是关于建筑信息模型（BIM）的，明确要求，到2016年，政府要求全面协同3D-BIM并将全部的文件信息化管理。2013年3月推出《PAS 1192-2标准》以加强工程交付管理及财务管理，2015年提出“英国数字建筑战略”（DBB-Digital Built Britain）-BIM3级战略计划，2017年发布《英国BIM2017年度报告》（*NBS 2017 SURVEY*）。

迄今为止，英国建筑业BIM标准委员会已于2009年11月发布了英国建筑业BIM标准（AEC（UK）BIM Standard），于2011年6月发布了适用于Revit的英国建筑业BIM标准（AEC（UK） BIM Standard for Revit），于2011年9月发布了适用于Bentley的英国建筑业BIM标准［AEC（UK） BIM Standard for Bentley Product］。

目前，标准委员会还在制定适用于ArchiACD、Vectorworks的类似BIM标准，以及已有标准的更新版本。

这些标准的制定都是为英国的AEC企业从CAD过渡到BIM提供切实可行的方案和程序，例如，该如何命名模型、如何命名对象、单个组件的建模、与其他应用程序或专业的数据交换等。特定产品的标准是为了在特定BIM产品应用中解释和扩展通用标准中一些概念。标准委员会成员编写了这些标准，这些成员来自日常使用BIM工作的建筑行业专业人员，所以这些服务不只停留在理论上，更能应用于BIM的实际实施。

在政府主导的政策支持、行业机构的全面参与、设计公司充分发挥领先优势、对BIM教育以及人才培养的大力投入等各方面共同努力下，不断推进英国BIM标准制定及BIM广泛推广和应用，取得了显著的成效。

5.1.3 新加坡BIM标准体系介绍

1995年新加坡国家发展部启动了一个名为CORENET（Construction and Real EstateNetwork）的IT项目。主要目的是通过对业务流程进行流程再造（BPR），以实现作业时间、生产效率和效果上的提升，同时还注重于采用先进的信息技术实现建筑房地产业的参与方间实现高效、无缝地沟通和信息交流。Corenet系统主要包括3个组成部分：e-Submission、e-plan Check和e-info。在整个系统中，居于核心地位的是e-plan Check子系统，同时其也是整个系统中最具特色之处。该子系统的作用是使用自动化程序对建筑设计的成果进行数字化的检查，以发现其中违反建筑规范要求之处。整个计划涉及了5个政府部门中的8个相关机构。为了达到这一目的，系统采用了国际互可操作联盟（IAI）所制定的IFC 2x2标准作为建筑数据定义的方法和手段。整个系统采用C/S架构，利用该系统，设计人员可以先通过系统的BIM工具对设计成果进行加工准备，然后将其提交给系统进行在线的自动审查。

为了保证CORENET项目（特别是e-plan check系统）的顺利实施，新加坡政府采取了一系列的政策措施，取得了较好的效果。其中主要包括：

（1）广泛的业界测试和试用，以保证系统的运行效果。

（2）注重通过各种形式与业界沟通，加强人才培养。

（3）加强与国际组织的合作。在系统的研发过程中，新加坡政府非常重视与相关国际组织的合作，这可以使得系统能得到来自国际组织的全方位支持，同时也可以在更大的范围内得到认可。

建筑管理署（Building and Construction Authority，BCA）是新加坡负责建筑业管理的政府机构，在2011年，BCA发布了新加坡BIM发展线路规划（*BCA's Building Information Modelling Roadmap*），规划明确要求整个建筑行业在2015年前广泛使用BIM技术。为实现该目标，BCA当时分析了面临的调整，并制定了相关策略。

5.1.4 日本BIM标准体系介绍

日本最早提出信息化的概念，并于1995年开始大力推动建筑业信息化。在此之后日本便发布了建筑信息化标准（简称CALS/EC）。日本政府对于建筑业信息化管理要求非常之高，基于工程项目的全生命周期，所有信息都要实现电子化、管理过程信息化。所有参与公共项目建设的建筑企业不仅要求满足所需的信息化程度，还得符合一定的标准化要求，如此强制性的规定无疑加速了日本建筑企业科技创新的步伐。2012年，日本建筑学会JIA（Japanese Institute Architects）发布了从设计师角度出发的JIA BIM导则，明确了BIM组织机构以及人员职责要求，调整原来的设计流程变为四阶段设计，达到减少浪费提高工程效率质量的目的。导则虽然讨论了BIM费用承担的问题，但是对于收益分配原则及归属并未明确规定。值得注意的是，日本以BIM技术为指导的工程合同一般为固定总价合同，期间的风险由分包商来承担，恰恰与美国应用BIM技术为业主带来收益的目的相反。

2014年，日本国土交通省发布了公共项目中BIM的应用规范《国土交通省BIM导则》，成为政府唯一承认的BIM指导规范。该导则阐明了BIM应用的目标，并列举了工程项目中使用混凝土的案例，以及其他典型建模的案例，同时制定了建设的LOD等级。该导则主要包含总则、设计业务的BIM应用、施工业务的BIM应用三部分。

5.2

国内BIM标准体系

5.2.1 国家BIM标准介绍

我国早在2000年提出要建立建设领域方面的信息化系统，考察衡量信息化工作的进展。“十一五”期间，国家科技部出台了《建筑业信息化关键技术研究与应用》，着重强调对重点科技项目的研究。为适应BIM标准化工作的需要，中国建筑标准设计研究院参与编制《建筑对象数字化定义》标准（JG/T198-2007），规定建筑对象数字化定义的一般要求、资源层、核心层及交互层。许多国内高校也开始BIM标准的编制，清华大学软件学院BIM课题组参照美国NBIMS标准提出了中国国家

BIM标准——CBIMS标准框架体系，其结构体系如图5-1所示。该BIM标准框架融合技术与应用标准，将国际BIM标准三大支撑体系本土化，框架中的解决方案主要是为了解决构件资源数字化问题，使用指南则是为建模和制作构件时提供相应的参考标准。BIM标准的落地仅仅依靠此框架体系远远不够，对于具体的数据存储标准、流程标准尚未有定义，中国国家BIM标准应既具备完善的体系架构，又包含具体的技术标准内容。

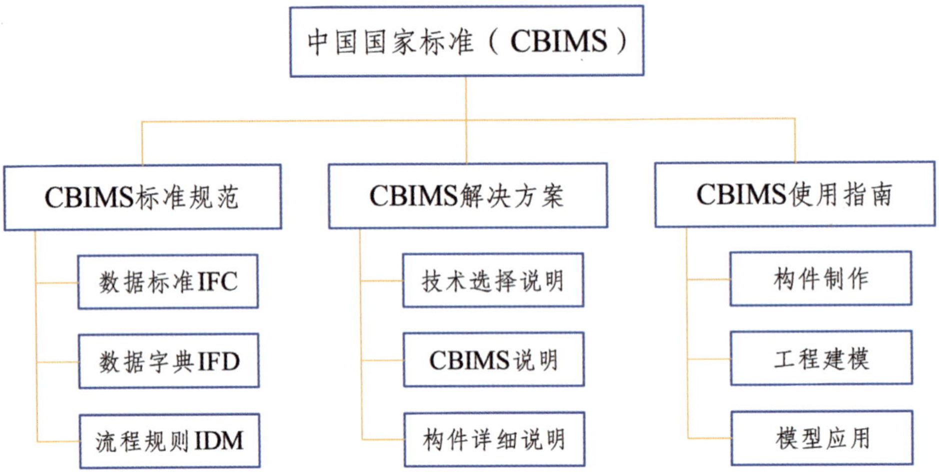

图5-1　中国国家标准 CBIMS 标准框架体系结构

“十二五”计划至今，我国BIM技术发展迅速，相关政策和标准制定也紧跟国外步伐（如表5-1）。这一阶段BIM相关工作也渐入正轨，包含了数据标准化工作、BIM收费标准工作等。

表5-1　我国主要BIM政策标准一览表

颁发部门	时间	名称	标准层级及政策要点
住建部	2011	《2011—2015年建筑业信息化发展纲要》	强调普及应用建设领域信息系统，推广BIM技术应用，推动信息化标准建设
住建部	2012	《关于印发2012年工程建设标准规范制订修订计划的通知》	《建筑工程信息模型应用统一标准》《建筑工程信息模型存储标准》《建筑工程设计信息模型交付标准》《建筑工程设计信息模型分类和编码标准》
北京市质量监督局	2014	《民用建筑信息模型设计标准》	针对民用建筑第一部地方性标准

续表

颁发部门	时间	名称	标准层级及政策要点
辽宁省住建厅	2014	《2014年度辽宁省工程建设地方标准编制/修订计划》	提出将发布《民用建筑信息模型（BIM）设计通用标准》
上海市城管会	2015	《上海市建筑信息模型技术应用指南（2015版）》	指导项目全生命周期BIM应用以及企业BIM技术应用标准的制定
上海市建委	2016	《关于本市保障性住房项目实施BIM技术应用的通知》	明确规定了BIM技术应用费用核算标准，按照建筑全生命周期划分阶段方式进行费用核算
住建部	2016	《2016—2020年建筑业信息化发展纲要》	加快信息化标准的编制，着重提出要加快BIM技术应用标准工作的进展
中国工程建设标准化协会、中国BIM发展联盟	2017	《规划和报建P-BIM软件功能与信息交换标准》等13项协会标准	推动中国BIM技术、标准、软件协调配套发展，完善BIM标准体系
住建部	2017	《“十三五”装配式建筑行动方案》	建立适合BIM技术应用的装配式建筑工程管理模式，推进BIM技术在装配式建筑规划、勘察、设计、生产、施工、装修、运维全过程的集成应用
住建部	2017	《建筑工程设计信息模型交付标准》	面向BIM信息的交付准备、交付过程、交付成果做出规定，提出了建筑信息模型涉及的四级模型单元
住建部	2017	《建筑信息模型施工应用标准》	从深化设计、施工模拟、预制加工、进度管理、预算与成本管理、质量与安全管理、施工监理、竣工验收等方面，提出建筑信息模型的创建、使用和管理要求
交通运输部	2017	《推进智慧交通发展行动计划（2017-2020）》	到2020年在基础设施智能化方面，推进建筑信息模型（BIM）技术在重大交通基础设施项目规划、设计、建设、施工、运维、检测维护管理全生命周期的应用
交通运输部	2017	《关于推进公路水运工程应用BIM技术的指导意见》征求意见函	推动BIM在公路水运工程等基础设施领域的应用

续表

颁发部门	时间	名称	标准层级及政策要点
北京市住建委	2017年	《北京市建筑信息模型（BIM）应用示范工程通知》	确定“北京市朝阳区CBD核心区Z15地块项目（中国尊大厦）”等22个项目未2017年北京市建筑信息模型（BIM）应用示范工程立项项目
北京市住建委	2017	《北京市施工总承包企业及注册建造师市场行为信息评价管理办法》	BIM在信用评价中加3分
广州市住建委	2017	《关于加快推进建筑信息模型（BIM）应用意见的通知》	到2020年，形成完善的建设工程BIM应用配套政策和技术支撑体系。建设行业甲级勘察设计单位以及房屋建筑和市政工程总承包企业掌握BIM；政府投资和国有资金投资为主的大型房屋建筑和市政基础设施项目在勘察设计、施工和运营维护中普遍应用BIM
广东省住建厅	2017	《广东省BIM技术应用费的指导标准（征求意见稿）》	根据建造过程中的应用阶段、专业、工程复杂程度确定BIM应用费用标准，鼓励全过程、全专业应用BIM
上海市住建委	2017年	《关于进一步加强上海市建筑信息模型技术推广应用的通知》	土地出让环节：将BIM技术应用相关管理要求纳入国有建设用地出让合同。规划审批环节：在规划设计方案审批或建设工程规划许可环节，运用BIM模型进行辅助生审批。报建环节：对建设单位填报的有关BIM技术应用信息进行审核。施工图审查等环节：对项目应用BIM技术的情况进行抽查，年度抽查项目数量不小于应当使用BIM技术项目的20%。竣工验收备案环节：采用BIM模型归档，在竣工验收备案中审核建设单位填报的BIM技术应用信息成果
上海市住建委	2017	《上海市建筑信息模型技术应用指南（2017版）》	上海市住建委对《指南（2015版）》进行了修订，深化和细化了相关应用项和应用内容

续表

颁发部门	时间	名称	标准层级及政策要点
上海市	2017	《上海市住房发展“十三五”规划》	建筑健全推广建筑信息模型（BIM）技术应用的政策标准体系和推进考核机制，创建国内领先的BIM技术综合应用示范城市
广西壮族自治区住建厅	2017	《建筑工程建筑信息模型施工应用标准》	提出了建筑施工信息模型BIM应用的基本要求，可作为BIM应用及相关标准研究和编制的依据
广西壮族自治区住建厅	2017	《关于印发推进建筑信息模型应用指导意见的通知》	在全区房屋建筑、市政基础设施工程和运营维护中开展BIM技术应用试点申报工作
宁波市住建委	2017	《关于推进建筑信息模型技术应用的若干意见》	部分政府投资的市重点建设项目将率先应用BIM技术。2021年起，新立项的建设项目将普遍采用BIM技术
浙江省住建厅	2017	《浙江省建筑信息模型（BIM）技术推广应用费用计价参考依据》	对BIM技术推广应用费用计价提供参考标准

在国家大力推动信息化标准建设的大背景之下，以黄强、何关培、张建平等为代表的专家学者，开辟了BIM标准化研究的道路。黄强认为传统行业软件与数据交换标准是阻碍传统行业IT时代向DT时代转变的重要因素，借助P-BIM软件组织BIM数据与制定可用的基于互操作性公开标准，可实现建筑业“互联网+”的目标。何关培在中国BIM个人思考中分析了BIM标准编制的首要问题以及BIM核心能力，并从软件用户角度分析BIM能够帮助其实现的具体目标。张建平等提出了面向建筑全生命期的集成建筑信息模型构建框架，基于BIM服务器以解决信息共享、数据交换与管理问题。以上学者分析了BIM标准制定的必要性和如何制定BIM标准，但对于BIM标准如何收费的问题在学术研究中还处于空白，而且业界对于BIM标准与专业软件结合研究还有待进一步提高。我国建设工程项目标准与规范在发展过程中已经自成一套体系，大部分企业专业软件都是按照上述标准和规范开发的，若要在短期内全部更换所有的应用软件，建筑设计等企业将无法运行，同时这在经济上和技术上都缺乏可操作性，所以BIM标准的制定必须考虑与专业软件的结合程度。

5.2.2 北京BIM标准体系介绍

2013年12月，北京市规划委员会归口管理的《民用建筑信息模型设计标准》发布，提出BIM的资源要求、模型深度要求、交付要求是在BIM的实施过程规范民用建筑BIM设计的基本内容。该标准于2014年9月1日正式实施。

5.2.3 上海BIM标准体系介绍

上海地铁的BIM应用已有3年多历史，积累了较多的应用经验。上海地铁13号线和9号线纳入上海市首批BIM应用试点项目中。这两条线路均以项目级BIM全生命周期应用为实施要求，应用点包括3D设计、性能化分析、管线综合、4D模拟、5D算量、记录模型以及基于BIM的运营维护系统开发等。

2014年由上海申通地铁集团有限公司发起建立的“上海市轨道交通BIM技术联盟”，其宗旨为：“在城轨行业开展BIM技术研究、应用、推广等活动，旨在整合上海城轨行业内有关科研院所、设计咨询机构等创新资源，搭建城轨BIM技术发展平台，构建创新、和谐的城轨BIM技术发展环境，促进城轨行业信息化发展。”经过前期工作的积累，该公司于2014年9月先后发布了《城市轨道交通设施设备分类与编码标准》《城市轨道交通工程建筑信息模型建模指导意见》《城市轨道交通建筑信息模型交付标准》《城市轨道交通建筑信息模型族创建标准》《城市轨道交通建筑信息模型应用技术标准》等BIM相关文件。

2014年10月，上海市人民政府办公厅发布《关于在本市推进建筑信息模型技术应用的指导意见》。目标是通过分阶段、分步骤推进BIM技术试点和推广应用，到2016年年底，基本形成满足BIM技术应用的配套政策、标准和市场环境，本市主要设计、施工、咨询服务和物业管理等单位普遍具备BIM技术应用能力。到2017年，本市规模以上政府投资工程全部应用BIM技术，规模以上社会投资工程普遍应用BIM技术，应用和管理水平走在全国前列。

2015年5月，上海市城乡建设和管理委员会发布《上海市建筑信息模型技术应用指南》（2015版）。该指南主要针对建设工程项目设计、施工、运维全生命周期的23项BIM技术基础应用，描述了每项应用的目的和意义、数据准备、操作流程以及成果等内容。该指南主要侧重BIM技术的基本应用，同时考虑与国家、地方已发布或在编标准的衔接。

5.2.4 深圳BIM标准体系介绍

2015年5月，深圳市工务署发布《深圳市建筑工务署政府公共工程BIM应用实施纲要》和《深圳市建筑工务署BIM实施管理标准》两部BIM相关文件，为深圳市建筑工务署全面推行BIM应用做好了顶层设计。从国家战略需求、智慧城市建设需求、市建筑工务署自身发展需求等方面，论证了BIM在政府工程项目中实施的必要性，并提出了BIM应用实施的主要内容是BIM应用实施标准建设、BIM应用管理平台建设、基于BIM的信息化基础建设、政府工程信息安全保障建设等。实施纲要中还提出了市建筑工务署BIM应用的阶段性目标，至2017年，实现在其所负责的工程项目建设和管理中全面开展BIM应用，并使深圳市建筑工务署的BIM技术应用达到国内外先进水平。

5.3

BIM设计标准

随着城市经济的飞速发展，居民对出行品质的要求越来越高，为缓解交通压力，国内大多数一二线城市都在积极主动地推进城市轨道交通建设。BIM技术在近年来在城市轨道交通行业内发展态势极快，然而当前我国尚无与BIM技术相关的国家标准或行业标准。行业在发展的同时，对标准化的要求越来越高。鉴于此，城市轨道交通行业内的专业设计院已陆续开始编写相关的团体标准（如表5-2）。

表5-2　我国BIM国家、地方或行业设计标准

标准名称	标准号	实施日期	主编单位
天津市《城市轨道交通管线综合BIM设计标准》	DB / T 29-268—2019	2019-11-01	天津市地下铁道集团有限公司 北京芘苜工程技术有限公司
《建筑机电工程BIM构件库技术标准》	CIAS 11001：2015	2015-07-08	中国安装协会标准工作委员会
广东省《城市轨道交通建筑信息模型（BIM）建模与交付标准》	DBJ/T 15—160—2019	2019-11-01	广州地铁集团有限公司
沈阳市《装配式建筑预制构件BIM建模标准》	DB2101/T0003—2018	2018-08-17	沈阳建筑大学 中国建筑东北设计研究院有限公司
《建筑装饰装修工程BIM实施标准》	T / CBDA 3—2016	2016-12-01	中建三局东方装饰设计工程有限公司
《轨道交通车站装饰装修工程BIM实施标准》	T / CBDA 24—2018	2019-03-06	中铁二局集团装饰装修工程有限公司
《建筑信息模型应用统一标准》	GB/T 51212—2016	2017-07-01	中国建筑科学研究院
《建筑信息模型施工应用标准》	GB/T 51235—2017	2018-01-01	中国建筑股份有限公司 中国建筑科学研究院

续表

标准名称	标准号	实施日期	主编单位
《建筑信息模型设计交付标准》	GB/T 51301—2018	2019-06-01	中国建筑标准设计研究院有限公司
湖南省《BIM审查系统技术标准》	DBJ 43/T 010—2020	2020-09-01	中国建筑科学研究院有限公司
湖南省《BIM审查系统数字化交付数据标准》	DBJ 43/T 012—2020	2020-09-01	中国建筑科学研究院有限公司
湖南省《BIM审查系统模型交付标准》	DBJ 43/T 011—2020	2020-09-01	中国建筑科学研究院有限公司
《建筑信息模型分类和编码标准》	GB/T51269—2017	2018-05-01	中国建筑标准设计研究院有限公司
《建筑工程设计信息模型制图标准》	JGJ/T448—2018	2019-06-01	中国建筑标准设计研究院有限公司

5.4

BIM设计交付标准

5.4.1 城市轨道交通BIM设计成果交付物

BIM模型的交付目的，主要是作为完整的数据资源，供城市轨道交通全生命期的不同阶段使用，包括BIM模型和通过模型生成的图纸、文档、工程表格等成果文件。为保证数据的完整性，应保持原有的数据格式，尽量避免数据转换造成的数据损失，可采用BIM建模软件的专有数据格式（如Revit的RVT、RFT等格式）。同时，为了在设计交付中便于浏览、查询、综合应用，也应考虑提供其他几种通用的、轻量化的数据格式（如NWD、IFC、DWF等）。基于BIM模型所产生的其他各应用类型的交付物，一般都是最终的交付成果，强调数据格式的通用性，建议这类交付成果可提供标准的数据格式（如PDF、DWF、AVI、WMV、FLV等）。

BIM设计成果交付物应该符合下面几个基本要求：

（1）BIM模型的交付，应符合《城市轨道交通工程设计文件编制深度规定》建质〔2013〕160号及各专业制图标准。

（2）城市轨道交通工程BIM模型交付应以现阶段BIM技术为基础，以满足城市轨道交通竣工交付、运维管理的需求为目的。

（3）在满足城市轨道交通运维需求的前提下，BIM模型的交付内容及其深度应遵循“适度”原则，主要是指建模对象范围适度、模型几何尺寸精细程度适度、模型信息含量适度。

（4）BIM模型交付成果应符合《城市轨道交通铁BIM建模统一规定》。

（5）BIM模型交付成果包含几何信息和非几何信息，其精度应满足本标准附录中的模型精度标准。

（6）BIM模型交付成果中各类对象应赋予分类和编码信息，并应符合《城市轨道交通BIM设备设施编码标准》的要求。

（7）交付物的交付内容、交付格式、模型的后续使用和相关的知识产权应在合同中明确规定。

（8）按BIM交付物内容区分，交付数据格式包括：BIM设计模型及其导出报告文件格式、BIM协调模型及其模拟协调报告文件格式、BIM浏览模型格式、BIM分析模型及其报告文件格式、BIM导出传统二维视图数据格式、BIM打印输出文件格式等。

5.4.2 城市轨道交通BIM设计模型交付深度

1. 基本规定

（1）城市轨道交通工程BIM模型交付应以现阶段BIM技术为基础，以满足城市轨道交通竣工交付、运维管理的需求为目的。

（2）在满足城市轨道交通运维需求的前提下，BIM模型的交付内容及其深度应遵循“适度”原则，主要是指建模对象范围适度、模型几何尺寸精细程度适度、模型信息含量适度。

（3）BIM模型交付成果应符合各城市/项目BIM建模统一规定相关规定，并应符合《城市轨道交通工程设计文件编制深度规定》建质〔2013〕160号及各专业制图标准。

（4）BIM模型交付成果包含几何信息和非几何信息，其精度应满足本标准附录中的模型精度标准。

（5）BIM模型交付成果中各类对象应赋予分类和编码信息，并应符合各城市/项目BIM设备设施编码标准的要求。

（6）交付物的交付内容、交付格式、模型的后续使用和相关的知识产权应在合同中明确规定。

2. BIM模型精度要求

1）总体要求

（1）BIM模型精度应按不同专业划分，包括线路、限界、轨道、建筑、结构、桥梁、通风空调、供电、低压配电、通信、信号等全部轨道交通专业的BIM模型精度。

（2）BIM模型信息包括几何信息和非几何信息，均需满足模型精度等级要求。高一级别精度模型所包含的内容应涵盖所有低一级别精度的要求。

2）BIM模型精度等级（LOD）

（1）BIM模型精度等级（LOD）全称为Level of Development，用来表示BIM模型中的所有构件在全生命周期的不同阶段中的完整度，并定义了从LOD100到LOD500五个等级。

（2）轨道交通建筑工程内各设计阶段的模型精度等级（LOD）要求。

交付的模型精度等级在设计合同内有规定时，按照合同规定执行；在设计合同未规定时，可参考表5-3执行。

表5-3　BIM模型精度等级参考

阶段名称	阶段代码	模型精度等级
工可	G	LOD 100
总体设计	Z	LOD 100
初步设计	C	LOD 200
招标设计	B	LOD 200
施工图设计	S	LOD 300

针对土建专业，各精度等级要求如下：

LOD100等级下，不需要对具体构件进行建模，只需要粗略表现出整体建筑物和核心构件的尺寸及比例。

LOD200等级下，应添加内部墙、板、梁、柱等一般性构件的尺寸和注释，结构配筋信息可利用典型断面表达，装修信息可通过文字信息描述表达。

LOD300等级下，应表达施工过程中所有构件准确的数量、尺寸、定位等信息，配筋及构件连接节点应表达细部详图，所有预埋件、孔洞信息应准确无误，施工工法工序等信息应详细说明等。

针对系统专业，各精度等级要求如下：

LOD100等级下，不需要对具体构件进行建模，只需要表达出大体的配置方案。

LOD200等级下，应添加一般性构件的尺寸、布置方案、空间需求等信息。

LOD300等级下，应表达所有构件在施工过程中需要的信息，如设备、管路、阀门、配件、吊架、支撑构件的准确数量、尺寸、形状、空间需求等信息。应在模型中体现楼板和墙体的穿管需求。

（3）模型精度等级应与工程实施条件和状况相适应，在满足常规需求，不损害质量和完整性前提下，应避免过度提高精度等级。

（4）根据不同的使用阶段要求，BIM模型应满足不同的精度等级，个别构件的精度等级可以进行调整。

当模型中存在大量同规格标准化构件时，可对单个构件按选定的精度等级表示，其他构件可降低精度等级，但不应影响模型应用、查询、显示。

当模型所需信息过于精细完整，影响到模型使用的流畅度时，细部信息可在经过处理后进行表达。建模时可采用在整体模型中选取典型区段局部表达，辅以单独建立大样模型以表达所有细节信息的方法。例如车站结构专业的配筋信息可不在整体模型中完整表达，选取典型断面进行局部表达。

5.4.3 基于BIM设计的图纸交付

随着BIM技术的普及应用，以二维图纸为主要信息载体的设计交付体系，将逐步过渡到以BIM模型为主并关联生成二维视图的交付体系，这是BIM模式下图纸交付的总体趋势和方向。但是，现阶段BIM软件生成的二维视图还不能完全满足现行二维制图标准的要求，因此，本章中专门以一节讨论BIM模式下图纸的交付问题。

通过分析国内建筑行业BIM模式下二维图纸交付的实际问题，借鉴制造业多年三维应用的成熟经验，参照国外BIM应用案例，我们给出了现阶段BIM实施中完成图纸交付的方法。

1. 现阶段BIM模型生成二维视图面临的问题

现阶段通过BIM模型直接生成交付图纸主要存在两方面的问题。

1）与二维制图标准的差异

经过多年的不断完善，现有二维建筑设计软件基本能满足二维制图标准的要求。但BIM技术的普及还处于初始阶段，软件也未完全实现本地化，特别是在二维视图方面，与国内二维制图标准还存在一定的差异，还不能完全满足企业现行二维制图标准的要求。现阶段，一些典型的问题表现如下：

（1）线型、字型等在部分功能中与二维制图标准不一致。

（2）对于轴网、标高等的中间段部分无法隐藏或根据图面任意裁剪。

（3）在多文件关联出图时，剖面图构件之间的显示处理不满足二维出图要求，例如梁、墙和楼板的融合等。

（4）一些标记、文字、注释等不满足二维出图要求，例如：详图索引标头、箭头样式、文字引线、表格样式等。

（5）密集并排管线，在大比例出图时线条间距太密，无法满足出图美观要求。

（6）垂直布置管线，在平面图中无法正确地标记各层管线。

（7）BIM模型生成的视图无法满足结构出图的要求。

（8）软件自带的三维构件族，其自动生成的平立剖面视图同二维制图标准的简化图例不匹配。

（9）对于同样的BIM构件，不同设计院甚至院内不同设计所之间的平立剖二维出图图例都不尽相同。

2）图面处理效率问题

在二维设计模式下，现有二维设计软件或二次开发软件提供了丰富的设计功能，这些功能提高了二维视图绘制及后续标注的效率。通过BIM模型直接生成的二维视图，虽然在图纸的生成效率及信息一致性方面都有明显提高，但对于后续的图面处理环节，仍缺乏高效的处理功能，后续的图面处理工作仍占据了设计人员大量的时间。现阶段，一些典型的问题表现如下：

（1）表格功能不够完善，有些需要用线逐一绘制，文字需要用单行文本逐一去写。

（2）构件统计表样式达不到二维制图标准要求。

（3）出风口、喷淋头、灯具等末端设备布置效率低下。

（4）电气专业和房间相关的大量开关、照明设备布置效率低下。

（5）电气专业导线连接效率低下。

（6）无法生成机电系统图和电气原理图等。

2. BIM模式下二维图纸交付问题的解决

现阶段BIM模型生成二维视图过程中面临的问题，体现了现有BIM软件中二维视图生成功能的本地化相对欠缺。在三维技术应用成熟的制造业，前期遇到的具体困难也很类似，但随着软件功能的不断完善，目前已经具备了直接生成二维视图的能力。随着BIM软件在二维视图方面功能的不断加强，BIM模型直接生成可交付的二维视图必然能够实现，BIM模型与二维制图标准将实现有效对接。

（1）最终交付的二维视图均可以在BIM环境中完成，包括机电系统图和电气原理图等。

（2）能够保持系统图、BIM模型、生成二维视图的一致性与关联性，完全实现一处修改、全程刷新。

（3）通过对二维制图标准的必要调整，由BIM模型直接生成的二维视图能够完全满足调整后的二维制图规范要求。

要达到这一目标，BIM软件应对二维制图标准给予一定的支持，使BIM模型生成的二维视图更贴近二维制图标准，出图效率更高。针对BIM应用，行业管理部门应考虑对二维制图交付标准进行适当的调整，以加快BIM技术的推广应用，有效降低出图环节的工作量。不同的工作习惯及操作方法对工作效率及数据质量的影响很大，企业必须不断积累并推广高效的BIM模型生成二维视图的方法与经验，以达到良好的应用效果。

3. 现阶段BIM模式下二维视图的交付模式

由于缺少BIM模式下二维视图的交付指导方法，部分企业对于BIM模式下二维视图交付的理解还存在一些误区。有的企业放弃BIM模型直接生成可交付二维视图的功能，有的企业则花费大量精力在BIM环境下进行二维视图的后期合成处理。

对于现阶段BIM模式下二维视图的交付模式，既不能一味要求BIM模型生成的二维视图必须完全符合现有二维制图标准，也不能否认BIM模型可直接生成二维视图的价值。应该根据BIM技术的优势与特点，制定出现阶段合理的BIM模式下二维视图的交付模式。

实际上，国内部分设计院，已经尝试了经过与业主确认，通过部分调整二维制图标准，使得在方案设计、初步设计阶段由BIM模型导出的视图可以直接作为阶段交付物。同时，交付模式的变化也将带来企业现有工作模式及人员组织的改变。

基于对BIM技术的理解，及对国内外BIM成功案例的分析，我们提出现阶段BIM模式下二维图纸的交付模式。它包括BIM模型生成二维视图的审核原则、BIM模型生成二维视图的交付范围、BIM模型生成二维视图的工作模式及可能的人员变化。

4. BIM模型生成二维视图的审核原则

现阶段对于通过BIM模型生成二维视图的审核原则应为二维视图能够完整、准确、清晰地表达设计意图与具体设计内容，并以此原则合理把握交付要求的尺度。审核过程中，如果过度追求图纸美观以及原有的表达习惯，意味着需要花费大量精力对生成的图纸进行修补，或是将BIM模型生成的视图导出到传统二维工具中进行深化设计。这些都会造成出图环节中的大量浪费，同时也会造成图纸与BIM模型间的关联性被破坏，故而得不偿失。

参考文献

[1] 曹睿明. BIM技术在道路工程设计中的应用研究[D]. 南京：东南大学，2017.

[2] 陈晓晴. BIM技术在钢结构设计中的应用及子结构分析方法研究[D]. 天津：天津大学，2015.

[3] 贺灵童. BIM在全球的应用现状[J]. 工程质量，2013，31(3)：12-19.

[4] 冯雪芳. BIM技术在大型电厂脱硫项目吊装技术中的应用研究[D]. 武汉：武汉工程大学，2017.

[5] 幸国权. 基于BIM技术的钢结构展厅设计研究[D]. 北京：北京交通大学，2014.

[6] 梁逍. BIM在中国建筑设计中的应用探讨[D]. 太原：太原理工大学，2015.

[7] 谢丽霞，夏志远，李俊震. 粗骨料级配对普通和高强度等级机制砂混凝土性能的影响[J]. 价值工程，2013，32(5)：46-48.

[8] 王经龙. 国外BIM发展概述[J]. 建筑工程技术与设计，2016(32)：1654.

[9] 刘琰. 基于BIM的交通基础设施可持续建设研究[D]. 重庆：重庆大学，2015.

[10] 潘婷，汪霄．国内外BIM标准研究综述［J］．工程管理学报，2017，31（1）：1-5.
[11] 张红歌．BIM技术在既有建筑改造中的应用探究［D］．成都：西南交通大学，2016.
[12] 中华人民共和国住房和城乡建设部．2011-2015年建筑业信息化发展纲要［J］．建筑设计管理，2011，28（7）：7-10.
[13] 田永英，张峰．《低能耗绿色建筑示范区技术导则》解读［J］．建设科技，2014（15）：22-25.
[14] 张弘弢，梁进．北京《民用建筑信息模型设计标准》9月实施［J］．建筑设计管理，2014（6）：46-46.
[15] 中华人民共和国住房和城乡建设部．关于印发2012年工程建设标准规范制订修订计划的通知［Z］．2012-1-17.
[16] 上海市住房建设和管理委员会．上海市建筑信息模型技术应用指南（2015版）［J］．上海建材，2015（4）：1-11.
[17] 中华人民共和国住房和城乡建设部．2016-2020年建筑业信息化发展纲要［J］．建筑安全，2017，32（1）：4-7.
[18] 中国工程建设标准化协会建筑信息模型专业委员会．规划和报建P-BIM软件功能与信息交换标准：T/CECS-CBIMU1-2017［S］．北京：中国工程建设标准化协会建筑信息模型专业委员会，2017.
[19] 中华人民共和国住房和城乡建设部．“十三五”装配式建筑行动方案［J］．建筑监督检测与造价，2017（002）：11-13.
[20] 中华人民共和国住房和城乡建设部．GB/T51235-2017建筑信息模型施工应用标准［S］．北京：中国建筑工业出版社，2017.
[21] 六部门联合发布《关于促进交通运输与旅游融合发展的若干意见》［J］．人民公交，2017（3）：11.
[22] 辽宁省住房和城乡建设厅．关于印发《2014年度辽宁省工程建设地方标准编制/修订计划》的通知［Z］．2014.
[23] 北京市住房和城乡建设委员会．关于公布北京市建筑信息模型（BIM）应用示范工程的通知［Z］．2017-6-30.
[24] 王琮皓．BIM+AR技术在建筑运维管理中的应用研究［D］．郑州：河南大学，2019.
[25] 侯宇．基于BIM与WSN技术的塔吊安全事故预警的理论与方法研究［D］．徐州：中国矿业大学，2017.
[26] 张坤杰．基于BIM技术的商业地产项目的运维管理应用研究［D］．青岛：青岛理工大学，2019.
[27] 温泉，张俊杰．郑州轨道交通BIM技术的应用规划［C］．//中国土木工程学会、中国工程院、

河南省土木建筑学会．2017城市轨道交通关键技术论坛暨第26届地铁学术交流会论文集．2017：193-196.
[28] 朱健，游成林，耿庆民，等．BIM技术在施工中的应用［J］．绿色建筑，2016（6）：14-15.
[29] 罗振华，钟蒙繁，潘海泽，等．BIM时代工程管理专业教学改革研究［J］．西南石油大学学报（社会科学版），2017，19（4）：78-82.
[30] 杨明．基于城市轨道交通工程的BIM交付标准研究［J］．中国标准化，2018（16）：141-142.
[31] 卜美悦．江西城市轨道交通BIM交付标准研究［D］．南昌：南昌大学，2018.
[32] 韩克勇．BIM模型细度及二维视图交付模式浅谈［J］．城市建设理论研究（电子版），2015（22）：9278-9279.
[33] bim模型生成二维视图［DB/OL］．http：//www. docin. com/p-1647186325. html.
[34] 广州市住房和城乡建设委员会．关于加快推进建筑信息模型（BIM）应用意见的通知［Z］．2012-1-17.
[35] 上海市住房建设和管理委员会．关于进一步加强上海市建筑信息模型技术推广应用的通知［Z］．2017.
[36] 上海市政府．上海市住房发展“十三五”规划［Z］．2017.
[37] 广西壮族自治区住房和城乡建设厅．建筑工程建筑信息模型施工应用标准［Z］．2017.
[38] 广西壮族自治区住房和城乡建设厅．关于印发推进建筑信息模型应用指导意见的通知［Z］．2017.
[39] 宁波市住房建设和管理委员会．关于推进建筑信息模型技术应用的若干意见［Z］．2017.
[40] 浙江省住房和城乡建设厅．浙江省建筑信息模型（BIM）技术推广应用费用计价参考依据［Z］．2017.

第6章

城市轨道交通 BIM设计应用

6.1

BIM设计管理应用

6.1.1 基于BIM的设计管理

从前面章节的BIM定义可以看出，BIM不仅是一种新的设计、分析工具，也代表了一种项目参与各方共同协作的理念。

BIM设计管理就是指在设计阶段，科学利用BIM技术以促进设计单位完成设计任务，提升设计效率和质量，并以数据化形式传递设计成果的过程。BIM作为项目的信息综合平台，为设计活动的项目管理提供了更全面、可靠的数据依靠。有效的BIM设计管理能够促进甲方与各个协作单位的沟通交流、提前识别技术风险、协助设计产品开发等，确保设计工作有条不紊地开展。

BIM技术的应用，使得设计变得更加直观，工程及结果均可以清晰明了。提高了设计的准确率，同时让设计人员有更多的时间去考虑设计的其他方面，例如外观、舒适度、能耗、环保等，提高了设计质量和品质，保证了设计的准确率。在设计端能形成多专业、跨领域的协同作业，让项目工程信息能够充分整合、传达、分享、利用，避免了重复劳动与冲突，降低成本。

BIM的应用价值表现在多方协同设计、参数化设计、过程和结果可视化、多专业综合碰撞检查、提高设计质量和效率等，这些方面在以下章节会详细描述。

BIM的实施过程产生大量的数据，并且会形成工程数据库。数据的开发利用，将对提高设计效率、精度、决策管理等起到重要作用。BIM的应用，模型是应用的核心基础。利用模型数据实现不同程度的应用，同时，这样一个或多个包括了建设全生命周期数字化信息模型实体，也为建设项目的各个参与方提供一个信息交互的平台。

6.1.2 基于BIM设计管理工具与平台

利用BIM技术实现基于建筑信息模型的设计管理，需要基于BIM技术的基础上开发的管理工具或平台。本书结合主编单位参与的国家“十三五”重点科研课题“面向全生命周期成本优化的轨道交通设计、建设、运营协同技术及典型专业的关键技术”中关于基于BIM的一体化数据管理平台的研究，对基于BIM的设计管理工具与平台有如下看法。

基于BIM的设计管理平台建议考虑城市轨道交通全生命周期各个阶段的需求，通过该平台实现城市轨道工程的设计、施工、运营管理各个环节之间的信息共享和协同作业，平台须支持扩展其他信息化系统，提供资源的整合、信息的共享以及业务的协同。建立支撑轨道交通工程信息共享的BIM信息交换接口，实现BIM模型的导入、系统内模型数据的整合、模型及信息的导出、模型与信息的交互浏览等。通过应用BIM技术，实现施工阶段减少工程变更次数、缩短建设工期和节省工程投资等目标，以满足城市轨道工程业主制定的各项时间节点要求。通过建立城市轨道交通工程运营维护模型，为验收、审计、技术改造等阶段提供数字信息化管理等方面的数据库，同时预留相关数据接口，为后续的管理运营及维护提供全面、高效的信息化技术支持，充分发挥BIM对业主的最大利益。

基于多用户、云架构、一体化设计的BIM技术应用管理平台，可以让不同单位、不同角色不受系统平台制约，共同参与轨道交通项目的管理和生产工作。

BIM技术应用管理平台以项目信息为基础，项目策划为主线，项目任务为纽带，串联整个设计、施工过程的各项工作，同时引入BIM模型的在线解析、计算、展示等图形化功能，让大型工程项目有序的、目标明确的、规划分工严谨的按期推进。

BIM技术应用管理平台除了为管理人员和生产人员提供丰富支持外，同时为决策者提供各种关键数据，如生产效率、人员负荷、部门能力等情况均可以在项目管理系统中进行精准统计分析。

6.2 BIM模型应用

6.2.1 建筑模型应用

基于项目模型，建筑专业应用BIM模型于设计周期的过程：

（1）在方案汇报过程中，通过三维表现形式，以更直观更有效的方式表达建筑功能布局及设计意图。

（2）在报建阶段，根据项目该地相关政策提交项目建筑信息模型到规划报建系统平台，实现BIM报建流程的信息化管理，大大提高了审批和沟通效率。

（3）在施工图设计阶段，利用高效的协同设计，完善施工图深化设计，并对复杂节点进行校对并完善施工详图，以正确指导施工设计，将施工图三维模型交付施工单位，也方便施工单位了解设计信息，能指导准确施工。在施工图设计过程中，建筑专业为提高工作效率，充分利用快速建模的优势，节省劳动时间，在设计过程中使用二次开放的构造柱快速布置，出入口快速建模，建筑房间门窗统计等工具，提高建模和校对修改效率。

（4）工程竣工后，提交模型给运营管理单位，方便运营借助BIM平台，对车站运维组织更有效的管理。

6.2.2 区间隧道模型应用

在城市轨道交通工程中，盾构法和矿山法是区间隧道最常采用的施工方法，下面分别介绍这两种工法隧道的BIM模型应用。

1. 盾构法隧道

盾构法隧道是采用盾构机进行隧道掘进并在盾构机内拼装管片衬砌、实施壁后注浆等修筑而成的隧道，因此，盾构管片的拼装排版是盾构法隧道非常重要的一项工作。在设计阶段，我们可以根据三维线路数据，并结合管片错、通缝的要求以及封顶块的位置要求，计算理论的管片排版结果，并结合BIM技术，建立建筑信息化的隧道管片拼装三维可视化模型，直观地给相关人员提供效果展示和评估，有利于各参与方之间的沟通，最终实现设计对施工的全过程实时指导。如图6–1所示。

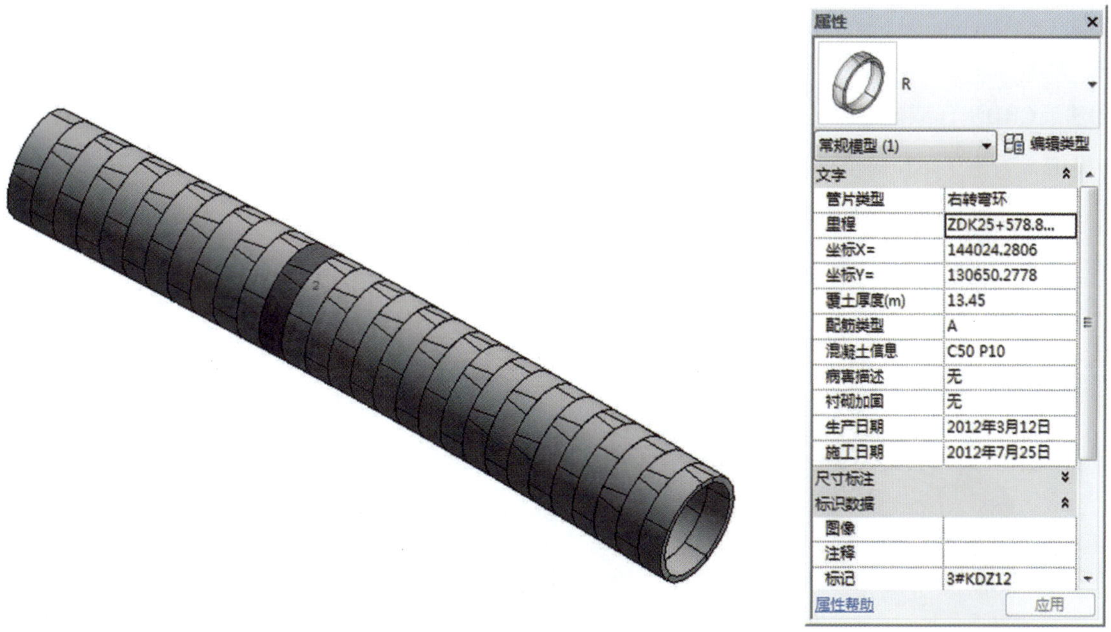

图6–1 盾构法隧道拼装模型及其属性

2. 矿山法隧道

矿山法是暗挖法的一种，主要用钻眼爆破方法开挖断面而修筑隧道及地下工程的施工方法。用矿山法施工时，将整个断面分步开挖至设计轮廓，并随之修筑衬砌。由于矿山法的特点，矿山法隧道的断面尺寸经常发生变化。通过建立参数化的BIM模型，将矿山法断面的半径、角度等作为参数，设计阶段实际应用时，可以节约大量时间。如图6-2所示。

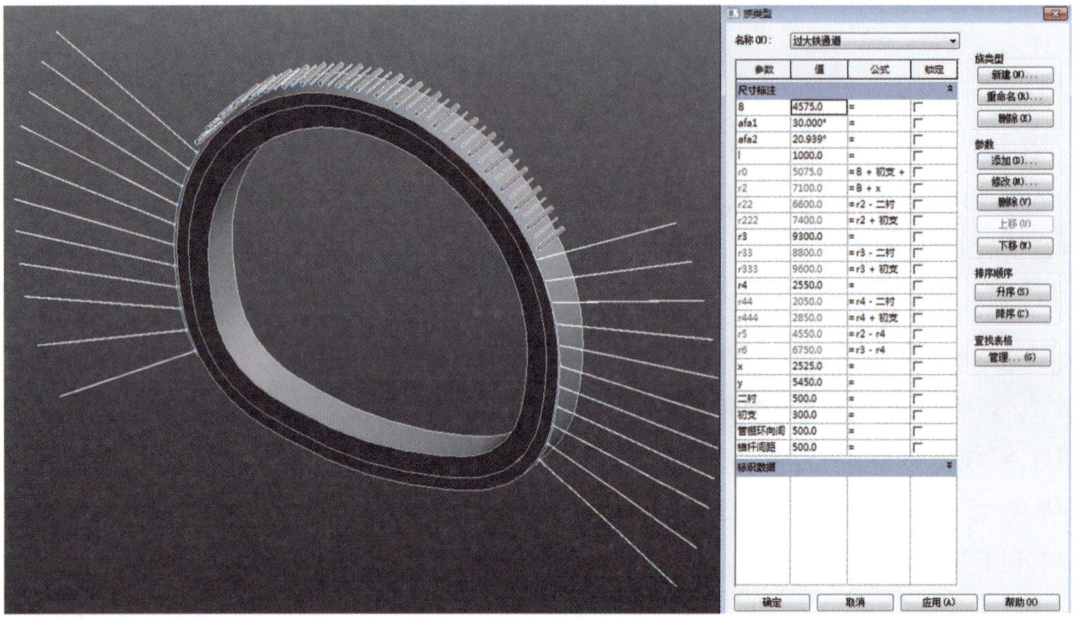

图6-2　矿山法隧道模型及其参数

此外，矿山法隧道的施工方法往往因周边围岩条件、断面轮廓形状等不同，可以分为台阶法、CD法、CRD法、双侧壁导坑法等。在设计阶段，我们可以结合BIM技术，对矿山法隧道的施工工序进行模拟，为施工单位提供可视化的技术交底，能够大大提高沟通效率。如图6-3所示。

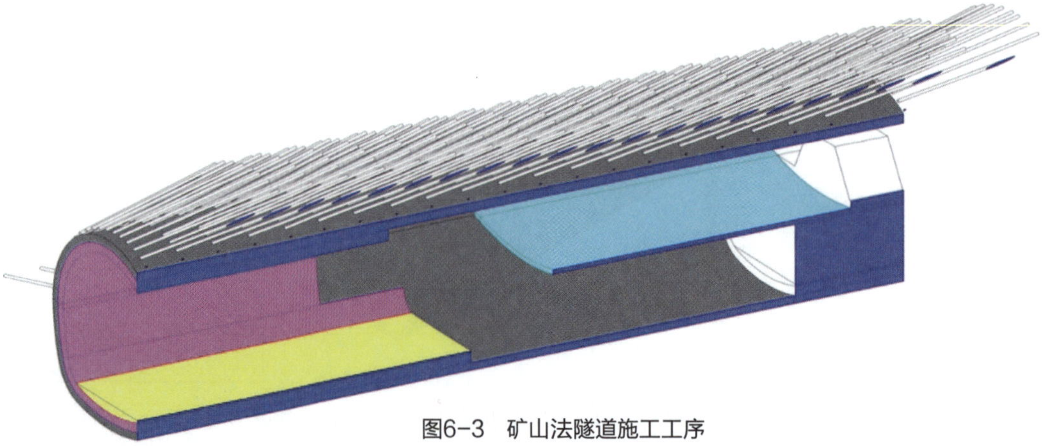

图6-3　矿山法隧道施工工序

6.2.3 轨道工程模型应用

轨道工程是以线性为主的专业，具有线路长、道床扣件类型多且结构复杂等特点，其建模按照自上而下的顺序从钢轨、扣件、轨枕及道床依次建模，利用数字三维的模型对轨道项目设计进行指导，项目各阶段都可以基于同一模型进行信息的更新、传递以达到协同工作的目的。

1. 钢轨模型族的创建

钢轨模型族的创建采用“自适应公制常规模型.rft”族样板文件。由于钢轨一般的长度规格为12.5m或者25m的定尺长度，长度长，自适应点越多能越贴合线路曲线，在自适应族中创建钢轨时，首先需要创建多个自适应点，使之自适应后用样条曲线依次连接起来，在两自适应点之间任一位置添加一个自适应点，选中该点与样条曲线垂直的一个平面，在“查看器”中将该平面进行钢轨断面绘制或导入cad断面形状，最后点击创建形状（放样）钢轨模型。如图6-4所示为自适应60kg/m钢轨的断面图及其参数。

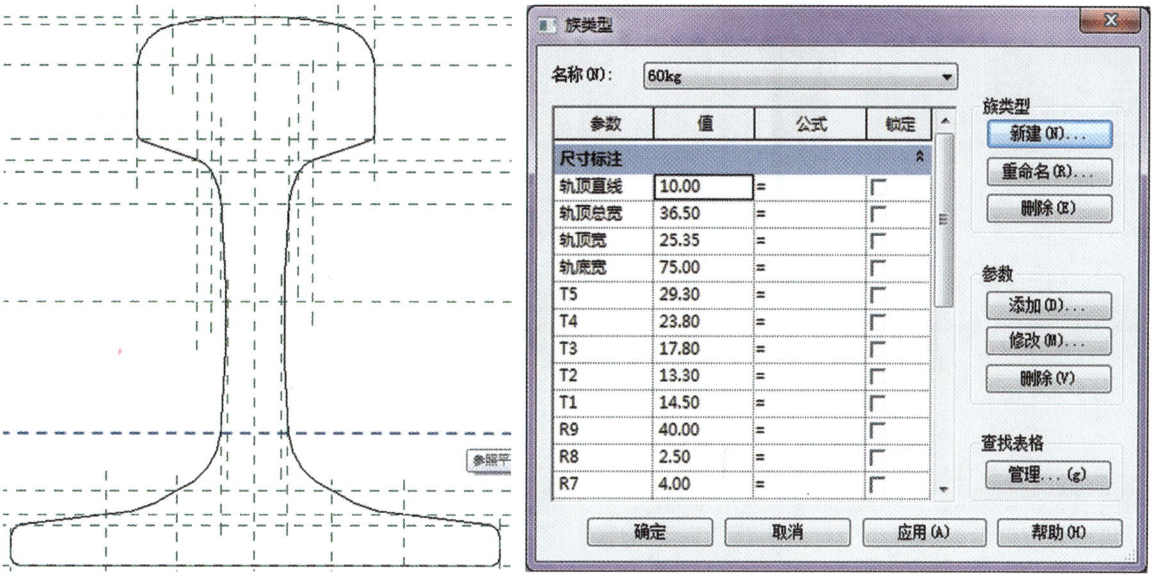

图6-4　60kg/m钢轨及其控制参数

2. 扣件模型族的创建

扣件模型族主要由弹条族、螺栓族、垫板族组成。采用“公制常规模型.rft”族样板文件。弹条族模型的创建需要结合可视化编程dynamo放置弹条控制点，利用放样融合创建弹条模型，控制点越多模型就越精细，螺栓和垫板就相对简单，使用实心拉伸及空心剪切便可创建螺栓及垫板模型，包括扣件中的绝缘轨距块、塑料套管等。如图6-5～6-8所示。

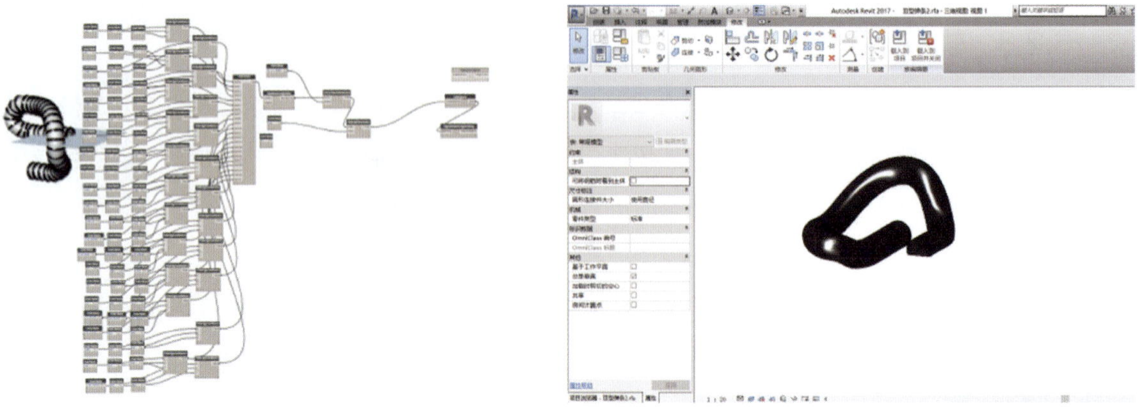

图6-5　Ⅲ型弹条

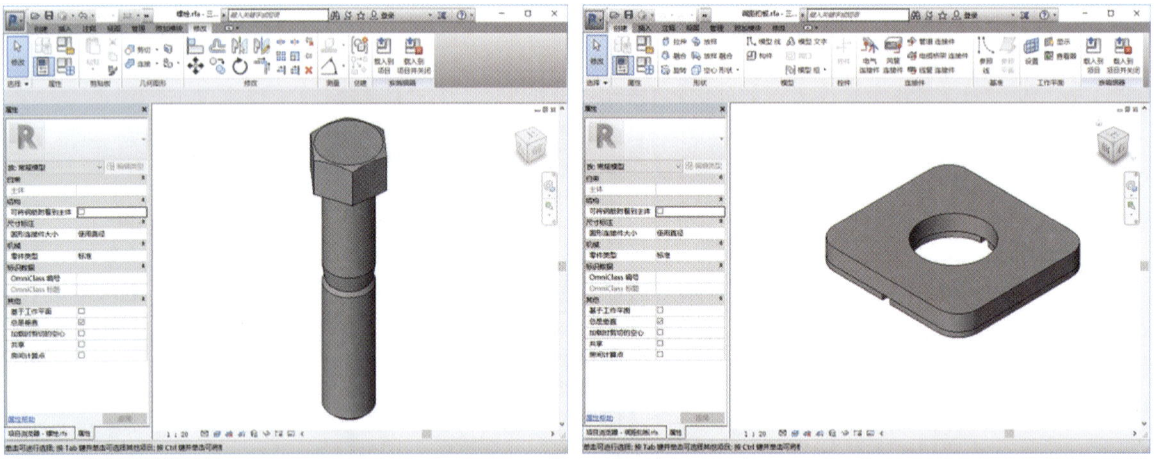

图6-6　螺栓及调距扣板

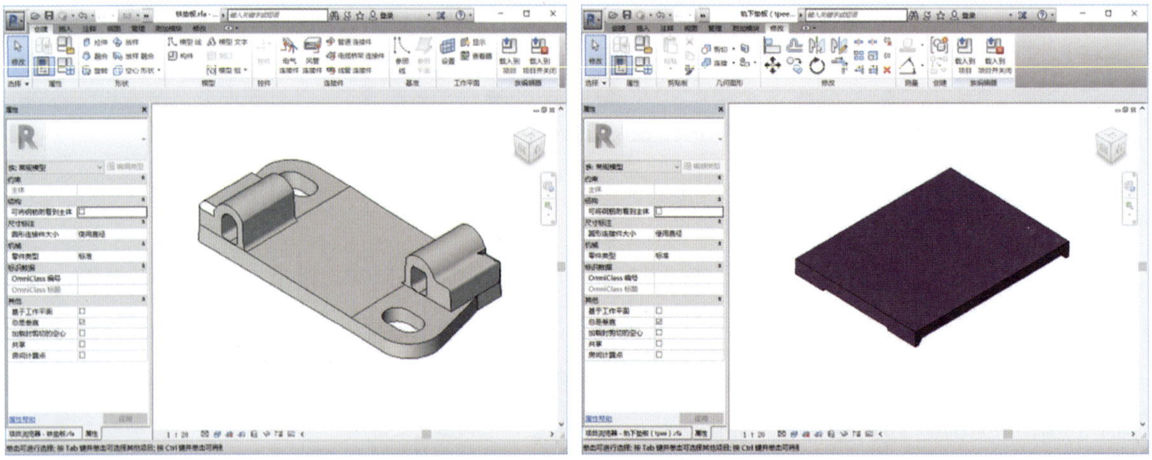

图6-7　铁垫板及轨下垫板

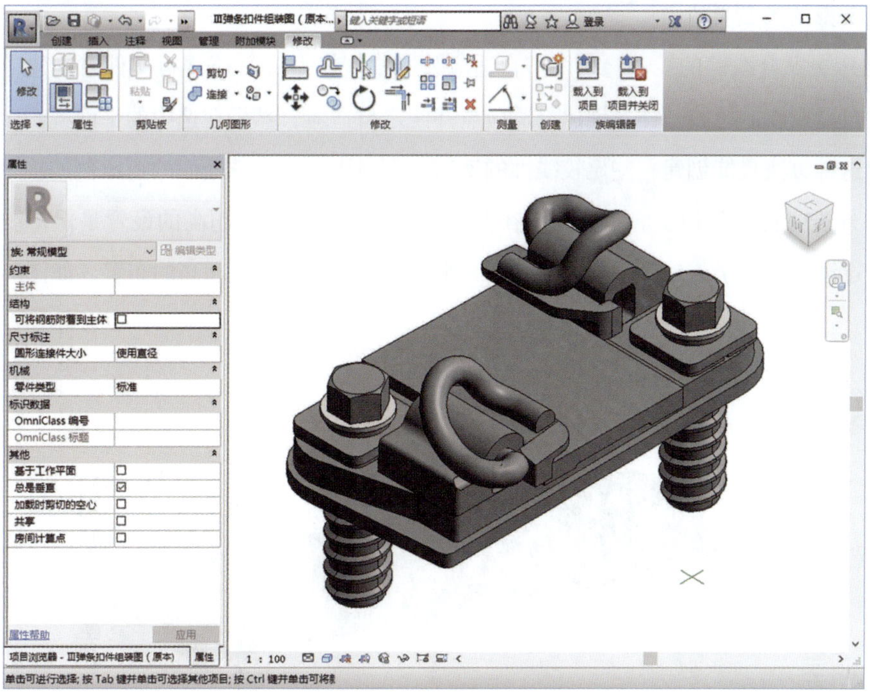

图6-8　弹条Ⅲ型分开式扣件

3. 轨枕模型族的创建

轨枕模型的创建同样采用“公制常规模型.rft”来创建模型。但是要实现轨枕沿设计线路自适应布设的话，会有几个难点需要解决：一是超高曲线是一个递进渐变的过程，采用手动放置需要进过繁琐的计算过程且效率低下；二是轨枕模型需要经过两个甚至多个方向的旋转。解决办法就是创建轨枕的自适应模型，将创建的“公制常规模型.rft”导入到“自适应公制常规模型.rft”中，利用三个自适应控制点形成一个控制面，其中两点为轨枕两端一边一个用于控制轨枕沿设计线路方向的横向旋转，还有一个位于线路中心线处且离轨枕上的两个点有一定距离，用于控制轨枕沿设计线路方向的纵向旋转。如图6-9所示。

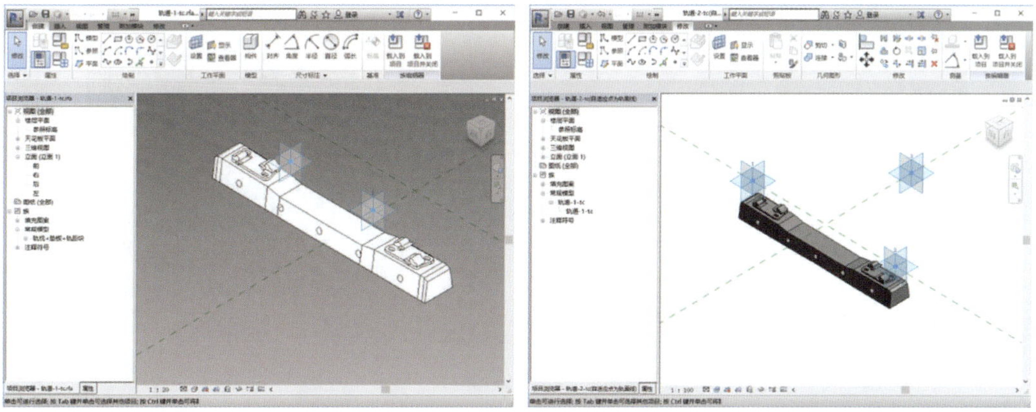

图6-9　自适应轨枕模型

4. 道床模型族的创建

为了是道床更贴合线路的线性，采用“自适应公制常规模型.rft”族样板文件来创建道床模型。方法和创建钢轨自适应族的思路一样，创建自适应点并使之自适应，然后在选中的平面视图中创建道床截面形式。目前这种方法只能创建一些比较线性的道床，而对于一些特殊断面的道床例如接泵房、道岔道床等则需要另外进行特殊建模了。由于道床在曲线处会有超高，一般超高的设置是保持线路中心线不变，内侧高度逐渐降低一半，外侧高度逐渐升高一半，从而达道床曲线超高的布置。如图6-10所示。

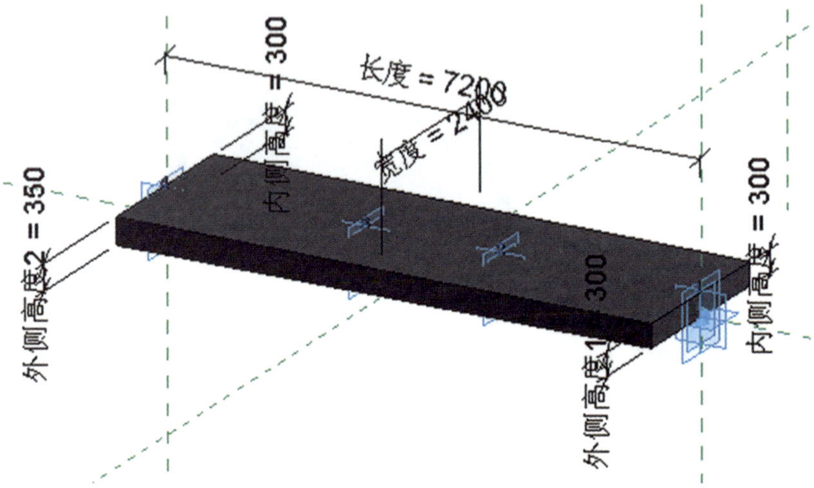

图6-10　道床自适应模型

5. 道岔模型及其他轨道附属结构模型族的创建

道岔模型及其他轨道附属结构模型族的创建与扣件模型族的创建思路方案一样，采用“公制常规模型.rft”族样板文件。利用拉伸、放样、旋转等方法命令创建道岔及附属结构模型，道岔由于零部件较多，建模周期较长，更新数据烦琐，需寻求高效快速精准的建模方法。如图6-11、6-12所示。

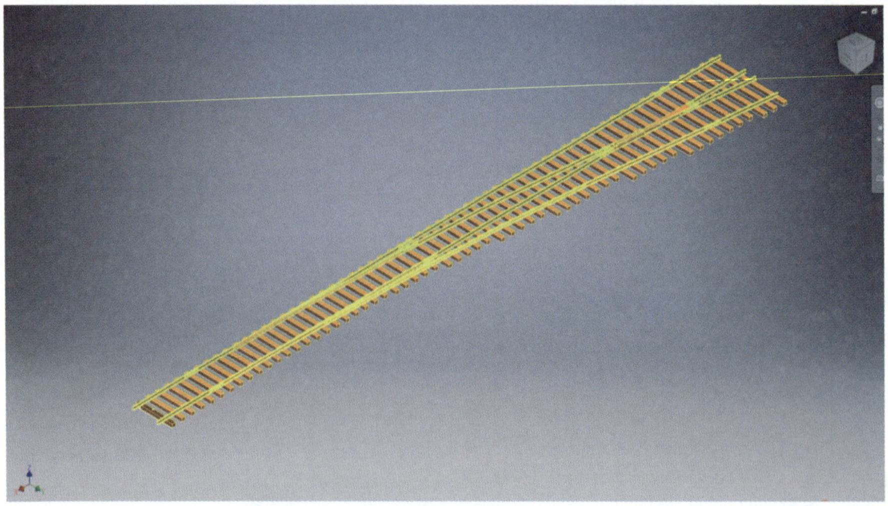

图6-11　9号道岔模型

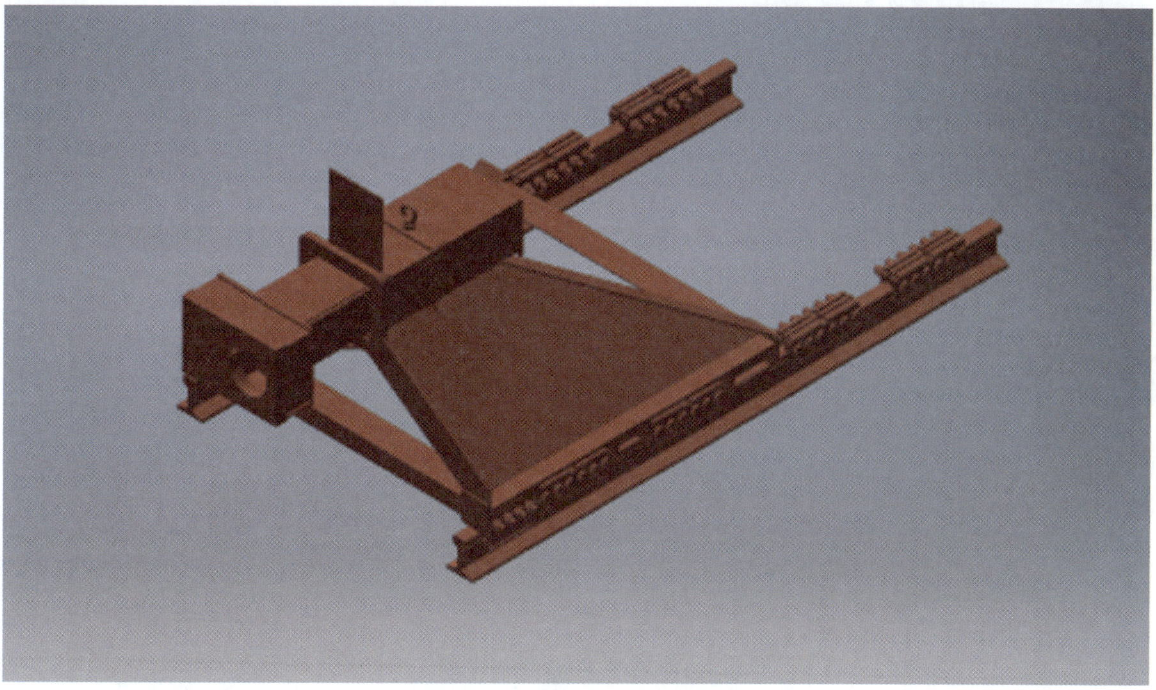

图6-12 液压缓冲式车挡器模型

6. 环网支架、接触网自动布置

借助二次开发、线路参数、隧道模型参数及相关族，在区间隧道内生成沿线路及轨道准确匹配的环网支架、汇流排放样及悬挂模型。如图6-13所示。

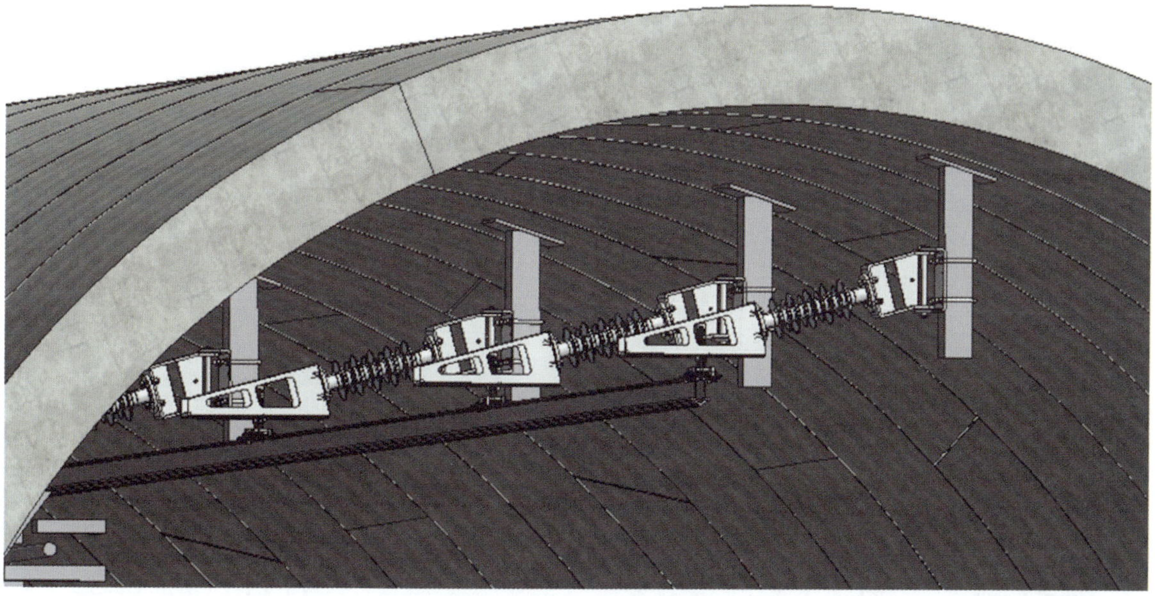

图6-13 环网支架模型

6.2.4　供电系统模型应用

1. 深化设计

（1）利用BIM技术，在模型中拟进行电缆敷设，优化电缆沟布置方案，减少电缆交叉。如图6-14所示。

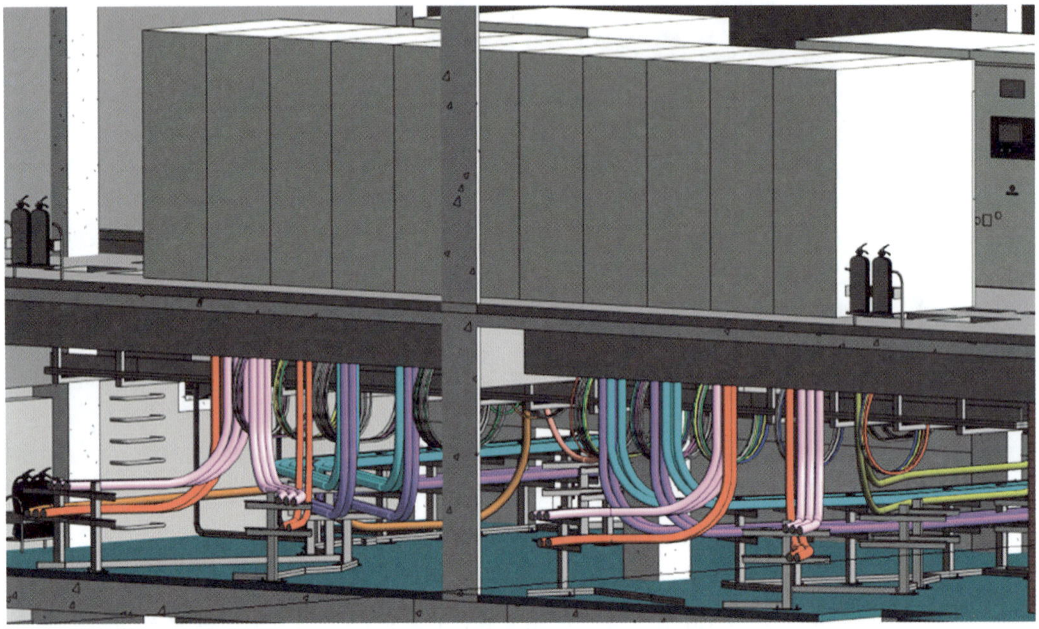

图6-14　电缆敷设模型

（2）创建电缆敷设方案，为施工提供便利。如图6-15所示。

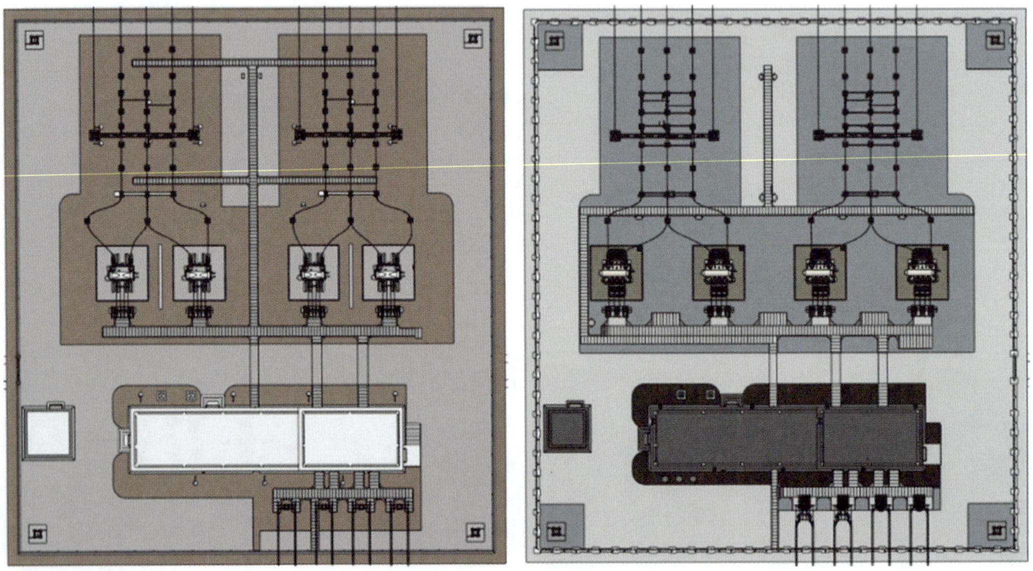

图6-15　电缆敷设方案

（3）根据设计规范要求，取消变压器之间的防火墙，并利用BIM模型校验安全距离。如图6-16所示。

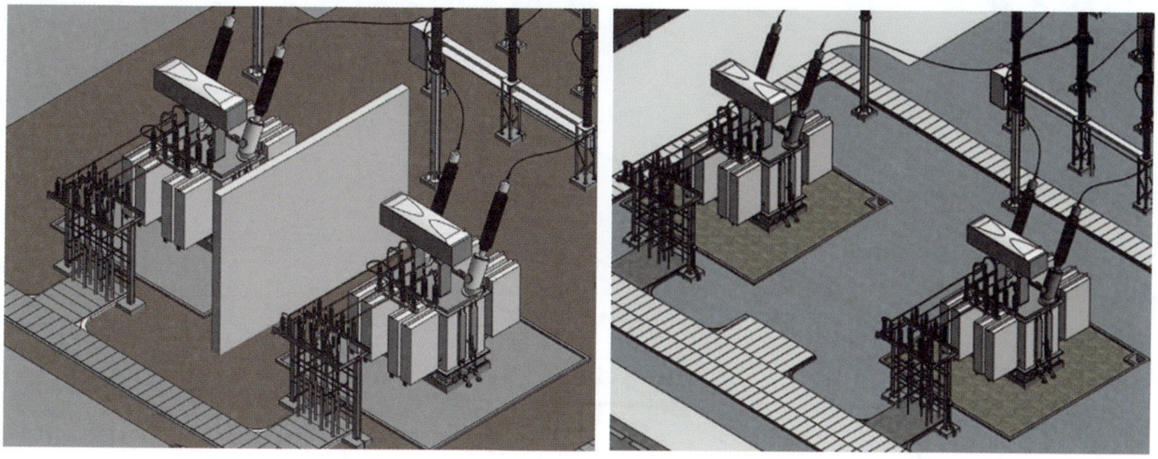

图6-16　BIM模型校验

（4）电力配电所调压器接线方案优化。如图6-17所示。

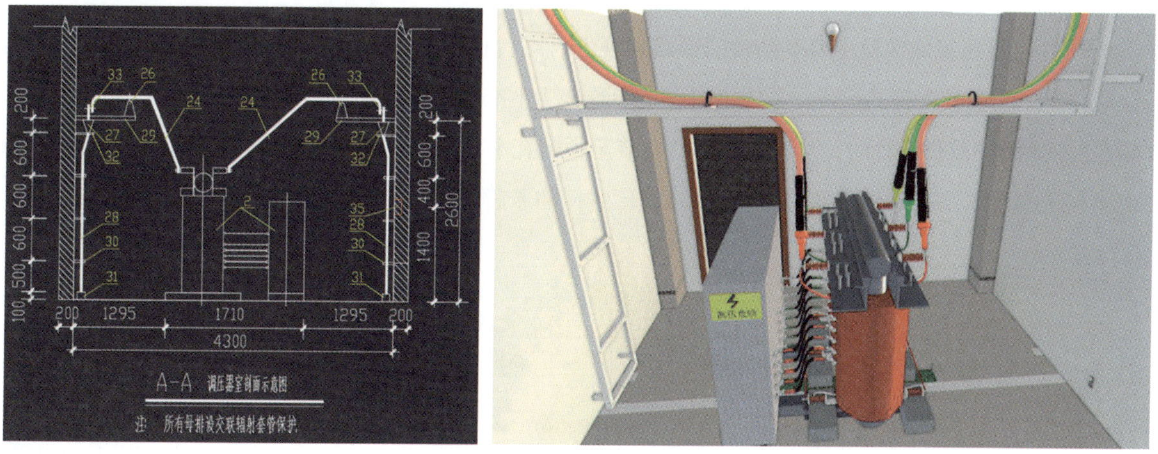

图6-17　调压器接线方案优化

2. 施工预制

（1）将接触网腕臂、吊弦预制管理整合至平台中，实现测量、计算、预制全流程管理。

（2）平台记录测量数据和计算结果，将信息整合至模型中便于后期查询。

（3）对于预制完成的成品，纳入物资管理，统一进行出入库管理，并与进度计划管理相结合，提醒施工人员及时安排安装施工。

（4）结合二维码技术，便于施工人员查询安装相关信息。

如图6-18所示。

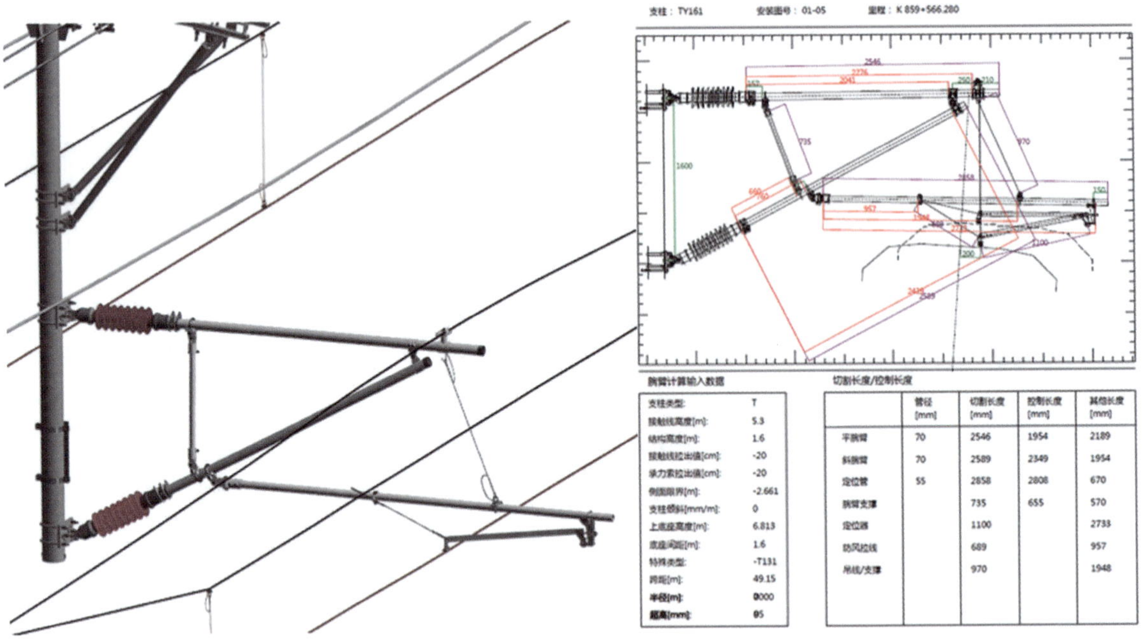

图6-18　施工预制模型

6.2.5　站台门模型应用

站台门与建筑的接口主要有站台门顶梁预埋件、站台板预留孔以及端门顶梁及预留槽，这些预埋件及孔洞之间需较准确的定位，若施工图有误导致施工不准确，则需重新打孔或留预埋件，增加了施工成本。使用BIM软件设计时，可模拟站台门安装至预留孔中，若预留孔或预埋件位置不准确，可以很直观地在图中看到，避免了预留孔洞与门体布置不统一的矛盾，提高了图纸准确性。如图6-19所示。

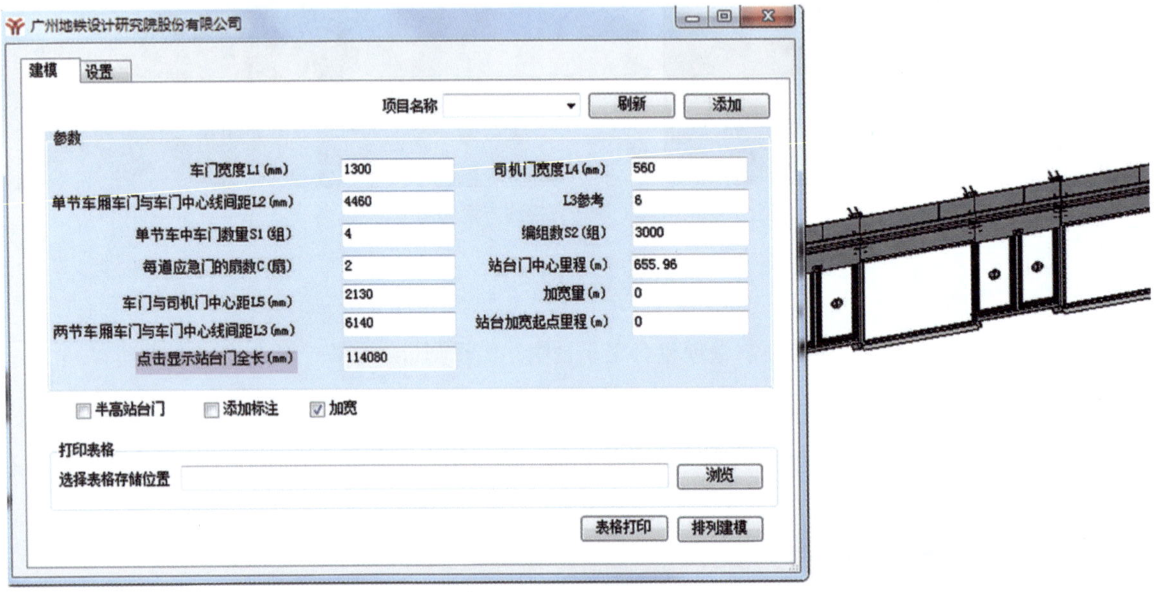

图6-19　站台门BIM模型

站台门自动布置功能：可根据用户载入的各类型门单元族文件，按用户要求，排列整列的站台门模型，考虑到需要使用单列站台门门体数量统计功能，此模型可为单个整列站台门族文件或为多个站台门族文件，具体待用户与开发人员沟通确定。模型应为适用于现阶段地铁项目中大部分曲线站台及所有直线站台的全高站台门及半高站台门。门体与门体之间应对齐并锁定，若载入的门单元族文件为参数化模型时，在单列模型生成后，用户再对门单元宽度修改时不应发生两门体重叠或分开的现象，开发人员应考虑到两门体对齐时定位的参考位置，并对用户上传的族库作要求。

6.2.6 给排水系统模型应用

给排水设计与土建专业相比较，具有很大的差异性，一般来说，土建专业根据楼层平面进行设计划分，而给排水设计根据独立的系统来划分，如给水系统、排水系统、消火栓系统、喷淋系统、自动灭火系统以及中水系统等，这些系统一般服务建筑的多个楼层，其影响是，给排水专业的局部修改可能会影响整个系统、多个楼层的设计。在此背景下，传统的CAD软件，需要多个平面、多个剖面、多张图纸进行对照修改，工作内容烦琐复杂，耗费时间及精力。BIM技术的应用可以解决二维CAD图纸传递的三维信息的失真问题，通过建立三维模型，给排水设计人员能够直观地从整体性上更真实、更有效地了解项目的全貌。其次，BIM模型采用参数化设计，针对Revit模型而言，局部修改将会影响全局设计成果，同时设计人员能够及时地收到软件层面关于设计方案可行性的反馈，能够帮助项目开展有效的设计，提高工作效率。

当然，BIM技术在设计阶段的应用价值远不止从二维平面转向三维模型，更在于它能够实现3D协同（3D coordination）功能。3D协同包括协同设计、管线综合和碰撞检测，它提供了一个可视化、信息化的交流平台，在这个平台上各专业可以实时交流、实时修改调整设计方案，促进给排水专业图纸质量提升。

Revit软件中，提供了两种协同的工作模式：链接模式和工作集模式。链接模式下，项目文件中的外部链接模型不可编辑，不便于管线调整。工作集模式下，虽然权限的获得与释放较为烦琐，经常产生冲突，但便于在同一项目文件中进行管线调整。一般来说，给排水设计人员在BIM设计中，常常将建筑和结构作为连接文件，在同一项目文件中创建给排水、暖通、电气工作集进行协同工作，即给排水工程师在绘制本专业管道的同时，暖通专业、电气专业在绘制风管、暖通水管和桥架等，各专业之间可以相互观察工作进度，调整避让管线、设备，同时便于提资，提高工作效率。如图6-20所示。

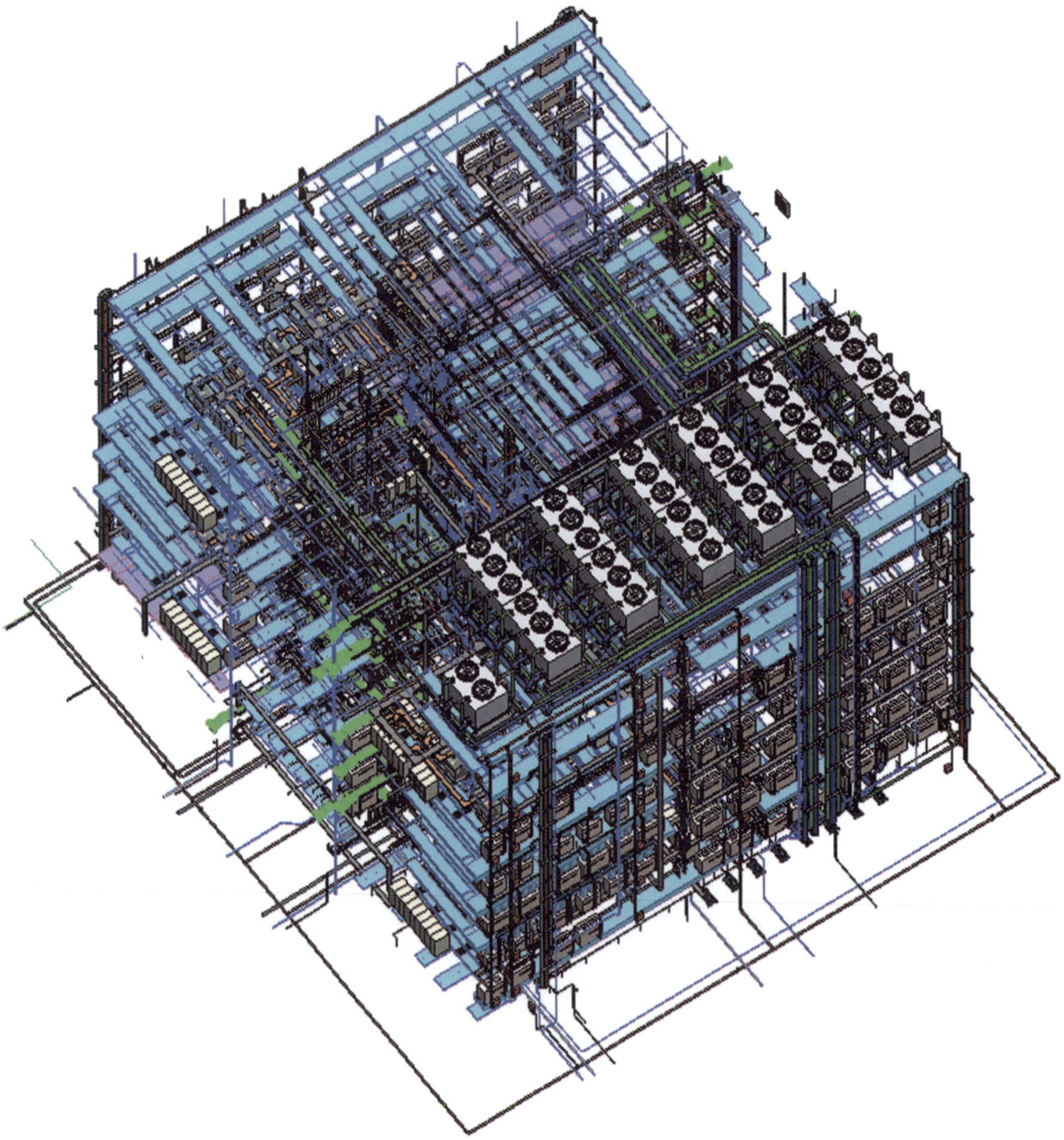

图6-20 某车辆基地维修运转楼施工图阶段机电BIM模型

建筑的设备层、设备区及设备用房是整个建筑项目中比较关键和复杂的部分，其空间形状复杂，同时由于机电设计的多专业属性，若各专业“闭门造车”，那么设计结果中管线之间的碰撞将无法避免，尽管二维CAD设计时代给排水专业也充分考虑了各管线的空间位置，但扁平、无参数、不直观的调整方式终会形成盲区大、低效率、低成果转化率的设计成果，其对施工现场的指导意义也极其有限。而BIM技术的应用改变了给排水专业以往的工作模式，让工程师可在直观的三维模型中便捷地检测并定位发生冲突的位点，通过简单的操作便能解决冲突。如图6-21所示。

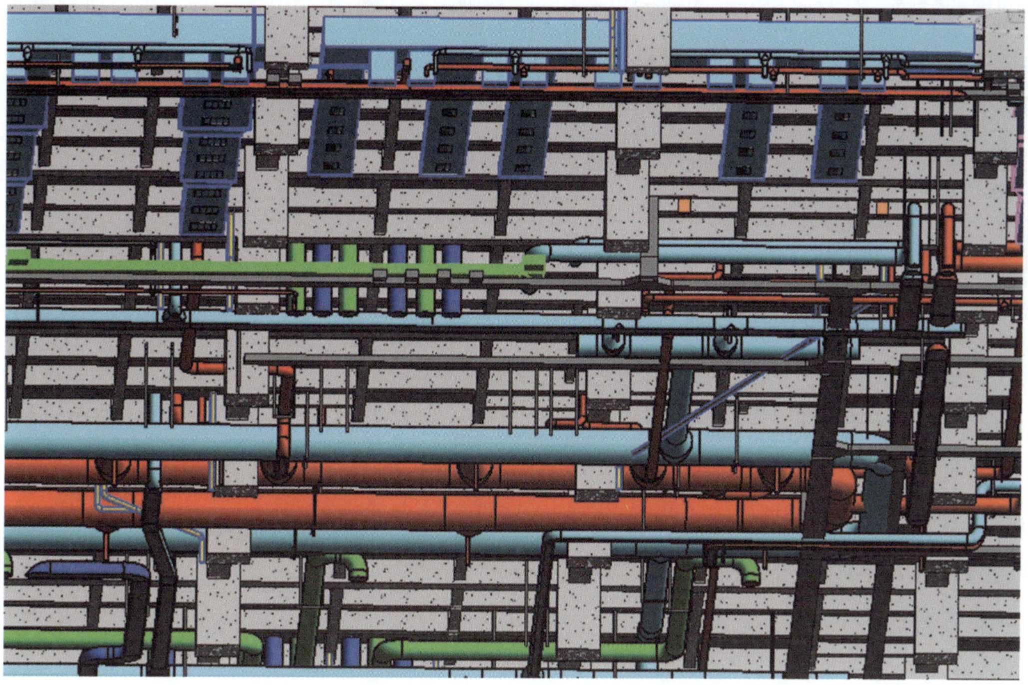

图6-21　某车辆基地维修运转楼施工图阶段给排水BIM模型

6.2.7　基于BIM软件的工程量计算方法

1. 应用简介

现行工程量清单能满足项目中期（即施工招标投标和施工阶段）造价控制的需要，但与前期估、概、预算和后期决算的关联性较差，三个阶段造价管理体系不对应，分项和口径不一致、数据标准不统一，各阶段的造价数据相对独立，不能形成连续的造价数据流贯穿于项目全过程。

2. 需要解决的问题

因此，项目各阶段造价数据不能无缝对接并与管理成果脱节，无法进行各阶段造价数据的直接对比分析和连续性管理，不能完全发挥全过程造价管理的整体绩效，全过程造价管理的目标也难以实现。

工程量清单与估算、概算、预算、决算管理体系和项目划分不一致，从上一阶段至下一阶段都要重复至少要经过一次的拆分、汇总工作，而拆分与汇总工作缺少信息化工具量化，全依靠手工完成，效率低下，造成人力资源的浪费，增加数据拆分后的不准确性。

当前工程量清单只针对工程费用部分有完整的规范和要求，缺少工程建设其他费用的标准划分和界面确定，不同地区不同建设单位存在差异性。如财政、发改、城乡建设管理三个部门对工程建设其他费用的分类、约定均不相同。

每个项目自拟一套工程量清单，清单分项设置及工作内容界定不清晰，项目特征不一致，以及造价人员的理解分歧，对专业和分部的划分也不相同，例如：通风空调的电气工程，有的项目归入通风空调工程，有的项目归入电气工程；而且还存在各阶段各算各账，各按各的算法，各考虑各的成本，最终形成的都是一个个孤立的造价文件和数据，相互之间无法对照、检查、分析，不具备可比性，也无法实现资源共享，更加无法满足现代化信息管理的需要。

3. 二次开发应用思路

在算量软件开发之前，需要选择需要统计的范围，软件将迅速将范围内的统计结果以报表形式展现出来。如果构件实体或相关构件发生变化，软件对变化构件进行重新计算统计。该软件应用主要包含以下思路：

运行软件打开当前项目；

执行工程量统计及分析功能并选择统计方式；

选择工程量筛选功能并确认筛选范围；

执行查看报表功能则生成对应的工程量；

可根据需要选择导出数据记录到Excel中，便于长期保存。

4. 二次开发效果

菜单位置：【算量】→【统计】；

执行命令后弹出“工程量分析统计”对话框，如图6-22所示。

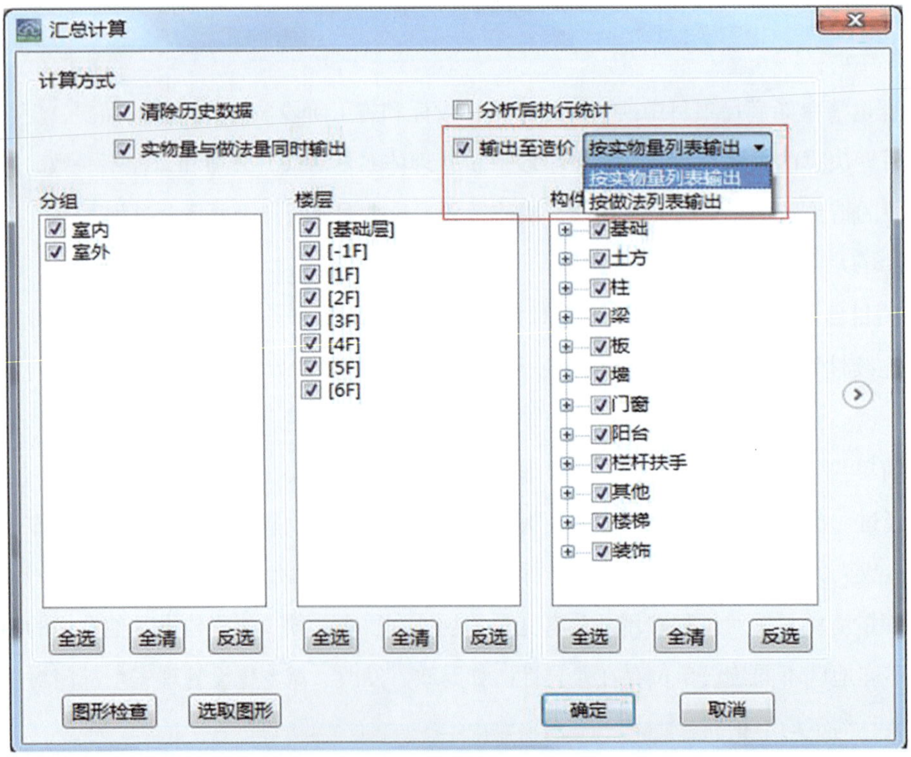

图6-22　汇总计算对话框

对话框选项和操作解释：

【清除上次筛选数据】清除上次汇总计算的数据，勾选重新计算。

【实物量与做法同时输出】勾选后实物量为去除掉挂接做法的构件后的工程量，做法列表里面只计算挂接了做法的构件。不勾选状态实物量与做法量互不干涉。

【浏览上次结果】之前执行过统计命令，此按钮会变为可点击状态，点击此按钮弹出的统计结果不做任何计算处理，直接查看上次结果。

选择完成，点击【确定】，得到统计的工程量，如图6-23所示。

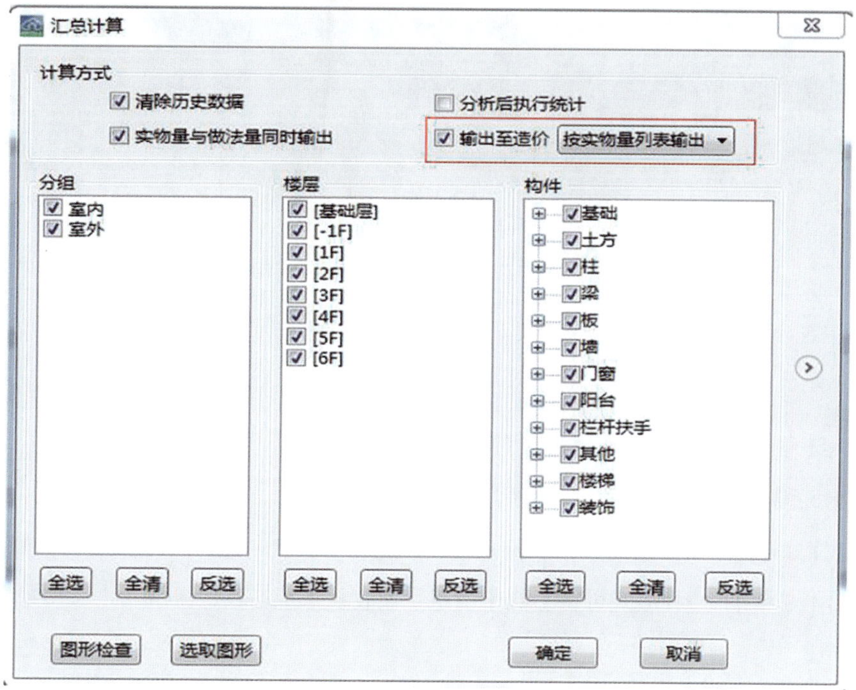

图6-23 工程量汇总统计对话框

对话框选项和操作解释：

【工程量筛选】：选择要筛选的楼层，构件名称以及构件编号；

【查看报表】：进入报表界面；

【导入工程】：导入别的工的数据到当前工程中；

【导出工程】：导出当前工程，可以保存当前数据；

【导出Excel】：选取统计数据记录后导到Excel中。

点击【工程量筛选】弹出如图“工程量筛选”对话框。在对话框内对分组编号、构件进行筛选选择。在选择模型时，比目云算量提供两种模式：树形选择模式、列表选择模式。之后点击【确定】，预览统计界面上就根据选择的范围显示结果，包括清单、定额、构件实物量模式均可实现筛选功能，如图6–24所示。

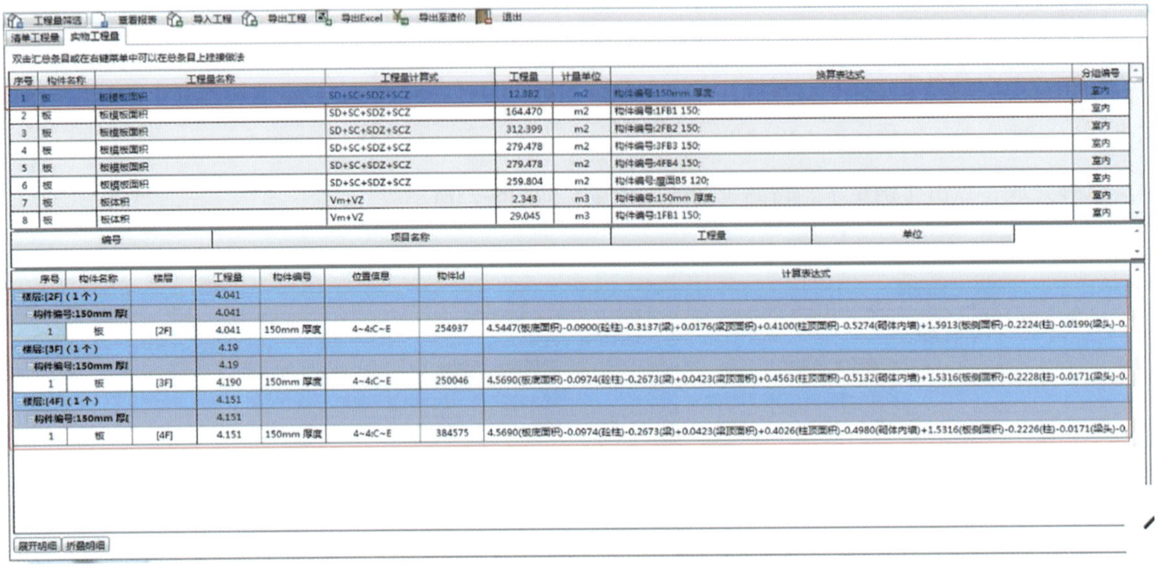

图6–24　工程量筛选对话框

点击【导入工程】弹出window文件选择对话框；

点击【导出工程】后会弹出windows另存为对话框；

点击【导出Excel】将工程数据导出到Excel表。导出Excel中，有3种导出形式：导出汇总表，导出明细表，导出汇总明细。3种形式可将工程中清单、实物量形成Excel表后导出。

5. 推　广

在城市轨道交通工程设计过程中，往往面临阶段多、各阶段关联性差、专业繁杂且划分方式不统一等问题。基于建标〔2014〕142号《住房城乡建设部关于进一步推进工程造价管理改革的指导意见》中应“完善工程项目划分、建立多层级工程量清单”这条要求，采用比目云软件构建多维一体的工程量清单（即定额工程量清单、工程量清单与分部清单）体系，再让分部清单与估、概、预算各阶段项目划分对应，以满足全方位、全过程造价管理的需要，并借助软件工具分析数据准确性和高效性，真实客观地实现了城市轨道交通工程在设计和造价过程中的信息化管理。

6.2.8　基于BIM软件的管线自动避让

1. 应用简介

目前，城市轨道交通车站管线综合设计多采用二维设计平面图加剖面的方式，在没有剖到的部分存在管线打架或没有检修空间等问题，各专业管线表达不够直观。采用BIM参数化设计，能有效地对设备管线进行合理布置，充分利用有限的空间，实现管线的自动避让。

2. 需要解决的问题

轨道交通车站机电专业较多，各机电系统的桥架及管线也越来越复杂，而轨道交通车站空间有限，各机电系统专业在地铁车站及区间内的管线安装也越来越紧张。狭窄空间内各专业自行其是，管线敷设非常杂乱，导致走廊等狭窄空间的线缆检修空间不足，同时可能影响到消防验收。采用BIM参数化设计对设备管线建模达到充分利用有限空间合理布置管线的目的是必要的。

由于传统的二维设计存在先天的局限性，不能直观看出各专业的桥架及管线在三维空间上的布局及检修空间。采用BIM技术对轨道交通建筑和机电设备管线进行三维建模，利用BIM技术中独特的可视化模型及碰撞检测功能，在建模过程中使用管线自动避让软件，对管线及时进行调整，可减少管线间的碰撞，并能精确统计桥架、线管的工程量，实现精细化设计，减少设计现场施工配合工作量，从而提高设计工作效率。

3. 二次开发思路

基于Revit2016的二次开发软件能实现桥架和线管的自动翻弯，从而实现自动避让，其工作原理是通过检测族的不同属性来判断桥架或线管是否碰撞，例如桥架和土建墙、梁或不同专业的桥架等构建。目前本软件支持的构建类型为电缆桥架（CableTray）和线管（Conduit），其工作方式主要有监听式和指定式两种。其中：监听式为系统主动检测到碰撞后，触发相应的操作；指定式适合用户对指定的线管或者桥架进行操作。

4. 二次开发效果

采用监听式的工作方式如图6-25所示。

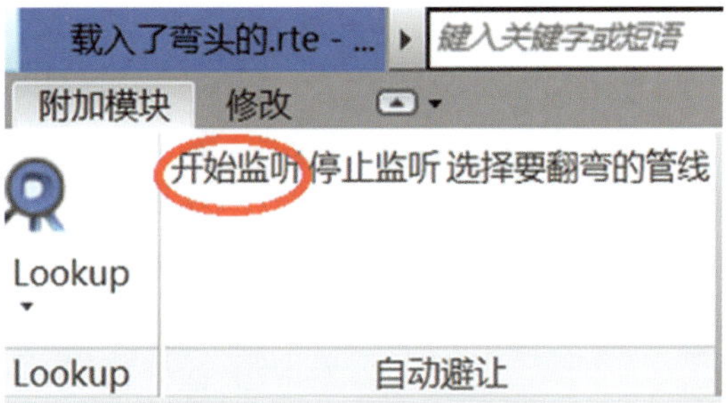

图6-25 二次开发操作界面

开始监听Revit文档的修改，当用户创建新的电缆桥架、线管构件，或者对已有的电缆桥架、线管进行修改，并由此造成构件碰撞时，将触发本软件的翻弯操作。

翻弯操作中，通过选项框进行翻弯选项设置，设置翻弯方向和距离，注意翻弯距离需要大于两倍的管线弯头的长度，否则将翻弯失败。对于水平管线，可选择上下左右四个翻弯方向；对于竖直管线，建议按照0～360度的范围内进行翻弯设置。在发生碰撞的新增管线或者修改管线上选择翻弯点，目前仅支持双点翻弯，弯点需要位于障碍物的两边，需要用户自行规避错误操作。如图6-26所示。

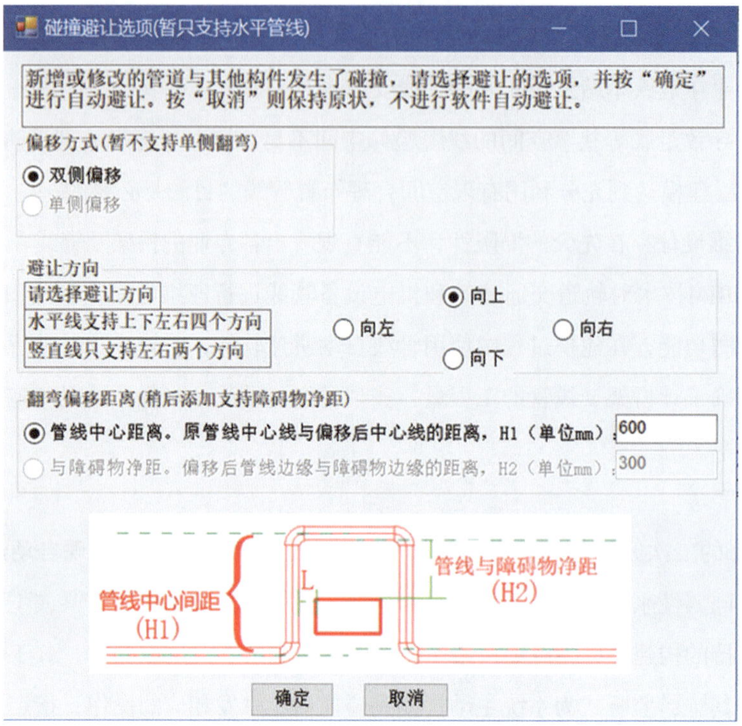

图6-26 碰撞避让选项设置

选完翻弯点后，软件会对管线进行翻弯操作，翻弯完成后用户可以进行下一步的其他工作。单专业管线翻弯完成后，如果同区域内的别的专业管线出现变动，能够自动实现管线碰撞检测后，自动进行管线的调整。

采用指定式的工作方式：

创建管线时发生碰撞但是没能成功避让，后续想进行翻弯避让操作，可通过本功能完成。选择桥架或线管来指定要进行翻弯的管线。后续“翻弯设置”“选择翻弯点”“自动翻弯”等相关操作，与监听式的操作类似，不再冗述。

5. 推 广

本二次开发软件不仅应用于城市轨道交通工程车站的综合管线设计，也可借鉴于大型地下商业综合体、工业厂房、学校、医院、办公楼、住宅小区等各种工民建机电系统管线设计。利用该软件BIM参化设计能对公民建通风空调、给排水、低压配电等机电专业的设备及管线进行精确化设计，对施工空间提前预估，便于发现问题，准确统计工作量，提高设计工作效率。

6. 效 果

利用BIM的优势有效解决管综设计问题，可以更加高效、真实、直观实现城市轨道交通工程在综合管线设计和施工中的精细化和信息化。利用该软件能实线管和桥架的大部分有效避让，能节省设计调整管线的时间，以厦门轨道交通2号线某车站管综BIM设计为例，采用本二次开发一般能节省设计10%～20%的时间。

6.3

基于BIM设计分析

6.3.1 结构计算

在城市轨道交通工程结构专业的设计工作中，结构计算是非常关键的环节。由于轨道交通工程方案经常变化，结构专业设计师的结构计算工作量非常大，这也导致了结构计算会花费大量的时间，过程中偶尔会出现一些错误。

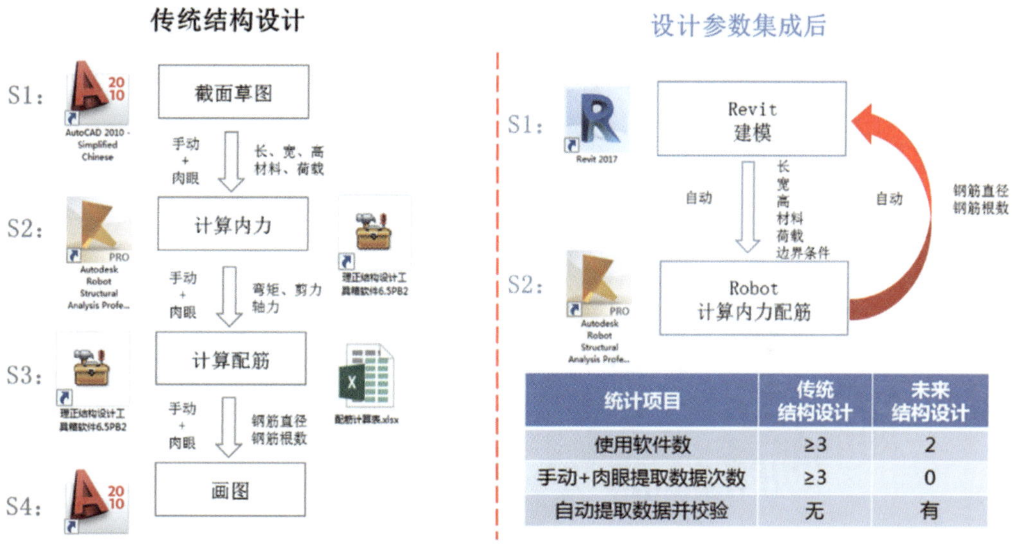

统计项目	传统结构设计	未来结构设计
使用软件数	≥3	2
手动+肉眼提取数据次数	≥3	0
自动提取数据并校验	无	有

图6-27 与传统结构计算方式对比情况

如图6-27所示，我们传统的设计流程可以分为结构布置、内力计算、配筋计算这几个程序，往往涉及三个以上不同的软件，不同软件之间的数据交换通过人工提取和录入。但通过设计参数集成结合二次开发，如图6-28所示，将内力计算和配筋计算整合在结构计算软件中，BIM模型和结构计算软件之间数据互通，这种模式下的结构计算，软件只需要建模出图软件和结构计算软件，且二者之间不再需要人工提取和录入数据，信息联动，大大减少了结构设计师的工作量，同时也避免了人工提取和录入数据可能导致的错误。

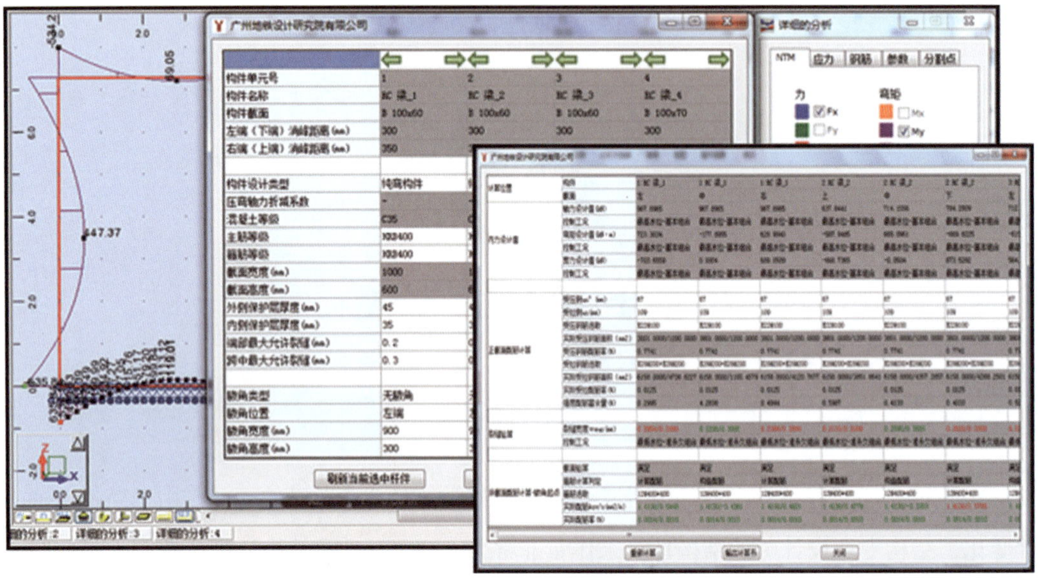

图6-28　结构配筋计算插件界面

在结构三维分析计算中，通过创建区间隧道模型、周边建构筑物基础模型，并赋予隧道和基础材料、施工工艺等属性信息，模拟区间隧道与周边桩基础的位置关系，分析区间线路方案平面线型、埋深等的可行性，对方案进行优化。如图6-29所示。

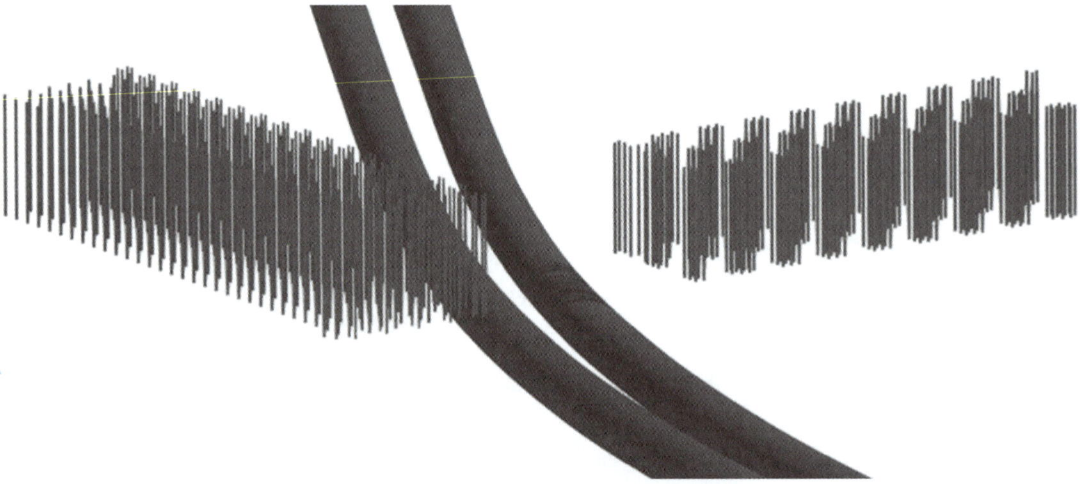

图6-29　区间隧道穿越建构筑物BIM模型

方案稳定后，将BIM模型导出为有限元分析软件支持的格式文件，在有限元分析软件中对模型进行加工，结合实际的施工顺序定义计算工况，形成三维结构分析模型，对周边建构筑物的受力、变形等进行分析，形成区间隧道施工对周边建构筑物的影响安全评估，为结构方案的确定提供支撑。如图6-30所示。

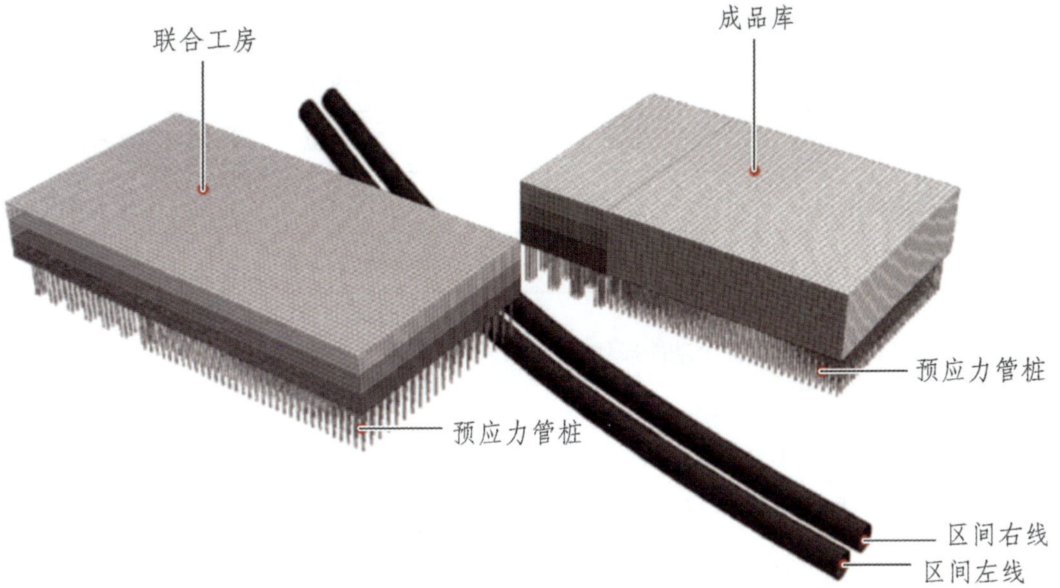

图6-30 区间隧道穿越建构筑物基础有限元分析模型

6.3.2 建筑照明分析

建筑照明通过因地制宜地营造理想的光照度，既保证了生产、生活的顺利，又提升了人们的生产、生活的质量，成为现代建筑中不可或缺的重要组成部分。随着经济生活的发展与人们生活品位的提高，我国的照明用电量直线增加，能源消耗逐年放大，因此，安全、合理、高效、节能的电气照明设计成为新时期建筑照明设计的新准则。

根据《建筑照明设计标准》（GB 50034-2013）中规定，为满足工作场所和视觉作业的具体要求，不同环境对照度的要求标准也不尽相同，因此如何正确计算室内照度并合理确定灯具的形式、布置及数量就显得极其重要。这里，可以引入BIM软件在施工前期帮助用户进行建筑室内照度分析，对原有设计进行校核、优化，达到建筑照明设计安全、合理、高效、节能的目的。

目前，国内的照度计算方法主要有3种，即利用系数法、单位容积法和逐点计算法。其中，利用系数法适用于计算室内外各种场所的平均照度，应用范围广且操作简便、结果准确，是当下普遍采用的方法。Revit软件正是基于利用系数法的工作原理，通过明细表分析的方式，在满足照度要求的前提下，同时完成灯具的选型和布置。我们以浦发银行项目为工程实例，介绍如何使用Revit软件对建筑室内照明进行了照度分析，再如何根据分析结果对照明设计进行校核、优化，从而达到绿色建筑的要求。如表6-1所示。

表6-1　办公建筑和其他类型建筑中具有办公用途场所照明功率密度限值

房间或场所	照度标准值 / lx	照明功率密度限值 / (W/㎡)	
		现行值	目标值
普通办公室	300	≤9.0	≤8.0
高档办公室、设计室	500	≤15.0	≤13.5
会议室	300	≤9.0	≤8.0
服务大厅	300	≤11.0	≤10.0

Revit软件照度计算主要分为3个功能模块：参数设置、创建照度要求、空间照明分析。

1. 参数设置

根据不同建筑的功能和性质定义建筑类型，确定主要房间的照明负荷。如浦发银行项目属于办公建筑，则根据规范GB 50034—2013的要求在与照明相关的设置中填入办公建筑的参数，后期再对建筑内大堂、机房等其他性质的区域单独修改，节省各区域重复定义的工作量。（功能区“管理”—“MEP设置”—“建筑/空间类型设置”，如图6-31）

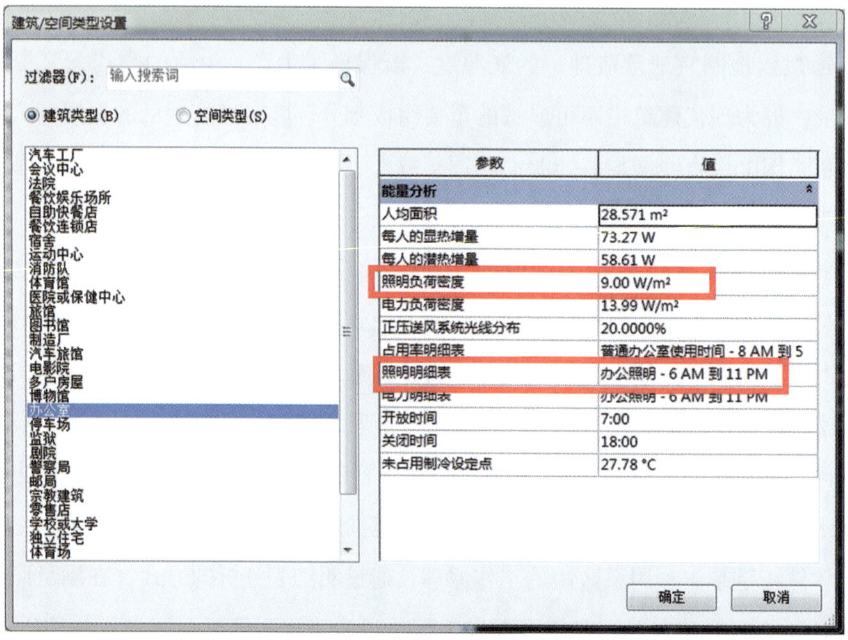

图6-31　建筑空间类型设置对话框

通过“空间”放置自动获取建筑中不同房间的信息：面积、体积等。注意：空间不能在天花板平面定义。定义“空间”的目的在于：①软件可以根据空间的信息，计算各个房间的室形指数RI或室空间比RCR；②将每个房间单独定义成空间后方便软件根据每个房间的不同分别进行照度分析。（功能区“分析”—“空间”，分别进行房间边界、空间的放置、空间标记，如图6-32、6-33）

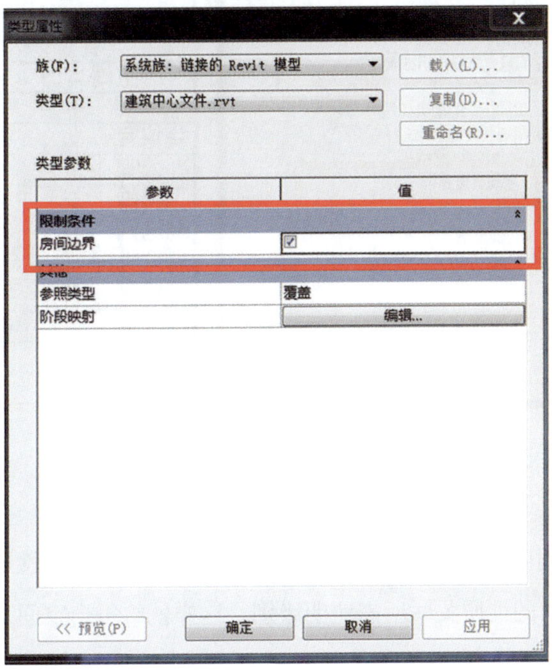

图6-32 房间边界设置

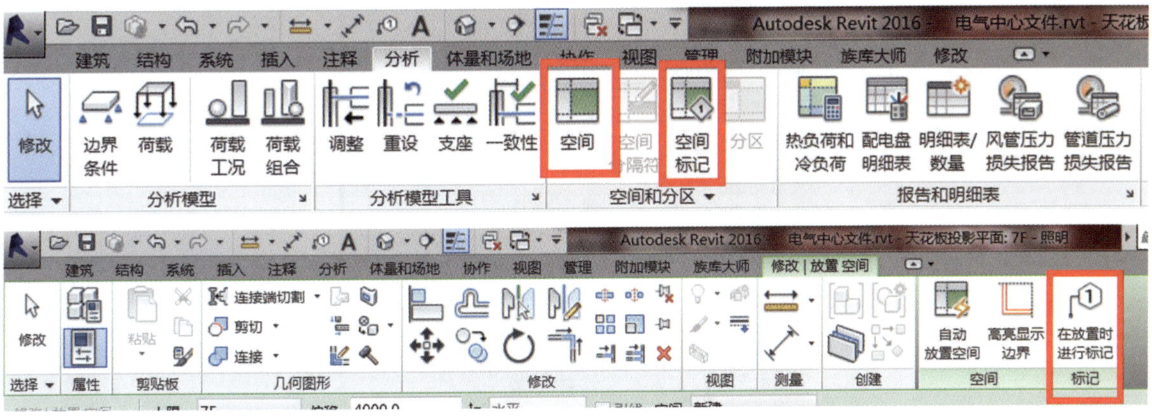

图6-33 Revit 操作界面

2. 创建照度要求

创建照度要求的目的是根据规范《建筑照明设计标准》要求为建筑内不同功能的区域指定照度要求。（“分析”—“明细表/数量”，如图6-34）

在明细表属性对话框“字段”中选择空间类型和所需照明级别。根据项目实际情况，为明细表添加行，输入项目中需要使用的空间类型和相应照度。

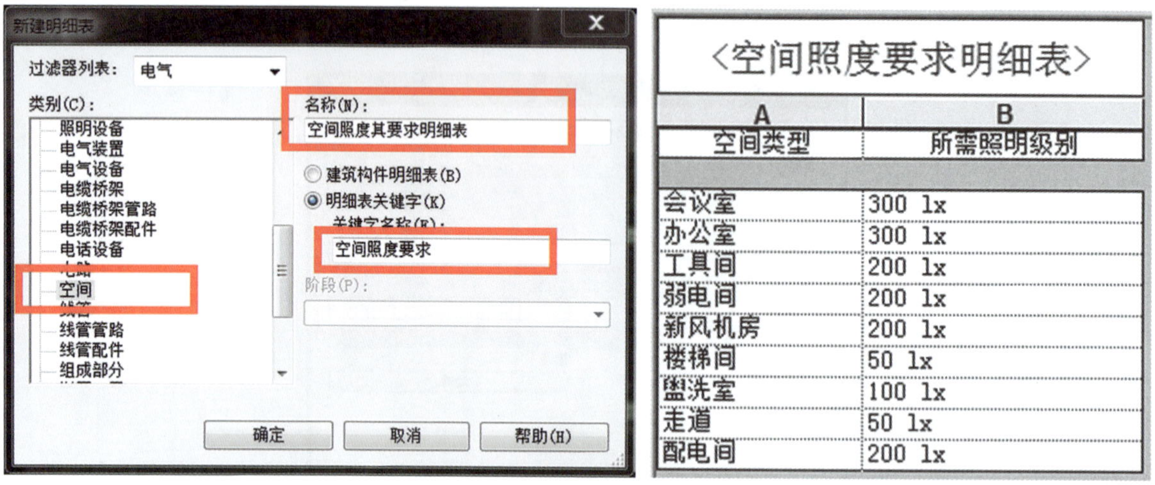

图6-34　创建照度要求明细表

在项目浏览器中切换到照明平面，选中划分好的各个空间，在“属性”→“标识数据”→“空间照度要求”中根据各个空间的性质关联所需照明级别，这样就给每个空间赋予了照度计算的标准（如图6-35）。

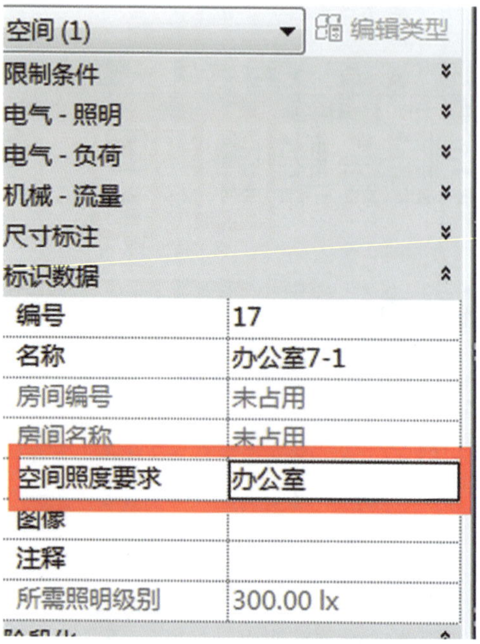

图6-35　空间照度要求设置

3. 空间照明分析

完成各参数设置并指定照度要求后，通过创建空间照度分析明细表可进行照明灯具布置或分析已有设计是否合理。（“分析”—“明细表/数量”）

在明细表属性对话框“字段”中选择名称、天花板反射系数、墙面反射系数、楼板反射系数、照明计算工作平面、所需照明级别、平均估算照度、照度差值、指定的每个区域的照明负荷、每个区域的实际照明负荷、照明密度差值。

其中，照度差值和照明密度差值需要自己指定计算公式。在“明细表属性”对话框中，点击“计算值”，照度差值的公式为所需照明级别-平均估算照度，一般认为差值在照明级别正负10%内是合适的，因此在“条件格式”中“照度差值”选择不介于正负25lx，则认为灯具设计得不合适，在“背景颜色”中用红色示意。照明密度差值的公式为所指定的每个区域的照明负荷-每个区域的实际照明负荷，根据规范中电气设计的节能要求照明功率密度不能超过限值，因此在“条件格式”中“照明密度差值”选择小于0W/㎡，则认为灯具设计得不合适，在“背景颜色”中用红色示意。如图6-36所示。

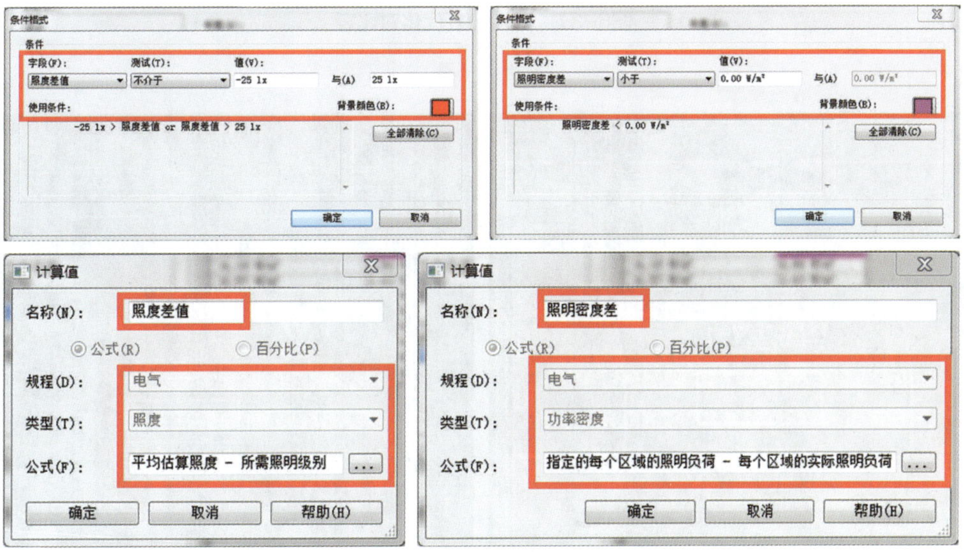

图6-36 照度差值和照明密度差值设置对话框

通过空间照明分析明细表，Revit运用指定以及灯具自带的参数，分别为每个空间计算照度，且计算值会随着灯具的更改实时变动。浦发银行项目某层的照明分析明细表如图6-37所示。从表中可知：盥洗室的照明设计偏亮，将1350lm嵌入式荧光灯改为1080lm嵌入式筒灯后符合照度要求（如图6-38）。新风机房、配电间、弱电房等照明功率超标，分别通过减少灯具数量或选用光通量更高的灯源等措施，使设计符合绿建节能要求，具体选型方法在此不再赘述。

明细表: 空间照明分析明细表 - 电气中心文件.rvt

<空间照明分析明细表>

A	B	C	D	E	F	G	H	I	J	K
名称	面积	天花板反射	墙反射	照明计算工作平面	所需照明级别	平均估算照度	照度差值	指定的每个区域的照明负荷	每个区域的实际照明负荷	照明密度差
办公室7-1	133 m^2	75.00%	50.00%	750	300 lx	317 lx	17 lx	9.00 W/m^2	3.78 W/m^2	5.22 W/m^2
新风机房7-1	9 m^2	75.00%	50.00%	750	200 lx	191 lx	-9 lx	4.00 W/m^2	7.69 W/m^2	-3.69 W/m^2
配电间7-1	7 m^2	75.00%	50.00%	750	200 lx	202 lx	2 lx	4.00 W/m^2	4.14 W/m^2	-0.14 W/m^2
弱电间7-1	5 m^2	75.00%	50.00%	750	200 lx	177 lx	-23 lx	4.00 W/m^2	6.92 W/m^2	-2.92 W/m^2
盥洗室7-1	35 m^2	75.00%	50.00%	750	100 lx	145 lx	45 lx	6.00 W/m^2	5.51 W/m^2	0.49 W/m^2
会议室7-1	76 m^2	75.00%	50.00%	750	300 lx	301 lx	1 lx	9.00 W/m^2	8.58 W/m^2	0.42 W/m^2
新风机房7-2	8 m^2	75.00%	50.00%	750	200 lx	182 lx	-18 lx	4.00 W/m^2	3.61 W/m^2	0.39 W/m^2
工具间7-1	9 m^2	75.00%	50.00%	750	200 lx	201 lx	1 lx	4.00 W/m^2	7.70 W/m^2	-3.70 W/m^2
楼梯7-1	23 m^2	75.00%	50.00%	750	50 lx	46 lx	-4 lx	2.50 W/m^2	4.42 W/m^2	-1.92 W/m^2
办公室7-2	233 m^2	75.00%	50.00%	750	300 lx	282 lx	-18 lx	9.00 W/m^2	4.16 W/m^2	4.84 W/m^2
办公室7-3	66 m^2	75.00%	50.00%	750	300 lx	297 lx	-3 lx	9.00 W/m^2	6.57 W/m^2	2.43 W/m^2
办公室7-4	164 m^2	75.00%	50.00%	750	300 lx	302 lx	2 lx	9.00 W/m^2	7.91 W/m^2	1.09 W/m^2
走道7-1	49 m^2	75.00%	50.00%	0	50 lx	58 lx	8 lx	4.00 W/m^2	2.93 W/m^2	1.07 W/m^2
走道7-2	32 m^2	75.00%	50.00%	0	50 lx	41 lx	-9 lx	4.00 W/m^2	2.27 W/m^2	1.73 W/m^2
走道7-3	51 m^2	75.00%	50.00%	0	50 lx	42 lx	-8 lx	4.00 W/m^2	2.11 W/m^2	1.89 W/m^2
走道7-4	26 m^2	75.00%	50.00%	0	50 lx	49 lx	-1 lx	4.00 W/m^2	2.07 W/m^2	1.93 W/m^2

<空间照明分析明细表>

A	B	C	D	E	F	G	H	I	J	K
名称	面积	天花板反射	墙反射	照明计算工作平面	所需照明级别	平均估算照度	照度差值	指定的每个区域的照明负荷	每个区域的实际照明负荷	照明密度差
办公室7-1	133 m^2	75.00%	50.00%	750	300 lx	317 lx	17 lx	9.00 W/m^2	3.78 W/m^2	5.22 W/m^2
新风机房7-1	9 m^2	75.00%	50.00%	750	200 lx	191 lx	-9 lx	4.00 W/m^2	3.84 W/m^2	0.16 W/m^2
配电间7-1	7 m^2	75.00%	50.00%	750	200 lx	202 lx	2 lx	4.00 W/m^2	3.55 W/m^2	0.45 W/m^2
弱电间7-1	5 m^2	75.00%	50.00%	750	200 lx	176 lx	-24 lx	4.00 W/m^2	3.46 W/m^2	0.54 W/m^2
盥洗室7-1	35 m^2	75.00%	50.00%	750	100 lx	123 lx	23 lx	6.00 W/m^2	5.51 W/m^2	0.49 W/m^2
会议室7-1	76 m^2	75.00%	50.00%	750	300 lx	301 lx	1 lx	9.00 W/m^2	8.58 W/m^2	0.42 W/m^2
新风机房7-2	8 m^2	75.00%	50.00%	750	200 lx	182 lx	-18 lx	4.00 W/m^2	3.10 W/m^2	0.90 W/m^2
工具间7-1	9 m^2	75.00%	50.00%	750	200 lx	201 lx	1 lx	4.00 W/m^2	3.85 W/m^2	0.15 W/m^2
楼梯7-1	23 m^2	75.00%	50.00%	750	50 lx	46 lx	-4 lx	2.50 W/m^2	2.48 W/m^2	0.02 W/m^2
办公室7-2	233 m^2	75.00%	50.00%	750	300 lx	282 lx	-18 lx	9.00 W/m^2	4.16 W/m^2	4.84 W/m^2
办公室7-3	66 m^2	75.00%	50.00%	750	300 lx	297 lx	-3 lx	9.00 W/m^2	6.57 W/m^2	2.43 W/m^2
办公室7-4	164 m^2	75.00%	50.00%	750	300 lx	302 lx	2 lx	9.00 W/m^2	7.91 W/m^2	1.09 W/m^2
走道7-1	49 m^2	75.00%	50.00%	0	50 lx	58 lx	8 lx	4.00 W/m^2	2.93 W/m^2	1.07 W/m^2
走道7-2	32 m^2	75.00%	50.00%	0	50 lx	41 lx	-9 lx	4.00 W/m^2	2.27 W/m^2	1.73 W/m^2
走道7-3	51 m^2	75.00%	50.00%	0	50 lx	42 lx	-8 lx	4.00 W/m^2	2.11 W/m^2	1.89 W/m^2
走道7-4	26 m^2	75.00%	50.00%	0	50 lx	39 lx	-11 lx	4.00 W/m^2	2.07 W/m^2	1.93 W/m^2

图6-37　照度分析优化对比表

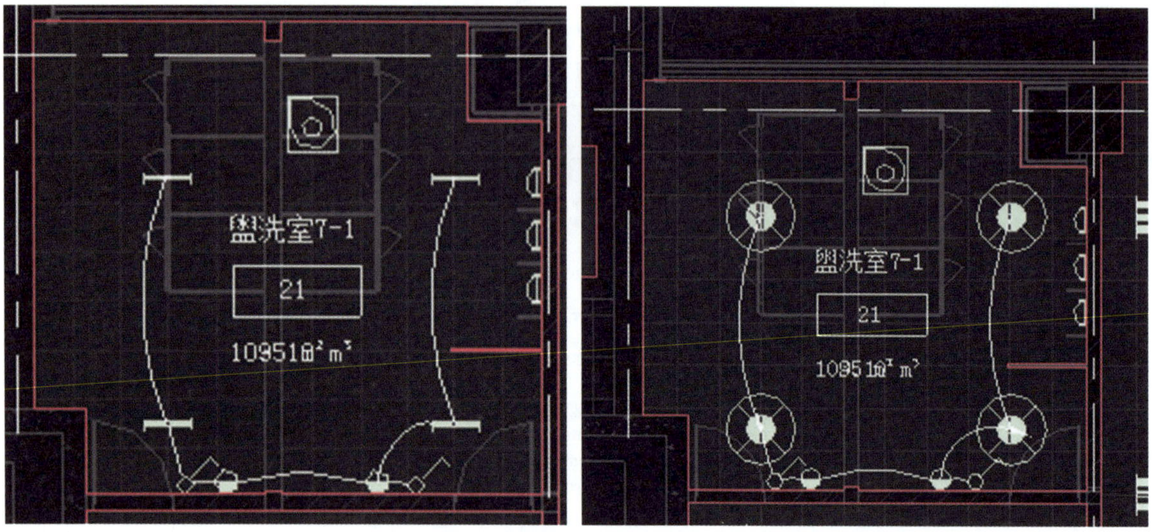

图6-38　盥洗室照明优化对比图

当前，建筑行业从前期勘察、设计阶段到施工、运维阶段，从实际施工环节到各类项目管理，都向着更安全、更精细、更高效、更节能的方向发展。照明负荷密度正是电气专业绿色建筑节能审查中的关键指标。在浦发银行项目中，通过基于BIM技术的Rveit MEP软件，我们在机电建模的同时计算照明相关设计值，并将其与规范指标对比，校验并优化楼内各区域的灯具布置，在不提高造价的前提下，既提高了室内照明品质又实现了节能降耗。

6.3.3 基于BIM的工程量分析

BIM即建筑信息模型，它是一种先进的数字化工具，自从引进以来，使国内的建筑行业发生了翻天覆地的发展和变革。BIM模型应用可以实现对建设工程项目物理和功能特性的数字化表达，将其转化成一个可共享可应用的信息源，使得业主可以通过BIM模型直观地获取信息并进行决策。

工程量则是把设计图纸的内容按定额的分项工程或按结构构件项目划分，并按计算规则进行计算，以物理计量单位或自然计量单位表示的实体数量。目前来讲，国内针对应用BIM模型进行工程量的提取和计算，主要有两种方法：一是采取间接引用的方法，即将BIM模型导入到其他的算量软件中进行计算，这也是目前国内普遍采取的一种办法，也开发出可以对接BIM模型的数据接口来提取信息；二是采取直接运用的方法，也就是直接在BIM模型建设平台（比如revit软件）开发算量插件，进行工程量的计算，目前这种方式国内应用得比较少，且这种模式也局限于混凝土构件中。但是综合来看，国内针对BIM模型进行的算量研究仍旧比较局限。

1. 工程算量模式

1）工程算量模式评价标准

评价工程算量模式的标准应包括建筑构件几何对象的计算能力、计算质量、计算效率以及附带几何对象属性能力等标准。由于现代工程设计存在很多不规则或复杂的几何形体，计算能力应体现在计算任意几何形体的能力。为了准确估算工程造价，还需要衡量工程算量的准确性和详细程度，在此将其定义为计算质量，例如在土石方工程中，计算质量不仅体现在计算土石方总体工程量上，还应同时区分土方类别以及挖土深度等属性，为准确估算土方价格提供依据。

考虑到工程变更要求，工程量计算效率不但要考虑初次计算所消耗的时间，还应考虑工程变更调整工程量所耗费时间，这两部分相加的总时间就是效率指标。附带几何对象的属性能力反映能载有几何维度信息以外更多信息的能力，可以为工程造价管理提供更多有价值信息，例如通过设置阶段化（Phase）属性来定义项目建设进程，在后期发生变更时，造价人员可以此来确定变更后的调整工程量。而工程算量模式在相当程度上决定了上述算量指标的高低。

2）当前工程算量模式存在的问题

目前，国内工程算量模式多是依据CAD平台开发的算量软件来实现。这种模式主要有几个问题。

（1）需要重复建模。不论是基于二维CAD或是基于三维CAD软件进行的工程算量，其共同前提都必须要重新建立模型。

（2）不能自动调整。虽然这些软件都具有对CAD设计文件的识别能力，可以提高计算效率，但是识别预设了很多苛刻条件，若要符合工程计量规范的规定，则需经过很多人工调整。此外，由于设计文件与算量文件不能关联，任何设计上的变更都需要手工录入和调整，这显然会影响工程算量的质量和效率。

（3）另外，从目前基于CAD平台的算量软件应用情况来看，这些软件对不规则或复杂的几何形体计算能力比较弱，甚至无法计算（如对曲面形体只能采用近似计算方法）。

3）基于BIM模型的工程量计算模式的优势

相较于CAD算量软件，BIM型软件在工程述算量方面具有显著优势。BIM通过建立3D关联数据库，可以准确、快速计算并提取工程量，提高工程算量的精度和效率。BIM遵循面向对象的参数化建模方法，利用模型的参数化特点，在表单域（Field）设置所需条件对构件的工程信息进行筛选，并利用软件自带表单统计功能（Schedule）完成相关构件的工程量统计。而且，BIM模型能实现即时算量，即设计完成或修改，算量随之完成或修改。随着工程推进、项目参与者信息量的增加，最初的要求会发生调整和改变，工程变更必然发生，BIM模型算量的即时性大幅度减少变更算量的响应时间，提高工程算量效率。

2. 基于BIM模型的工程算量应用分析

建筑构造形式千差万别，难以用归纳法对每个具体项目进行验证。这里采用归类方法进行实例验证，即对造价划分的某一类分项做实例分析以及总结，据此推论此类分项的计算效果。各类工程量计算规则及定额材料用量统计详见各省市轨道交通工程相关定额。

1）土石方工程

利用BIM模型可以直接进行土石方工程算量。对于平整场地的工程量，可以根据模型中建筑物首层面积计算。挖土方量和回填土量按结构基础的体积、所占面积以及所处的层高进行工程算量。造价人员在表单属性中设定计算公式可提取所需工程量信息。例如，利用BIM模型计算某一建筑物中条形基础的挖基槽土方量，已知挖土深度为1.15m。按照国内工程计量规范中的计算方法，在BIM模型的表单属性中设置项目参数和计算公式，使用表单直接统计出建筑物挖基槽土方总量。

2）基　础

BIM自带表单功能可以自动统计出基础的工程量，也可以通过属性窗口获取任意位置的基础工程量。大多类型的基础都可按特定的基础族模板建模，若某些特殊基础没有特定的建模方式，可利用软件的基本工具（如梁、板、柱等）变通建模，但需改变这些构件的类别属性，以便与其源建筑类型的元素相区分，利于工程量的数据统计。

3）混凝土构件

BIM软件能够精确计算混凝土梁、板、柱和墙的工程量且与国内工程计量规范基本一致。对单个混凝土构件，BIM能直接根据表单得出相应工程量。但对混凝土板和墙进行算量时，其预留孔洞所占体积均被扣除。当梁、板、柱发生交接时，国内计量规范规定三者的扣减优先序为柱>梁>板（“>”表示优先于），即交接处工程量部分，优先计算柱工程量，其次为梁，最后为板工程量。使用BIM软件内修改工具中的连接（Join）命令，根据构件类型修正构件位置并通过连接优先序扣减实体交接处重复工程量，优先保留主构件的工程量，将次构件的统计参数修正为扣减后的精确数据，避免了构件工程量统计的虚增或减少。

4）混凝土模板

混凝土模板虽然为非实体工程项目，但却是重要的计量项目。现行BIM并没有设置混凝土模板建模专用工具，采用一般建模工具虽然可建立模板模型，但需要耗费大量的时间，因此需要其他途径来提高模板建模效率。可以通过编程BIM软件插件解决快速建立模板模型问题，这样就可以在软件内自动提取模板工程量，达到像前述构件在BIM软件内一样的算量效果。

5）钢　筋

BIM结构设计软件提供了用于为混凝土柱、梁、墙、基础和结构楼板中的钢筋建模的工具，可以调入钢筋系统族或创建新的族来选择钢筋类型。计算钢筋质量所需要的长度都是按照考虑钢筋量度差值的精确长度。例如部分构件内部钢筋布置，这一部分的钢筋算量，不仅能计算出不同类型的钢筋总长度，还能通过设置分区（Partition）得出不同区域的钢筋工程量。

6）楼　梯

在BIM模型内，能直接计算出楼梯的实际踏步高度、深度和踏面数量，还能得出混凝土楼梯的体积。对于楼梯栏杆的算量，可以按照设计尺寸对栏杆族进行编辑，进而通过表单统计出栏杆长度。经测试，采用BIM内部增强性插件（Building book Extension）来提取楼梯工程量，得到的数据及信息更符合实际需求。

7）墙　体

通过设置，BIM可以精确计算墙体面积和体积。墙体有多种建模方式。一种是在已知结构构件位置和尺寸的情况下，以墙体实际设计尺寸进行建模，将墙体与结构构件边界线对齐，但这种方式有悖常规建筑设计顺序，并且建模效率很低，出现误差的概率较大。另一种方式是直接将墙体设置到楼层建筑或结构标高处，如同结构构件“嵌入”到墙体内，这样可大幅度提升建模速度。前者在实际建模中少见。后者需要通过设置才能计算墙体准确的工程量。可通过“连接”命令，实现墙体对这些构件工程量的扣减。对于嵌入墙体的过梁，可通过共享的嵌入族（Nested Family）的形式将其绑定在门、窗族上方，再将门、窗族载入项目并放置在相应墙体内，此时的墙体工程量就会自动扣除过梁体积，且过梁的体积也能单独计算出来。此外，若墙体在施工过程中发生改变，还可利用阶段（Phase）参数，得出工程变更后的墙体工程量，为施工阶段造价管理带来方便。将建立的模型设置不同阶段，若需删除某一部位的墙体，则选中该墙体并在属性窗口中设置其拆除的阶段。

8）门窗工程

从BIM模型中可以提取门窗工程量和其他门窗构件的附带信息，包括各种型号的门窗数量、尺寸规格、板框材面积、门窗所在墙体的厚度、楼层位置以及其他造价管理和估价所需信息（如供应商等）。此外还可以自动统计出门窗五金配件的数量等详细信息。以门上执手为例，在BIM模型中分别建立门和门执手两个族文件，将门执手以共享的嵌入族的方式加载到门族中，门执手即可以单独调取的族形式出现，利用软件自带的表单统计功能，就可得到门执手的相应数量及信息。

9）幕　墙

无论是对普通的平面幕墙还是曲面幕墙的工程量计算，BIM都达到了精确程度，并且还能自动统计出幕墙嵌板（Panel）和框材（Mullion）的数量。在BIM建模时，可以通过预置的幕墙系统族或通过自适应族（Adaptive Families）与概念体量（Conceptual Massing）结合，创建出任意形状的幕墙。在概念体量建模环境下，创建幕墙结构的整体形状，可根据幕墙的单元类型使用自适应族创建不同单元板块族文件，每个单元板块都能通过其内置的参数自动驱动尺寸变化，软件能自动计算出单元板块的变化数值并调整其形状及小大。也可将体量与幕墙系统族结合，创建幕墙嵌板和框材。模型建立后，再利用表单统计功能自动计算出其相应工程量。

10）装饰工程

同样，BIM模型也能自动计算出装饰部分的工程量。BIM有多种饰面构造和材料设置方法，可通过涂刷方式（Paint），或在楼板和墙体等系统族的核心层（Coreboundary）上直接添加饰面构造层，还可以单独建立饰面构造层。前两种方法计算的工程量不准确，如在楼板核心层上设置构造层，构造层的面积与结构楼板面积相同，显然没有扣除楼板上墙体所占的面积。为使装饰工程量计算接近实际施工，可用基于面（Facebased）的模板族单独建立饰面层，这种建模方法可以解决模型自身不能为梁、柱覆盖面层的问题，同时通过材料表单（Materialtakeoff）提取准确的工程量。对室内装饰工程量来说，将表单关键词（Schedulekey）与房间布置插件（RoombookExtension）配合使用，可以迅速准确出计算装饰工程量。其计算结果可导入到Excel中，便于造价人员使用。

3. BIM算量与传统算量协同应用

（1）传统算量在较于手工算量有很大的优势，但对于算量人员识图能力和建模能力要求较高，对于图纸和设计说明的理解也会因人而异，这样在无形之中就增大了算量误差。BIM算量在Revit模型基础之上进行，既避免二次建模又保证了模型的一致性。BIM算量对算量人员要求不高，只需具备基本能力就可快速准确地进行算量。

（2）当前传统算量软件中的模型都是为了算量而建立，用途单一且工作量较大。Revit中建立的工程模型，既可用于算量工作，同时对于前期施工模拟、中期设计变更、后期项目运维也有重要应用价值。

（3）Revit软件与软件间的交互是目前各方关注的重点，要想利用Revit模型进行准确的快速算量，一个提高构件识别率的模型修正规范是必不可少的。只有实现了模型与算量软件的无缝对接，才能真正实现BIM快速准确算量，最终实现基于BIM的投资管控和指导施工，为建设工程项目带来切实可用的价值。

4. BIM工程算量优势及不足

与独立建模的算量软件相比，BIM在工程算量评价标准中显示出很多优势，但暂时还存在一些问题。

综合对比分析，利用BIM模型进行工程算量的优势主要体现在：

（1）计算能力强，BIM模型提供了建筑物的实际存在信息，能够对复杂项目的设计进行优化，可以快速提取任意几何形体的相应数据。

（2）计算质量好，可实现构件的精确算量，并能统计构件子项的相关数据，有助于准确估算工程造价。

（3）计算效率高，设计者对BIM模型深化设计，造价人员直接进行算量，可实现设计与算量的同步，并且能自动更新并统计变更部分的工程量。

（4）BIM附带几何对象的属性能力强，如通过设置阶段或分区等属性进行施工图设计进度管理，可确定不同时段或区域的已完工程量，有利于工程造价管理。

BIM模型在工程算量方面存在的问题主要是：需求问题、构建方法、算量规则不一。BIM软件面向众多有着不同需求的使用者，若要满足所有使用者需求，则会导致软件庞大、运行困难。BIM软件商提供的一般是通用的平台软件，使用者可根据自身的需求通过编程插件解决专用需求问题。类似前述混凝土模板建模和工程量计算就是需求问题而不是技术问题，已有专业人员通过编程解决了混凝土建模问题。构建模型方法问题则比较复杂，不能通过技术解决。比如说，设计师可以使用贯通多层的墙体建立外墙，建模速度快，视觉效果和图纸要求都能满足要求。然而，这对统计墙体工程量和进行造价管理带来困难，造价人员无法直接利用模型分层统计不同强度等级的墙体或为合同管理需要楼层墙体工程量。这类问题是因建模者和模型使用者目标不一所致，可以通过项目管理制度安排解决。

在掌握BIM技术的基础上，模型使用者向建模者提出建模要求，建模者按照要求建立模型。对于算量规则不一问题，由于几何形体在BIM软件属性中显示的是其自然数量，与手工计算工程量年代制定的工程量计算规则肯定会有所不同，后者考虑到手工计算量的烦琐，简化了计算规则，遵循“细编粗算”原则，如规则对面积较小的洞口做不扣除的规定，对门窗洞口侧边的抹灰梁等亦不增加。但是，如果让BIM适应既有规则，会有“削足适履”效果，使BIM的价值降低。而现在让规则完全适应BIM，显然也不现实。解决问题的对策是改进现有规则，让规则具有适应不同要求的灵活性。

在建筑工程设计阶段合理使用BIM软件建模，可以直接、快速、精确地计算大多数工程计量项目的工程量，且无须借助其他外部算量软件。随着BIM技术的应用和推广，其在工程造价方面的优势也在扩大。造价人员要与时俱进地学习和掌握BIM技术。同时，为了更好地利用BIM模型信息，造价人员应参与委托设计工作，制定BIM建模要求。此外，BIM对既有的工程计价规则提出了挑战，为充分利用BIM带来的工程量计算优势，需要同步改进既有计量规则。

参考文献

[1] 刘洁．关于甲方开展BIM设计管理工作方法的研究［J］．建筑设计管理，2019，36（9）：44-47．

[2] 李立国，范佳俊．隧道施工方案与衬砌选型设计［J］．城市建设理论研究（电子版），2011（21）．

[3] 张杰．BIM技术在铁路四电工程施工管理中的应用研究［J］．智能建筑与智慧城市，2019（2）：60-62．

[4] 百度经验．新点比目云Revit算量软件教程［DB/OL］．https：//jingyan．baidu．com/article/93f9803f05be93e0e46f55ef．html（2017/2/22）．

[5] 王俊欢．浅谈BIM技术在上海中心大厦建筑给排水设计中的应用［J］．消费导刊，2018（35）：11．

[6] 筑龙论坛．BIM机电模型建立全阶段详解（建筑内照度分析）［DB/OL］．https：//bbs．zhulong．com/106010_group_914/detail31221971/（2017/11/3）．

[7] 张春影，高平，汪茵，等．施工图设计阶段BIM模型的工程算量问题研究［J］．建筑经济，2015，36（8）：52-56．

[8] 印宝权．DB承发包模式下的BIM技术应用研究［D］．广东：广东工业大学，2016．

第7章

项目案例

7.1 18、22号线

7.1.1　项目简介

7.1.1.1　广州地铁18、22号线项目介绍

18号线起始于南沙万顷沙枢纽，终止于天河广州东站，线路全长61.3km，均为地下线；设站9座，其中换乘站8座，平均站间距7.6km；最大站间距25.9km，为横沥至番禺广场站区间；最小站间距2.3km，为石榴岗至琶洲西区区间。

22号线起始于番禺区番禺广场，终止于荔湾区白鹅潭，线路全长30.6km，均为地下线；设站8座，换乘站4座，平均站间距4.2km，最大站间距7.2km，为祈福至广州南站区间，最小站间距2.1km，为西三至东沙工业园区间。在番禺广场站预留远景南延的条件，初期万顷沙至番禺广场段与18号线共线。全线设置停车场1座，为陈头岗停车场，位于石壁村北侧。

18号线与22号线共同作为最高速度160km/h的市域快线，承担连通万顷沙、广州南站、广州东站、白鹅潭四大枢纽，辐射琶洲、广州火车站、白云机场三大枢纽，实现南沙新区至广州东站30min的时空目标，打造广州成为国家“十三五计划”提出的国际性综合交通枢纽，实现珠三角地区综合交通和公共交通发展战略。

7.1.1.2　18、22号线BIM实施路线

1. 平台选择

（1）18号线全线全专业基于Autodesk平台开展BIM工作。

（2）22号线陈头岗站及陈头岗—广州南站区间全专业基于Bently平台开展BIM工作。

2. 项目管理

（1）基于项目管理系统进行项目流程、任务等管理。

（2）基于PW平台进行资料等管理。

3. 实施目标

（1）基于BIM优化设计方案。

（2）实时专业协同，提升设计效率与质量。

（3）将施工与安装过程中遇到的问题前置，提前解决。

（4）精细化设计，提供智能建造的可能性。

7.1.1.3 BIM团队

为了将BIM技术与项目实施的具体流程和实践融合，真正发挥BIM技术应用的功能和巨大价值，提高实施过程中的效率，本项目BIM实施团队均为项目的设计人员直接完成，以确保方案、数据、管理、责任的统一管理和责任明晰。

7.1.2 BIM设计管理

7.1.2.1 标准管理

根据设计院生产管理办法等相关企业管理规定、设计合同、工程实施的特点以及BIM设计平台自身的设计特点，BIM标准管理由“工作界面划分、工作流程控制、提资管理、权限控制、时效性”五部分组成。将BIM设计标准化管理主要目的在于尽量减少工作交互，减少冗余动作，避免浪费，根据相关程度主要区分土建（建筑、结构）及机电（风、水、电及其他）建模应用。为了适应BIM的实时更新及多专业同平台开展工作的特点，提资管理在提资的深度要求、提资的表达形式、提资的进度要求及责任划分四部分加以规定，固化工作流程，明确各参与方的相关责任，减少接口问题，顺利推进BIM协同设计工作。

7.1.2.2 协同设计

BIM设计总则旨在规范BIM设计的协同动作（包括发布中心文件、创建本地文件、互提资料、工作集与协同、权限释放与接收、文件同步、模型提交审查等）。

项目协同管理平台PW结合当前常用的建模软件Revit，实现协同作业管理、设计模型及文档管理、权限管理等功能，固化BIM应用标准体系以确保标准落地，整合设施设备构件库以确保数据统一，集中管理项目数据源以确保数据源唯一。支撑并规范建设期的提资、设计、校审、发布等业务流程，加强各参与方的协同作业，提高轨道交通建设项目管理质量和效率。

7.1.2.3 质量控制

BIM模型质量控制体现在3个方面：模型精度、模型信息含量、合理的构件范围。为了让BIM模型准确化、标准化，针对建筑、结构、机电等不同专业，制定相关技术标准、培训手册及管理办法（如图7-1）。

- **制定标准：** 广州地铁BIM建模设计统一规定　广州地铁BIM设备设施编码　广州地铁BIM模型交付标准
- **组织培训：**
  1）《PW与Revit集成操作说明》
  2）《BIM实施建筑专业使用手册》
  3）《BIM实施结构专业使用手册》
  4）《BIM实施MEP专业使用手册》
- **管理办法：**
  1）《族管理办法》
  2）《员工BIM技能考核办法》

图7-1　质量控制体系

设计人员需严格按照建模标准去建立对应的BIM模型，并根据自检报告校核BIM模型。通过BIM设计模型的自校、校核和控制模型的一致性和完整性，进行各专业间和专业内的碰撞检查，各专业之间进行综合协调。

7.1.2.4　模型交付

BIM模型交付是指在设计各阶段工作中应用BIM技术按照一定设计流程所产生的设计成果。它包括建筑、结构、机电等专业合成的综合协调模型，后期该模型可用于碰撞检查、三维分析、场景漫游等应用。

7.1.3　BIM应用

7.1.3.1　城市轨道交通车站应用

1. 基于BIM的基础应用

1）三维模型

18、22号线车站都是地下站，具有结构体系和建筑环境复杂、造价高、机电设备专业系统繁多、管线布局交错复杂的特点。设计人员采用三维模型正向设计，以构件可视化这种形式设计复杂构件，减少施工冲突，提高施工效率和施工方案的安全性。基于BIM的所有工作及应用都以三维信息模型作为载体，它的好坏直接影响到项目工程是否推进，所以它是BIM所有应用中的基础，也是重中之重（如图7-2～7-4）。

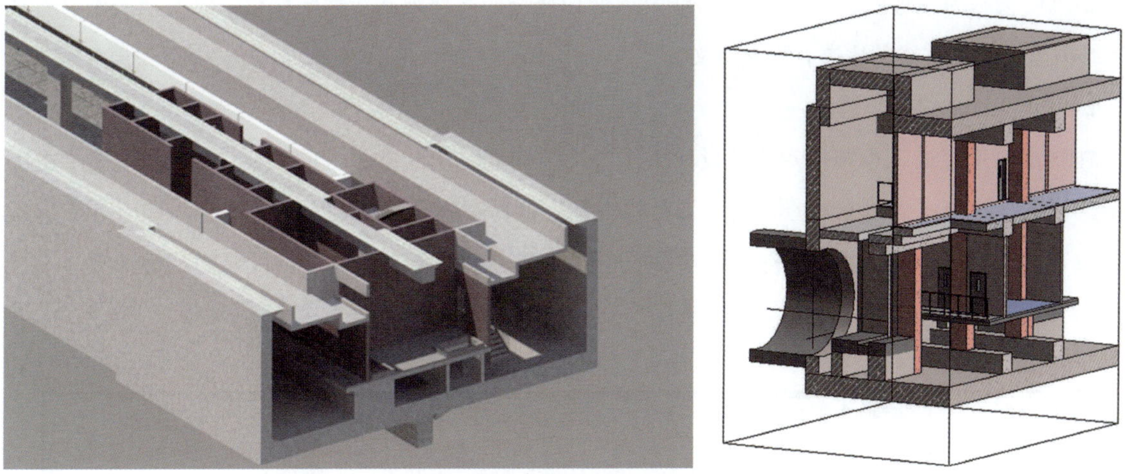

图7-2 车站三维模型

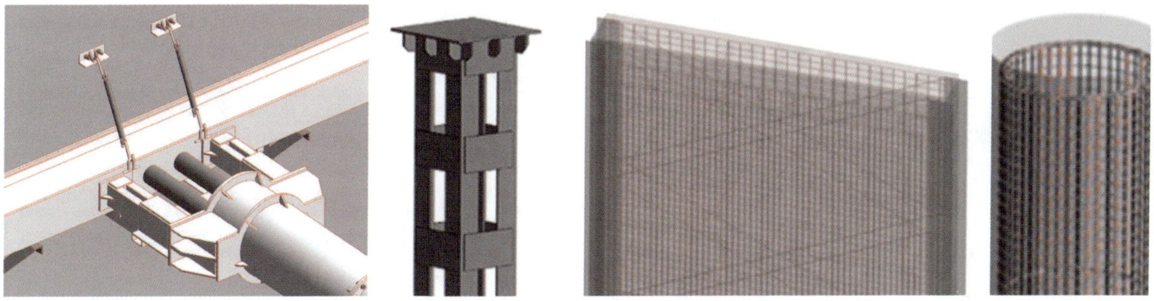

图7-3 重要施工节点大样图

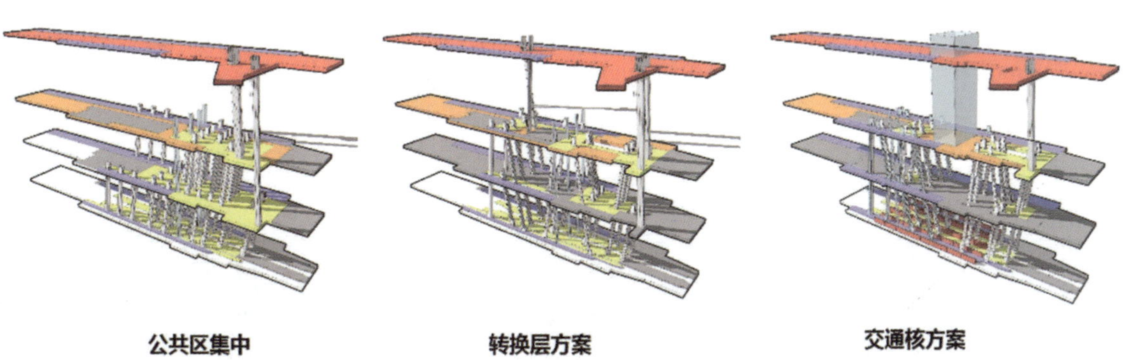

图7-4 车站三维方案展示

番禺广场站为18号线、22号线、3号线及远期17号线四线换乘站，远期存在较大换乘需求。直观的三维模型，对于方案的比选有重大意义。

2）基于BIM的结构计算

在城市轨道交通工程结构专业的设计工作中，结构计算是非常关键的环节。对地铁车站的BIM模型进行支座检查、物理/分析模型的一致性检查和碰撞检查完善BIM模型。由于Robot和Revit具有很好的兼容性，通过BIM模型和结构计算软件之间数据互通，结合二次开发进行结构配筋计算（如图7-5）。

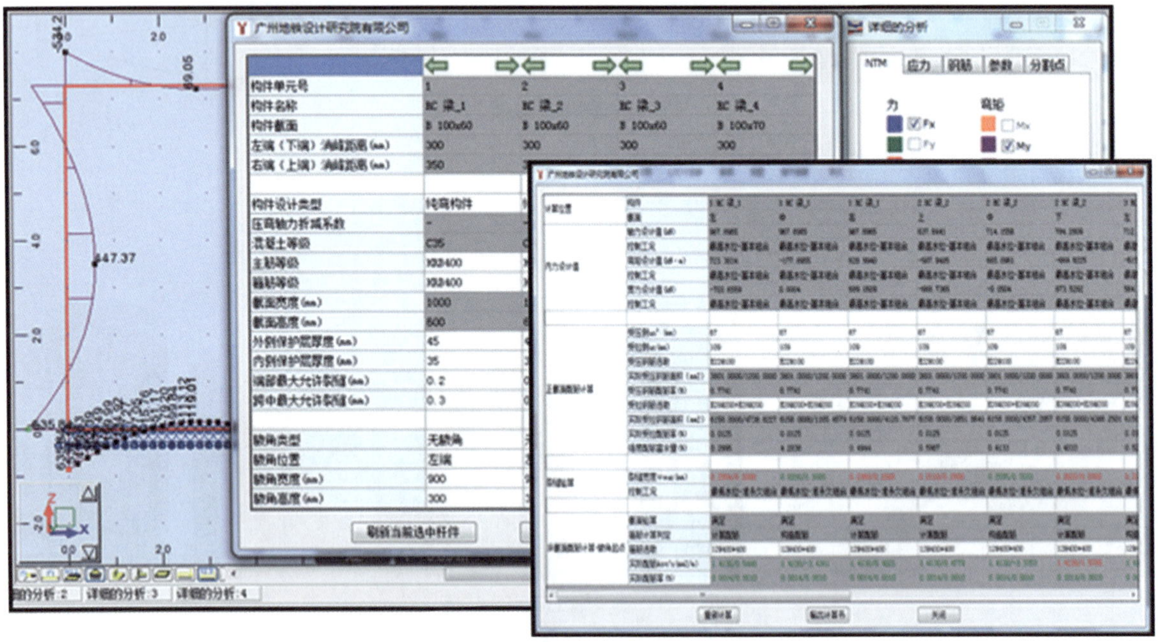

图7-5　结构配筋计算插件界面

3）图纸与工程量表

基于BIM的出图可以保证各专业图纸的一致性。根据设计师掌握BIM技术的水平的不同，出图内容与深度也各不相同，目前车站主体平面图、剖面图、综合管线图基本可达到施工图深度（如图7-6、7-7）。

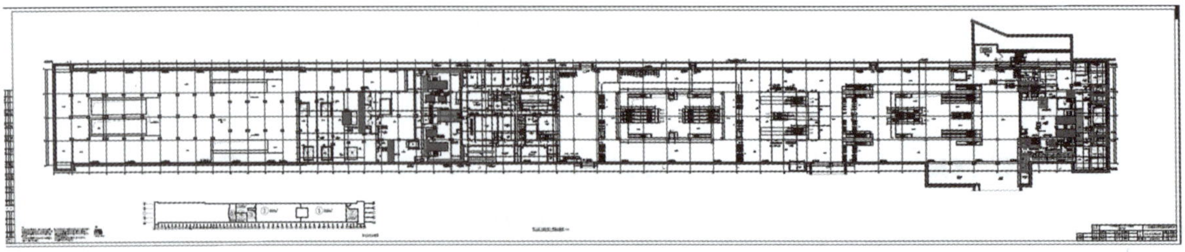

图7-6　车站施工图（一）

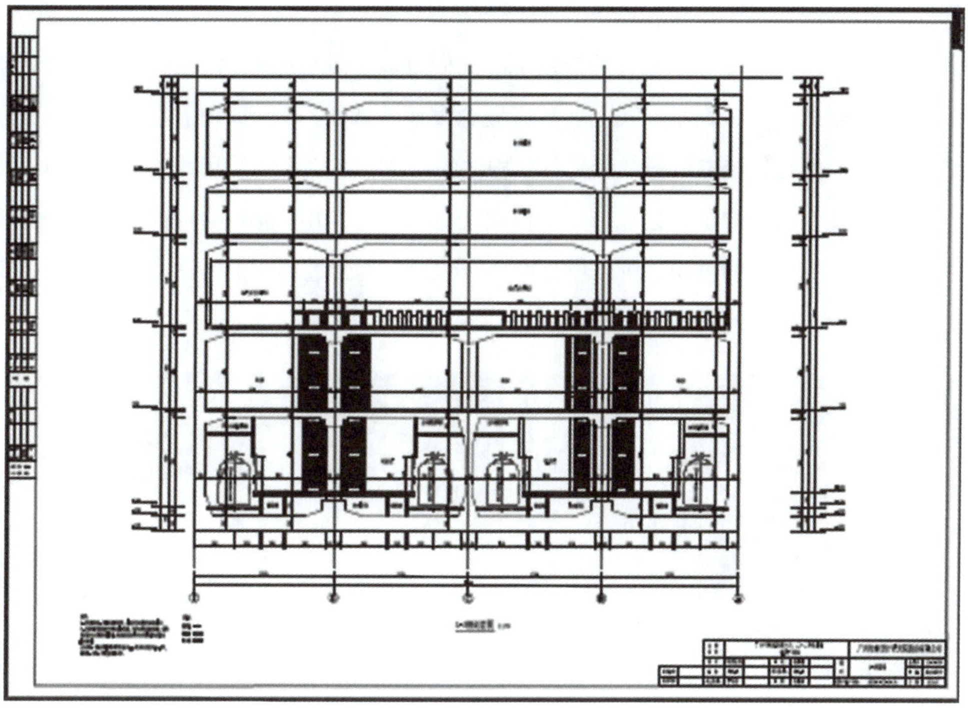

图7-7 车站施工图（二）

还可以根据信息模型的内容以及需求出一些工程量表（如图7-8）。例如，地铁车站的门窗表、房间表等。

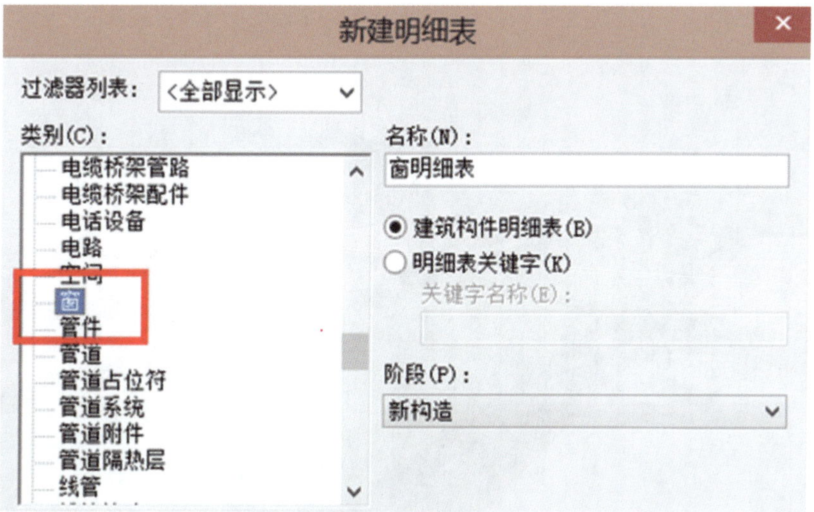

图7-8 新建明细表

4）装修概念设计

可视化不仅仅是空间感受，还包含装修效果。我们可以通过对BIM构件或者元件附加材质并经过后期的渲染模拟实际效果，从而指导我们的装修概念设计（如图7-9、7-10）。即便轨道交通车站的装修设计相对简单，但是传统二维图纸只是各个构件的信息在图纸上的采用线条绘制表达，真正的效果只能由设计师与业主自行想象，这也造成了沟通交流的难度。BIM提到的可视化是一种能让不同构件之间形成互动性和反馈性的可视，所以项目设计、建造、运营过程中的沟通、讨论、决策都可以在可视化的状态下进行，极大地提高工作效率。

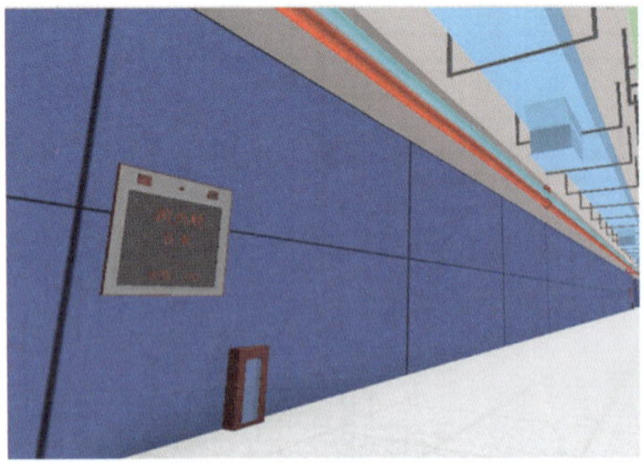

图7-9　车站墙面装修设计图

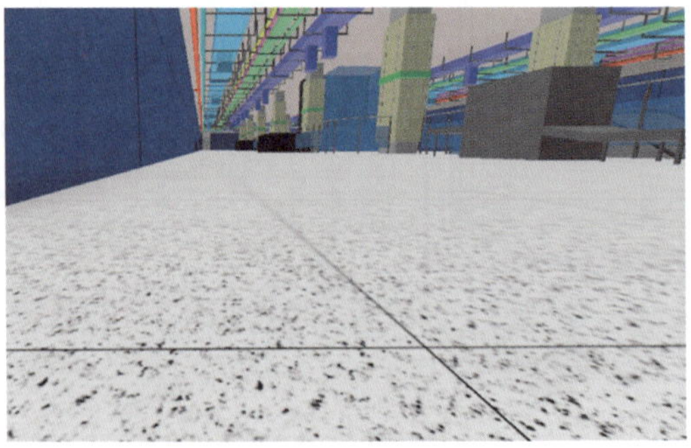

图7-10　车站地面装修设计

2. 基于BIM的拓展应用

1）场地仿真模拟

轨道交通车站总图布置也是设计的重点之一，尤其是车站出入口、风亭、冷却塔等附属与周边建构筑物之间的。通过场地仿真模型，可以清晰地看出车站附属周边的环境以及附属与周边建筑物距离与体量尺寸的关系，可以指导决策附属方案的合理性（如图7-11）。

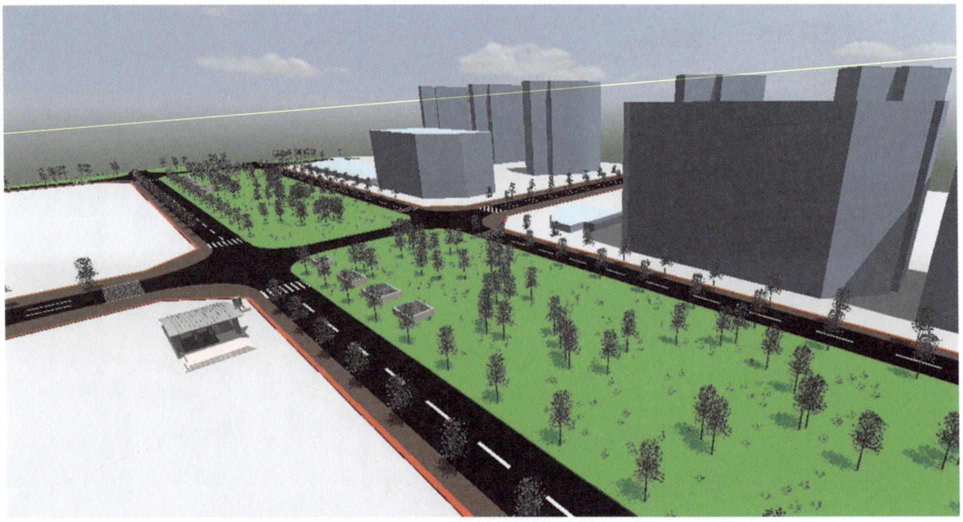

图7-11　车站出入口、风亭与周边建筑环境的关系

2）建筑节能分析

BIM技术对建设项目进行能耗分析计算，只是BIM技术在建筑全生命周期中应用的一部分，分析所用的工具是Ecotect Analysis软件。与传统能耗模拟分析不同的是，BIM技术在建筑的概念设计阶段开始就全程参与到项目整个生命周期中，在概念设计阶段，BIM技术运用相关建模软件如Revit等完成3D信息模型与平面视图的同时建立，其可视化设计让业主能将自己的设计理念通过与设计师的沟通得以实现，在虚拟模型中直接生成建设项目，更能满足业主的需要。

由于BIM软件之间的互通性，每完成一个阶段的方案设计，就可以从建模软件Revit中导出gbXML或DXF文件格式，直接导入Ecotect软件中进行物理环境的各种模拟；或者是直接在Ecotect软件中建立与3D信息模型相同数据信息的模型直接进行后续的可持续分析。

3）防灾模拟分析

地铁车站是人员集散的重要场所，经常会出现车辆到站后瞬间集聚大量客流的情况，有些站点甚至人满为患，节假日时情况尤其严重。一旦发生灾害，可能造成重大的人员及财产伤亡。所以在轨道交通大规模建设的过程中，对于防灾尤其是人员逃生疏散这个建筑生命线，不容忽视，加大研究刻不容缓。事实上，BIM疏散模拟在国内外均有不同程度的发展，不同的疏散理念、不同的分析软件如雨后春笋般涌现。PyroSim2010和Thunderhead.Engineering.Pathfinder是两款常用疏散分析软件，一个用于简单建模，一个用于模拟逃生。

一般而言，BIM疏散模拟大同小异，基本流程如下：

（1）简化BIM模型。

（2）将简化后的模型导入疏散模拟分析软件。

（3）设置逃生路径及区域连接点和逃生出口。

（4）在已经建立的路径区域内设定设计人数并调整参数。

（5）进行三维疏散模拟演示并得出结果。

如图7-12所示。

4）管线碰撞检查

轨道交通车站设计虽不像高层建筑那样体量庞大，但是依然有许多较为复杂的空间设计，其中综合管线布置是最让设计师与业主的头疼的部分之一。传统的二维图纸经常会出现错漏碰撞的情况，不仅影响施工进度，还会造成较大的经济损失。基于BIM协同平台之后，各专业基于相同的三维模型展开设计，可以直观地看到自己的管线与土建结构以及其他管线的关系，在结合传统的设计原则与设计经验，可以避免大部分的碰撞。在所有的管线设计完成之后，再进行管线碰撞检查并进行修改，循环重复直到管线零碰撞，再出图或者指导施工（如图7-13）。

图7-12　BIM疏散模拟演示

图7-13　车站内部综合管线碰撞检查

7.1.3.2 区间隧道应用

18号线工程与22号线区间隧道具有断面大、区间长、线路长等特点。以二次开发为BIM应用特色，在设计阶段研发了盾构管片排版系统2.0、明挖隧道建模插件、Dynamo三维模型自动生成程序等一系列快速建模及出图插件来辅助设计人员提高工作效率（如图7-14）。

盾构区间采用盾构管片排版系统，解决了不同直径，双面楔、单面楔等多种类型。盾构管片的区间隧道自动建模并能根据需要选择盾构管片的通、错缝拼装。该系统的排版方法考虑了线路的平纵断面，有助于制订更加精细化的管片施工计划，在盾构推进过程中根据现场测量数据进行计算，动态反馈施工偏差，及时调整纠偏，指导施工，防止由于施工误差导致的调线调坡。

明挖隧道快速建模，采用插件与Revit交互，实现了单洞单线、单洞双线、双洞双线等隧道的快速建模。插件可任意改变隧道模型的大小和形状，并求出与隧道相关的隧道施工工程数量，大大地提高了隧道设计的工作效率，对明挖法隧道设计有重大意义。

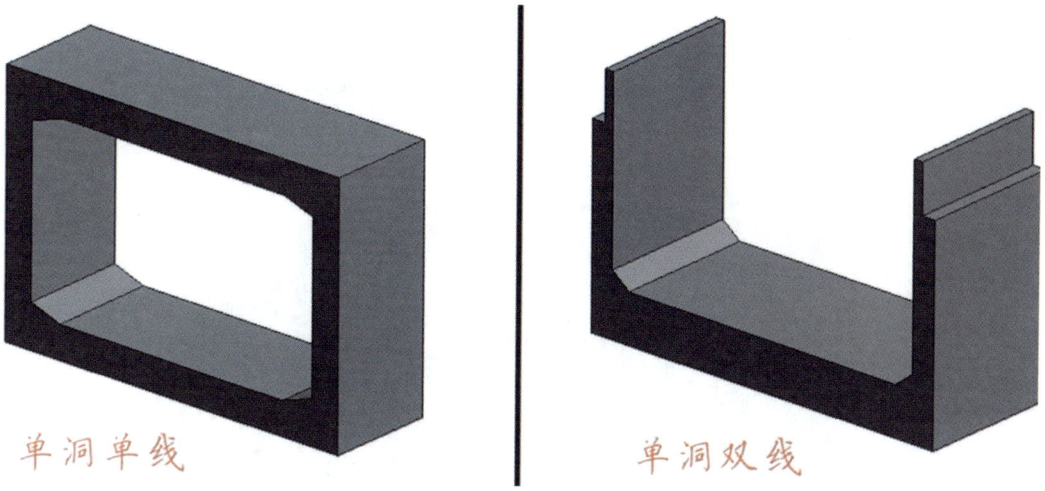

图 7-14 明挖区间隧道构件

通过本项目的深度BIM实施探索，利用BIM二次开发插件及Dynamo编程实现模型快速创建，保证了设计人员能够快、准、全，对设计方案进行修改、比选。

7.1.3.3 供电系统应用

1. 环网支架、刚性接触网BIM快速布置

18及22号线区间隧道环网支架、刚性接触网BIM快速布置，借助二次开发及环网支架、接触网族，已实现在区间隧道内生成与线路及轨道准确匹配的汇流排放样及悬挂模型，如图7-15、7-16所示。

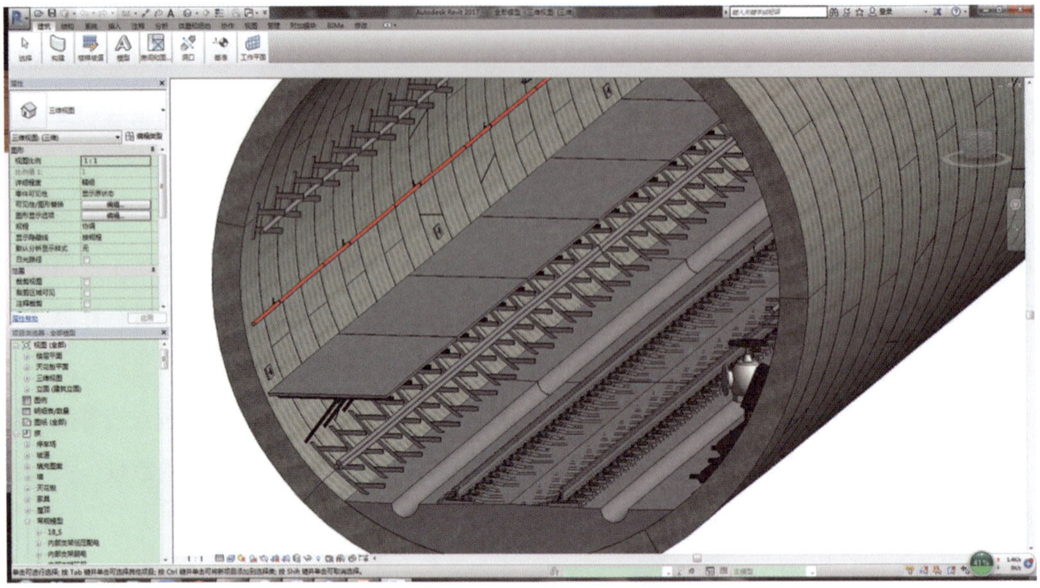

图7-15 环网支架BIM布置图

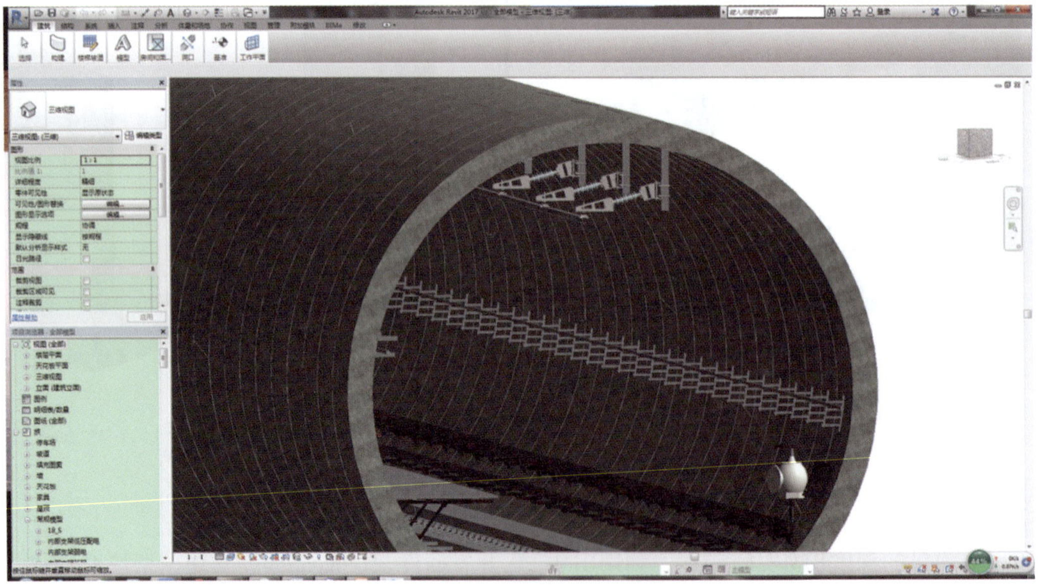

图7-16 刚性接触网BIM布置图

2. 变电所设备BIM布置

结合建筑专业提供的设备房间命名，定义设备柜与房间的对应关系，配置设备柜在房间的布置原则，如柜体表面与墙或相邻柜体之间的距离要求、设备柜分组要求等，完成设备柜的布置。同时，还可以根据定义的规则对已完成的布置进行校核，判定空间距离的合理性，提高设备柜的布置效率。如图7-17所示。

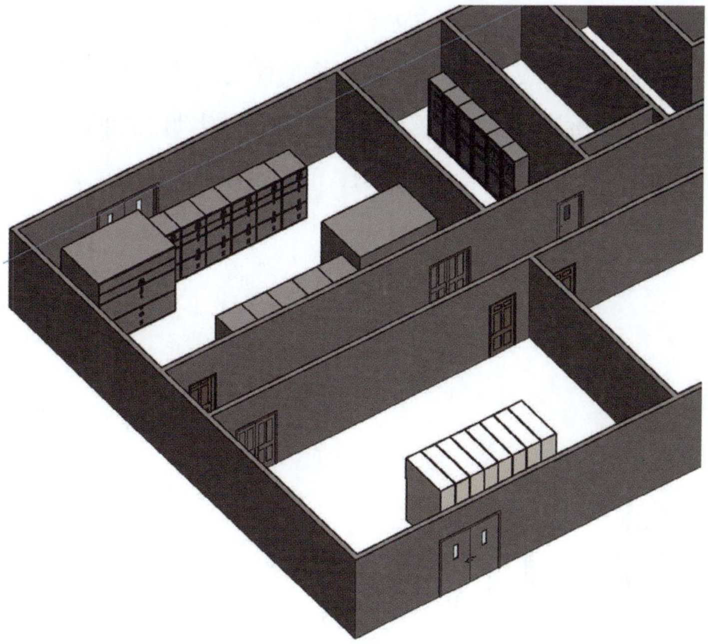

图7-17 变电所设备柜布置图

7.1.3.4 门梯应用

建筑模型中采用了参数化的重载型自动扶梯模型，区别于商业型自动扶梯的玻璃结构，重载型自动扶梯的建模采用不锈钢侧板，1m的梯级宽度，与现场模型更为贴近。模型靠采用参数化驱动，输入提升高度即可修改模型尺寸，包括上下水平段长度、扶梯宽度等。同时，还具备净空检测以及扶梯安装吊钩的受力计算功能，检测扶梯踏步面向上2300mm空间是否有障碍物入侵以及计算吊装扶梯所需的受力。如图7-18所示。

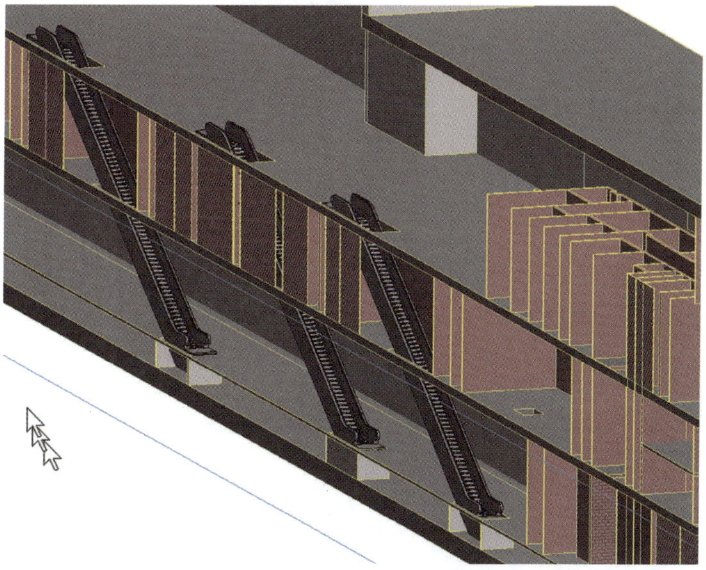

图7-18 电扶梯布置图

站台门以车站为单位，全线统一全长。与站台中心线向两端布置，每座车站中单侧站台门为一个族，族中含有滑动门、固定门以及应急门，通过族关联的模式，可以对单侧站台门族进行总高整体调整，标准滑动门宽度调整，非标准滑动门宽度调整以及非标准滑动门宽度调整。对土建安装方面，确定站台门后，即可确定预埋件，生成预埋件布置图，准确定位预埋件位置，实现BIM辅助施工安装。如图7–19所示。

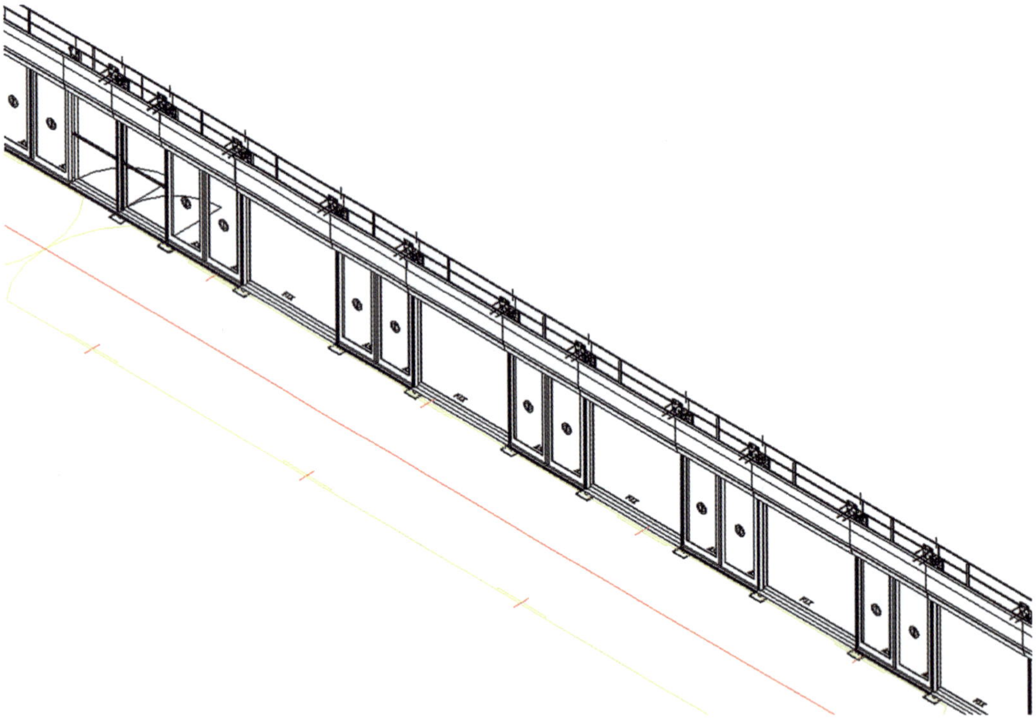

图7–19 站台门布置图

7.1.3.5 场段及上盖开发应用

1. 地铁场段的特点

（1）地铁车辆段项目性质特殊，体量庞大，制约条件多，其BIM应用少有相关案例经验可循。

（2）地铁车辆段项目涉及多专业、多单位协同，人员难以集中，协调难度大。

（3）地铁车辆段项目多考虑上盖综合物业开发，并作为创新试点开发项目，引入预制装配式生产、住宅装修一体化等建筑行业前沿技术。

（4）上盖开发导致同一地块不同高度用地属性不同，传统方式的城市规划和物业权属存在优化空间。

（5）修改频繁，节点紧张，系统复杂，设备众多，管理运维要求极高。

如图7–20所示。

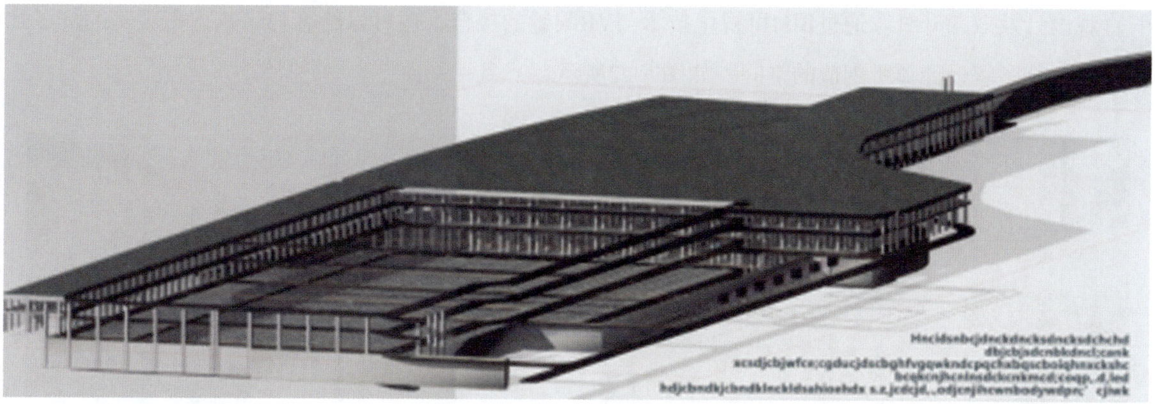

图7-20 地铁场段

2. 地铁场段BIM应用

1）三维设计

利用Revit及Fuzor等软件功能可实现二维、三维同步设计，即在二维图纸界面中做出的设计修改，即时可在三维界面中得到三维效果，使设计更为直观。在BIM三维模型建立之后，可以根据BIM模型快速得到二维图纸，且平立剖图纸之间保持高度一致性，提高设计效率和准确性，为精细化设计建立模型基础。如图7-21所示。

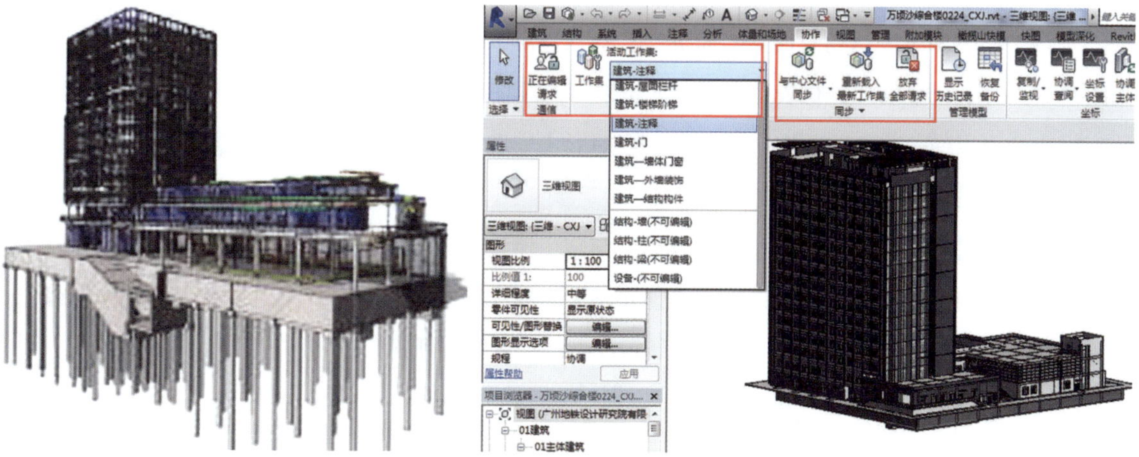

图7-21 地铁场段三维设计

2）可视化设计

三维可视化、可模拟性是BIM的基本特征之一，而对于建筑设计专业，在可视化时的仿真效果是建筑表达的重中之重。研究基于BIM的VR技术也是行业的重点方向之一。通过对Revit数据形式、Lumion可视化效果、Fuzor沉浸式展示、LumenRT数据转化、VBE虚拟现实等技术的研究，可根据不同的设计目的选取合适的可视化方案，并寄托于PW协同平台，结合IFC标准数据转技术，助力BIM技术的直观设计及效果升级。通过BIM可视化技术与VR眼镜的接合，还可以给客户带来虚拟现实的沉浸式体验，充分了解设计师所创造的空间。如图7-22所示。

图 7-22　地铁场段可视化设计

3）精细化设计

传统的二维图纸表达具有很大的局限性，特别是对于一些空间复杂的构造节点、异形构造等，二维图纸难以客观、准确地进行表达，施工人员对于二维图纸也难以理解设计师设计意图。而三维模型的直观表达可以使一些复杂的构造节点以三维的形式呈现，作为指导后期施工的重要信息，解决设计师与非设计人员之间的沟通交流问题。

通过多专业协同设计，可以提前发现设计与施工流程中的空间碰撞，针对碰撞点进行分析排除合理碰撞后，即时针对碰撞点进行讨论，并预先解决问题，同时根据空间效果对布置尽可能进行综合优化和精细化设计，并对复杂节点导出三维展示模型。如图7-23所示。

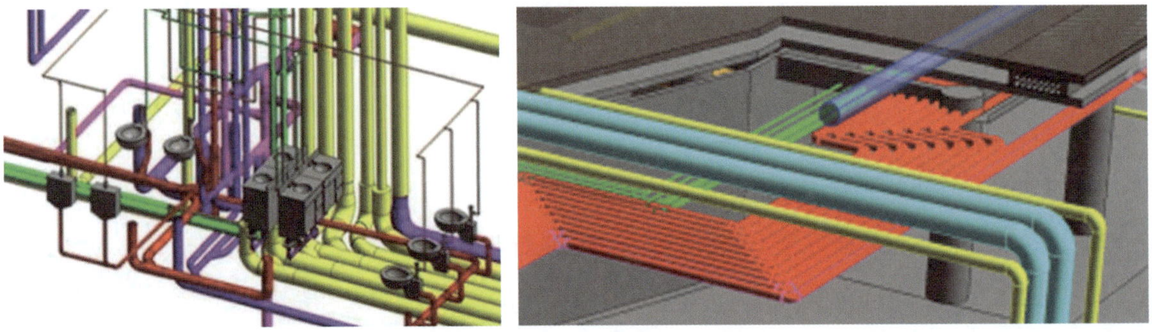

图 7-23　地铁场段精细化设计

7.1.3.6 智能设计

1. 轨行区全专业建模

轨行区全专业建模包括轨道专业建模、区间管片排布、疏散平台建模、低压配电专业建模、环网专业建模、接触网专业建模及弱电专业建模。如图7-24所示。

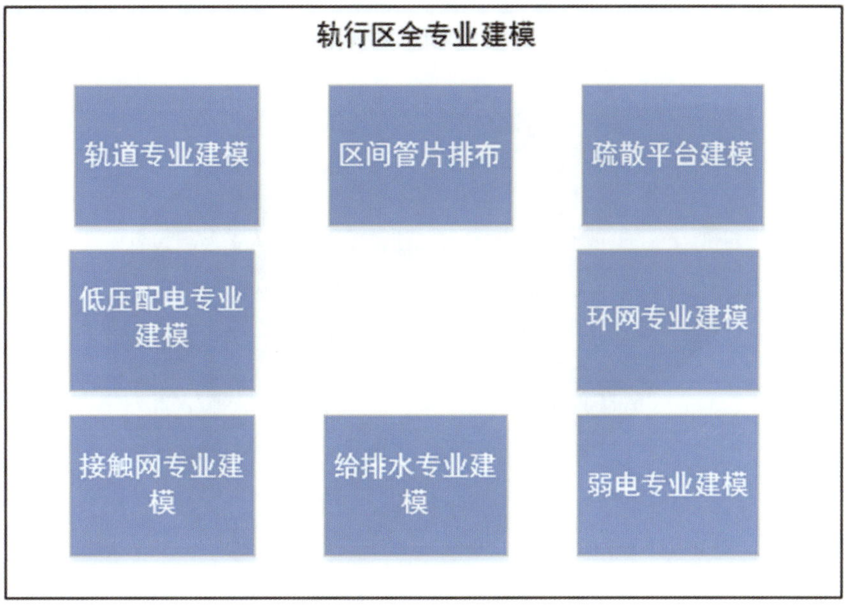

图7-24 轨行区建模内容

轨行区全专业建模基础是区间管片排布。盾构区间管片排布是根据输入的线路平曲线要素、竖曲线要素、超高信息、断链里程表和管片的参数信息，自动基于线路生成盾构管片拼装模型，并在指定里程生成联络通道模型。拼装模型如图7-25所示。

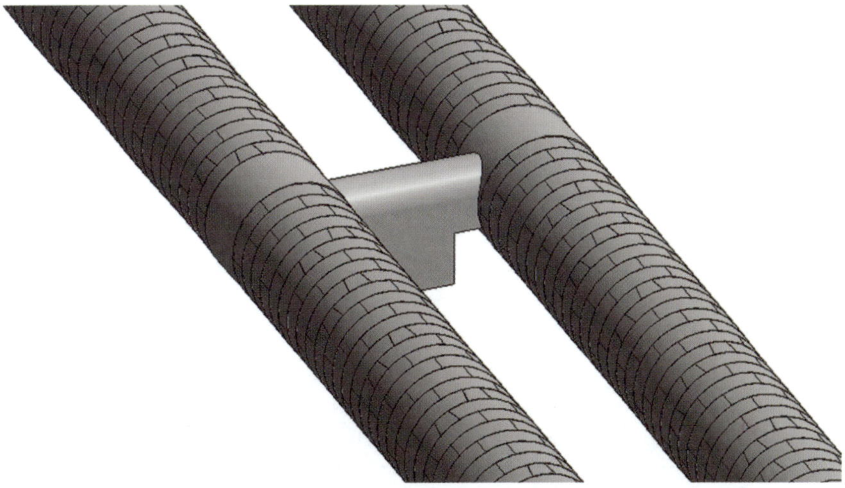

图7-25 盾构区间管片排布模型

盾构区间管片排布之后，在已生成的模型上建立其他专业的模型。轨道专业模型部分的道床模型，根据线路平曲线要素以及超高信息，就算出不同里程的道床截面，沿线路放样生成道床，并根据任意里程位置的盾构管片的位置调整道床的位置，以便于道床底完全贴合在管片上。疏散平台沿线路基于管片的一侧布置，并根据线路里程调整平台宽度。不同专业的支架族、沿线路或者隧道壁布置的族，例如疏散指示族、灯具族，根据线路里程点以及族与线路的空间位置关系计算出族放置的坐标位置以及角度，自动沿线放置。轨行区全专业模型如图7-26所示。

图7-26 轨行区全专业建模模型

2. 限界检测

在起终点里程沿线路放样生成实体，将此实体与轨行区内所有其他符合要求的构件做碰撞检测，得到碰撞检测的结果。如图7-27所示。

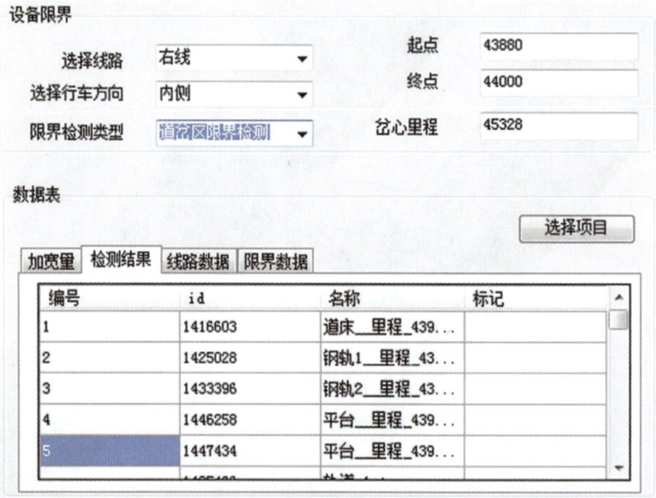

图7-27 限界检测界面及结果

3. 综合支吊架智能选型及建模

综合支吊架布置专业接口多，建模工作量大，模型修改困难，必须借助二次开发技术提升建模效率。用户在模型中选择需添加支吊架的管线后，根据管线的剖面，计算管线分层以及整体截面的宽度和高度，程序自动选择匹配的支吊架。用户在视图中选择放任意的放置点后，程序把支吊架添加到所选位置上，也可以输入起始点和间隔后，程序自动计算支吊架放置位置。如果需要添加抗震组件，用户输入抗震组件的间隔距离，设定抗震参数后，程序根据管件荷载、抗震参数和间隔计算并自动选型抗震组件，实现支吊架的智能选型及自动布置。如图7-28所示。

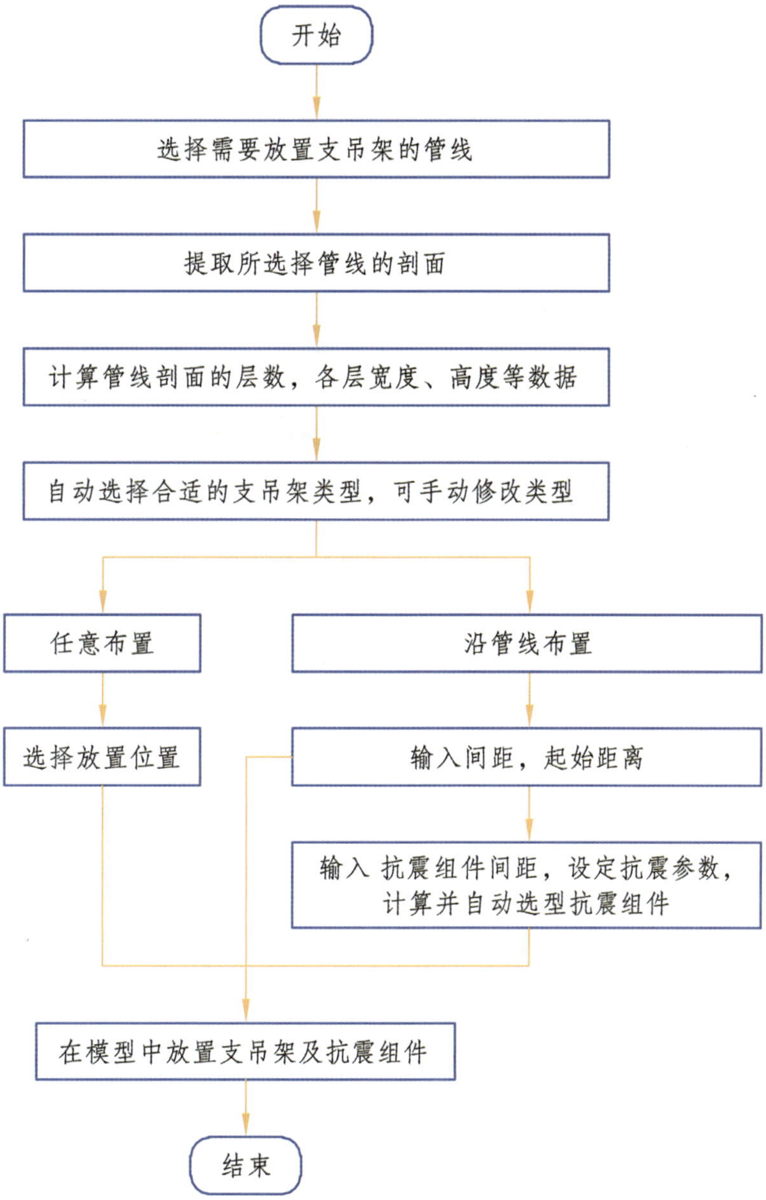

图7-28　综合支吊架实现流程

4. 三维地质建模

三维地质建模是目前采矿、地质和岩土工程等领域广泛关注的问题之一，国内外学者在这方面做了大量的研究，通过借鉴这些研究成果，利用Revit二次开发技术，可以实现以广义三棱柱为基本体元的三维地质建模，其主要实现过程如下：

（1）建模数据预处理，包括钻孔内地层的划分、排序和统一编号。

（2）地表面建模，按Delaunay法则生成地表面不规则三解网（TIN），确立钻孔间的基本拓扑关系，这是地层建模的基础。

（3）三维地层建模，在地面建模的基础上，逐个将三角形沿钻孔向下扩展生成广义三棱柱。

如图7-29所示。

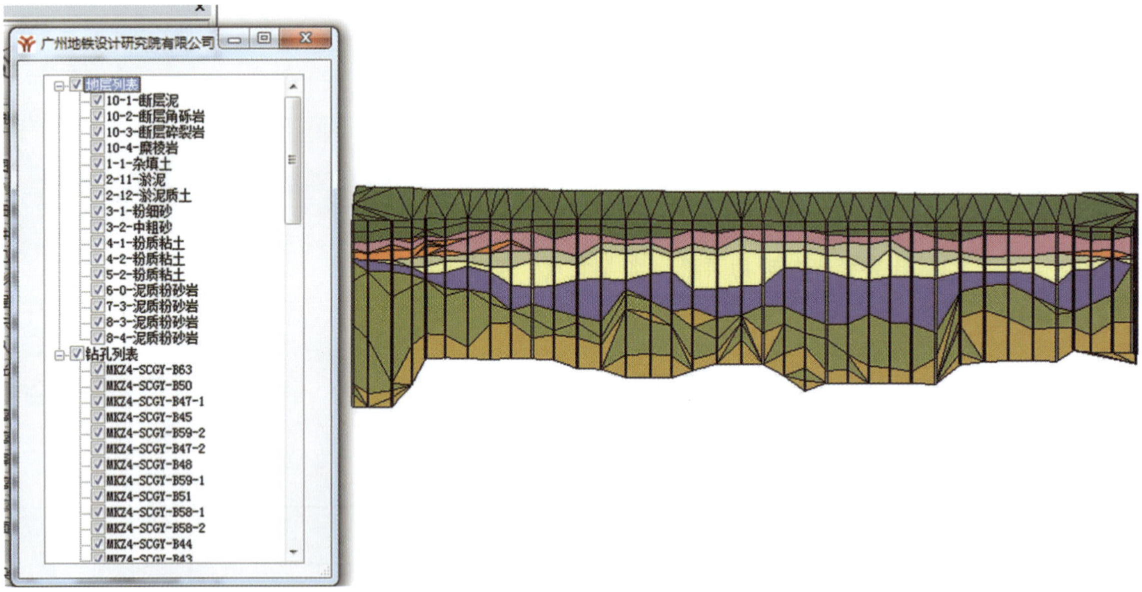

图7-29 三维地质模型

7.1.4 总结及展望

7.1.4.1 总 结

1. 模型与应用

18及22号线全线全专业的车站、区间、站场及场段上盖综合体项目均实现了施工图深度的BIM设计，模型满足相关技术标准对几何信息和非几何信息的要求。

设计过程中，开展了一系列的设计可视化、设计优化、协同设计、管线综合与冲突检查、部分二次深化等一系列的BIM应用。

2. 标准实践

本项目实施过程中对相关标准、办法进行了实践和总结：

（1）施工图设计模型需与施工图表达一致，设计变更后，需同时对模型修改后提交总包。

（2）施工图设计模型交付深度需满足《广东省建筑信息模型应用统一标准》中对施工图设计模型的要求。

（3）施工图设计模型的工作流程、构件绘制要求、文件夹命名、文件命名、视图命名、构件命名、工作集命名、项目参数、构件等相关规定，需严格执行广州地铁设计研究院股份有限公司企业技术标准《城市轨道交通BIM设计建模统一规定》。

（4）施工图设计模型各专业的模型精度要求需严格执行广州地铁设计研究院股份有限公司企业技术标准《城市轨道交通BIM模型交付标准》。

3. 流程管理

通过本项目的实施，摸索出一套施工图BIM实施的管理流程：

（1）BIM模型随设计图纸等文件一同提交校核、审核、审定等设计流程，并完成对模型审查意见的修改。

（2）施工图送会签时，需按照《广州市轨道交通十八号线、二十二号线基于BIM的会签规定》执行。

（3）施工图设计模型需在施工图蓝图出图后5个工作日内提交给总包。

（4）施工图设计模型的协同工作，需按照《广州地铁设计研究院BIM协同标准》执行。

（5）机电模型移交前，需同时提供管线碰撞报告，碰撞报告要求如下：

①提交两份碰撞报告。

②初始的碰撞报告碰撞IP地址、碰撞位置的图片、碰撞的问题和解决方案。

③最终的碰撞报告理论上要求零碰撞，如有，提供碰撞IP地址、碰撞位置的图片、碰撞问题的原因说明。

（6）施工图设计模型移交给中铁建前，需经过中铁建的模型会审并按要求修改。

4. 二次开发

基于本项目完成了轨行区全专业自动建模、模型限界检测、综合支吊架智能选型及建模、三维地质建模等开发插件，实现了后续项目在区间建模、综合支吊架选型、三维地质等方面的快速建模。

7.1.4.2 展　望

BIM的核心在于对三维模型和数据信息的生成、储存、交换、利用等整个环节流程。目前，模型端得到了一定程度的实现和应用，但是，也面临着无法用一个软件、一种建模途径实现所有模型的窘境。在数据端，非几何信息更多的依赖人工的录入，但对应数据信息的挖掘和应用还远远不够。因此，如何让不同格式、不同来源的模型在统一平台上进行管理，如何让数据信息的产生更加便捷、存储更加安全、交换更加无缝、利用更加高效，如何让数据信息和模型更好地关联匹配，让数据信息存在于该在的地方，将是接下来要研究的重要课题。

7.2

萝岗车辆段

广州地铁设计研究院股份有限公司采用BIM技术对广州地铁6号线萝岗车辆段上盖综合开发项目进行了设计，取得了阶段性的BIM设计应用成果。如图7-30所示。

图7-30 萝岗车辆段上盖综合开发项目

7.2.1 工程概况

1. 工程概况

广州地铁6号线萝岗车辆段位于广州市萝岗开创大道以南，车辆段总用地面积30.71ha，总建筑面积130 767㎡；远期上盖开发总用地面积28.29ha，开发总建筑面积930 280㎡（含8.5㎡平台车库及人防地下室面积）。

车辆段为全上盖物业开发，0~8.5m竖向范围内为车辆段，8.5~14m范围内为物业停车库，14m以上为上盖物业。车辆段范围内共布置12栋建筑，包括地铁检修库、停车列检库、生产维修楼、后勤楼、附属楼、调机及工程车库、洗车机及控制室、易燃品库等。

车辆段轨道南北布置，建筑根据盖下工艺要求因地制宜布置不同高度的建筑。共设置28栋高层住宅、53栋低层住宅、1座9年制学校、2座幼儿园及9栋公建，包括学校、集中商业、商业街及公交总站。高层采用核心筒落地结构形式，别墅等低层建筑采用全转换结构形式。

地铁车辆段上盖的房地产物业开发形式在国内尚属首例，其受盖下地铁库房、线路设计、地铁工艺要求、工程整体进度等因素制约，对盖上的规划、建筑设计、结构形式、设备管理、多专业协作都有其特殊的要求。如图7-31所示。

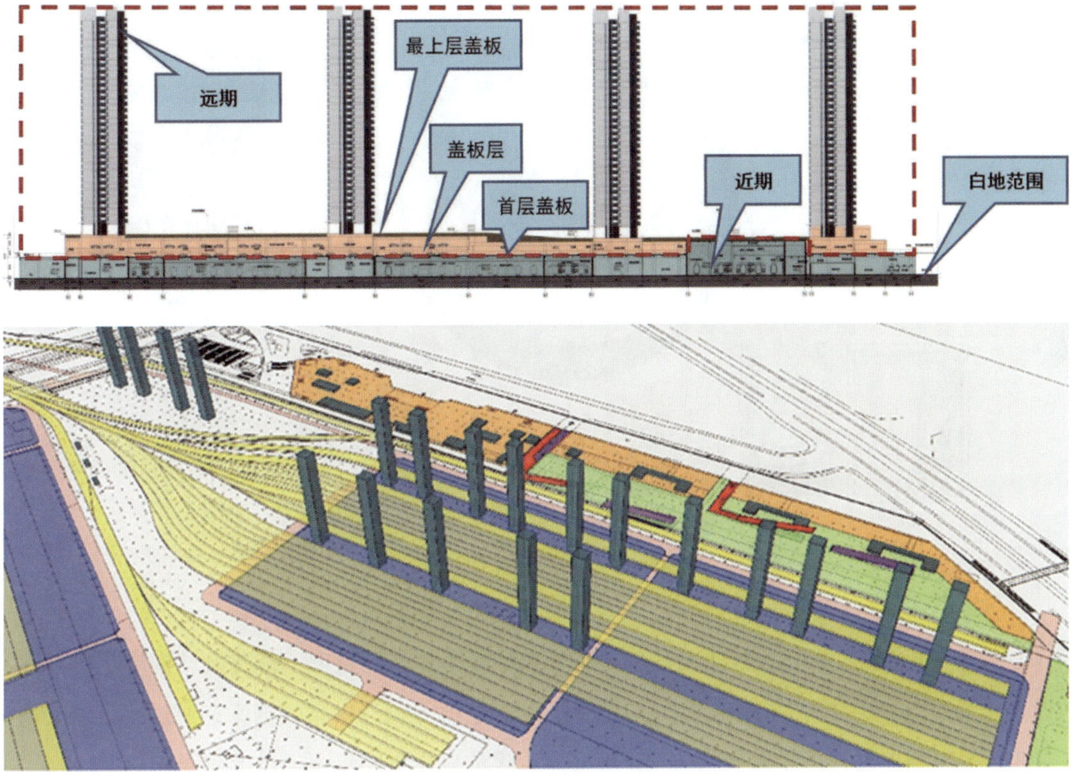

图7-31 萝岗车辆段上盖

2. 项目难点

（1）性质特殊，体量庞大，制约条件多，国内少有相关案例经验可循。

（2）涉及多专业、多单位协同，人员无法集中。

（3）项目作为国内首个车辆段上盖开发项目，将引入预制装配式生产、住宅装修一体化等建筑行业前沿技术。

（4）设计方案优化修改频繁，时间节点紧张。

（5）设备复杂管线众多，且后期控制运维要求极高。

针对本项目特性，我院通过搭建BIM协同工作平台，构建BIM的信息化、标准化、协同化、智能化设计环境，运用BIM技术解决以上问题。

7.2.2　BIM工作环境介绍

BIM工作环境是设计项目推动BIM技术应用的前提，是通过BIM工作方式成功提高设计工作效率的基础。广州地铁设计研究院有限公司根据自身项目经验及设计工作流程，搭建了属于自己的BIM设计工作环境，如图7-32所示。

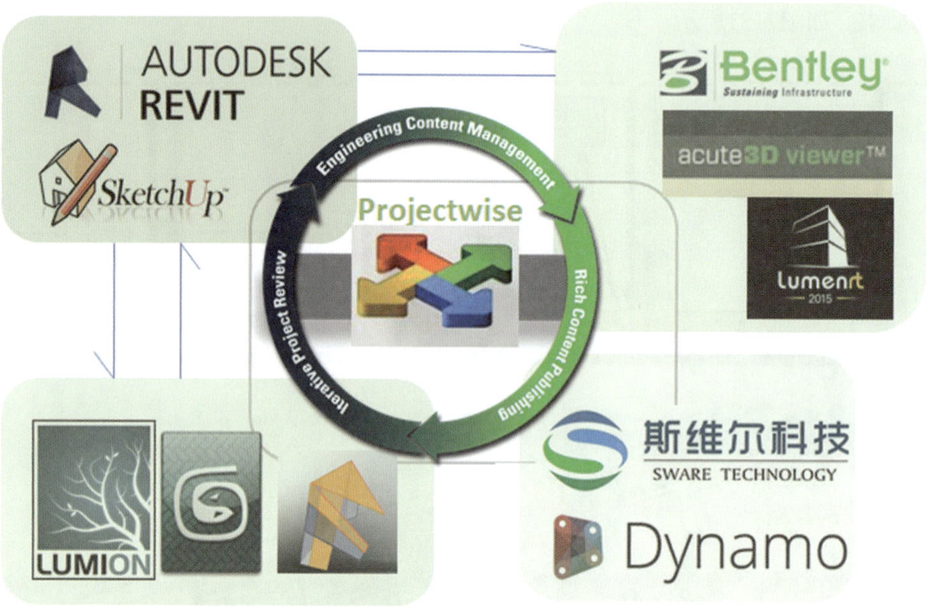

图7-32　BIM设计工作环境

（1）信息化环境：根据设计项目经验，搭建BIM族库并进行管理；搭建设计标准化构件库实现高效设计；通过前期BIM软件应用搜集地形信息、勘探数据等设计信息数据库；通过《轨道交通设施设备编码体系》搭建设计项目精准的信息化数据库，将信息化贯穿整个项目生命周期。

（2）标准化环境：对信息化数据库进行标准化设计和管理；对轨道交通和民用建筑项目进行局部标准化设计；统一设计样板文件、统一模型、出图等各类设计成果的样式；形成BIM设计建模及交付统一标准作为BIM实施的指导文件。

（3）协同化环境：以ProjectWise为协同平台，以Autodesk、Bentley系列软件为主线，以各类二次应用软件为辅线，进行协同化设计；对协同各方进行标准化权限管理和控制。

（4）智能化环境：根据项目需要对主线软件进行二次开发，实现更多的智能化功能，极大地解放了人为重复劳动力；通过BIM技术的分析优化功能，提高设计质量。

7.2.3　BIM设计应用

针对本项目特性，考虑项目难点和BIM技术的结合，我们主要应用以下BIM技术对项目进行设计。

1. 协同化环境实现各方设计沟通协调

车辆段上盖项目涉及30多个专业，参与设计各方也比普通物业开发项目要多。我们以Revit为主要设计建模软件，在项目前期即建立项目中心文件上传ProjectWise协同平台，在平台上搭建中心数据信息库。项目各方和各专业口通过中心文件进行设计，形成BIM环形互通的数据信息流线。

上盖建筑受盖下地铁库房、线路设计、地铁工艺要求、工程整体进度等因素制约，多专业沟通协调要求极高。统一的BIM协同设计平台为我们很好地解决了这问题。

在住宅装修一体化的设计中，建筑设计方、装修设计方来自不同城市，装修装饰产品设计复杂多样，业主客户的沟通需求极大，一体化预制构件对设计精度要求极高。我们通过所搭建的BIM协同平台，很好地解决了上述问题。如图7-33所示。

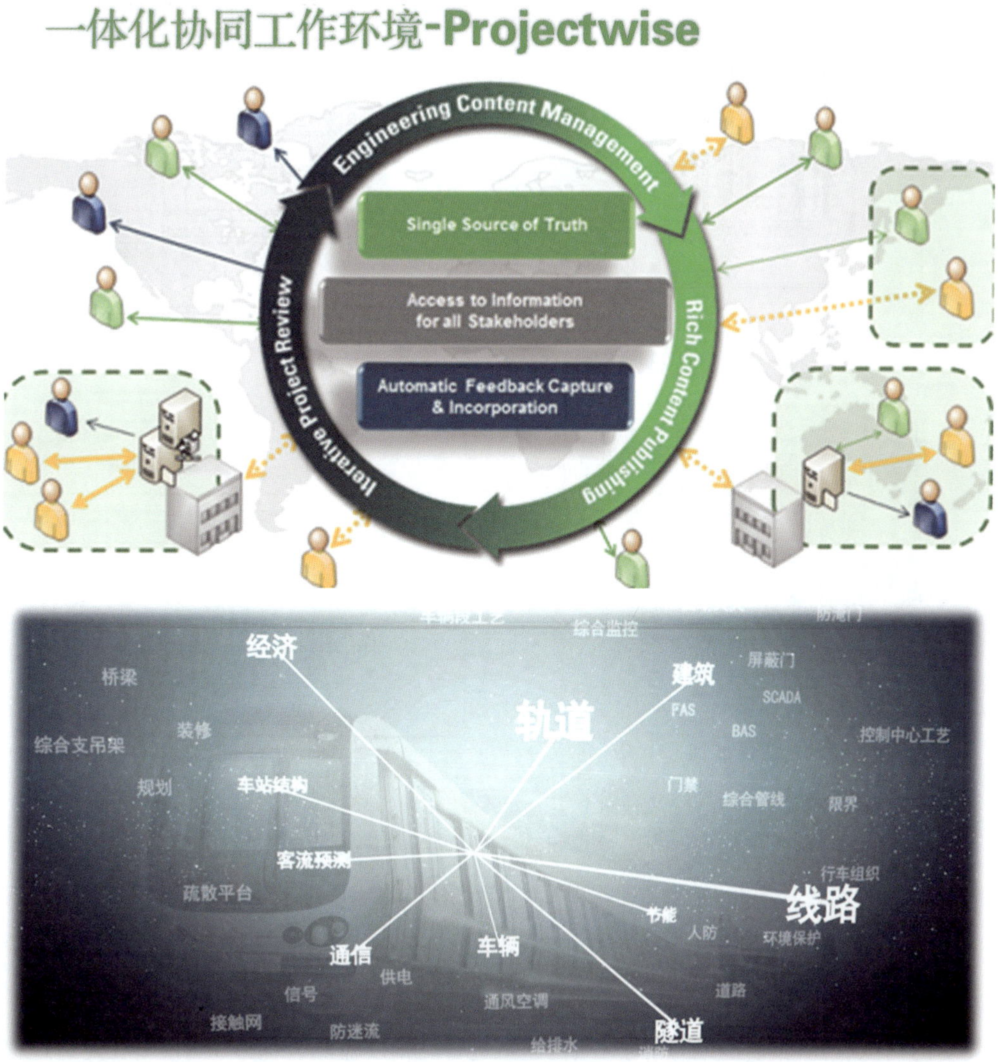

图7-33 协同平台

2. 应用BIM技术直接设计出图

通过建立统一的BIM标准化制度，积累足够多的BIM族库、标准化构件库、三维到二维的转换图块，以及设计师对软件的熟练掌握和运用，我们坚持设计BIM一体化，利用BIM技术直接设计出图，提高设计过程中的图形更改效率和出图准确度，出图率达到80%。如图7-34所示。

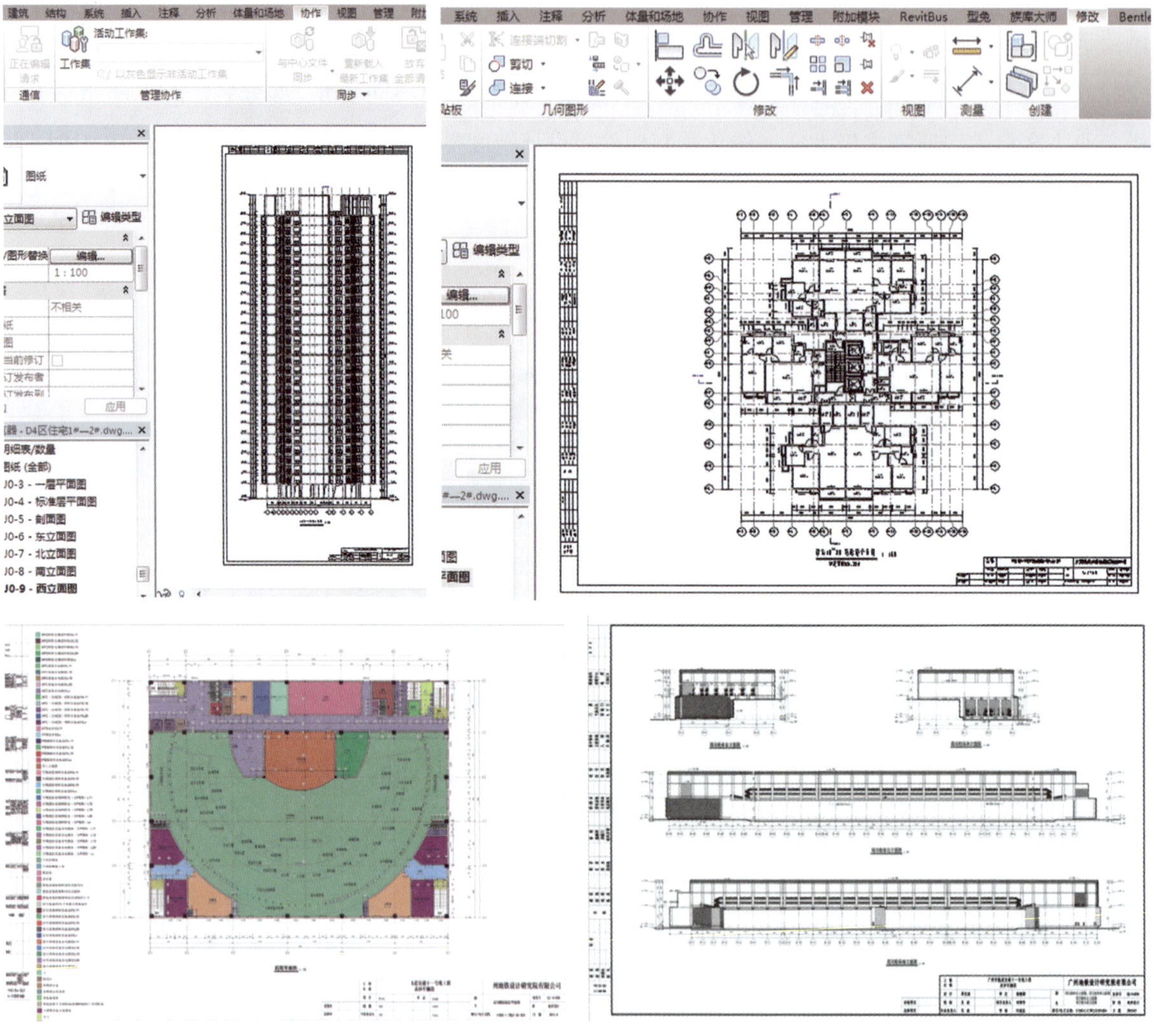

图7-34 设计图纸

3. 运用航拍地形地貌信息数据进行设计参照和现场管理

随着建设项目对设计质量的要求日益提高，传统形式的地形地貌数据已经不能很好地满足设计参照数据库的要求。我们运用基于Smart 3D的航拍实景成模技术对地形地貌数据进行快速、精确的生成，得到高精度、可测量、可分析的三维数据信息模型，用于项目前期的设计参照和分析。航拍实景成模技术的引入，还可以在项目后期对项目建造进行高精度监测，保证BIM模型在建造过程中实现“设计所见即所得”。如图7-35所示。

图7-35 倾斜摄影技术应用

4. 基于大数据库实现可视化设计、交互式设计、菜单式设计

我们根据多年的项目经验积累，设计、集成了庞大的BIM族数据库、标准构件数据库、多样式资料数据库等。运用Revit+Lumion二次开发+菜单式构件库实现渲染效果场景下的菜单式设计，助力“住宅装修一体化”、建筑效果可视化、VR化体验等技术的实现，极大地解决了设计与客户之间的沟通问题（如图7-36、7-37）。在“住宅装修一体化”设计中，BIM技术的应用为建筑设计和装修设计一体化、舒适化装修细节设计、高精度预制装配、缩短施工工期、提高建造品质做出了极大的贡献。

图7-36 可视化应用

图7-37 效果图渲染

5. 运用BIM各项分析功能对设计进行优化

在各个设计阶段BIM模型建立后，我们通过辅线分析软件的引入实现绿色建筑设计、建筑室内室外光照、消防疏散等分析，并以分析结果进行了设计优化（如图7-38）。运用Ansys CFD三维流体模拟分析软件，对不同火灾场景进行温度场、烟气扩散浓度及乘客疏散状态实时模拟，为安全设计提供可靠依据。通过各专业三维信息模型集成，进行碰撞优化。

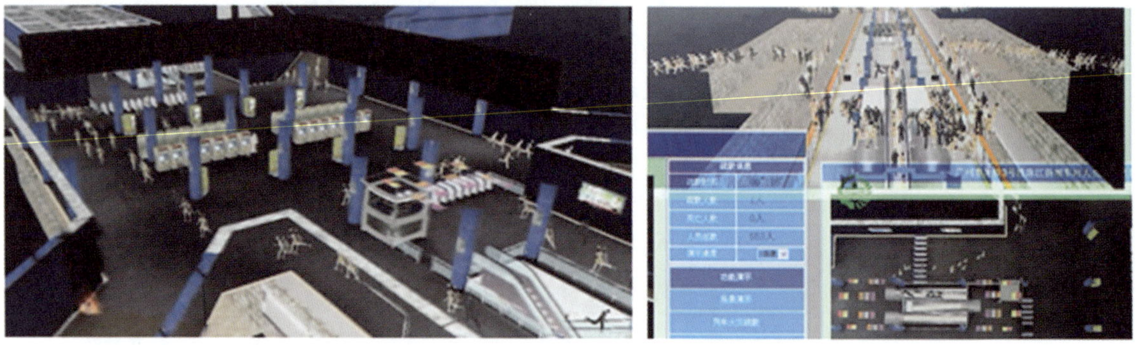

图7-38 功能分析与优化设计

6. BIM技术与装配式建筑设计技术的有机结合

预制装配式建筑是我国建设行业重要的发展方向之一，其对于前期设计协调、设计精度、制造和运输管理、现场拼装管理等技术要求极高。我们通过BIM技术的引入，在BIM信息模型中对设计进行标准优化和预制化组织，对预制墙体、梁柱等构件进行毫米级精度下的深化设计，通过BIM碰撞技术对构件中的钢筋编排、装配预留孔洞进行合理化设计，对建筑整体的拼装进行合理优化和施工模拟优化等。设计阶段多建立的BIM模型附带了详细精确的建筑信息和算量基础信息，录入了构件及设施设备的编码体系，为后期的预制运输、FRID射频识别技术应用、施工拼装管理等提供数据信息基础。如图7-39所示。

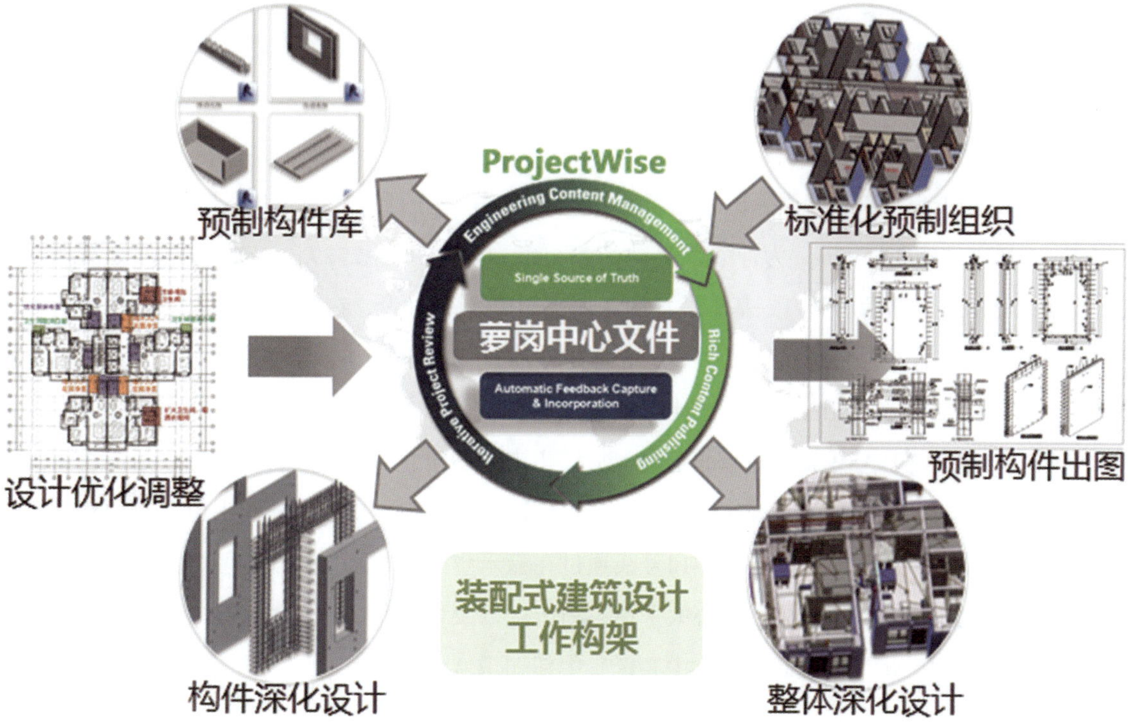

图7-39 PC-BIM协同设计

7.2.4 总 结

通过本项目，我们探索了BIM技术在轨道交通与民用建筑上全专业的解决方案，研究了BIM与其他行业前沿技术相结合方法。为地铁车辆段上盖项目的设计信息化、标准化、协同化、智能化做出了重要贡献。

7.3

14号线高架桥梁

7.3.1 广州地铁14号线项目介绍

7.3.1.1 项目介绍

14号线一期工程（嘉禾望岗—街口）线路全长54.5km，地上线长32.6km，高架站7座；平均站间距4467m，最大站间距5690m，为钟落潭至黎家塘区间，最小站间距2729m，为黎家塘站至新和站区间。高架线路从太和站后出洞口，基本沿着105国道路中绿化带敷设，在新和站前斜跨105国道进入道路东侧，在新和站后斜跨105国道进入路中；在邓村站前斜跨105国道进入道路东侧，在邓村站后斜跨105国道进入地块经过逸泉山庄然后进入地下。

广州市轨道交通14号线整体呈南北走向，从广州市中心向北部地区放射，经过广州市越秀区、白云区、从化市（太平镇、中心城区、温泉镇及良口镇），知识城支线从新和引出，经中新知识城至萝岗区镇龙镇。从线网规划发展看，14号线通过在嘉禾望岗站与2、3号线接驳换乘，形成轨道交通网络，将从化中心镇街口、副城中心太平镇、白云区以及萝岗区中新知识城与广州市中心组团紧密联系起来，成为广州市中心区与从化中心区、中新知识城快速联系通道，同时带动沿线各组团开发建设。

7.3.1.2 14号线BIM实施路线

1. 平台选择

全线全专业基于Autodesk平台开展BIM工作。

2. 项目管理

（1）基于项目管理系统进行项目流程、任务等管理。

（2）基于PW平台进行资料等管理。

3. 实施目标

（1）基于BIM优化设计方案。

（2）实时专业协同，提升设计效率与质量。

（3）将施工与安装过程中遇到的问题前置，提前解决。

（4）精细化设计，提供智能建造的可能性。

7.3.1.3 BIM团队

为了将BIM技术与项目实施的具体流程和实践结合，真正发挥BIM技术应用的功能和巨大价值，提高实施过程中的效率，本项目BIM实施团队均为项目的设计人员和开发人员直接完成，以确保设计方案、数据、管理、责任的统一管理和责任明晰。

7.3.2 BIM设计管理

7.3.2.1 标准管理

BIM模型不是我们通常意义理解上的单纯的一个模型，数据信息是BIM模型的基础，BIM模型实质是由各种各样的数据信息堆砌而成的仿真模拟建筑物，海量数据需要标准化管理，才能为上下游行业共用，才能发挥数据的价值。

通过建立类似IFC数据标准格式的数据表，将建模数据存储为数据库格式，建模过程同步存储相应的结构尺寸和相关参数数据，导出数据也可以转换为模型，实现标准数据信息在不同应用系统之间的交换。

7.3.2.2 协同设计

目前BIM设计的工作方式有两种：

（1）各专业统一项目基点，各专业单独建立设计模型，存放到共享盘，通过相互链接的方式来达到协同设计。

（2）通过建立工作集（创建中心文件）的方式来达到协同设计。工作集是在revit中出现的一种权限概念，多人在同一设计模型中操作，每人仅可以对自己具有权限的工作集进行编辑，避免工作中出现混乱，当有需要时可以借用权限或者根据需要创建新的工作集。

根据我院目前的情况，我们在14号线BIM设计采用第一种工作方式。每天各专业设计人将最新设计模型上传共享盘，供其他设计人更新链接模型。

7.3.2.3 质量控制

BIM技术在工程项目质量管理中的应用主要体现在项目设计阶段、项目施工阶段、项目验收阶段、项目运行及维护阶段。其中，在项目设计阶段，本项目利用Revit软件快速检测工程项目各专业之间是否有冲突，大大减少因专业设计冲突留下的质量隐患。

业主、设计方、施工方可以在项目设计阶段中共同参与，加强项目的前期设计的交流。

7.3.2.4 模型交付

1. 基础模型交付标准

按照各专业施工图设计阶段LOD要求执行。模型规划应符合“十四号线BIM模型规划标准”。

2. 深化设计及施工过程模型交付标准

1）BIM模型

（1）BIM模型的单位和坐标、BIM模型拆分、符合标准要求，图形显示效果保持与实体楼宇的一致性。

（2）BIM模型文件夹结构、文件命名、文件的存储符合章节的要求。

（3）BIM模型文件交付的格式应为RVT。

2）BIM模型信息

（1）BIM模型信息包括几何信息、技术信息、产品信息、建造信息、维保信息（如表7-1）。

表7-1　BIM模型信息格式及体现方式

信息类型	信息内容	信息格式	信息体现
几何信息	实体尺寸	数值	模型
	形状	数值	模型
	位置	数值	模型
	颜色	数值	模型
	二维表达	文本	模型/图纸
技术信息	材料	文本	模型
	材质	文本	模型
	技术参数	文本	模型
产品信息	供应商	文本	模型
	产品合格证	文本	图片
	生产厂家	文本	模型
	生产日期	时间	模型
	价格	数值	模型
建造信息	建造日期	时间	模型
	操作单位	文本	模型
	使用年限	数值	模型
维保信息	保修年限	数值	模型
	维保频率	文本	模型
	维保单位	文本	模型

（2）BIM工作模型信息的实现形式包括文字表达、图表展现、网页数据及必要的信息数据库。交付的BIM工作模型依据模型专业构件及信息精度要求符合要求。

3）BIM工作说明书

BIM工作说明书是帮助业主充分利用交付的BIM工作模型而编制的图文资料。说明书包含以下内容：BIM工作系统简介、BIM工作模型交付标准、信息精度交付标准、模型交付格式、数据库类型、模型查阅与修改方法等。

4）BIM工作族库

（1）模型族库文件依据要求进行建立，族文件交付的格式为RTE。

（2）模型族库文件夹结构符合相关要求。

7.3.3 BIM应用

7.3.3.1 城市轨道交通高架车站应用

1. 钟落潭车站

钟落潭站为广州市轨道交通14号线从南往北第6个站，车站主体结构位于规划路路中，也处于现状道路路中，三层双岛四线高架车站。

车站结构总长120m，总宽36m，站台结构面相对标高17.32。首层架空，二层设站厅，站厅通过天桥与两侧出入口相接，三层为站台。车站轨道梁、站台梁采用桥梁式结构，轨道梁采用标准跨径24m的预应力混凝土简支小箱梁，支撑于墩顶横梁，站台梁采用5×24m钢筋混凝土连续箱梁。轨道梁及站台梁下支撑结构采用三柱两跨框架墩（16.4m+16.4m），墩柱截面尺寸1.6m×1.8m（横向×纵向），框架墩纵向间距24m。站厅层采用钢筋混凝土框架梁板结构，纵向柱距24m，横向柱距16.4m，

此类型车站由于站厅顶部的轨道梁、站台梁采用桥梁结构，轨道梁底、站台梁底不在一个平面，轨道梁、站台梁均通过桥梁支座支撑在框架梁顶，因此框架梁顶与站台梁底、轨道梁底之间存在空隙。此桥梁做法，仅结构专业熟悉，而建筑专业、风水电专业均比较陌生，因此，采用二维设计做法，往往容易导致专业之间接口衔接不上。比如供电专业的强电电缆孔尺寸往往较大，在轨道梁范围就不能随便开，需要结构专业确认开在翼缘板范围。站厅层范围的吊顶设置要考虑轨道梁站台梁底部不在一个平面的影响，吊顶内管线的布置要考虑框架横梁的影响。

采用BIM三维设计，可以较好地解决此类问题。三维BIM设计模型可根据实际的结构布置，方便各专业对车站结构布局有清晰的了解，同样对于装修布置、设备管线、洞口布置等设计能够更加快捷、合理。如图7-40所示。

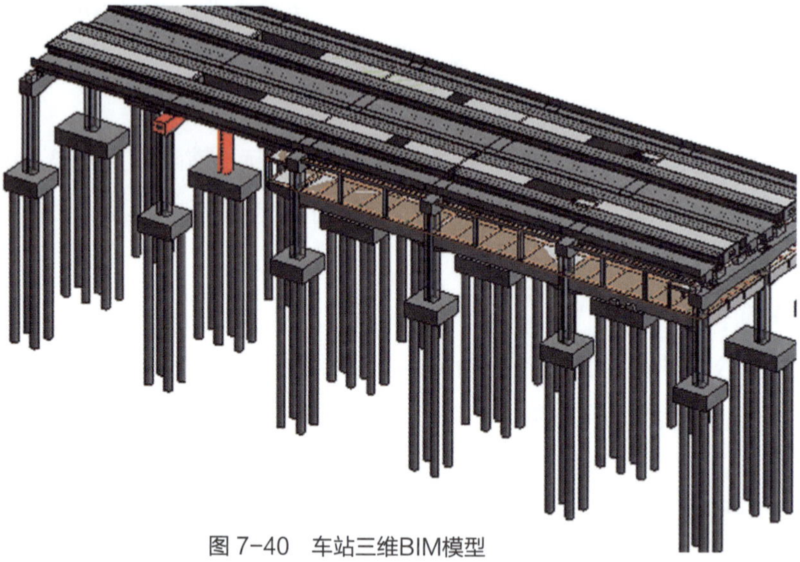

图 7-40　车站三维BIM模型

2. 新和站

新和站位于广从路（G105）路侧，车站沿道路大体呈南—北走向。新和站为14号线一期工程由南往北第8个站，是14号线主线和知识城支线的换乘站。车站主体结构范围现状主要为荔枝林，场地标高约24m，设计地面标高26～27m。

车站为路侧高架三层双岛四线车站（局部地下一层，电缆夹层），其中首层地面层部分架空其余为车站站房，二层为站厅层，三层为站台层。车站设计有效站台中心里程为YDK41+790.000，设计起终点里程为YDK41+730.00～YDK41+872.900，全长142.9m。车站站台宽度10.98m，标准段宽为39.1m，车站有效站台长度120m。车站主体采用“桥建合一”框架结构，纵向柱间距为12m（局部11.45m），横向主要柱间距为16.5m。

车站主体结构采用revit进行整体建模。模型如图7-41所示。

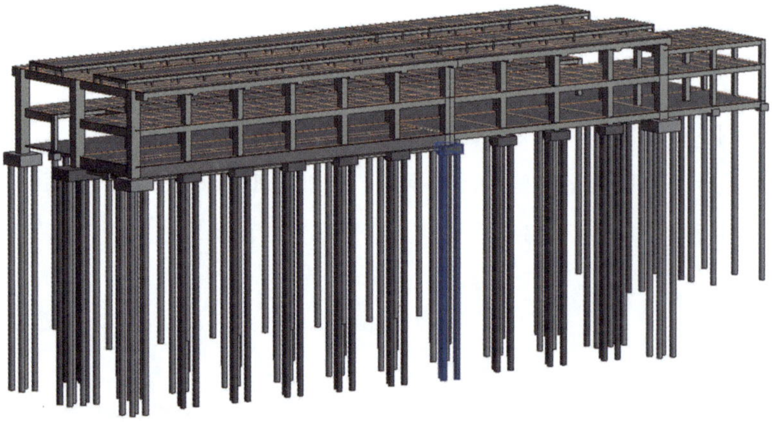

图 7-41　新和站主体结构BIM模型

通过建立的模型，能够清晰地反映在1轴处，站厅层框架主横梁断开处界面的结构布置。也能够直观地表现在12轴处，附属用房凸出细部的梁板柱布置。另外，模型能很直观地看出下部结构桩基础实际桩长对比情况。

在建立该模型过程中，设计也建立了很多的族，例如三桩承台、四桩承台、楼梯等，这些都能够在后续工程中重复使用，给后续工程带来便利。如图7–42所示。

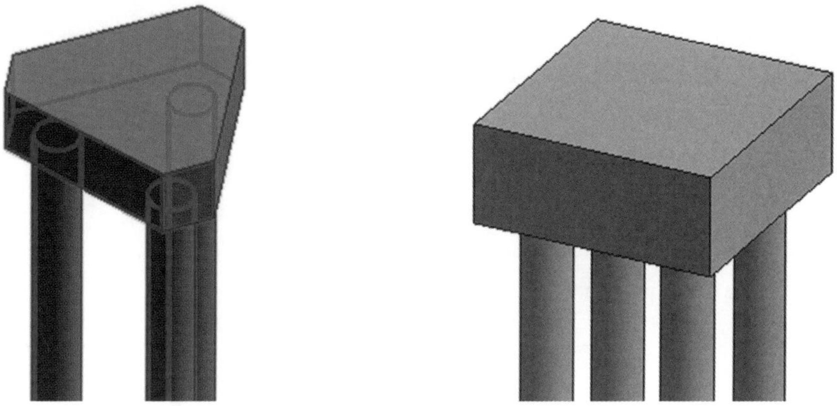

图 7–42 所建立的承台族

另外，还对车站人行天桥钢箱梁结构进行了BIM建模，所建立的模型如图7–43所示。

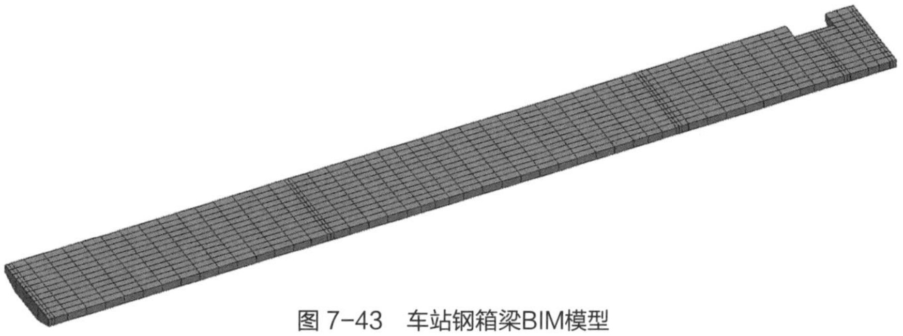

图 7–43 车站钢箱梁BIM模型

模型能够准确表达各横隔板布置，楼扶梯开槽出的详细构造，能够用于厂家加工生产。

7.3.3.2 区间高架桥梁应用

1. 高架区间结构建模和计算应用

高架区间桥梁为节段预制刚构桥梁，连续刚构单薄壁直线形墩，采用（3～4）×40m一联，连续刚构跨度大，结构效率高，桥梁建筑景观简洁优美，体现现代经典的设计风格。

我们利用二次开发插件，将线路信息导入三维平台，并利用三维平台自身具有的轮廓放样功能，设计截面和梁型，并在相应里程段布置梁体，实现上部结构的自动化建模。如图7–44～7–48所示。

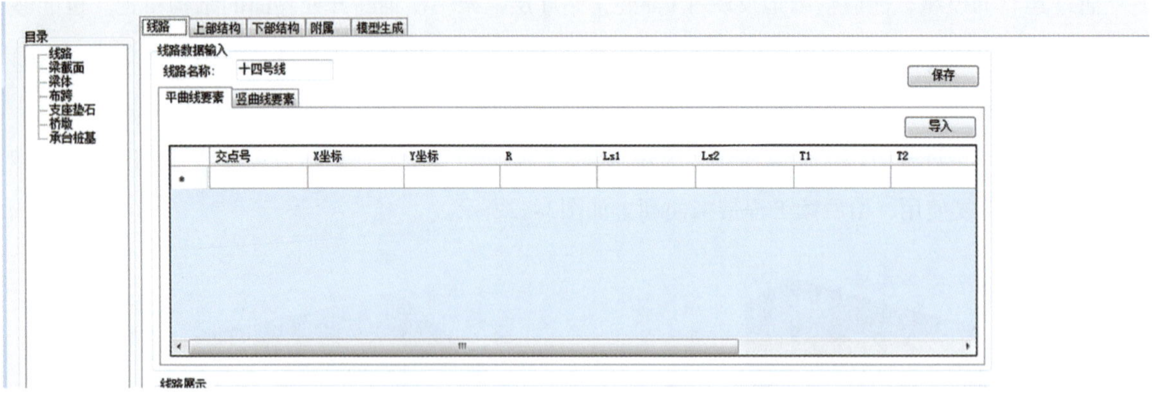

图7-44　高架区间线路参数导入界面

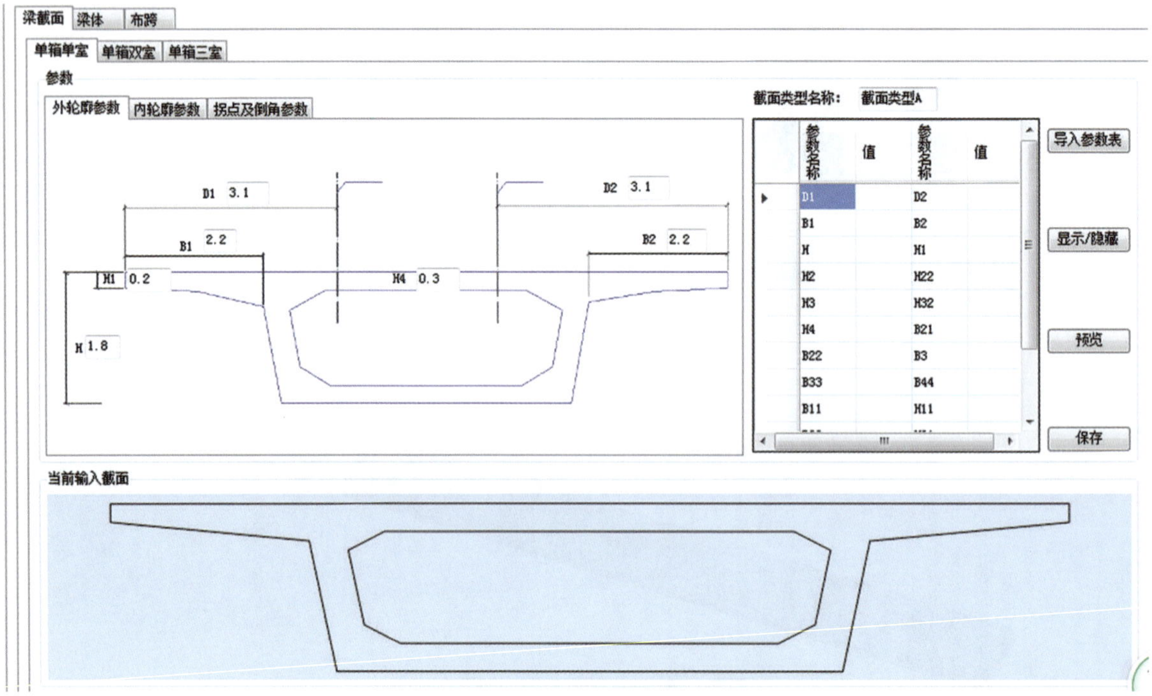

图7-45　高架区间梁截面参数导入界面

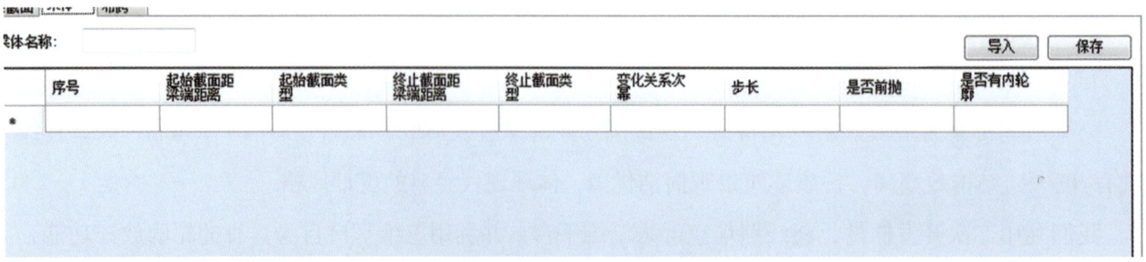

图7-46　高架区间梁体生成界面

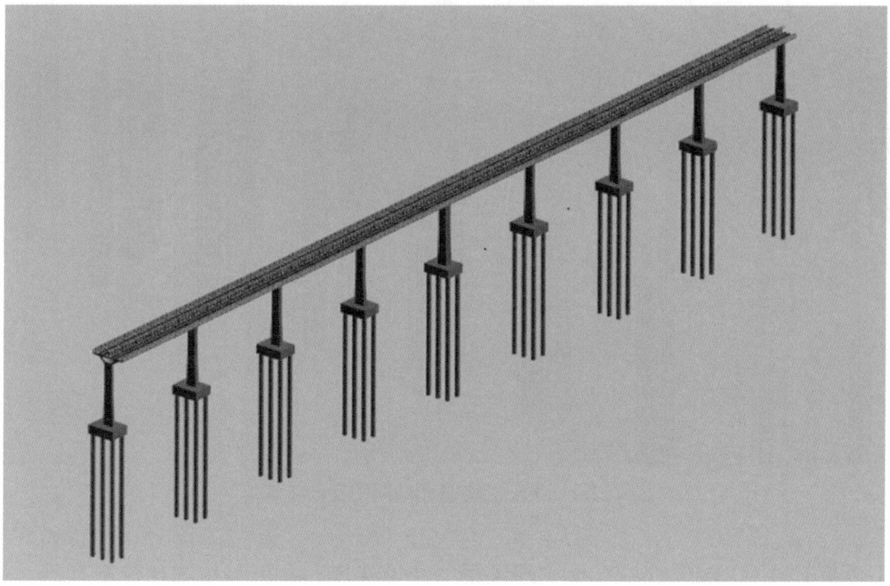

图7－47 高架区间模型1

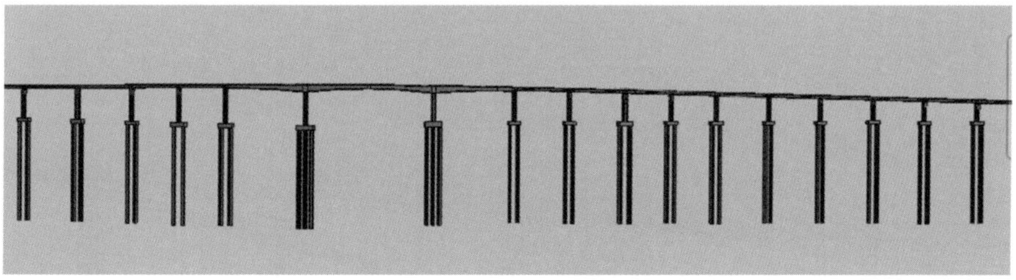

图7–48 高架区间模型2

对于桥梁下部结构，利用三维设计平台的造型功能，预先设定好相应参数，生成基于标准坐标系的下部结构类型，并根据里程和相应里程的线路指标放置下部结构，从而实现桥梁下部结构的自动化布置。如图7–49、7–50所示。

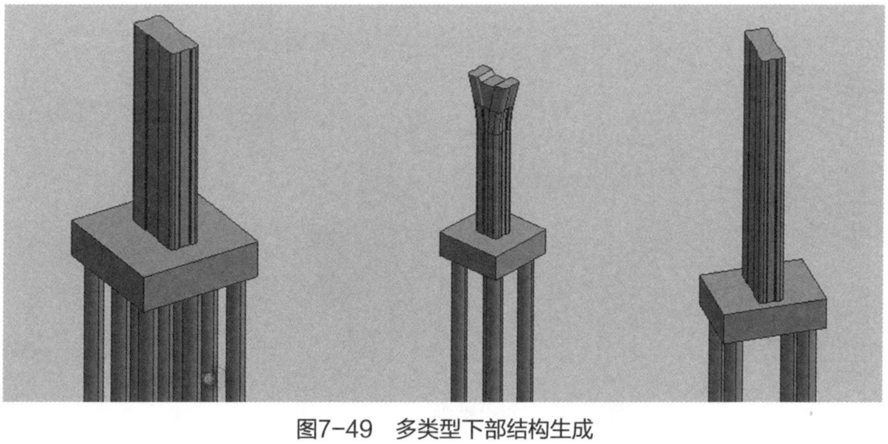

图7–49 多类型下部结构生成

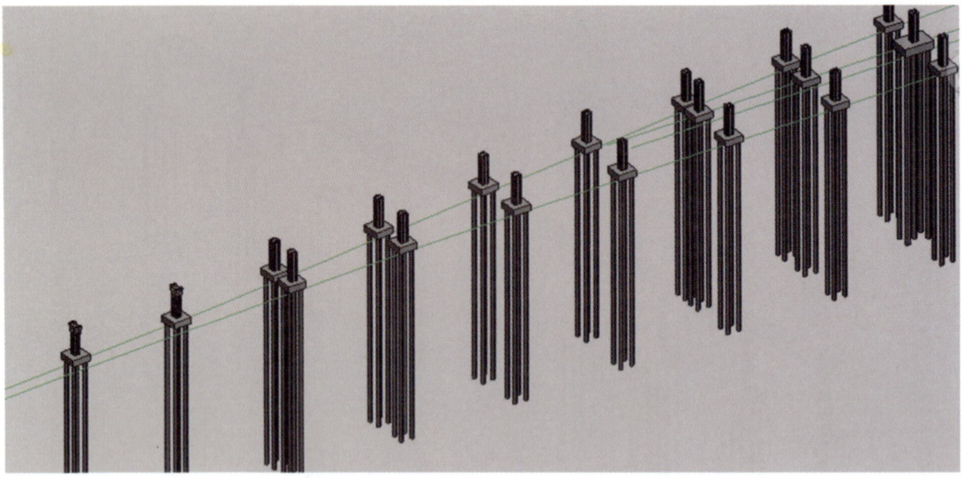

图 7-50　下部结构基于线路的自动生成

充分利用计算软件和BIM软件的互导实现大桥的快速建模，并可与精细化分析互动，利用通用格式，实现计算模型和BIM模型的互导，免除了大量计算模型的建模工作，大大提高了工作效率。如图7-51、7-52所示。

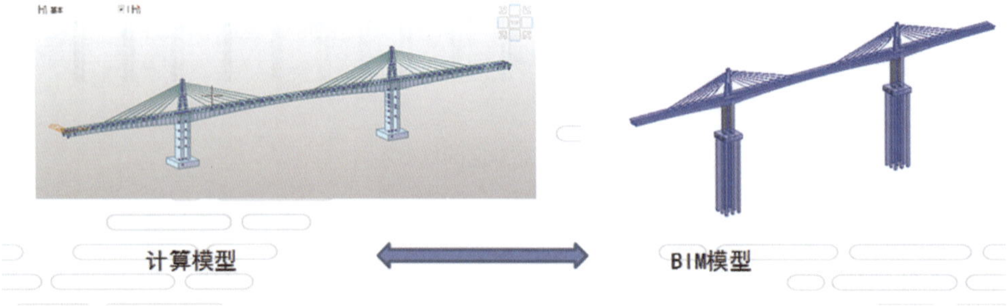

图 7-51　BIM模型和计算模型互导

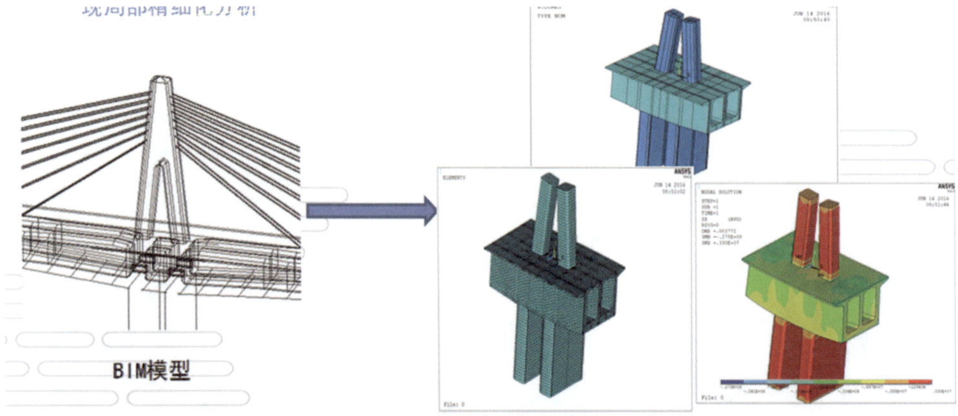

图7-52　BIM模型和计算模型互导

2. 附属结构

高架桥梁附属结构主要包括：挡板、疏散平台、轨道、声屏障及强电、弱电等机电设施。涉及的专业较多，专业接口复杂。本工程通过BIM建模，对各专业接口进行深入梳理，布置原则满足限界要求、各专业构造要求以及结构安全。同时考虑资源共用，达到了充分合理利用桥面空间的目的。典型双线桥桥面系统布置如图7–53所示。

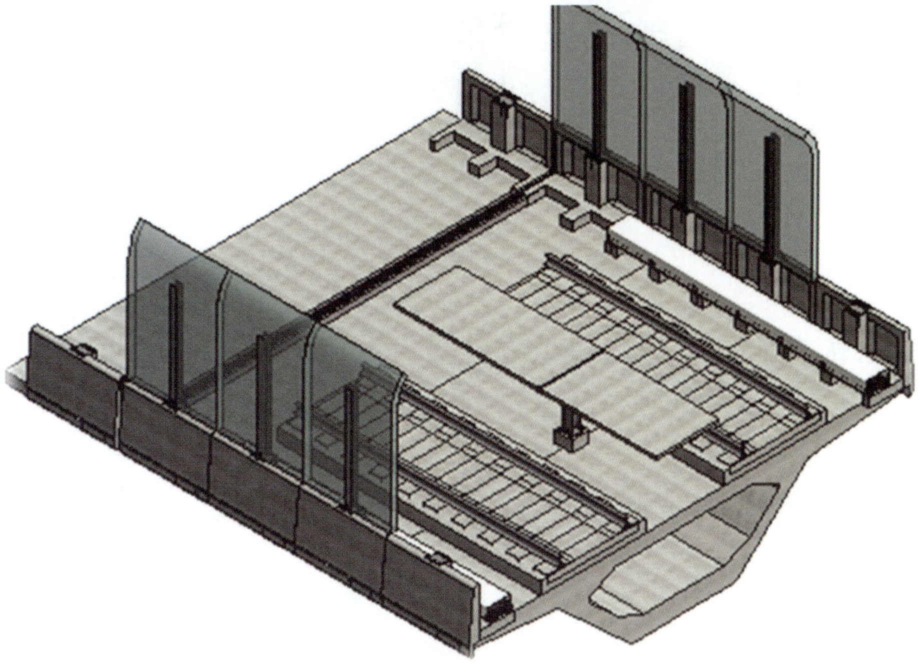

图 7–53 典型双线桥桥面系统布置

以桥梁挡板为例，挡板作为桥梁上一个重要的附属设施，除了桥梁景观要求外，还牵涉到与多个专业的接口。

1）挡板与声屏障专业接口

（1）间隔2m的350mm × 320mm挡板加宽立柱：保证挡板在声屏障风荷载作用下的受力，预制挡板立柱与钢立柱间隔、模数相同，保证声屏障的准确安装。如图7–54所示。

（2）挡板顶预埋U形螺栓：根据受力要求，预埋Φ20螺栓；外露部分镀锌防锈，声屏障预留段，加装塑料套管，进一步做好防锈措施；同时作为防雷接地端子，连接防雷接地扁钢。如图7–55所示。

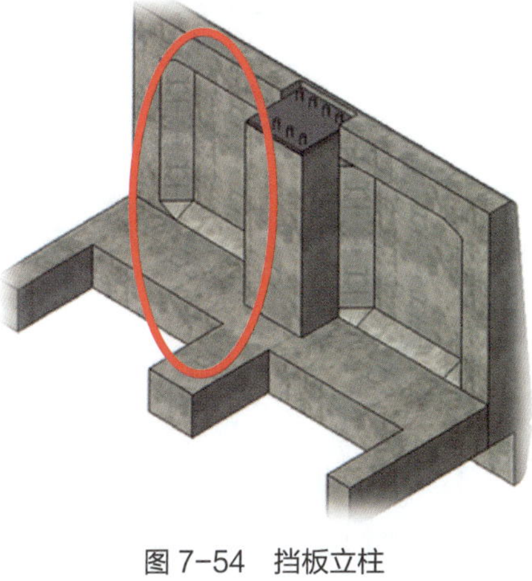

图 7–54 挡板立柱

（3）挡板顶凹口设计：50mm深凹槽保证挡板锈水不外溢污染挡板外观；50mm宽混凝土挡边设置Φ10钢筋，避免混凝土薄弱段施工时被碰碎。如图7-56所示。

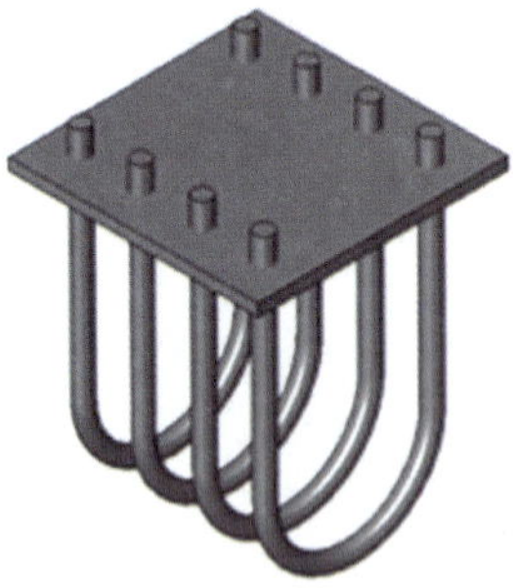

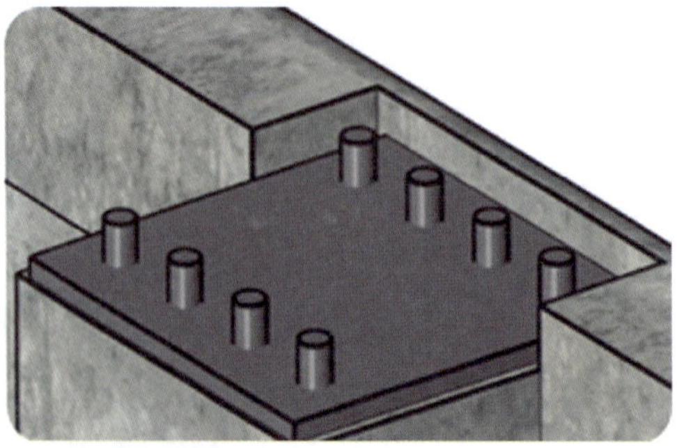

图 7-55　挡板预埋螺栓

图7-56　挡板顶缘凹口设计

2）挡板与强电专业接口

根据14、21号线高架区间环网电缆敷设方案审查会，拟采用轻型复合材料电缆槽的方案，局部地段辅以电缆支架的敷设方式。为方便电缆槽、电缆支架在桥梁上的锚固，挡板设计要点如下：

挡板现浇块局部加长设计：挡板现浇块局部加长0.42m，宽0.25m，每1m一道，既满足电缆槽锚固要求，又减小了现浇块混凝土工程量。如图7-57所示。

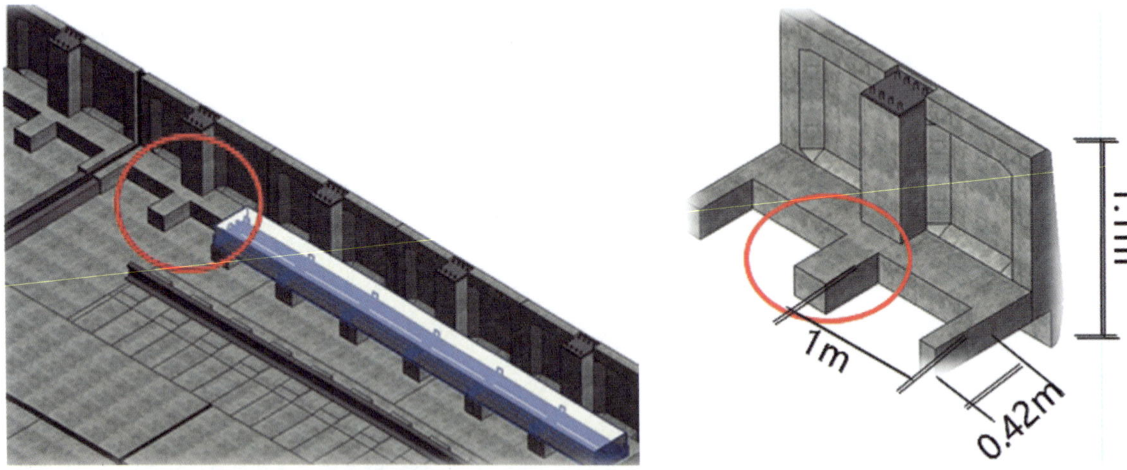

图7-57　挡板现浇块局部加长设计

3. 参数化出图

依托参数化建模数据库，实现对图纸表达方式的改变，利用参数化图纸示意和数据表格的方式快速表达图纸内容，实现新时代环境下的图纸创新表达。如图7-58、7-59所示。

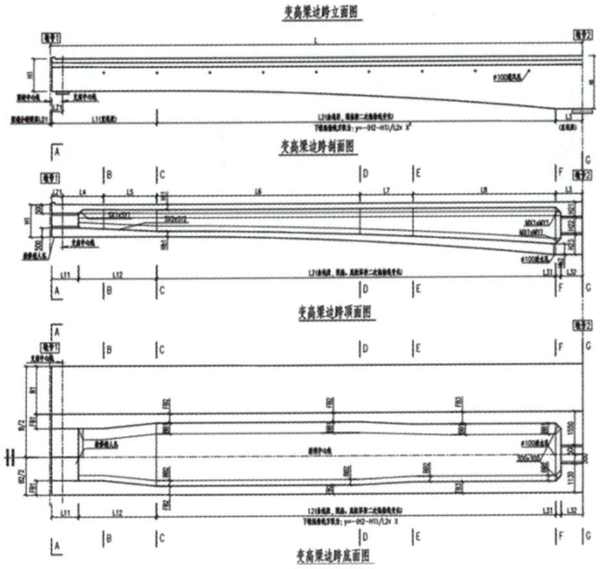

L(mm)	L1(mm)	L2(mm)	L3(mm)	LZ1(mm)	H1(mm)	H2(mm)
30000	5900	22500	1500	100	1800	2900

L11(mm)	L12(mm)	L31(mm)	L32(mm)	L4(mm)	L5(mm)	L6(mm)	L7(mm)	L8(mm)	Ht1(mm)	Hb1(mm)	Hb2(mm)
5900	22500	1500	100	2300	3000	115000	3000	8000	300	300	650
H21(mm)	H22(mm)	H23(mm)	SX1(mm)	SY1(mm)	SX2(mm)	SY2(mm)	MX1(mm)	MY1(mm)	MX2(mm)	MY2(mm)	
800	1100	1000	250	200	4000	200	300	300	300	300	

图7-58　参数化箱梁构造图表达1

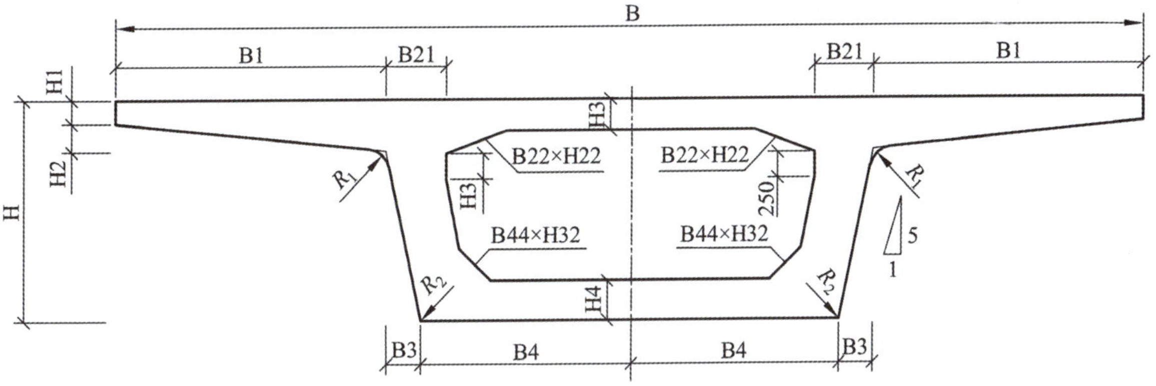

截面名称	参数/mm				
B-B	B	B1	B2	B3	B4
	10 000	2 636	2 636	564	564
	H	H1	H2	H3	H4
	1 800	220	260	300	300
	B22	H22	B44	H32	H31
	600	200	300	300	250

图 7-59　参数化箱梁构造图表达2

7.3.4　总结与展望

7.3.4.1　总　结

1. 模型与应用

14号线全线全专业的高架车站、高架区间大部分实现了施工图深度的BIM设计，模型满足相关技术标准对几何信息和非几何信息的要求。

设计过程中，开展了一系列的设计可视化、管线综合与冲突检查、部分二次深化等一系列的BIM应用。

2. 标准实践

本项目实施过程中对相关标准、办法进行了实践和总结：

（1）施工图设计BIM模型需与施工图表达一致，设计变更后，需要同步更新模型。

（2）施工图设计模型交付深度需满足《广东省建筑信息模型应用统一标准》中对施工图设计模型的要求。

（3）施工图设计模型的工作流程、构件绘制要求、文件夹命名、文件命名、视图命名、构件命名、工作集命名、项目参数、构件等相关规定，需严格执行广州地铁设计研究院股份有限公司企业技术标准《城市轨道交通BIM设计建模统一规定》。

（4）施工图设计模型各专业的模型精度要求需严格执行广州地铁设计研究院股份有限公司企业技术标准《城市轨道交通BIM模型交付标准》。

3. 流程管理

通过本项目的实施，摸索出一套施工图BIM实施的管理流程：

（1）BIM模型随设计图纸等文件一同完成校核、审核、审定等设计流程，并同步完成对模型审查意见的修改。

（2）施工图送会签时，需同步送交施工BIM模型会签。

（3）施工图设计模型需在施工图蓝图出图后5个工作日内提交给总包。

（4）施工图设计模型的协同工作，需按照《广州地铁设计研究院BIM协同标准》执行。

（5）高架车站机电模型移交前，需同时提供管线碰撞报告，碰撞报告要求如下：

①提交两份碰撞报告。

②初始的碰撞报告碰撞IP地址、碰撞位置的图片、碰撞的问题和解决方案。

③最终的碰撞报告理论上要求零碰撞，如有，提供碰撞IP地址、碰撞位置的图片、碰撞问题的原因说明。

（6）施工图设计模型移交给施工总承包单位前，需经过总承包单位的模型会审通过后方能应用。

4. 二次开发

基于本项目完成了高架区间桥梁自动建模、模型限界检测、三维地质建模等开发插件，实现了后续项目在区间建模、综合支吊架选型、三维地质、排水系统、轨道系统等方面的快速建模。

7.3.4.2 展望

BIM的核心在于对三维模型和数据信息的生成、储存、交换、利用等整个环节流程。目前，模型端得到了一定程度的实现和应用，但是通过建模的模型数据在进行进一步挖掘提炼，进一步打通出图、模型、计算、施工应用这四方的壁垒，还有大量的工作要做。BIM应用的核心是数据，如何让数据能够更加通用化地在模型、计算、施工应用及出图方面转化，保证信息的准确和完整，将是接下来要研究的重要课题。

7.4 广州11号线上涌公园站BIM设计管理应用

7.4.1 项目背景

上涌公园站，位于广州大道与新窖西路交叉口西北侧的上涌公园内，是广州地铁11号线第30个车站。

本站为地下三层岛式车站，采用框架结构，全长220m。

7.4.2 BIM设计应用价值

通过协同工作，可以发现弱电桥架、线缆敷设路径以及设备安装等每道工序与其他系统存在的碰撞进而在设计阶段加以协调解决，避免了空间冲突引起的返工，保证施工平稳有序地进行，进而保证施工工期。

通过BIM的三维仿真优化设计。例如给车站每台监控摄像机设置相应的监控区域和功能定义，在BIM的系统三维模型中根据摄像机的具体成像参数及安装位置绘制并定义一台监控摄像机，该摄像机的视角、监控区域、状态等信息都能直观地在BIM系统三维模型中显示。通过三维漫游也可以检测摄像机的功能实现，在施工前确定其最佳的安装位置，避免了在调试阶段才能发现的缺陷，从而保证施工进度。

克服传统工程量计算烦琐、涉及面广、工作量极大容易造成的多算、重算或漏算问题。建立关联数据库，准确快速计算弱电施工的工程量，从而提升对于工程成本的管理水平。

7.4.3 应用展示

综合监控系统利用统一的监控层硬件平台和软件平台，实现对各被控对象的集中监控和管理功能，同时实现对列车运行情况和客流统计数据的关联监视功能，并对综合监控系统设备和被控设备故障进行统一的集中告警管理，最终实现相关各被控对象之间的信息共享和协调联动功能。通过综合监控系统统一的用户界面，运营管理人员能够更加方便、更加有效地监控管理集成系统的相关机电系统。如图7-60、7-61所示。

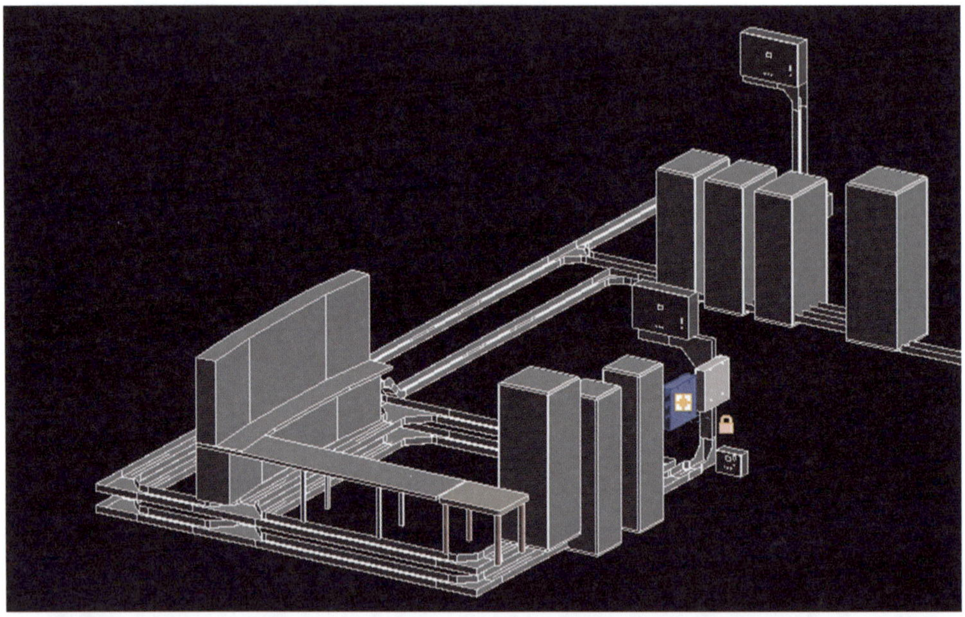

图7-60 机电BIM模型1

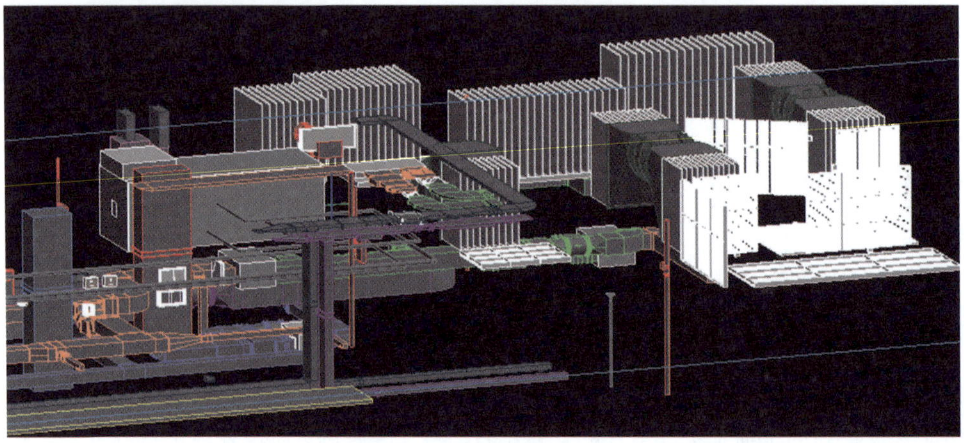

图7-61 机电BIM模型2

广州十一号线上涌公园站内设置有通风空调设备、给排水设备、照明设备、导向设备、自动电/扶梯等，这些设备通过环境与设备监控系统实现集中监视与管理。BAS也为可为乘客营造良好的环境、降低能源消耗、节省人力、提高管理水平。在火灾事故或区间阻塞状态下，自动控制相关设备转入灾害模式运行，及时救灾，从而保障人身安全。

FAS负责实现火灾探测、向车站控制室及线路运营控制中心（Operating Control Center，简称控OCC）发出火灾警报、报告火灾区域、与综合监控系统（Integrated Supervision Control System，简称ISCS）及环境与设备监控系统（Building Automation System，简称BAS）配合或独立实现对消防设备的联动控制。如图7-62所示。

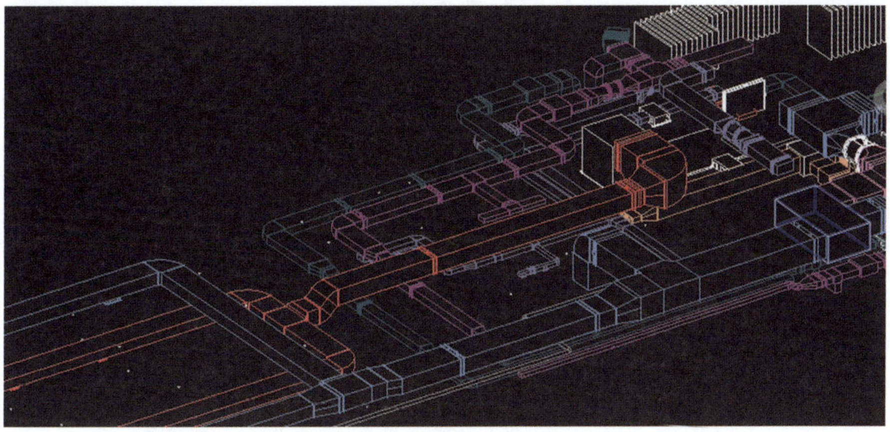

图7-62 消防系统BIM模型

AFC系统是一个计程计时的封闭式全自动收费系统，系统使用非接触式IC卡作为车票媒介。系统所有设备均具备处理非接触IC卡车票能力，包括羊城通、佛山交通卡、轨道交通专用非接触IC卡车票及手机地铁票。如图7-63所示。

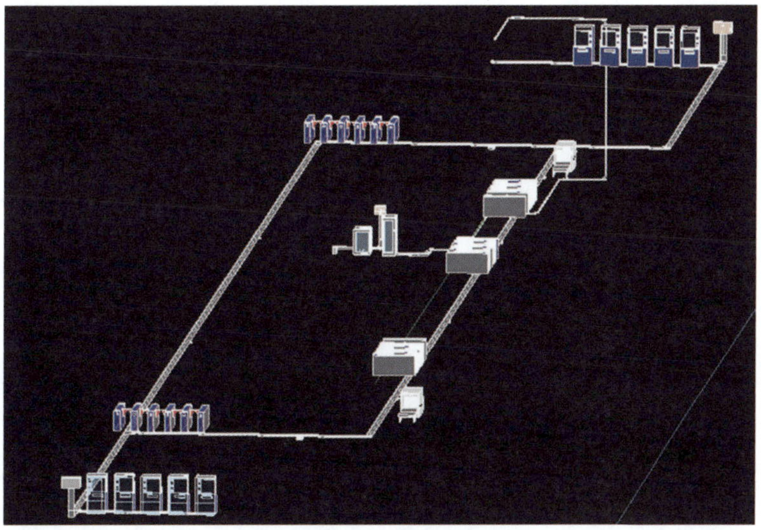

图7-63 AFC系统

参考文献

[1] 清华大学BIM课题组．设计企业BIM实施标准指南［M］．北京：中国建筑工业出版社，2013.

[2] 厦门轨道交通集团．厦门地铁BIM技术创新与应用实践［M］．上海：同济大学出版社，2019.

[3] 施平望，夏海兵．城市轨道交通BIM项目协同平台应用研究［J］．都市快轨交通，2018，31（2）：26-31，44.

[4] 吴冬冬．城市地铁车站深基坑支护工程的BIM技术研究［D］．郑州：华北水利水电大学，2016.

[5] 李坤．BIM技术在地铁车站结构设计中的应用研究［J］．铁道工程学报，2015，32（2）：103-108.

[6] 首灵丽．基于BIM技术的建筑能耗模拟分析与传统建筑能耗分析对比研究［D］．重庆：重庆大学，2013.

[7] 杨烜峰，闫文凯．基于BIM技术的模拟逃生疏散研究［C］．//中国科学技术协会．第十五届中国科协年会论文集，2013：1-5.

[8] 陈炫江，黄先健．地铁车辆段项目BIM设计实施标准研究［J］．智能城市，2019，5（18）：30-31.

[9] 车德福，陈学习，吴立新，等．基于广义三棱柱体元的三维地层建模方法［J］．辽宁工程技术大学学报，2006，25（1）：36-38.

[10] 毛朝素．BIM技术在建筑工程项目中的应用价值［J］．建筑工程技术与设计，2018（5）：1441.

[11] 张涛．BIM技术在工程质量管理中的应用［J］．建筑·建材·装饰，2017（13）：41.

[12] 郝明．论BIM如何提高地铁弱电施工管理水平［J］．中国新通信，2015，17（21）：44.

[13] 罗剑锋．轨道交通工程综合监控系统设计分析［J］．房地产导刊，2018（20）：79.

[14] 卢光霖，陈韶章．广州地铁二号线［M］．广州：华南理工大学出版社，2006.

第8章

城市轨道交通BIM设计应用展望

城市轨道交通工程建设规模大，建设周期长，建设过程涉及专业众多，设计过程中的专业间协调工作量巨大。同时，城市轨道交通工程受社会、环境因素影响较大，因而在城市轨道交通工程建设过程中出现各种各样的工程变更的现象十分常见。其中的工程变更很可能涉及多个专业和部门，各专业设计需要不断地调整，整个设计过程是一个动态的、互相协调的过程。

因此，利用BIM设计的互联、协同、动态、参数化的特点，来实现城市轨道交通设计需求，显得更加迫切。协同设计及参数化设计的实现，已经帮助我们解决了行业内很多具体的设计需求。

在设计阶段的前期，BIM为协同设计提供底层支撑，充分发挥BIM在协同设计方面的作用，使分布在不同地理位置的不同专业的设计人员通过网络的协同展开设计。在设计阶段的中期，可以解决建筑、结构的模型冲突；解决机电系统间或机电系统与土建间的管线、设备的空间冲突，从而优化净空、优化管线排布方案、优化工程设计，减少在建筑施工阶段可能存在的错误损失和返工的可能性，减少施工配合阶段的协调工作量及协调难度；帮助各个专业实现一体化设计，如实现车站各种设备外观的协调，根据建筑环境、客流情况、运营维护情况合理布局；提高专业间提资的效率；减少材料数量、工程量统计的工作量，提高统计的准确度；设计人员、审核人员等在任何时间段可通过不同权限从模型上直接获得相关信息，如专业视图、设计进度、设计质量等信息。在设计阶段的后期，利用BIM技术解决施工阶段常见问题，如消除管线碰撞，进行施工交底、施工模拟等，从而提高施工质量；可通过可视的直观的三维模型，降低施工的难度。

目前来看，城市轨道交通设计需要发展，就必须充分发挥BIM技术的优势，朝更智慧、更实用的方向继续努力：

（1）由人工协同设计向智能化协同设计发展。在轨道交通智能化系统BIM设计初始阶段，多个专业之间的协调开展工作，设计人员需要结合建筑实际情况进行图纸的规划设计，实现通信、信号、综合监控系统等智能化系统之间相互协调的科学设计。同时土建部门需要根据智能化系统的设计方案结合BIM技术提供的技术要点和设计规范，开展土建模型的深化设计。下一阶段，系统专业与其他专业之间需要建立各种协同工作构件，满足协同工作需求。通过修改构件参数来达到修改方案的目的，使模型构建工作效率提高，减少方案的修改次数，优化系统模型，为工作顺利开展提供保障。同时，各阶段的智能化协同过程中，实现确定输入条件、满足规范条款、符合运营习惯等的自动化设计辅助。

（2）由单专业参数录入向多专业参数联动设计发展。BIM设计方式能有效地解决信息记录、信息传承的问题。在设计初始阶段开始建立项目的模型，继而录入建设过程中涉及项目的土建、机电、智能化设备等相关参数信息。在系统设计施工的整个过程当中，都需要各个部门进行协调和配合，不断强化和确保工作开展的稳定性和高效率，才能顺利通过联调。BIM参数化设计的应用，首先确保了智能化系统设计方案的精准度，进而保障了与其他专业尤其是土建专业的协调性，最终形成一个合理化、标准化的模型。

（3）从可视化设计向可视化施工与可视化运维融合发展。在BIM模式之下，设计系统可以对于各类设计数据进行检测，使得智能化系统施工的全过程都能够被量化处理，进行相关数据的输出和监测。如果系统设计工作开展中出现任何异常，数据也会出现异常情况，可以让工作人员及时发现问题。BIM技术的应用，为整个系统设计提供了一个可视化的模型，在模型构建过程中，可直接对设计方案进行实时更正和改进。在可视化数据的模式之下，施工单位和运维单位可以直接对模型的所有数据进行导出，模型与数据结合，确保了工程施工和设备运维的高效性。

（4）智慧设计、智慧施工和智慧运维全过程共同发展。智慧施工与智慧运维的实现，依托于建设和设计所建立的项目管理系统。而系统中信息的来源，可取自于项目BIM设计模型。大部分情况下，BIM模型的精确度决定了智慧施工和智慧运维的开展程度。城市轨道交通设计经历了从二维模型到三维模型的一个转变过程，需要从传统施工中被动“遇到问题，解决问题”到主动“发现问题，解决问题”的一个转变过程。所以，BIM模型的应用对于智慧施工和智慧运维尤为重要。智慧施工和智慧运维中，BIM模型的应用主要集中在以下几个方面：

工程量自动统计：在BIM模型创建完成后，通过对模型的解读，能够分析出各设备和材料的工程量。使设备材料的采购和使用更合理，避免浪费。

综合管线碰撞检测：在设计方案完成后，对建筑物进行综合建模，把预留孔洞在三维模型中显示，直观的显示出各个位置的预留孔洞，防止遗忘。在结构、建筑、机电、智能化设备模型都创建完成后进行合模，分析出各碰撞点，提前与各专业设计进行沟通，对设计图纸进行修改。在工程前期解决了管线打架问题，节约了工期，确保施工的顺利进行，同时在后期系统运维和工程改造过程中，也能明确各专业孔洞和管线分布情况。

节点分析：通过对设计方案的解读，对复杂节点进行BIM建模，通过模型对复杂节点进行分析。比如复杂的钢筋节点，在模型建立后，对模型进行观察，找到钢筋的碰撞点，对钢筋的布置进行优化，也可以模拟模板支撑体系的受力状况，以确保模板支撑体系的施工安全。

施工模拟：在制订完成施工进度计划后，通过计算机把施工进度计划与BIM模型相关联，对施工过程进行模拟。将实际工程进度与模拟进度进行对比，可以直观地看出工程是否滞后，分析滞后的原因，以确保工程按计划完工。

设计验证：通过三维扫描所得数据模型和各专业BIM设计模型整合进行误差分析，验证BIM设计数据是否满足现场前提要求、BIM设计是否准确。

可视化运维：通过BIM的可视化特点，对各种设备运行情况进行实时监测，帮助运维人员快速对故障点进行定位。

模拟系统运行：各机电系统基于BIM模型数据化模拟系统运行的应用，对系统运行验证、仿真培训起到直观辅助作用。

然而从目前来看，应用BIM实现城市轨道交通设计所有需求，还存在一定的困难：

（1）目前城市轨道交通行业内尚未形成业内统一的BIM标准，众多设计单位各有各应用，相互之间不兼容，容易形成信息孤岛。为了促进和规范BIM技术在城市轨道交通中的应用，应该建立健全相关的技术标准。制定一套针对城市轨道交通工程的BIM设计标准和规范体系，并为其赋予相应的法律效力，指导从业人员严格按照标准规范来执行，保证BIM技术的协同应用和信息共享。

（2）BIM的发展不仅仅是现有技术的进步和更新换代，也将表现在生产组织模式和管理方式的转型，并长远地影响人们对于轨道交通项目管理的思维模式，必将对轨道交通业产生深远影响。然而，目前城市轨道交通设计上生产组织模式和管理方式未能完全满足BIM的管理要求。而轨道交通建设各方，亦未能在建设全过程甚至建筑物的全生命周期进行统一的BIM技术实践应用，实现BIM的价值最大化。

（3）BIM技术的进步虽然在不断进行，但目前来说，在设计效率方面还需要更多的提高。BIM配套的系列软件、软件相关的插件、从业人员对软件使用的熟练程度都有较大的提升空间。

从目前来看，BIM的设计应用在轨道交通设计阶段仍然有很大的实用性，为轨道交通项目的管理、施工和运维也带来一定的帮助，即便由于技术和制度的局限性，仍然对BIM技术在轨道交通设计的应用有一定制约，但是随着时代的进步，BIM技术在轨道交通领域一定大有作为。

参考文献

[1] 青立兴，王晓锋，唐锋，等．浅谈“智慧工地”在施工管理中的应用[J]．建筑工程技术与设计，2018（31）：2553.

[2] 吕豪．智慧工地的几个典型应用[J]．施工企业管理，2017（4）：32-33.

[3] 张迎松．管窥总承包管理模式下BIM智慧工地的主体框架及实施思路[J]．建筑工程技术与设计，2018（17）：4793.

［4］ 王兆家，王艳荣，吴涛．浅议BIM在城市轨道交通建设中的应用［C］．//中国城市轨道交通协会．2014中国·唐山城市轨道交通系统解决方案与工程应用研讨会论文集，2014：229-233.

［5］ 陈南凤．BIM在轨道交通工程中的应用研究［J］．建筑技术，2019，50（5）：562-565.

用　心　服　务　生　活

四川蓝光嘉宝服务集团股份有限公司
ADD：中国成都高新技术产业开发西区西芯大道9号　邮编:611731
全国客户统一服务热线：400-9999-118　网址：www.justbon.com.cn

[蓝光嘉宝服务]官方微信